Günter Zemella

Die wahren Kriegstreiber und ihre Schandtaten

Was nach 70 Jahren gesagt werden muß.

Günter Zemella
SHA 4. Okt. 2018

Gunter Zemella

Die wahren Kriegstreiber und ihre Schandtaten

Was nach 70 Jahren gesagt werden muß.

Lektorat, Bildauswahl
Firma SAMO s.r.o.
firmasamo@googlemail.com

Satz/Umbruch, Bildbearbeitung, Umschlaggestaltung
libergraphix
www.libergraphix.de
info@libergraphix.de

Klosterhaus-Verlag
Klosterhof 4
37194 Wahlsburg-Lippoldsberg
Tel.: 05572-7310
Fax: 05572-999823
klosterhausverlag@gmx.de
www.klosterhausbuch.de

ISBN 978-3-941730-13-7

Inhaltsverzeichnis

Vorwort

„Der 8. Mai stellt die tragischste und fragwürdigste Paradoxie für jeden von uns Deutschen dar. Weil wir erlöst und vernichtet in einem gewesen sind."
Ex-Bundespräsident Theodor Heuss 1949.

„Ihr werdet die Deutschen immer daran erkennen können, ob sie den 8. Mai als Tag der Niederlage oder Befreiung bezeichnen."
Heinrich Böll in einem fiktiven öffentlichen „Brief an meine Söhne"[1]

„Der 8. Mai 1945 war ein Tag der Befreiung."
Ex-Bundespräsident Richard von Weizsäcker in seiner Rede am 8. Mai 1985 vor dem Bundestag.

Der 70. Jahrestag der bedingungslosen Kapitulation Deutschlands wurde hierzulande von staatlichen Stellen und Medien als „Tag der Befreiung" gefeiert. Dabei würdigten Bundespräsident Gauck und Kanzlerin Merkel die Verdienste der Alliierten, insbesondere den „aufopferungsvollen Kampf" der Roten Armee gegen Hitler-Deutschland: *„Wir Nachgeborenen in Deutschland haben allen Grund, für diesen aufopferungsvollen Kampf der damaligen Gegner in Ost und West dankbar zu sein"*, so Gauck bei einem Besuch des ehemaligen Gefangenenlagers Schloß Holte-Stukenbrock in Nordrhein-Westfalen, in dem sehr viele sowjetische Kriegsgefangenen zu Tode kamen. Den Millionen deutschen Gefallenen und den in alliierten und vor allem in sowjetischen Kriegsgefangenenlagern zu Tode geschundenen deutschen Soldaten widmeten die beiden Repräsentanten der BRD kein einziges Wort. Für die Opfer des eigenen Volkes einen Kranz niederzulegen, ist für sie offensichtlich undenkbar. Die deutschen Opfer scheint es entweder nicht gegeben zu haben, oder sie sollen vergessen werden. Es sagt viel über den Charakter der deutschen Führungselite aus, wie sie mit den Opfern des eigenen Volkes umgeht und wie sie die Toten der anderen Nationen ehrt.

1 Zitiert bei Rainer Karneth: „1945 – Kriegsende und Neubeginn in Alzey und Umgebung" unter www.regionalgeschichte.net

Sicher atmete die deutsche Bevölkerung auf, als die Kampfhandlungen und der permanente Bombenterror vorbei waren. Doch nach der bedingungslosen Kapitulation der Wehrmacht waren die Deutschen keineswegs frei, sondern der totalen Willkür der Besatzer ausgeliefert. Die weitgehende Zerstörung und vollständige Besetzung ihres Landes wurde als totale Niederlage und Versklavung empfunden. Denn als die Waffen schwiegen und die Bomben nicht mehr vom Himmel fielen, suchten Not und Elend, Tod und Verderben das geschlagene Deutschland heim. Die Empfindungen der Deutschen hat eine Vertriebene aus Ostpreußen in einem Leserbrief auf den Punkt gebracht: *„Befreier vertreiben nicht! Befreier zerstören nicht! Befreier plündern nicht! Befreier vergewaltigen nicht!"* Hinzuzufügen wäre noch: Befreier zerstören nicht ein ganzes Land, um es von einer Diktatur zu befreien. Befreier berauben das besiegte Volk nicht um ein Viertel seines Landes und zerstören nicht mutwillig seine Kulturgüter.

In der von Präsident Roosevelt am 23. März 1945 unterschriebenen und bis zum 17. Juli 1947 in Kraft gebliebenen Direktive JCS 1067 wurden die grundlegenden Ziele der Militärregierung im besetzten Deutschland festgeschrieben. Die Weisung legte unter anderem ausdrücklich fest, daß Deutschland *„nicht zum Zwecke der Befreiung"*, sondern *„als eine besiegte Feindnation"* zum *„Zweck der Durchsetzung gewisser alliierter Ziele"* besetzt werde. In dem Dokument wird festgestellt, daß die Deutschen für das *„Chaos und Leiden"* und die Zerstörung ihrer Wirtschaft wegen ihrer *„skrupellosen Kriegsführung"* selbst verantwortlich seien. In der Urkunde ist ferner die Rede von der *„industriellen Entwaffnung und Demilitarisierung Deutschlands mit fortdauernder Kontrolle über Deutschlands Fähigkeit zur Kriegsführung und Vorbereitung für einen späteren Wiederaufbau des deutschen politischen Lebens auf einer demokratischen Grundlage"* und *„von Reparationen und Widergutmachung, die Schaffung von Hilfeleistungen für die durch Nazi-Aggressionen verwüsteten Länder"*. Als der große Tag gekommen war, sagte General Eisenhower ausdrücklich: *„Wir kommen als Eroberer."*[2]

2 Wigbert Grabert (Hrsg.): *Jalta-Potsdam und die Dokumente zur Zerstörung Europas*; Grabert-Verlag, Tübingen, 1985, S. 80

Bis heute sind die UN-‚Feindstaatenklauseln' (Art. 53 und 107 der Charta der Vereinten Nationen) formell in Kraft, wonach gegen Feindstaaten des Zweiten Weltkrieges von den Unterzeichnerstaaten Zwangsmaßnahmen ohne besondere Ermächtigung durch den UN-Sicherheitsrat verhängt werden könnten, falls die Feindstaaten erneut eine aggressive Politik verfolgen sollten. Dies schließt auch militärische Interventionen mit ein. Bis heute gibt es keinen Friedensvertrag mit Deutschland. Bis heute ist die BRD kein souveräner Staat. Insoweit wird auf den Artikel 139 des Grundgesetzes verwiesen, wonach die zur ‚Befreiung des deutschen Volkes vom Nationalsozialismus und Militarismus' erlassenen Rechtsvorschriften von den Bestimmungen des Grundgesetzes nicht berührt werden. Das heißt, die Rechtsvorschriften der Besatzungsmächte haben Vorrang vor dem Grundgesetz. Sie beinhalten auch die von den Alliierten bestimmte Geschichtsschreibung. Daß die BRD kein souveräner Staat ist, hat bereits Carlo Schmid (SPD), damals Vizepräsident des Parlamentarischen Rates, am 8. September 1948 vor eben diesem Rat verdeutlicht: ‚Die Bundesrepublik Deutschland ist kein Staat, sondern nur eine Organisationsform einer Modalität der Fremdherrschaft über das deutsche Volk.'" Daran hat sich bis heute nichts geändert. Auch Wolfgang Schäuble, Bundesfinanzminister, bestätigte auf einer Bankierskonferenz Ende November 2011 in Frankfurt am Main: *„... wir in Deutschland sind seit dem 8. Mai 1945 zu keinem Zeitpunkt mehr voll souverän gewesen."*[3]

Nach ihrer „Befreiung" am 8. Mai 1945 wurden die Deutschen wehrlos, rechtlos, heimatlos, vogelfrei. Was sie fortan über sich ergehen lassen mußten und was heute offiziell als „Befreiung" gefeiert wird, war in Wirklichkeit die Fortsetzung des Krieges gegen sie. Die dabei von den siegreichen Alliierten und ihren Unterstützern begangenen Verbrechen übersteigen jede Vorstellungskraft: Die Deutschen wurden massenhaft ermordet, vergewaltigt, vertrieben, verschleppt, versklavt, gefoltert, erpreßt, ihrer Heimat und Güter beraubt. Für die Verbrechen an den Deutschen wurden die Täter nie zur Verantwortung gezogen. Ein jegliches Verbrechen ist aber zu verurteilen, egal wer es verübt und wo es begangen wurde. Ein einmal begangenes

---

3 Günter Lachmann: „Die öffentliche und die verborgene Seite der Krise", in: *Die Welt,* 8. Dezember 2012, unter http://www.welt.de/politik/article13757549/Die-oeffentliche-und-die-verborgene-Seite-der-Krise.html

Verbrechen kann niemals ein weiteres rechtfertigen, ansonsten entsteht eine Spirale der Gewalt, aus der es kein Entkommen mehr gibt. Die Tatsache, daß die Alliierten noch immer ihre eigenen Missetaten herunterspielen, verschweigen oder gar leugnen, ist Grund genug, zumindest einige dieser Untaten darzustellen. Zum Gedenken an alle deutschen Opfer und zum Gedächtnis für die nachfolgenden Generationen wurde diese Dokumentation erstellt.

Kurzbiographie

Geboren 1940 in Streitkirch, Kreis Ratibor/Oberschlesien. Im März 1945 Flucht mit Familie nach Bayern. Im Oktober 1945 Rückkehr in die oberschlesische Heimat. Von 1947 bis 1958 polnische Volksschule und Lyzeum in Ratibor. Im Mai 1958 Abitur. Im Oktober 1958 Beginn des Studiums der Rechtswissenschaften an der Universität Breslau. Im November 1958 Umsiedlung in die BRD und Fortsetzung des Studiums an der Universität in Frankfurt/Main. Nach Abschluß des Studiums Gerichtsreferendar. Bis zur Pensionierung Tätigkeit bei einer Bausparkasse. Verheiratet seit 1964, 3 Kinder, 9 Enkelkinder. Nach Oberschenkelamputation 1953 und schwerem Schlaganfall 2008 auf den Rollator oder Rollstuhl angewiesen.

Schwäbisch Hall, im Juli 2015.

1. Die alliierte Kriegspropaganda

„Im Anfang war das Wort, und das Wort war bei Gott, und das Wort war Gott. Alles ist durch das Wort geworden, und ohne das Wort wurde nichts, was geworden ist.“ Joh. Prolog 1-3

„Saulus (Paulus) war höchstwahrscheinlich der erste Mensch, der die Möglichkeit erkannte, Krieg durch Propaganda zu führen.“ Der Rabbiner Markus Eli Ravage in der Monatsschrift *The Century Magazine*, New York, Nr. 4, Februar 1928.[4]

„Der Krieg gegen Deutschland ist ein Kampf der Zivilisation gegen die Barbarei.“ (frz., *„La lutte engagée contre l'Allemagne est la lutte méme de la civilisation contre le barbarie.“*) Der jüdisch-französische Philosoph und Literatur-Nobelpreisträger Henri Bergson am 8. August 1914 in einem Vortrag in Paris.[5]

„Während des Krieges haben die Staaten der Entente in Amerika eine umfassende Propaganda gegen Deutschland getrieben. Es war das in gewisser Beziehung ein wahres Unglück, denn auf diese Weise bildete sich eine Klasse von Politikastern, die in der gewerbsmäßigen Hetze die Form ihrer Existenz sahen und auch heute noch im alten Gleise weiterzumachen ein Interesse haben.“ Francesco Nitti, Ministerpräsident Italiens (1919-1920), in: „Die Tragödie Europas – und Amerika?“; Frankfurt/Main, 1924, S. 40

„Die Massen sind niemals kriegslüstern, solange sie nicht durch Propaganda vergiftet werden.“ Albert Einstein

„Das erste Opfer in einem Krieg ist die Wahrheit.“ Eine alte Weisheit.

---

4 Abgedruckt in: *Zwei Aufsätze des amerikanischen Juden M. E. Ravage*; Erfurt, 1937, 5. Auflage, S. 29. Jonak von Freyenwald: *Jüdische Bekenntnisse aus allen Zeiten und Ländern*; 1941, S. 221

5 Steffen Bruendel: *Volksgemeinschaft*, S. 39, und *FAZ* vom 7. 11. 2007, Beitrag: „Barbaren sind immer die anderen“

Um ihre Völker auf den kommenden Krieg gegen Deutschland einzustimmen, haben die Alliierten bereits vor und während des Ersten Weltkrieges massive Propaganda und Desinformation gegen die Deutschen betrieben. In dieser Zeit wurde der Prototyp des „häßlichen Deutschen“ erfunden, der zu allen Schandtaten und Gemeinheiten fähig war. Bei dieser „Erfindung” ging es den alliierten Propagandisten darum, die Deutschen in jeder Beziehung als Barbaren und Angehörige einer minderwertigen Rasse darzustellen, die sich nur unwesentlich von Tieren unterscheiden.

Antideutsches US-Propagandaplakat, 1917

Zu den eindrucksvollsten Plakaten des Ersten Weltkriegs gehört ohne Zweifel ein von der US-Armee in Auftrag gegebenes. Es zeigt eine Art Gorilla mit Pickelhaube auf dem Kopf, eine Keule – darauf die Inschrift „Kultur“ – in der Rechten, eine sich windende, halb entblößte Frau in der Linken, im Hintergrund eine Ruinenlandschaft, die wohl das kriegszerstörte Europa repräsentierte, dann das Meer und nun die Bestie am Strand Amerikas, wie man einem Schriftzug auf dem Boden entnehmen kann. Die Aufforderung des Plakats ist unmißverständlich: *„Destroy this mad brute – Enlist“* – *„Vernichte dieses verrückte Vieh – Tritt ein* [in die US-Armee]“

Das Plakat gehört in den Rahmen jener Ikonographie der alliierten Propaganda, die den Deutschen nicht nur karikierte – also als Kretin, Feigling, Dummkopf, Fresser oder Säufer darstellte – sondern ihn so verzerrte, daß ihm jede Menschenähnlichkeit ganz oder teilweise abhanden kam. Das Bild sollte gleichzeitig die Invasionsfurcht in den Überseeterritorien Großbritanniens, aber auch in den USA selbst schüren, deren Bewohnern eine unmit-

Der französische Philosoph, Schriftsteller und Literaturnobelpreisträger (1927) Henri-Louis Bergson (18. Oktober 1859 in Paris; † 4. Januar 1941 ebenda) war als einer der bedeutendsten Vertreter der Lebensphilosophie ein extremer Deutschenhasser.*

telbare Bedrohung kaum einleuchten mochte, weshalb man eine besonders drastische Warnung vor dem „Vieh", der „Bestie", dem „Hunnen", brauchte, das nach der Niederwerfung der Entente in Europa zum Sprung nach Asien, Afrika und Amerika ansetzen würde.

Denselben Zweck wie die notorische Rede von den „Hunnen" erfüllte auch die Behauptung, die Deutschen stünden auf einer zivilisatorischen Stufe „unterhalb der Vandalen". Bereits am 8. August 1914, das heißt vor irgendwelchen kriegsbedingten Zerstörungen größeren Ausmaßes, hatte der berühmte französische Philosoph Henri Bergson[6] in einer Ansprache als Präsident der Académie des Sciences Morales et Politiques erklärt: *„Der entschlossene Kampf gegen Deutschland ist der Kampf selbst der Zivilisation gegen die Barbarei. Alle Welt spürt es, aber unsere Akademie hat vielleicht eine besondere Autorität, es auszusprechen. In großen Teilen dem Studium psychologischer, moralischer und sozialer Fragen gewidmet, erfüllt sie eine schlichte wissenschaftliche Pflicht mit der Feststellung, daß die Brutalität und der Zynismus Deutschlands, seine Verachtung aller Gerechtigkeit und aller Wahrheit einen Rückfall in den Zustand der Wildheit bedeuten."*

6 Henri Bergson war der Sohn des polnisch-jüdischen Komponisten Michał Bergson und einer irisch-jüdischen Mutter. Nach Beginn des Ersten Weltkrieges warf er dem Deutschen Reich Imperialismus vor. 1927 wurde ihm der Nobelpreis für Literatur verliehen.

Rassentheorien als Basis für den Deutschenhaß

Bergsons Verweis auf den deutschen „Zynismus" ist insofern wichtig, als die Barbaren in diesem Bild sich eben auch tarnen konnten, und zwar als „angebliche Kulturmenschen", deren „Kultur" etwas vollkommen anderes sei als die „civilisation" der vom antiken Erbe durchdrungenen Nationen. Unter dem dünnen Firnis zeige sich rasch, daß der Deutsche zu einer niederen Art gehörte, und: *„Die deutsche Kultur strebt logischerweise dem Ziele zu, seine angeborene Brutalität mit Hilfe der Wissenschaft ins Unendliche zu steigern."* Diese „wissenschaftliche Barbarei" verdiente selbstverständlich nicht die Bezeichnung „culture", denn sie sei nur „Bluff", und die deutsche Wissenschaft helfe bloß dazu, *„Bestialität (...) methodisch"* zu machen. Diese Formulierung stammt von Léon Daudet, dessen Deutschenhaß sich auf den Typus des „bebrillten Gelehrten" konzentrierte. Zur Vorstellung des rohen Mordbrenners kam so die des kalten und pedantischen – in gewissem Sinn: intellektuellen – deutschen Täters als notwendige Ergänzung.

Der französische Schriftsteller und politische Publizist Léon Daudet (16. November 1867 in Paris; † 30. Juni 1942 in Saint-Rémy-de-Provence) war während der „Dreyfus-Affäre" ein aktiver „Anti-Dreyfusard" und Anhänger von politischen Agitatoren wie Édouard Drumont. Mit Charles Maurras war er Gründungsmitglied der „Action française", einer politischen Bewegung, die monarchistisch, nationalistisch und antisemitisch war*

Das bedeutete aber keine Zurücknahme von Bergsons Idee, daß der Deutsche dem „Zustand der Wildheit" zuzurechnen sei, was im Zeitalter des Kolonialismus auch hieß, daß man die Deutschen aus der Gemeinschaft der

Europäer ausstieß und ihnen einen Platz am Ende der Völkerhierarchie zuwies. Die Briten betrachteten sich selbst als *„zur Hälfte der lateinischen Rasse zugehörig"* oder verlegten sich auf eine Art metaphorischen Rassenbegriff, der die Deutschen als „Hunnen", das heißt als „Asiaten" einer besonders brutalen und häßlichen Sorte, auffaßte.

In den USA hat man dieses Muster ohne Zögern übernommen, während es in Frankreich zu einer bemerkenswerten Sonderentwicklung kam. Bereits am 15. August 1914 erklärte ein Autor der katholischen Zeitung *La Croix*, daß *„der alte Kampfgeist der Gallier, der Römer und Franken wiedererwacht"* sei: *„Die Deutschen müssen von der linken Rheinseite weggefegt werden. Die infamen Horden müssen hinter ihre eigenen Grenzen zurückgetrieben werden. Die Gallier Frankreichs und Belgiens müssen den Eindringling zurücktreiben mit einem entschlossenen Schlag, ein für allemal. Der Rassenkrieg beginnt."*

Mentalität des „minderwertigen Primitiven"

Im Jahr 1916 veröffentlichte die „Association française pour l'avancement des sciences" – die „Französische Gesellschaft für den Fortschritt der Wissenschaften" – einen Sammelband mit dem Titel „La psychopathologie criminelle des Austro-Allemands" (dt., „Die kriminelle Psychopathologie der Austro-Deutschen"), in dem einer der Herausgeber, ein gewisser Doktor Capitan, zu dem Schluß kam: *„Es gibt im deutschen Hirn eine absolute Amoralität, verbunden mit einem vollständigen Mangel an Takt, Maß, Delikatesse, Höflichkeit und auch einer präzisen Wahrnehmung des Rechts und des Rechten, des Guten, des Schönen, des Opfers, des Ideals etc. Es ist, wie ich schon vor einem Jahr bemerkte, die Mentalität des minderwertigen Primitiven, etwa die des Menschen aus dem Moustérien*[7] *vielleicht, bei dem die Begriffe, Grundlage jedes Zustandes lebensfähiger Zivilisation, noch nicht ausgebildet sind."*

Beliebt waren in Frankreich auch Karikaturen in denen die Deutschen mit Schweinen gleichgesetzt wurden. Scharfmacher in den britischen Medien

7 Als Moustérien wird eine Epoche des europäischen Mittelpaläolithikums bezeichnet. Das Moustérien im engeren Sinne beginnt vor rund 120.000 Jahren und dauert bis vor etwa 40.000 Jahren. In Europa ist es mit der Kultur der Neandertaler assoziiert.

kamen zu dem Schluß, daß die Deutschen eben keine Menschen seien, sondern eine Krankheit, „pestis Teutonica", die „deutsche Pest", von der die Welt befreit werden müßte. In den USA wurde eine 1918 ausbrechende Epidemie auf einen „Hun-Germs"[8] zurückgeführt.

Für die Gegner Deutschlands im Ersten Weltkrieg war klar, daß Deutschland völlig fertig gemacht werden müsse und es am besten wäre, Deutschland in den Zustand der Kleinstaaterei in der Zeit vor der Reichsgründung von 1871 zurückzuführen. Es war schon immer üblich, einen Gegner zu verunglimpfen und zu verteufeln; insbesondere um den Kampfeswillen des eigenen Volkes zu stärken und dieses von der Notwendigkeit des Kampfes zu überzeugen. Die Greuelmärchen hinsichtlich der Deutschen dürften ihre Ursache in der übergroßen Angst gehabt haben, die man vor den mächtigen Deutschen hatte. Die Deutschen waren ernstzunehmende Gegner. Deshalb wurden diese in den schwärzesten Farben gemalt; eine menschliche Neigung, die bis heute zu beobachten ist. Die britische Propaganda erwies sich namentlich in den USA als überaus wirksam, wo die breiten Massen bald das Ringen von 1914 bis 1918 als einen Konflikt zwischen den Kräften des Guten und den Kräften des Bösen betrachteten. Diese Ausführungen wurden dem Vorabdruck des Buches „Die Erfindung des häßlichen Deutschen" von Karlheinz Weissmann entnommen.[9]

Deutschland verlor die Propagandaschlacht

Noch ehe seine militärische Niederlage im Ersten Weltkrieg feststand, hatte Deutschland die Propagandaschlacht verloren. Es fand kein Rezept gegen das angelsächsische Gewohnheitsrecht, materielle und Machtinteressen mit dem Anspruch einer höheren, universellen Moral zu begründen. Diese Gewohnheit, die dem Profit- und Machtstreben ein gutes Gewissen verschaffte, wurzelte im Puritanismus und wurde subjektiv ehrlich empfunden. Da sie mit globaler Macht verbunden war, wurde sie zum international akzeptierten Faktum.

---

8 hunnischer Krankheitserreger

9 in: *Junge Freiheit* Nr. 22/14, 23. Mai 2014, unter http://www.jf-archiv.de/archiv14/201422052358.htm

Sie erledigten aus dem sicheren neutralen Ausland die Schmutzarbeit der verlogenen Ententemächte:

Ernst Bloch.

Kurt Eisner.

Maximilian Harden.

Carl von Ossietsky.

Die britische Hungerblockade war zwar in grausamer Weise effektiv, sie wirkte aber allmählich und äußerlich undramatisch. Der U-Boot-Krieg, mit dem Deutschland antwortete, verlief dagegen höchst auffällig, und jede spektakuläre Versenkung eines Schiffs ließ sich als anschauliches Beispiel deutscher Barbarei verwenden. Nach dem Zweiten Weltkrieg wurde die Übernahme der Feindzuschreibungen durch die Deutschen selbst üblich. Bereits im Ersten Weltkrieg gab es dafür gleichfalls etliche Präzedenzfälle. Den prominentesten lieferte der Philosoph Ernst Bloch.[10] Er wurde aus gesundheitlichen Gründen vom Wehrdienst freigestellt und durfte zu Studienzwecken in die Schweiz reisen. Sein Forum war die in Bern herausgegebene *Freie Zeitung*, die erstmals am 14. April 1917 erschien, fünf Tage nach der Kriegserklärung der USA an Deutschland. Ihre Finanzierung ist ungeklärt. Geldflüsse aus Frankreich und den USA gelten als wahrscheinlich. Zu den noch heute bekannten Mitarbeitern gehörten der spätere bayerische Ministerpräsident Kurt Eisner,[11] der Publizist Maximilian Harden[12] und der künftige *Weltbühne*-Herausgeber Carl von Ossietzky.[13]

Preußen als das Böse schlechthin

Für Bloch verkörperten das deutsche Kaiserreich und insbesondere Preußen das Böse schlechthin. Es herrschten dort Niedertracht, Unmoral, ein

10 Der Philosoph und Marxist Ernst Bloch (1885-1977) entstammte einer jüdischen Familie aus der Pfalz.

11 Der sozialistische Politiker Kurt Eisner (1867-1919) wurde als Sohn des jüdischen Textilfabrikanten Emanuel Eisner geboren. Er gehörte zunächst der SPD, ab 1917 der USPD an. Am 8. November 1918 rief Eisner in Bayern die Republik aus und wurde vom Münchener Arbeiter- und Soldatenrat zum ersten Ministerpräsidenten der neuen bayerischen Republik gewählt.

12 Maximilian Harden (* 20. Oktober 1861 in Berlin; † 30. Oktober 1927 in Montana, Schweiz; ursprünglich Felix Ernst Witkowski), Sohn des jüdischen Seidenhändlers Arnold Witkowski und dessen Frau Ernestine, war während des Ersten Weltkrieges ein Verfechter extremster deutscher Siegfrieden-Theorien, danach ein übler Ankläger des deutschen Volkes.

13 Der Schriftsteller, Journalist und Pazifist Carl von Ossietzky (1889-1938) wurde als Herausgeber der Wochenzeitung *Die Weltbühne* berühmt. Vor der Reichspräsidentenwahl 1932/33 empfahl er, für den kommunistischen Kandidaten Ernst Thälmann zu stimmen.

skrupelloser Machiavellismus, maßlose Verlogenheit und Opportunismus. Die Wahrheit über die deutsche Alleinschuld am Kriegsausbruch und die Kriegsverbrechen setzte er als unumstößlich voraus. *„Die Deutschen haben ungeheuren Mord begangen. Die anderen setzten sich zur Wehr, zur Notwehr.“* Der alliierte Krieg richte sich *„gegen die Substanz der deutschen Verbrecherjahre und Preußen als ihren Ursprung“*, mithin gegen ein *„radikalst Böses“*. Bloch forderte, die Deutschen vor ein „moralisches Weltparlament“ zu stellen. Wenn sie ihrer Pflicht, dem kaiserlichen Regime selbst ein Ende zu bereiten, nicht nachkämen, müsse eben der Feind diese Aufgabe übernehmen. Im Januar 1919 kritisierte er sogar US-Präsident Wilson, als dieser andeutete, wegen möglicher Friedensverhandlungen zwischen den politischen Lagern in Deutschland differenzieren zu wollen. Deutschland, so Bloch, sei *„ein einziges Heerlager, (...) eine Nation voll Selbstsucht und nacktester, kreatürlichster Machtgier“*. Die Alternative zur Niederlage Deutschlands wäre *„die Niederlage der Menschheit“* und *„die Gesamtdepression des Menschlichen“*. Am *„Radikalbösen des zentralmächtlichen, rein kreatürlichen, widerchristlichen Macht-Materialismus“* nehme das gesamte deutsche Volk Anteil, denn es *„schwieg, ja es bejubelte vier Jahre lang die schändlichsten, teuflischsten Taten seiner Regierung“*. Das so zum Menschheitsfeind stilisierte Deutschland müsse vor *„ein vollzählig ermöglichtes moralisches Weltparlament“* gestellt werden, vor dem *„das hauptsächlichste, entscheidendste Recht“* eines Deutschen darin bestünde, *„seine Reue, sein Schuldbewußtsein zu fühlen“*.

Die Schuld der Deutschen

Die Schuld am Krieg dürfe nicht einfach anhand nachweisbarer Tatsachen, sondern müsse auch moralisch interpretiert werden. Für Bloch war in den Deutschen ein tief eingewurzeltes Destruktionsstreben wirksam. Vor der allseitigen Übermacht Amerikas und Rußlands blieb den Deutschen nur die Möglichkeit der Unterwerfung. Bloch lobte den neuen bayerischen Ministerpräsidenten Kurt Eisner, der am 25. November 1918 die Akten des Bayerischen Außenministeriums publizieren ließ, um die deutsche Hauptverantwortung am Krieg zu dokumentieren – eine *„moralische Tat“* und ein Versuch, *„endlich sittliche Glut und Volkserneuerung in dieses verrottete Deutschland zu bringen“*. Doch mit demonstrativen politischen Akten konnte es nicht genug sein. *„Durch Reue also, durch innerstes Erleben der deutschen Kriegsschuld, durch demütige, sich selbst im Unrecht fühlende Mitverantwortlichkeit, durch Umkehr von den Wegen und inneren Prämissen, die schließlich zur deutschen Kriegsinitiative führten, muß jeder einzelne in Preußen-Deutschland (...) hindurchgehen."*

Der Psychiater und Philosoph Karl Theodor Jaspers (23. Februar 1883 in Oldenburg; † 26. Februar 1969 in Basel) hakte in Sachen Schuldkult unter der schützenden Hand der Alliierten des Zweiten Weltkrieges 1945/46 nach.*

Die deutsche Schuld sei eine *„psychisch-ethische Qualität"*, der erst Reue ein Ende setzte, indem *„die Tat mit ihrer Wurzel aus dem Lebenszentrum der Person, der Gemeingesinnung"* herausgestoßen wurde. Hier ist schon alles skizziert, was Karl Jaspers 1945/46 in seiner Schrift „Die Schuldfrage" detailliert ausführte. Carl Schmitt[14] schrieb – auf Verbrechen in den Revolutionen anspielend – zum Thema „Verbrechen gegen die Menschlichkeit" 1948: *„Es sind Gesinnungs-Verbrechen von der negativen Seite. Sie mußten mit dialektischer Notwendigkeit kommen, nachdem aus Humanismus die Gesinnungs-Verbrechen aus guter Gesinnung entdeckt worden waren. Mit anderen Worten: es sind die aus menschenfeindlicher Gesinnung entstandenen Taten, also das, was der zum Feind der Menschheit Erklärte tut. Politisch im extremsten und intensivsten Sinne des Wortes."* Die Erklärung Deutschlands zum „Feind der Menschheit" erfolgte also schon lange vor der Machtergreifung des Nationalsozialismus.[15]

---

14 Carl Schmitt (1888-1985) war ein bekannter deutscher Staats- und Völkerrechtler.

15 Doris Neujahr: „Geburt eines Menschheitsfeindes. Der Philosoph Ernst Bloch, die alliierte Propaganda des Ersten Weltkriegs und die Forderung nach einem Schuldkult", in: *Junge Freiheit* Nr. 2/10, 8. Januar 2010

2. Die Kriegstreiber

„Es gibt zwei Arten der Geschichtsschreibung: die eine ist die offizielle, für den Schulunterricht bestimmte; die andere ist die geheime Geschichte, welche die wahren Ursachen der Ereignisse in sich birgt.“
Honoré de Balzac (1799-1850), französischer Schriftsteller.

„Der Stoff der Geschichte sind nicht die Ansichten, sondern die Quellen.“
Alexander Solschenizyn in „August 14“.

100 Jahre nach Beginn des Ersten Weltkrieges und 70 Jahre nach dem offiziellen Ende des Zweiten Weltkrieges ist es an der Zeit, die wahren Urheber der europäischen Katastrophe zu benennen und ihre Schandtaten am Kriegsende offenzulegen. Nach offizieller Geschichtsschreibung haben die Deutschen beide Weltkriege verursacht und damit auch ihr eigenes Leiden verschuldet. Zumindest tragen sie die Hauptschuld für den Ersten und die Alleinschuld für den Zweiten Weltkrieg. So wird es uns immer wieder gesagt. Die Frage, ob und inwieweit andere Staaten und Mächte die europäische Katastrophe (mit)verursacht/verschuldet haben, wird in den offiziellen Geschichtswerken ausgeklammert. Stattdessen wird die Schuld alleine Deutschland zugeschoben. Dies wird zum Beispiel durch folgende Aussagen unterstrichen: „Die Deutschen haben Polen und die Sowjetunion überfallen“, „Die von Deutschen begangenen Kriegsverbrechen sind einzigartig in der Weltgeschichte“, „Die Deutschen sind ein Verbrechervolk/Tätervolk“, „Die Deutschen sind mit verbrecherischen Genen behaftet“ usw. Einerseits dienen solche pauschalen und infamen Behauptungen dazu, Verantwortung und Schuld an der europäischen Katastrophe kollektiv einem ganzen Volk anzulasten. Andererseits soll damit offensichtlich von der eigenen Mitverantwortung und Mitschuld an dem europäischen Verhängnis abgelenkt und das eigene Fehlverhalten gerechtfertigt werden.

Schlimm ist es, wenn solchen pauschalen und diffamierenden Aussagen geglaubt wird. Auf diese Weise gelang es den Geschichtsmanipulatoren und Meinungsmachern, die Deutschen als das größte Kulturvolk in Europa zum Verbrecher- und Pariavolk zu stigmatisieren. Die Alliierten kämpften hingegen selbstverständlich für die edlen Ziele der Demokratie, Freiheit, Humanität und Zivilisation.

Das in Schulen und Hochschulen gelehrte, von den etablierten Historikern, Parteien und Medien verbreitete und bei staatlichen Gedenktagen immer wieder vertretene Geschichtsdogma läßt sich vereinfachend in folgende Sätze zusammenfassen.

a) Das Deutsche Reich unter Kaiser Wilhelm II. hat den Ersten Weltkrieg ausgelöst, um die Vorherrschaft in Europa zu erringen. Das Kaiserreich, so wird argumentiert, habe stark aufgerüstet (insbesondere die Marine) und den Waffengang geplant, um seine Ziele durchzusetzen: Ausschaltung Frankreichs als Großmacht, Unterwerfung Belgiens, Zurückdrängung Rußlands und als Krönung eine deutsche Hegemonialstellung über ganz Mitteleuropa.

b) Nachdem dieser Versuch im ersten Durchgang gescheitert war, habe Deutschland unter Reichskanzler Adolf Hitler den Zweiten Weltkrieg vom Zaun gebrochen, um die Niederlage im Ersten Weltkrieg wettzumachen, „Lebensraum" im Osten zu gewinnen und die Weltherrschaft zu erlangen. Hitler-Deutschland wird wahrheitswidrig beschuldigt, die Aufrüstung begonnen und zielbewußt auf einen europäischen Krieg hingearbeitet zu haben, das unvorbereitete Polen und die friedliebende Sowjetunion grundlos „überfallen" zu haben, gegen diese beiden Länder einen Vernichtungs- und Eroberungskrieg geführt und im Zuge dieses Krieges schwerste Verbrechen gegen das Völkerrecht und die Gebote der Menschlichkeit begangen zu haben. Insoweit wird auf diverse Publikationen in den Medien, insbesondere im *Spiegel* und in der Geschichtsliteratur verwiesen.[16]

---

16 Zur offiziellen Geschichtsdarstellung siehe z. B. die Beiträge „Die Ur-Katastrophe des 20. Jahrhunderts", in: *Spiegel* Spezial, Nr. 1/2004; „90 Jahre Versailler Vertrag. Der verschenkte Frieden. Warum auf den Ersten Weltkrieg ein Zweiter folgen mußte", in: *Spiegel*-Titelgeschichte, Nr. 28/6. Juli 2009; „Der Krieg der Deutschen. 1939: Als ein Volk die Welt überfiel", in: *Spiegel*-Titelgeschichte, Nr. 35/24. August 2009; Jochen Böhler: *Auftakt zum Vernichtungskrieg. Die Wehrmacht in Polen 1939*, Fischer-Verlag, Frankfurt/M., 2006.

Welche Staaten und Mächte tatsächlich auf einen europäischen Krieg hingearbeitet und einen Vernichtungs- und Eroberungskrieg geführt und dabei schwerste Verbrechen gegen das Völkerrecht und die Gebote der Menschlichkeit begangen haben, läßt sich aus vielen veröffentlichten Dokumenten entnehmen und vor allem aus der Bilanz des zweiten „Dreißigjährigen Krieges“ – so bezeichneten u. a. Winston Churchill und Charles de Gaulle die Phase zwischen 1914 und 1945– ablesen.

Ausgangspunkt der europäischen Katastrophe

Der Erste Weltkrieg und der Versailler Vertrag waren für Deutschland und Europa die Urkatastrophe schlechthin. Auf den Ersten Weltkrieg ist nicht nur die ideelle und materielle Zerstörung Europas zurückzuführen, sondern auch der bolschewistische Umsturz in Rußland und die permanente Bedrohung der Welt durch den Sowjetkommunismus. Der Versailler Vertrag war kein Verständigungsvertrag zwischen Sieger und Besiegten, sondern ein Diktat der Sieger mit dem Ziel, die Besiegten niederzuhalten, mit anderen Worten, den Krieg gegen Deutschland mit anderen Mitteln fortzusetzen. In dem Diktat legten Frankreich und Großbritannien den Grundstein für den Untergang der Weimarer Republik und für den Machtaufstieg Hitlers, ja letztlich für den Zweiten Weltkrieg. Denn hier schufen diese Mächte die Voraussetzungen und Bedingungen für spätere Konflikte zwischen Deutschland, Polen und der Tschechoslowakei, insbesondere in Territorial- und Minderheitenfragen. Weitblickende Staatsmänner, Historiker und Militärs sahen schon damals voraus, daß der Gewaltfrieden von Versailles zu einem neuen Krieg führen wird.

Deutschland verlor durch Versailles Elsaß-Lothringen an Frankreich, Eupen-Malmedy an Belgien, Nord-Schleswig an Dänemark, die Provinzen Posen und Westpreußen und Teile Ostpreußens und Ost-Oberschlesien (mit den Städten Tarnowitz, Beuthen und Kattowitz) an Polen, das Hultschiner Ländchen an die Tschechoslowakei und das Memelland an Litauen. Die Hansestadt Danzig wurde als „Freie Stadt“ dem Völkerbund unterstellt und mit einer Zollunion mit Polen verbunden. Die Gebietsverluste betrugen 12 Prozent seines Territoriums mit 10 Prozent der Bevölkerung, 22 Prozent seiner Kohlen- und 75 Prozent seiner Eisenerzvorkommen. Das Sudetenland mit seiner deutschsprachigen Bevölkerung von 3,5 Millionen wurde ohne Volksabstimmung der neu gegründeten Tschechoslowakei zugeschlagen. Das Deutsche Reich wurde durch die Kriegsschuldlüge von Versailles in seiner Ehre schwer gekränkt und durch die territorialen Abtretungen, die untragbaren Reparationen und sonstige Beschränkungen in seiner Wirtschafts- und Verteidigungskraft erheblich geschwächt.

Bombenkrieg, Tieffliegerangriffe und zivile Opfer

Im Zweiten Weltkrieg fielen im Deutschen Reich dem strategischen Luftkrieg der Alliierten insgesamt etwa 600.000 Menschen (nach anderen Quellen mindestens 635.000 bis etwa 900.000 Menschen, davon 75.000 Kinder unter 14 Jahren) zum Opfer. Zivile Verluste im fünfstelligen Bereich (in Dresden nach anderen Quellen im sechsstelligen Bereich) gab es in Dresden, Swinemünde, Hamburg, Berlin, Magdeburg, Pforzheim, Darmstadt und Nordhausen. Mehr als 5.000 Bombenopfer beklagten Kassel, Köln, Königsberg, Hannover, Heilbronn, Wuppertal, Frankfurt am Main, München, Wien und Würzburg. Die 50 größten deutschen Städte lagen bis auf wenige Ausnahmen in Schutt und Asche. Die meisten Innenstädte waren zu über 80 Prozent zerstört.

In fast allen Teilen Deutschlands hat es besonders im Frühjahr 1945 ausgedehnte Tieffliegerangriffe auf Züge, Lastwagen und oft auch Zivilisten gegeben – in der Regel durch Begleitjäger auf dem Rückflug von den Zielen der Bombardements, manchmal aber auch in gesonderten Missionen. Zahlreiche Deutsche haben in jenen Wochen erlebt, wie Mustang-Piloten im Sturzflug Bodenziele beschossen; ob auch in Dresden am 14. Februar 1945 wird heute bestritten. Allein den Sowjets fielen im Endkampf und danach in Mitteldeutschland und Österreich etwa 400.000 Zivilisten (inklusive „Speziallager") zum Opfer.[17]

---

17 Zu den Tieffliegerangriffen siehe Sven Felix Kellerhoff: „Dossier berichtet über die Tiefflieger-Angriffe auf Dresden", in: *Die Welt,* 12. 2. 2013 unter http://www.welt.de/geschichte/zweiter-weltkrieg/article113572177/Dossier-berichtet-ueber-Tiefflieger-Angriffe-auf-Dresden.html

Vertreibung, Gebietsverluste und Annexionen

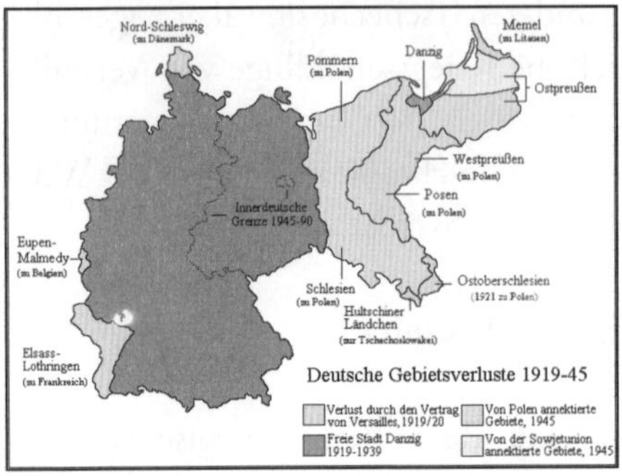

Quelle: Wikipedia, Deutsche Frage, Gebietsverluste und Annexionen 1918-1945.

Die deutschen Gebietsverluste sowie die Vertreibung von 15 Millionen Deutschen mit über 2 Millionen Toten aus ihren seit Jahrhunderten besiedelten und entwickelten Gebieten – Ostpreußen, Pommern, Schlesien, Ost-Brandenburg, Sudetenland und den mittelost-, ost- sowie südosteuropäischen Ländern – wird von der etablierten Geschichtsschreibung als unmittelbare Folge des von Deutschland entfesselten Weltkrieges und als gerechte Strafe für dessen Aggression bezeichnet. So heißt es z. B. in einem Buch über die Vertreibung der Deutschen: *„Der Verlust der deutschen Gebiete jenseits von Oder und Neiße und die Vertreibung von Millionen Menschen aus ihren angestammten Siedlungsgebieten sind die Konsequenzen der Hitlerschen Eroberungspolitik und die Folge der Terrorherrschaft und Ausrottungsfeldzüge gegen Tschechen, Polen, Russen und viele andere mehr.* " Hier wird ein vorausgegangenes (im übrigen übelst aufgebauschtes) Verbrechen mit einem neuen Verbrechen gerechtfertigt. Doch das Verbrechen der Vertreibung ist und bleibt ein einzigartiges Verbrechen gegen das Völkerrecht und die Gebote der Menschlichkeit. Zudem wird bei den Diskussionen über die angebliche Rechtmäßigkeit der Vertreibung geflissentlich verschwiegen, daß die Polen und Tschechen bereits Jahre vor Hitler deutsches Land und die Austreibung der Deutschen aus ihren Heimatgebieten gefordert hatten, wie sich aus zahlreichen veröffentlichten Dokumenten ergibt.[18]

Nach dem Zweiten Weltkrieg wurden folgende deutsche Gebiete völkerrechtswidrig annektiert: Hinterpommern, Schlesien, Ost-Brandenburg und

18 Frank Grube/Gerhard Richter: *Flucht und Vertreibung. Deutschland zwischen 1944 und 1947*; Hamburg, 1. Auflage, 1980, Editorial S. 6

Schlesier werden aus ihrer Heimat vertreiben.

der größere Teil Ostpreußens und Danzig von Polen; das Sudetenland von der Tschechoslowakei; der kleinere Teil Ostpreußens von der Sowjetunion; das Memelland ging wieder an Litauen bzw. die Litauische Sozialistische Sowjetrepublik. Allein durch den Verlust seiner Ostprovinzen verlor Deutschland über 116.000 Quadratkilometer seines Territoriums. Auch in anderen mittelost-, ost- und südosteuropäischen Siedlungsräumen waren die Deutschen Opfer der Roten Armee oder der Willkür der Vertreiberstaaten Polen, Tschechoslowakei, Jugoslawien, Ungarn und Rumänien ausgesetzt. Insgesamt wurden 15-16 Millionen Deutsche aus ihrer Heimat vertrieben, allein 8 Millionen aus Ostdeutschland und über 3 (nach anderen Quellen 3,5) Millionen aus dem Sudetenland. Bis zu 2,9 Millionen Deutsche kamen durch sowjetische Kriegsverbrechen und polnische, tschechische oder jugoslawische Übergriffe um Leben.[19]

Kriegsgefallene und Kriegsversehrte

Neben der Zahl der westalliierten Gefallenen sind die deutschen militärischen Verluste am genauesten nachgewiesen. Der Historiker Rüdiger

19 Statistisches Bundesamt: *Die Deutschen Vertreibungsverluste*, 1958

Ein deutscher Kriegsinvalide in Wien.

Overmans (Militärgeschichtliches Forschungsamt in Freiburg) geht in seiner Untersuchung von etwa 5.316.000 Kriegstoten von Heer, Marine, Luftwaffe, Waffen-SS und Volkssturm aus, wobei insbesondere die 1945 im Endkampf Gefallenen mit etwa 1,2 Millionen die unsicherste Größe sind. Zusätzlich wurden von den insgesamt 18,2 Millionen unter deutschem Befehl kämpfenden Männern knapp zwei Millionen Kriegsversehrte. Allein in Westdeutschland lebten 1949 über 1,5 Millionen staatlich anerkannte Kriegsversehrte. Vom Jahrgang 1920 fielen 41 Prozent der Männer, bei den Jahrgängen 1921-1925 jeweils über 30 Prozent.

Kriegsgefangene und Verschleppte

Obwohl die Haager Landkriegsordnung im Artikel 20 angibt, daß Kriegsgefangene *„nach einem Friedensschluß binnen kürzester Frist zu entlassen sind"*, kehrten von den etwa elf Millionen deutschen Kriegsgefangenen die letzten erst nach zehn Jahren Sklavenarbeit (etwa zwei Milliarden Arbeitstage) in ihre Heimat zurück.[20] Etwa 1,6 Millionen Kriegsgefangene sind umgekommen, die meisten (1,3 Millionen) in der Sowjetunion, prozentual jedoch mehr in Jugoslawien (geschätzt fast 40 Prozent der 194.000 Kriegsgefangenen). Zudem wurden über 900.000 deutsche Zivilisten (überwiegend in den Vertreibungsgebieten) als Zwangsarbeiter verschleppt.[21]

20 Maschke: *Die deutschen Kriegsgefangenen des Zweiten Weltkrieges*, 1967

21 Nawratil, Heinz: *Nachkriegsverluste*, 2008

Massenvergewaltigungen 1944/1945

Von den Massenvergewaltigungen waren etwa zwei Millionen Opfer betroffen. Die deutschen Frauen waren mit Abstand die größte Opfergruppe. Die Rote Armee hat selbst in Ländern vergewaltigt, mit denen sie verbündet war. Sie hat diese Länder nicht befreit, sondern erobert. In der Roten Armee galten nicht Raub und Vergewaltigung als Verbrechen, sondern zum Beispiel, sich in Kriegsgefangenschaft zu begeben. Die Soldaten der Roten Armee wußten, daß Vergewaltigung und Ermordung von Zivilisten straffrei blieben. Es handelte sich oft nicht einfach um Vergewaltigungen, sondern um Exzesse der schlimmsten Art. Betroffen waren auch Kinder und Greisinnen. Frauen wurden zu Tode vergewaltigt, andere dabei gefoltert und verstümmelt oder danach ermordet. Vielfach mußten die eigenen Kinder, Väter, Ehemänner dabei zusehen, und wer versuchte, gegen das Unerträgliche einzuschreiten, wurde oft erschossen. Die Vergewaltigungen und Plünderungen waren als eine Art Bonus-System Teil der sowjetischen Kriegsführung und hatten mit den Verbrechen der Nazis rein gar nichts zu tun. Auch amerikanische und französische Soldaten begingen massenhaft Vergewaltigungen.[22]

Reparationen und Patentdiebstahl

Im Potsdamer Abkommen vom 2. August 1945 wurde jeder Besatzungsmacht zugestanden, ihre Reparationsansprüche durch Demontagen und Sachlieferungen aus der jeweiligen Besatzungszone zu befriedigen. Insbesondere in Mitteldeutschland demontierten die Sowjets fast die Hälfte der industriellen und infrastrukturellen Kapazitäten. In den Westzonen demontierten die Besatzungsmächte insgesamt 682 Werke, was einen Kapazitätsverlust von etwa acht Prozent ausmachte.[23] Wesentlich bedeutsamer waren vor allem für die USA die Beschlagnahme aller deutschen Auslandsvermö-

---

22 Dr.-Ing. Dmitrij Chmelnizki im Gespräch „Frau komm!" mit der *Jungen Freiheit,* Nr. 44/13, 25. Oktober 2013. Chmelnitzki stammt aus einer russisch-jüdischen Familie. Er ist Autor der Bücher *Die Rote Walze. Wie Stalin den Westen überrollen wollte* (2011) und *Überfall auf Europa. Neun russische Historiker belasten Stalin* (2008).

23 Treue: *Die Demontagepolitik der Westmächte,* 1967

gen, Devisenbestände und der Raub der Warenzeichen und Patente, deren Wert heute kaum mehr bezifferbar ist.

Verbrechen von Juden an Deutschen in Ostdeutschland 1945

An den Verbrechen gegen Deutsche waren nicht nur Polen, Tschechen, Russen bzw. Sowjets und Jugoslawen beteiligt, sondern auch Juden. Der jüdische US-Journalist John Sack veröffentlichte 1993 ein Buch über die furchtbaren Lager, die von Polen in den besetzten deutschen Ostgebieten für Deutsche errichtet wurden und deren Kommandanten meist Juden waren. Nach Angabe von Sack haben in diesen Lagern bis zu 80.000 Deutsche ihr Leben auf zum Teil grausame Weise verloren.[24] Mehr dazu an anderer Stelle.

Sowjetische Kriegsgefangene

Es ist unbestreitbar, daß es im ersten Kriegsjahr ein Massensterben sowjetischer Gefangener gab, welches aber auf keinen Fall der deutschen Truppe angelastet werden kann. *„Stalin nahm ungeheure Verluste in Kauf, um den Vormarsch der Wehrmacht bis zum Wintereinbruch um jeden Preis zum Stehen zu bringen. Seine äußerst rücksichtslose Kriegführung trug Mitverantwortung am Verlust von 3,3 Millionen Kriegsgefangenen und mindestens 1,75 Millionen Gefallenen allein bis Jahresende 1941.“*[25] Diese Zahl ist lediglich eine Schätzung. Aufgrund von Veröffentlichungen in russischen Medien (z. B. am 25. Juni 1998 in der *Iswestja*), gestützt auf Quellenangaben des russischen Generalstabes, kann davon ausgegangen werden, daß insgesamt 1.784.000 russische Kriegsgefangene in

---

24 John Sack: *Auge um Auge: Die Geschichte von Juden, die Rache für den Holocaust suchten*, dt. Ausgabe, 1995, Kabel-Verlag. Ursprünglich sollte das Buch im Münchner Piper-Verlag erscheinen, der das Buch übersetzen und 6.000 Exemplare drucken ließ. Nach einer Warnung, daß Neonazis das Buch für ihre Zwecke nutzen könnten, zog sich der Verlag von der Veröffentlichung zurück und ließ die gesamte Auflage einstampfen. Siehe dazu Beitrag von Franz Uhle-Wettler: „Die Schere im Kopf des Historikers“, in: *Junge Freiheit* Nr. 42/05, 14. Oktober 2005. In Polen erschien das Buch 1995 unter dem Titel *Oko za Oko, Przemilczana historia Zydow, ktorzy w 1945 r. mscili sie na Niemcach* (dt., Auge um Auge – Verschwiegene Geschichte der Juden, die sich im Jahre 1945 an Deutschen gerächt haben).

25 Heinz Magenheimer: *Stalingrad: Die große Kriegswende,* 2007, S. 169

deutschem Gewahrsam ums Leben kamen. Der Massenanfall von Kriegsgefangenen in wenigen Monaten als Folge der Kesselschlachten und zugleich im Rahmen eines stürmischen Vormarsches stellte die Führung der Truppe vor zunächst unlösbare Aufgaben. Die Zahl von 3,3 Millionen Rotarmisten entsprach ungefähr dem Umfang des gesamten Ostheeres. Damit war eine Verdoppelung des ohnehin schon kaum zu bewältigenden Versorgungsaufwandes gegeben; von den administrativen Aufgaben für Unterbringung, Bewachung etc. ganz abgesehen. So kam es in dieser Phase des Krieges zu einem fürchterlichen Massensterben russischer Gefangener. Hierfür gab es eine Vielzahl von Ursachen und Gründen, auf die hier aus Platzgründen nicht näher eingegangen werden kann.

Es trifft auch zu, daß es bei der Rückführung von sowjetischen Kriegsgefangenen in das Reichsgebiet vielfach zu Übergriffen und Erschießungen kam, z. B. von nicht mehr marschfähigen Rotarmisten. Aufgrund des geringen Überwachungspersonals glückte vielen Gefangenen die Flucht. Als sogenannte „Abgänge beim Transport" wurden sie, weil genaue Zahlen fehlten, fälschlicherweise zu den „Umgekommenen" gezählt. Für die schlimmen Mordaktionen und Verbrechen an Gefangenen und Juden durch Einsatzgruppen und bestimmte SS-Verbände, denen eine große Anzahl von Kriegsgefangenen zum Opfer fiel, kann die Truppe nicht verantwortlich gemacht werden. Man kann ihr allerdings vorwerfen, daß – obwohl das Schicksal gefangener Juden oder Kommissare in den Händen der Einsatzgruppen des SD bekannt sein mußte – durch das „Abschieben" solcher Gefangener eine als nicht legal erachtete Aufgabe, nämlich sie selbst zu liquidieren, nur an andere weitergegeben wurde. Andererseits muß berücksichtigt werden, daß derartigen Aktionen bestialische Kriegsverbrechen von Partisanen und auch regulären sowjetischen Einheiten an deutschen Soldaten vorausgegangen sind.[26]

Opfer des Nationalsozialismus

Es ist unbestreitbar, daß in der NS-Zeit Juden diskriminiert, verfolgt, deportiert und getötet wurden. Bis heute liegen jedoch keine Belege für einen

26 Alfred Zips: *Kriegsende. 60 Jahre danach – Schicksal der Kriegsgefangenen auf beiden Seiten*"; Klosterhaus-Verlag, Lippoldsberg, 2007, S. 17-19

schriftlichen Befehl Hitlers oder nachgeordneter Stellen zur Ermordung der gesamten jüdischen Bevölkerung vor.[27]

Während der NS-Zeit fielen im Deutschen Reich um die 100.000 Menschen der Euthanasiepolitik zum Opfer. Etwa 300.000 Deutsche (allein 170.000 Juden, aber auch politische Oppositionelle, Kriminelle, Homosexuelle, Zigeuner, „Bibelforscher" und „Asoziale") wurden meist in Konzentrationslagern ermordet.[28] Während des Zweiten Weltkrieges wurden vor allem im deutsch besetzten Osteuropa Juden und Zigeuner (etwa 500.000 Opfer) verfolgt, deportiert und schließlich in Konzentrationslagern und bei Massenexekutionen ermordet.[29] Der US-Historiker Raul Hilberg gibt mindestens 5,1 Millionen jüdische Opfer an. Nach offiziellen Angaben kamen durch den Holocaust 5,6 bis 6,3 Millionen Juden um.[30]

---

27 Arnulf Scriba, Deutsches Historisches Museum, in: „Der NS-Völkermord", veröffentlicht am 20. August 2014, unter https://www.dhm.de/lemo/kapitel/der-zweite-weltkrieg/voelkermord.html

28 Nawratil: *Die deutschen Nachkriegsverluste,* 2008

29 Benz: *Der Holocaust,* 2008

30 Die vorstehenden Daten und Fakten wurden, soweit nicht eine andere Quelle genannt wurde, der Dokumentation „Aus zahllosen Wunden blutend" von Matthias Bäkermann entnommen. *Junge Freiheit* Nr. 20/15, 8. Mai 2015

3. Die Rolle des Deutschen Reiches

„Der Krieg gegen Deutschland hat 1914 begonnen. Der Vertrag von Versailles hat ihn keineswegs beendet. Es hat lediglich einen Waffenstillstand gegeben, in dessen Verlauf der Feind seine Angriffskraft wiederherstellte ... In Wirklichkeit befindet sich die Welt also im Dreißigjährigen Krieg, für oder gegen die Weltherrschaft des Deutschtums (frz., la domination universelle du germanisme).“
Oberst Charles de Gaulle, Chef der „France libre“, in einer Rundfunkrede am 18. September 1941, die aus London ins besiegte Frankreich gesendet wurde.[31]

Krieg des Kaisers?

Der Erste Weltkrieg hatte mehrere Väter. Kaiser Wilhelm II. gehörte nicht zu ihnen, weil er diesen Krieg weder gewollt noch gefördert und schon gar nicht angezettelt hatte. Dennoch wurde das Deutsche Reich in Versailles gezwungen, die Vaterschaft für den Krieg zu übernehmen (Kriegsschuldartikel 231: *„Deutschland erkennt an ...“*) und horrende Alimente (Reparationen) an die Sieger zu zahlen.[32] Tatsache ist, daß Wilhelm II. sich ernsthaft bemühte, den sich nach dem Mord von Sarajewo anbahnenden Krieg unter allen Umständen zu vermeiden. Bis zuletzt versuchte er, seinen Vetter, Zar Nikolaus II., vom Krieg abzubringen, was ihm jedoch wegen des Einflusses der russischen Kriegspartei mißlang. Aufgrund schwerer diplomatischer Fehler kann sich Deutschland indes nicht von jeglicher

---

31 Heinrich August Winkler, „Die Kontinuität der Kriegspartei“, in: FAZ vom 25. 8. 2014 unter http://www.faz.net/aktuell/feuilleton/debatten/deutsche-politik-vor-den-weltkriegen-13114532.html

32 Die Schatten von Versailles fallen bis in unsere Zeit. Aus einem Bericht des Bundesfinanzministeriums geht hervor, daß allein im Jahre 2002 zur Tilgung von Schulden aus Staatsanleihen des Deutschen Reiches zwischen 1924 bis 1930, eingegangen zur Begleichung von Reparationsforderungen, 1,8 Millionen Euro sowie weitere 2,3 Millionen Euro an entstandenen Zinsen aufgebracht werden mußten. Aufgrund der „Versailler Verpflichtungen“ mußte die BRD bis zum Jahre 2010 nochmals 95 Millionen Euro aufbringen – ohne daß darin die Zinszahlungen enthalten sind, die etwa das Dreifache dieser Summe ausmachen dürften. *Junge Freiheit* Nr. 27/09, 26. 6. 2009

Heinrich August Winkler (19. Dezember 1938 in Königsberg) – ein phantasiereicher neudeutscher Historiker.*

Mitschuld am Ausbruch des Krieges freisprechen. Aufgrund der Bündnisverpflichtung gegenüber der Donaumonarchie ließ sich das Kaiserreich, dessen wachsende wirtschaftliche und militärische Potenz die konkurrierenden Großmächte ausschalten wollten, in den Krieg hineinziehen.

In dem oben zitierten Beitrag behauptet der Historiker Winkler, Kriegsparteien hätte es überall gegeben, aber nirgendwo verfügten sie über einen so breiten gesellschaftlichen und politischen Rückhalt wie in Deutschland. Er reichte vom ostelbischen Rittergutsbesitz über die Schwerindustrie und Teile des gebildeten Bürgertums bis zu den Verbänden des gewerblichen Mittelstandes und der kaufmännischen Angestellten. Welche konkreten Äußerungen die Rittergutsbesitzer, Industriellen, Bildungsbürger usw. von sich gaben, um den Kaiser und die Reichsregierung auf Kriegskurs zu bringen, darüber schweigt sich Winkler wohlweislich aus. So ist es nicht verwunderlich, daß er zugeben muß, daß *„die Kriegspartei vor 1914 nicht in der Lage (war), die Richtungen der deutschen Politik zu diktieren."* Fazit: Im Kaiserreich gab es keine Kriegspartei. Sie ist ein reines Phantasieprodukt der etablierten Historiker.

Mit Beginn des Krieges wurde Wilhelm II. von der alliierten Propaganda bis zum äußersten diffamiert und als Mann bezeichnet, der schon immer die ganze Welt erobern wollte und deshalb diesen Krieg begann. In den alliierten Medien war viel vom „verruchten Kaiser" die Rede, bei dessen Erwähnung auch wohlunterrichtete Leute wie Lord Curzon Ekel und Widerwillen gegen den Namen „dieses Schurken" empfunden haben. Kaiser Wilhelm II. wurde überall auf der Welt als blutdürstige Bestie voller widerlicher Instinkte dargestellt. Das geschah, obgleich er ein naher Verwandter sowohl des englischen Königshauses als auch des russischen Zaren war. Die Herrscherhäuser Englands und Rußlands kannten ihn von Jugend auf persönlich und mit ihnen alle führenden Staatsmänner, viele Botschafter und Politiker. Alle diese Menschen wußten also ganz gewiß, daß der deutsche Kaiser nie in seinem Leben törichte Welteroberungspläne gehegt und auch niemals perversen oder grausamen Neigungen gehuldigt hatte. Im Gegenteil, er war ein überzeugter Christ und bemühte sich, entsprechend zu handeln.

Wilhelm II. (27. Januar 1859 in Berlin; † 4. Juni 1941 in Haus Doorn, Niederlande) entstammte der Dynastie der Hohenzollern und war von 1888 bis 1918 letzter Deutscher Kaiser und König von Preußen. Wilhelm war der Enkel des ersten deutschen Kaisers des II. Reiches, Wilhelm I., und der Sohn von Kaiser Friedrich III.*

Mit den verbalen Angriffen auf den Kaiser erreichte man zweierlei: einmal eine Rechtfertigung für die eigenen Regierungen, die ja in Wahrheit den Kriegsausbruch mit zu verantworten hatten und zum anderen einen Vorwand für die Zersetzungsparole: „*Wir führen keinen Krieg gegen das deutsche Volk, sondern nur gegen seinen verbrecherischen Kaiser!*" Deutschland stand diesen Verleumdungen und Entstellungen wehrlos gegenüber. Es besaß im Ausland keine deutschfreundlichen Presseorgane, die in geeigneter Weise für seine Interessen hätten eintreten können. Den kleineren Verleumdungen folgte eine über die ganze Welt verbreitete Lüge, die in ihrer Infamie kaum überboten werden konnte.[33]

Sämtliche Friedensbemühungen des deutschen Kaisers in den Monaten vor dem Ausbruch des Krieges wurden vom britischen Außenminister Lord Grey,

33 Gerhard Krause: *Die Schuld am deutschen Schicksal – Wahrheit als Waffe gegen Lüge und Verleumdung,* 1973, S. 116-121

den französischen Revanchisten und den russischen Panslawisten gezielt vereitelt. Diesen Kriegstreibern ist es zu verdanken, daß es zu keiner friedlichen Lösung kam. Ohne die egoistische Politik dieser Intriganten wären der Welt vielleicht zwei Weltkriege und einige Diktaturen erspart geblieben.

Hitlers Krieg?

„Die Geburtsstätte der nationalsozialistischen Bewegung ist nicht München, sondern Versailles." Theodor Heuss, erster Bundespräsident der BRD, 1932 in seinem Buch „Hitlers Weg", S. 152

„Die Tatsache, daß Hitler sein Land von der Furcht einer Wiederholung jener Zeit der Verzweiflung, der Armut und Demütigung erlöst hat, hat ihm im heutigen Deutschland [von 1936] *unumstrittene Autorität verschafft. An seiner Popularität, vor allem unter der deutschen Jugend, besteht keinerlei Zweifel. Die Alten vertrauen ihm; die Jungen vergöttern ihn. Es ist nicht die Bewunderung, die einem Volksführer gezollt wird. Es ist die Verehrung eines Nationalhelden, der sein Land aus völliger Hoffnungslosigkeit und Erniedrigung gerettet hat.* (...) *Er ist gegen Kritik immun wie ein König in einem monarchistischen Staat. Er ist noch mehr. Er ist der George Washington Deutschlands, der Mann, der seinem Land die Unabhängigkeit von allen Bedrückern gewann."* Winston Churchill im *Daily Express* am 7. 9. 1936.

„Hitler wollte alles andere als einen Weltkrieg. Nach Kriegsende sind die wesentlichen deutschen Archive in unsere Hände gefallen, und wir können uns ein präzises Bild von dem außerordentlichen Grad der Kriegsfurcht in den führenden deutschen Kreisen machen ... Die plötzliche Kehrtwendung Englands machte den Krieg unvermeidbar. Auch die Sowjetunion marschierte im September 1939 in Polen ein, jedoch ohne daß England und Frankreich ihr den Krieg erklärten. Das beweist, daß es nicht um Polen, sondern um die Vernichtung Deutschlands ging." Der britische Historiker Liddell Hart in *Picture Post* am 3. September 1949.[34]

---

34 Zitiert bei Joachim Nolywaika: *Ostdeutsche Passion 1918-1948,* 2004, S. 20

„Adolf Hitler hatte Ende der 1930er Jahre keinerlei Interesse an einem Weltkrieg, ja nicht einmal an einem Krieg gegen Polen. Vielmehr sorgte er sich – und zwar zu Recht -, daß sich die Streitmächte Großbritanniens und Frankreichs gegen die Westgrenze des Deutschen Reiches werfen würden und daß dann zugleich die Rote Armee gegen die deutsche Ostgrenze marschieren würde." Uri Milstein, in: *Deutsche Militärzeitschrift (DMZ)* Nr. 72, 2009, S. 44. Milstein ist israelischer Militärhistoriker.

„In den beschlagnahmten deutschen Archiven gibt es kein Zeugnis, daß Hitler eine Offensive gegen die westliche Hemisphäre plante. Aber es gibt eine Fülle von Beweisen, daß er gerade dies vermeiden wollte, bis Amerika in den Krieg eintrat ... Roosevelt hat Amerika in den Krieg gelogen, so Claire Booth-Luce während des Parteikonvents der Republikaner 1944." J. F. C. Fuller, britischer Militärhistoriker, in: „A Military History of the Western World", 1956.

Adolf Hitler (20. April 1889 in Braunau am Inn; † 30. April 1945 in Berlin) war von 1933 bis 1945 Kanzler des Deutschen Reiches.*
„Von der Parteien Gunst und Haß verwirrt, schwankt sein Charakterbild in der Geschichte." (Prolog zu Schillers „Wallenstein")

„Wir wollen nichts, was uns nicht einst gehört hat, kein Staat wird von uns in seinem Eigentum jemals beraubt werden." Hitler in seiner Reichstagsrede am 28. April 1939.

„Allein ich glaube, dadurch noch am ehesten dem zu nützen, was uns allen am Herzen liegt: der Gerechtigkeit, der Wohlfahrt, dem Fortschritt und dem Frieden der ganzen menschlichen Gemeinschaft!" Schlußworte Hitlers in der Reichstagrede am 28. April 1939.

„*Was wir im deutschen Widerstand während des Krieges nicht begreifen wollten, haben wir nachträglich vollends gelernt, daß der Krieg schließlich nicht gegen Hitler, sondern gegen Deutschland geführt wurde.*" Eugen Gerstenmaier, Widerständler und Präsident des Bundestages von 1954-1969, in: *FAZ* vom 21. März 1975.

„*Wir machten aus Hitler ein Monstrum, einen Teufel. Deshalb konnten wir nach dem Krieg auch nicht mehr davon abrücken. Hatten wir doch die Massen gegen den Teufel persönlich mobilisiert. Also waren wir nach dem Kriege gezwungen, in diesem Teufelsszenario mitzuspielen. Wir hätten unmöglich unseren Menschen klarmachen können, daß der Krieg nur eine wirtschaftliche Präventivmaßnahme war.*" US-Außenminister James Baker III. im *Spiegel*, Nr. 13/1992.

Auch der Zweite Weltkrieg hatte mehrere Väter. Reichskanzler Adolf Hitler gehörte nicht zu ihnen, weil er diesen großen Krieg nie gewollt und ihn weder gefördert noch durch einen grundlosen Angriff auf Polen ausgelöst hatte. Trotzdem wird Deutschland die Alleinschuld an dieser Katastrophe aufgebürdet. Tatsache aber ist, daß Hitler bis zuletzt versucht hatte, einen Krieg mit Polen wegen der deutschen Minderheit und der Danzig- und Korridorfrage zu vermeiden.

Die Reichsregierung unternahm insgesamt sechsmal die Initiative zu Verhandlungen mit Polen. Die Serie der Gespräche begann am 24. Oktober 1938 und setzte sich mit immer neuen Versuchen am 19. November 1938, am 5. Januar 1939, am 25. und 26. Januar, am 21. März und am 28. April fort, bis am 30. August 1939 die letzte Offerte an Polen ging. Aufgrund der ablehnenden Haltung der Polen, die von Großbritannien und Frankreich unterstützt wurden, sah Hitler schließlich keine Möglichkeit mehr, den deutsch-polnischen Konflikt noch friedlich zu lösen. All diese Tatsachen und die konkreten deutschen Vorschläge sind dokumentarisch belegt. Durch den Einmarsch („Überfall") nach Polen wollte Hitler die polnischen Provokationen, Schikanen und Gewalttaten gegen die deutsche Minderheit endlich unterbinden und die rein deutsche Stadt Danzig dem Reich wieder angliedern. Die offizielle Geschichtsschreibung wertet freilich die deutsche

Besetzung der Rest-Tschechei im März 1939 und die Angriffe („Überfälle") auf Polen und die Sowjetunion als Aggression, also als völkerrechtswidrige militärische Angriffe auf ein fremdes Staatsgebiet. In der Tat läßt sich nicht bestreiten, daß Hitler durch diese kriegerischen Akte das Odium des Aggressors auf Deutschland geladen hatte, unter dem das Land bis heute noch zu leiden hat. Durch seine martialischen Reden trug Hitler selbst zu seinem aggressiven Image bei, obwohl er in Gesprächen mit ausländischen Politikern, Publizisten, Künstlern usw. übereinstimmend als höflich, gebildet, hochkompetent und als Mann mit angenehmen Umgangsformen geschildert wird.

Doch war Hitler wirklich der böse Aggressor, der nichts anderes im Sinn hatte als fremde Länder zu überfallen, zu unterjochen, fremde Territorien zu erobern und die Weltherrschaft zu erlangen? War Hitler ein Aggressor, weil er den ersten Schuß abfeuern ließ? Der erste israelische Botschafter in Deutschland, Asher Ben-Nathan, hat einmal im Zusammenhang mit dem Sechs-Tage-Krieg Israels 1967 gesagt: *„Nicht wer den ersten Schuß abgegeben hat ist entscheidend, sondern was den ersten Schüssen vorausgegangen ist."* Diese Weisheit gilt nicht nur für Israel, sie gilt für alle Völker, somit auch für das deutsche Volk. Aus dieser Wahrheit ergeben sich die Schuldigen, die Täter und Opfer mit allen schicksalhaften Folgen für sie, wenn man nicht – wie nach dem ersten 30-jährigen Krieg von 1618 bis 1648 – bereit ist, von rächender Abrechnung abzusehen.

In dem oben erwähnten Zitat in der DMZ erklärte der israelische Militärhistoriker Uri Milstein, daß Hitler keinen Krieg gegen Polen und schon gar keinen Weltkrieg wollte. Vielmehr habe er mit Recht einen Angriff der Westmächte und der Sowjetunion gegen das Deutsche Reich befürchtet. Seine Befürchtung wurde durch die Kriegserklärungen Großbritanniens und Frankreichs am 3. September 1939 an das Deutsche Reich und den Großaufmarsch der Roten Armee im Frühjahr 1941 an der Ostgrenze des Reiches bestätigt. Wie Hitler zur damaligen Zeit wirklich dachte, beschreibt Milstein wie folgt: *„Hitler war sich am 1. September 1939 sicher, daß sein Einmarsch in Polen nicht zu einem Krieg führen würde – denn ihm stand die friedliche Vereinigung mit dem Sudetenland noch lebhaft vor Augen, bei* *der kein einziger Schuß gefallen war – und daß Polen seine Vorschläge annehmen werde, ohne in den Krieg zu ziehen. Hitler dachte deshalb so, weil Polen schwächer war als die Tschechoslowakei und weil Stalin ihm öffentlich im Ribbentrop-Molotow-Pakt eine Nichtangriffsgarantie gegeben hatte und durch das geheime Zusatzprotokoll das künftige Aussehen Osteuropas bereits klar umrissen war. In jedem dieser Punkte sollte Hitler falsch liegen.*"[35]

Aus der Einschätzung des israelischen Militärhistorikers ergibt sich bereits klar, daß Hitler kein Kriegstreiber war. Aufgrund seiner leidvollen Erfahrungen als Soldat im Ersten Weltkrieg erstrebte Hitler als Staatsmann einen dauerhaften Frieden in Europa mit einem gleichberechtigten Deutschland. Nur so konnte er seine nationalen Aufbauziele erreichen. Ihm gelang es, die deutsche Wirtschaft wieder auf Wachstumskurs zu bringen und die Massenarbeitslosigkeit zu beseitigen. Ihm gelang es, 1936 die volle Souveränität des Reiches im entmilitarisierten Rheinland wiederherzustellen. Ihm gelang es, 1938 die durch das Versailler Diktat erzwungene Trennung/Abtretung deutscher Gebiete in das Deutsche Reich teilweise wieder rückgängig zu machen. Im Falle Österreichs („Anschluß") und des Sudetenlandes (Münchener Abkommen) erfolgte die Vereinigung mit stillschweigender Duldung oder mit ausdrücklicher Zustimmung der europäischen Mächte. Auf die Wiedergewinnung von Elsaß-Lothringen hatte Hitler im Interesse der deutsch-französischen Aussöhnung feierlich verzichtet. Den deutsch-polnischen Konflikt in der Danzig- und Korridorfrage sowie das deutsche Minderheitenproblem in Polen versuchte er ebenfalls, friedlich zu lösen, scheiterte aber an der kriegsbereiten und unnachgiebigen Haltung Polens und Englands.

Fazit: Der Zweite Weltkrieg ist nicht auf die (legale) Machtübernahme Hitlers und eine vermeintliche Kriegspolitik der Nationalsozialisten zurückzuführen, sondern auf den Versailler Diktatfrieden und die fehlende Bereitschaft der Sieger, wenigstens die bedrückendsten Bestimmungen dieses Diktats zu revidieren. Hätten die Siegermächte deutsche Gebiete nicht fremden Staaten überlassen und Deutschland nicht wirtschaftlich und po-

35 Quelle: http://www.weltkrieg.cc/articles/read-freispruch-fur-hitler-aus-israel_103.html

litisch geknebelt, hätte Hitler keinen Anlaß gehabt, eine Revision des Versailler Diktats zu betreiben bzw. diesen „Vertrag" für null und nichtig zu erklären. Darüber sind sich die meisten Historiker inzwischen einig. Fakt ist auch, daß nicht Hitler-Deutschland mit dem Wettrüsten begonnen hatte, sondern die westlichen Alliierten und Sowjetrußland. Bereits ab 1935 begannen Großbritannien und die USA mit der Entwicklung von viermotorigen Langstreckenbombern. Es war von vornherein klar, daß die potenziellen Angriffsziele vor allem in Deutschland und Japan lagen.

So legitim das Bestreben Hitlers war, die verlorengegangen deutschen Gebiete friedlich wiederzuerlangen, so sehr war es ein schwerer außenpolitischer Fehler der deutschen Führung, die Rest-Tschechei im März 1939 nach dem Zusammenbruch der Tschecho-Slowakei zu besetzen. In den Augen der Westmächte hatte Hitler damit die rote Linie überschritten. Nebenbei sei allerdings bemerkt, daß es sich bei der Rest-Tschechei einst um deutsche Gebiete (Länder der Böhmischen Krone) gehandelt hatte. Da die Tschechei damals als „sowjetischer Flugzeugträger" in Mitteleuropa galt, wollte Hitler mit der Besetzung diese Gefahr für das Reich ausschalten. Was in andere geschichtlichen Perioden und in anderen politischen Zusammenhängen Ländern wie Großbritannien, Frankreich, den USA oder der Sowjetunion recht und billig war (und ist), wurde im Falle der Besetzung der Rest-Tschechei zu einem Ding der Unmöglichkeit hochstilisiert. – „Quod licet Iovi, non licet bovi."[36]

36 dt., „Was dem Jupiter erlaubt ist, ist dem Ochsen nicht erlaubt."

4. Die Rolle Großbritanniens

Die Gründung des Deutschen Reiches im Januar 1871 rief umgehend die Briten auf den Plan. Bereits im Januar 1871 bewertete Premierminister Benjamin Disraeli[37] die Folgen der Niederlage Frankreichs und der deutschen Einigung im Unterhaus: *„Das Gleichgewicht der Macht ist völlig zerstört worden, und das Land, welches darunter am meisten leidet und die Wirkung dieses Wandels am stärksten empfindet, ist England.“* Am 17. Februar 1871 wurde diese neue Sicht im Unterhaus noch konkreter durch den Abgeordneten Robert Peel formuliert. In einem Debattenbeitrag legte er dar, daß die Einigung Deutschlands eine große Gefahr für ganz Europa schaffe, zumal Deutschland unter einem militärischen „Despotismus“ vereinigt worden sei. So tauchten schon mit der Geburt des Deutschen Reiches zwei Propagandamuster auf, derer sich zuerst die Briten und später auch die Amerikaner gern bedienten. Deutschland wird fortan nicht nur als eigener Feind, sondern zugleich als „Feind Europas“ und als militaristisches Land betrachtet.

Durch die Vereinigung der deutschen Länder nahmen die deutsche Wirtschaftskraft und der deutsche Außenhandel rasant zu. Er übertraf bald den Frankreichs und Englands und stand bereits um 1900 hinter dem der USA an zweiter Stelle. Vorher beherrschten die Engländer den Weltmarkt. Nun trat mit den Deutschen ein ernsthafter Konkurrent auf. Schon 1887 wurde zum Schutz vor billiger Importware aus Deutschland die Herkunftsbezeichnung „Made in Germany“ eingeführt. Doch das zur Abwertung deutscher Produkte gedachte Zeichen erwies sich bald als ein besonderes Gütezeichen und wurde in der Welt gleichbedeutend für höchste Qualität und Zuverlässigkeit. So gewann das Deutsche Reich, nur noch von den USA überboten, auf den Gebieten der industriellen und wirtschaftlichen Erzeugung, des Exports, des Handels und des Verkehrs in wenigen Jahrzehnten eine Weltmachtstellung. Hinzu kamen technische Spitzenleistungen deutscher Ingenieure, z. B. im Automobil- und Schiffsbau.

37 Der englische Staatsmann und Schriftsteller Benjamin Disraeli (1804-1881) erklärte die Rassenfrage zur Schlüsselfrage der Weltgeschichte: *„Die Rassenfrage ist der Schlüssel zur Weltgeschichte.“* Salcia Landmann, *Die Juden als Rasse*, 1981; Motto vor dem Inhaltsverzeichnis des Buches.

All diese Erfolge führten in Großbritannien zu Neid, Mißgunst und Haß auf Deutschland. Diese Stimmung spiegelte sich vor allem in den Medien wider. So schrieb der Londoner *Saturday Review*, ein Blatt der Oberschicht, am 24. August 1895: *„Wir Engländer haben bisher stets gegen unsere Wettbewerber bei Handel und Verkehr Krieg geführt. Unser Hauptwettbewerber ist heute nicht mehr Frankreich, sondern Deutschland.* (...) *Bei einem Krieg gegen Deutschland kämen wir in die Lage, viel zu gewinnen und nichts zu verlieren."*

Er erkannte sofort die vom neugegründeten (Zweiten) Deutsche Reich für den britischen Imperialismus ausgehende Gefahr – Sir Robert Peel (5. Februar 1788 zu Brookside bei Blackburn, in der Nähe von Bury (Lancashire); † 2. Juli 1850 in London), 2. Baronet Peel of Clanfield. Der britische Staatsmann und Politiker gilt als Begründer der Konservativen Partei.*

Am 1. Februar 1896 schrieb das gleiche Blatt: *„Wäre morgen jeder Deutsche beseitigt, so gäbe es kein englisches Geschäft noch irgendein englisches Unternehmen, das nicht zuwüchse. Verschwände jeder Engländer morgen, so hätten die Deutschen den Gewinn.* (...) *Einer von beiden muß das Feld räumen.* (...) *Macht euch fertig zum Kampf mit Deutschland, denn Germaniam esse delendam."*[38] In wichtigen politischen Kreisen Englands fiel diese Losung auf fruchtbaren Boden und bestimmte fortan die Richtschnur des Handelns. Nicht zu Unrecht wurde später der Erste Weltkrieg ein Wirtschaftskrieg genannt, bei dem es um die Vorherrschaft auf den Weltmärkten ging.[39]

Das Thema ließ die britische Zeitung offenbar nicht mehr los. In einem Artikel vom 11. September 1897 wies das Blatt mit folgenden Worten auf

38 dt., Deutschland muß vernichtet werden.
39 Schultze-Rhonhof, S. 29 ff.; Kosiek, S. 56 ff.

die sich abzeichnende Rivalität zwischen Großbritannien und Deutschland hin: „*Auf die Länge beginnen auch in England die Leute zu verstehen, daß es in Europa zwei große unversöhnliche, entgegengesetzte Mächte gibt, zwei große Nationen, welche die ganze Welt zu ihrem Einflußgebiet machen und von ihr Handelstribut erheben möchten. England, mit seiner langen Geschichte erfolgreicher Aggression* (sic!), *mit seiner wunderbaren Überzeugung, daß es, wenn es seine eigenen Interessen verfolgt, zugleich unter den im Dunkeln wohnenden Völkern Licht verbreitet, und Deutschland, Fleisch vom selben Fleisch, Blut vom selben Blut, mit geringerer Willenskraft, aber vielleicht lebhafterer Intelligenz, rivalisieren in jedem Winkel des Erdballs.* (...) *Der Deutsche und der Engländer kämpfen darum, der Erste zu sein. Eine Million geringfügiger Streitigkeiten schließen sich zum größten Kriegsgrund zusammen, welchen die Welt je gesehen hat. Wenn morgen Deutschland ausgelöscht würde, gäbe es übermorgen keinen Engländer in der Welt, der nicht um so reicher geworden wäre. Nationen haben jahrelang um eine Stadt oder um das Recht der Thronfolge gekämpft, warum sollten sie nicht auch um 250 Millionen Pfund jährlichen Handels kämpfen?*“ Der Artikel schloß wiederum mit den Worten „*Germania esse delendam.*“[40]

Im übrigen betrachteten sich die Briten im 19. Jahrhundert als „Gottes eigenes Volk“ und dreizehnten Stamm Israels. Ihr weltweites Kolonialreich bestätigte ihnen, eine auserwählte Nation zu sein. So lag es nahe, diesen Bund mit Gott durch die Beschneidung zu dokumentieren. Wohl deshalb hatte Königin Victoria alle männlichen Nachkommen des Königshauses beschneiden lassen und die Zikumzission in Großbritannien hoffähig gemacht.[41]

Die wachsende Feindschaft der Briten gegenüber ihren deutschen Vettern wurde auch im Ausland registriert. Dies mögen die folgenden Beispiele verdeutlichen. Der US-amerikanische Generalkonsul in München, John Gaffney, notierte in Rückschau auf seine Aufenthalte in Großbritannien vor dem Ersten Weltkrieg: „*...Meine englischen Freunde zögerten nicht, mir mit völliger Offenheit und der üblichen englischen Anmaßung zu erklären, daß es nötig sei, Deutschland zu zerstören, oder Großbritannien würde seine*

40 Dag Krienen: „Vom Handelsneid eines Imperiums“, in: *Junge Freiheit* Nr. 35/12, 24. August 2012

41 Hans E. Müller: „Der archaische Schnitt“, in: *Junge Freiheit* Nr. 35/12, 24. August 2012

wirtschaftliche Vormachtstellung auf den Weltmärkten verlieren."

In den Akten des belgischen Außenministeriums finden sich entsprechende Berichte der belgischen Botschafter in London und Berlin aus jener Zeit. So meldete Baron Greindl, belgischer Gesandter in Berlin, mit einem Brief vom 18. Februar 1905 nach Brüssel: *„... Die wahre Ursache des Hasses der Engländer gegen Deutschland ist die Eifersucht, hervorgerufen durch die außergewöhnlich rasche Entwicklung der deutschen Handelsflotte, des deutschen Handels und der deutschen Industrie. Dieser Haß wird solange fortbestehen, bis sich die Engländer mit dem Gedanken vertraut gemacht haben, daß der Welthandel kein Monopol ist, welches England von Rechts wegen zukommt. Außerdem wird dieser Haß von der Times und einer Anzahl anderer Zeitschriften sorgsam genährt."*

Der belgische Diplomat Jules Xavier Charles Joseph Léonard Graf Greindl (7. September 1835 in Mons, Hennegau; † 30. Juli 1917 in Forest, Region Brüssel-Hauptstadt) erkannte klar die wirtschaftspolitischen Neidkomplexe der Briten gegenüber dem Deutschen Reich. Foto von J. C. Schaarwächter, 1901.*

Ganz ähnlich lautet der Bericht des belgischen Gesandten Graf Lailang aus London, der am 24. Mai 1907 an sein Ministerium schrieb: *„... Eine gewisse Kategorie der Presse, (...) trägt zum großen Teil die Verantwortung für die feindselige Stimmung zwischen den beiden Nationen. Was kann man denn auch von einem Pressemann wie Herrn Harmsworth, heute Lord Northcliffe, Herausgeber der Daily Mail, des Daily Mirror, des Daily Graphic, der Evening News und des Weekly Dispatch, erwarten, der in einen Interview für den* (französischen) *Matin sagte: ‚Ja, wir hassen die Deutschen und das von Herzen. (...) Ich werde nicht zulassen, daß meine Zeitungen auch nur das geringste drucken, was Frankreich verletzten könnte. Aber ich möchte nicht, daß sie irgendetwas aufnehmen, das den Deutschen angenehm sein könnte!"*

Der ehemalige englische Premier Lord Arthur James Balfour (1848-1930) erklärte gegenüber dem US-Diplomaten Henry White in einem Gespräch im Jahre 1910 in London. *„Wir sind wahrscheinlich töricht, daß wir keinen Grund finden, um Deutschland den Krieg zu erklären, ehe es zu viele Schiffe baut und uns den Handel wegnimmt ... Vielleicht ist das aber eine Frage der Erhaltung unserer Vorherrschaft.“*[42]

* * *

Beim Wort „Krieg“ fällt den meisten Menschen zuerst Deutschland ein oder vielleicht auch die USA oder Israel. Die Hauptkriegstreiber der Menschheitsgeschichte sind aber zweifellos die Briten. Ganze 90 % aller Länder der Welt wurden schon von britischen Truppen überfallen. Platz 2 der Kriegstreiber ist Frankreich und gleichzeitig das Hauptopfer der Briten. Britische Schüler lernen in der Schule, daß das British Empire während seiner Blütezeit ein Viertel der Erdoberfläche besaß. Alle Kriege, die Großbritannien jemals geführt hat, wurden untersucht und grafisch auf einer Weltkarte dargestellt. Dabei stellte sich heraus, daß Großbritannien bereits 90 % aller Länder dieser Welt angegriffen und erobert hat. Fast 200 verschiedene Länder gibt es auf der Welt, und nur 22 von ihnen wurden bisher nicht von den Briten überfallen und eingenommen. Die einzige Nation, die sich Großbritannien mit einer ähnlichen Erfolgsbilanz annähere sei Frankreich, so der britische Historiker Stuart Laycock.[43]

Bei ihren Feldzügen gingen die Briten gegenüber den Zivilbevölkerungen eroberter Länder zumeist nur wenig zimperlich vor. – Hier einige Beispiele.

Hungerblockade gegen Deutschland von 1914 bis 1919

Bei Kriegsausbruch sperrte Großbritannien den nördlichen Zugang zur Nordsee, um die Zufuhr von Lebensmitteln und anderen Güter nach Deutschland zu blockieren. Die Briten und ihre Verbündeten bemühten sich konsequent, den deutschen Außenhandel und den Zwischenhandel

42 Schultze-Rhonhof, S. 32-33

43 Stuart Laycock: *All the Countries We've Ever Invaded: And the Few We Never Got Round To,* 2012

der neutralen Mächte mit Deutschland zu unterbinden. Sie nahmen dabei in Kauf, daß ihre Blockademaßnahmen in erheblichem Umfang gegen das Kriegsvölkerrecht verstießen, auch weil sie rasch auf Lebens- und Futtermittel ausgedehnt wurden. Da sich Deutschlands Streitkräfte an den Fronten lange Zeit als unbezwingbar erwiesen, verlegten die Briten ihre Anstrengungen immer mehr darauf, durch Perfektionierung der Blockade die deutsche „Heimatfront" zu zermürben. Dabei kannten sie zunehmend weniger Skrupel, um so mehr erkennbar wurde, daß der Hunger in Deutschland dazu ein geeignetes Mittel war. Nachdem die Blockade – die auch die neutralen Staaten in Europa erheblich in Mitleidenschaft zog – ab 1916 wesentlich effektiver gestaltet und nach dem Kriegseintritt der USA im April 1917 nahezu wasserdicht gemacht werden konnte, erwies sich der Hunger schließlich als das wichtigste Mittel, um den Zusammenbruch des deutschen Widerstandswillens herbeizuführen.

Die Alliierten setzten aber auch nach dem Waffenstillstand vom 11. November 1918 ihre Lebensmittelblockade gegen Deutschland fort. Praktisch hielten sie an der Blockade auch deshalb fest, um den Deutschen später alle Friedensbedingungen aufzwingen zu können, die ihnen beliebten. Entsprechend bestimmte der Waffenstillstandsvertrag in Artikel 26, daß die Blokkade bis zum Abschluß eines Friedensvertrags in Kraft bleiben sollte. Die völlige Einfuhrfreiheit für Lebensmittel wurde indes erst erreicht, als die gesamte Blockade am 12. Juli 1919, am Tag nach der Ratifizierung des Versailler Friedens durch den Reichstag, von den Alliierten aufgehoben wurde. Für das Deutsche Reich (ohne Österreich) wird im allgemeinen von gut 750.000 Toten bis Ende 1918 – also ohne die Opfer in der Waffenstillstandszeit – ausgegangen. Diese Opferzahlen beruhen auf statistischen Berechnungen der zivilen Sterblichkeit im Krieg im Vergleich zur zivilen Sterblichkeit in den vorangegangenen Friedensjahren. Wie viele zusätzliche Opfer die militärisch völlig unnötige Verlängerung der Blockade nach dem Waffenstillstand insgesamt gefordert hat, ist nicht mehr zu ermitteln.[44]

---

44 Dag Krienen: „Die Bestrafung mit einer Hungersnot", in: *Junge Freiheit* Nr. 10/09, 27. Februar 2009 unter https://phinau.de/jf-archiv/archiv09/200910022756.htm

„Das Leid der hungernden Kinder", Radierung von Käthe Kollwitz (1867-1945).

1917-1919: Persiens große Hungersnot

In den Jahren von 1917 bis 1919 verhungerten rund 40 Prozent der Bevölkerung des neutralen Persien (heute: Iran) bzw. zwischen 8 und 10 Millionen Perser während der britischen Besatzung im Ersten Weltkrieg. Die britische Regierung unternahm nicht nur nichts, um die Hungersnot zu lindern, sondern verstärkte diese noch durch Konfiskation lokaler Lebensmittel und Getreide, verhinderte den Import von Lebensmitteln aus Indien, Mesopotamien und den USA und blockierte den Zahlungsverkehr, so daß Persien keinen Öl-Handel mehr betreiben konnte. Nicht wenige Experten bezeichnen „Persiens Große Hungersnot" als den größten Genozid aller Zeiten.[45]

1916-1920: Bomben gegen Aufständische

Das britische Empire hatte bereits in den Kolonialkriegen wie im Sudan (1916) oder in Afghanistan (1919) Volksaufstände niedergebombt. Im Sommer 1920 gab es einen Aufstand der Araber im (von den Engländern aus den ehemaligen drei osmanischen Provinzen Basra, Bagdad und Mosul installierten) Irak als Folge der Verhaftung und Einkerkerung eines populären Scheichs. Als damaliger Rüstungs- und Kolonialminister ließ Winston Churchill 97 Tonnen Bomben auf die Aufständischen werfen, wobei mehr als 6.000 Menschen umkamen. Bei Beginn des Konflikts empfahl Churchill in völliger Skrupellosigkeit den Einsatz chemischer Waffen gegen Rebellen:

45 Bürgender: „Irans große Hungersnot von 1917-1919" unter: http://www.gegenfrage.com/irans-grosse-hungersnot-von-1917-1919/

„Ich bin absolut dafür, Giftgas gegen unzivilisierte Stämme einzusetzen, um Angst und Terror zu verbreiten."[46]

Dreißiger Jahre: Versuche mit Giftgas in Gaskammern

Laut Dokumenten des National Archive steckten britische Militärwissenschaftler aus der ältesten Forschungsanlage für chemische Waffen der Welt, Porton Down, ab den frühen dreißiger Jahren über zehn Jahre lang indische Soldaten zu Versuchszwecken in Gaskammern und vergifteten sie mit Senfgas, um herauszufinden, welche Menge des chemischen Giftgases benötigt wird, um ein Massaker auf einem Schlachtfeld anzurichten. Diese Versuche waren Teil eines wesentlich größeren Programms, in dem festgestellt werden sollte, wie chemische Waffen auf Menschen wirken.[47]

16. Mai 1940: Beginn der britischen Bombenoffensive gegen Deutschland

„Wir kommen von jetzt ab jede Nacht wieder, bis wir euch kleingekriegt haben." Britische Flugblätter, abgeworfen Ende Mai 1940.[48]

Am 16. Mai 1940 eröffneten die Briten den strategischen Luftkrieg gegen Deutschland. Die Offensive richtete sich primär gegen die deutsche „Rüstungsschmiede" im Ruhrgebiet und den norddeutschen Raum. Dabei wurden auch gezielt Wohnviertel in den Städten und sogar Dörfer bombardiert. Durch solche „Nadelstiche" konnte jedoch keine Kriegsentscheidung herbeigeführt werden. Schon der erste Einsatz gegen das Ruhrgebiet in der Nacht zum 16. Mai erwies sich als Fehlschlag: 96 zweimotorige Bomber hatten sich auf den Weg zum smogverhüllten und von starker Flugabwehr geschützten Industrierevier gemacht. Die anvisierten Raffinerien und Kraftwerke wurden nur von 24 Besatzungen überhaupt ausfindig gemacht. Sechs Maschinen gingen verloren.

46 Torsten Migge: „Bombenterror gegen Deutschland" unter www.geschichtsthemen.de/bombenterror.html

47 Ebda.

48 Friedrich, S. 468

Zweifellos liegt die Verantwortung für den Beginn des strategischen Bombenkrieges bei Churchill. Die verlustreichen und wenig wirksamen Bombenangriffe waren für den britischen Premier auch nach dem Rückzug aus Frankreich offenbar das einzige Mittel, Deutschland direkt anzugreifen und so seinen Willen zu unterstreichen, den Krieg unter allen Umständen fortzusetzen. Nur ein *„absolut verheerender Ausrottungsangriff mit überschweren Bombern"*, so Churchill, würde die Deutschen „zur Vernunft" bringen. Seine Hoffnung ruhte auf den noch zögerlichen Amerikanern, die ja nicht den Eindruck gewinnen durften, daß Europa für die Demokratie verloren sei. Trotzig telegraphierte Churchill daher Ende Juli 1940 an Roosevelt, daß er Hitler „schwere Schläge" versetze. Davon konnte natürlich zunächst nicht die Rede sein.[49]

Bis dahin hatte die deutsche Luftwaffe das englische Mutterland noch nicht angegriffen, abgesehen vom Notwurf einer deutschen Bombe auf den Shetlands am 13. November 1939, vom Abschluß eines ersten deutschen Flugzeugs über England am 3. Februar 1940 und vom Absturz einer Heinkel am 30. April 1940. Auch in der Folgezeit war die Luftwaffe noch lange in Frankreich gebunden und stand für eine Bombardierung Englands nicht bereit. Der von 1918 bis 1937, zuletzt als als hoher Beamter, im britischen Luftfahrtministerium tätige britische Luftfahrtexperte J. M. Spaight (1877-1968) hat diesen Tatbestand schon während des Krieges zugegeben. So schrieb er 1944 in seinem Buch „Bombing Vindicated": *„Wir haben angefangen, Ziele auf dem deutschen Festland zu bombardieren, bevor die Deutschen begannen, Ziele auf dem britischen Festland zu bombardieren. Das ist eine historische Tatsache ... Wir wählten damit den besseren, aber härteren Weg. Indem wir die deutschen Städte zerschlugen, verzichteten wir auf das Privileg, unsere Städte intakt zu halten ... Es ist keine absolute Gewißheit, aber doch sehr wahrscheinlich, daß die Deutschen London und das Industriegebiet nicht angegriffen hätten, wenn wir uns ruhig verhalten hätten ... Diese Art der Luftkriegsführung machte sich nicht für sie bezahlt."* – Spaight hatte recht: Der Versuch der deutschen Luftwaffe, England 1940/41 durch eine Luftoffen-

49 Müller, S. 286; derselbe: „Kolossalgemälde des Schreckens" in: *Junge Freiheit* Nr. 50/02, 6. Dezember 2002

sive „friedensbereit" zu machen, schlug fehl. Zwar sollten nur militärische und Rüstungsziele angegriffen werden, doch bei der Ungenauigkeit der damaligen Zielverfahren wurde, vor allem in den Nachtangriffen, auch die englische Zivilbevölkerung schwer betroffen.[50]

3. Juli 1940: Britischer Überfall auf die französische Kriegsflotte

Im deutsch-französischen Waffenstillstandsabkommen vom 22. Juni 1940 erklärte die deutsche Reichsregierung, *„daß sie nicht beabsichtigt, die französische Kriegsflotte für ihre Zwecke zu verwenden, und auch nicht beabsichtigt, eine Forderung auf die französische Kriegsflotte bei Friedensschluß zu erheben"*. (Man vergleiche diese Bestimmung mit den entsprechenden, die deutsche Flotte betreffenden Passagen im Versailler „Vertrag".) Trotzdem hatte London die Auslieferung der Flottenverbände des ehemaligen Verbündeten gefordert, um deren Einsatz auf gegnerischer Seite zu verhindern. Als dies von Frankreich verweigert wurde, befahl Premier Winston Churchill, die in Mers-el-Kébir vor Oran in Algerien liegende französische Flotte zu zerstören (Deckname „Catapult"). Dabei fanden etwa 1.200 französische Marinesoldaten den Tod. Erwähnenswert ist noch, daß de Gaulle im Exil den britischen Angriff ausdrücklich rechtfertigte und am 3. September 1940 selbst an Bord eines britischen Kriegsschiffes war, das französische Einheiten vor Dakar attackierte. Einen der bei Mers-el-Kébir entkommenen Offiziere, Christian Le Mintier de La Morte-Basse, ermordete eine Gruppe des Maquis[51] noch am 13. Juli 1944 zusammen mit seiner Frau, seiner Schwester und seinen Hausangestellten mit der Begründung, daß er vier Jahre zuvor die Waffen gegen die Briten gerichtet habe.[52]

---

50 Bekker, S. 439; Hermann Schubart: „Terror gegen feindliche Moral", in: *Junge Freiheit* Nr. 7/10, 12. Februar 2010

51 Als Maquis (oder auch als Maquisards) werden insbesondere die französischen Partisanen der Résistance bezeichnet, die sich im Zweiten Weltkrieg in Wäldern und Bergen und anderen wenig bevölkerten Gebieten versteckten. Von dort aus bekämpften sie als erste die deutschen Besatzungstruppen in Frankreich.

52 *Der Große Wendig*, Band 1, S. 821-824; „Historisches Kalenderblatt", in: *Junge Freiheit* Nr. 28/15, 3. Juli 2015; Karl-Heinz Weissmann: „GegenAufklärung", in: *Junge Freiheit* Nr. 30/15, 17. Juli 2015

1945: Briten liefern 45.000 Kosaken ans Messer

Am 24. Mai 1945 erließ der Kommandeur des V. britischen Armeekorps, Generalleutnant Charles Keightley, mit Zustimmung der britischen Regierung den Befehl, sämtliche russischen Offiziere und vor allem höhere Dienstgrade zu ergreifen und gemäß der Vereinbarung von Jalta (Februar 1945) an die Sowjets auszuliefern. Doch Zehntausende in den Westen gelangte Stalin-Untertanen wehrten sich vehement gegen ihre Rückführung in die verhaßte Diktatur. Viele fürchteten mit Recht, zur Zwangsarbeit oder sogar zum Tode verurteilt zu werden, denn selbst Kriegsgefangene wurden in der Sowjetunion als Verräter angesehen.

Insbesondere jene Kosaken von Wolga, Don und Terek, die seit Mitte 1942 auf Seiten der Wehrmacht gegen das Stalin-Regime gekämpft hatten, fürchteten Rachemaßnahmen. Das galt vor allem für die 3. Kosaken-Kavalleriedivision unter dem Kommando des deutschen Generals Helmuth von Pannwitz. Sie zog sich im Frühjahr 1945 von Jugoslawien über die Alpen nach Österreich zurück. Anfang Mai ergaben sich etwa 45.000 Soldaten und mit ihnen 4.000 Frauen und 2.500 Kinder den britischen Truppen. Sie alle wurden nebst ihrer Habe und Bewaffnung in mehreren Lagern zwischen Spital, Klagenfurt und Wolfsberg interniert. Zur selben Zeit, als Keightley seinen oben genannten Befehl erließ, am 24. Mai, erhielt General von Pannwitz durch einen britischen Offizier während einer Versammlung von Delegierten aller Kosakenregimenter auf dem Marktplatz von Althofen die Versicherung, man werde die Kosaken nicht an die Sowjets übergeben. In Wien hatten tags zuvor Vertreter des britischen Oberkommandos mit sowjetischen Emissären vereinbart, daß sämtliche Kosaken einschließlich deren Familienangehörige den Sowjets zu übergeben seien.

Am 28. Mai wurden alle Kosakenoffiziere unter dem Vorwand einer Besprechung mit höheren britischen Kommandostellen nach Villach befohlen. Insgesamt 2.200 Offiziere folgten diesem Befehl. In Villach trieb man sie gewaltsam auf Lastkraftwagen und dann in ein mit Stacheldraht umzäuntes Lager bei Spital an der Drau. Von dort wurden sie am folgenden Tag nach Judenburg transportiert und der Roten Armee ausgeliefert. Dabei spielten sich erschütternde Szenen ab. Ein Augenzeuge berichtet: *„Kosakenoffiziere aller Ränge knieten am Boden, viele in Tränen aufgelöst, und viele schickten ein Gebet zu Gott empor, während die Läufe der englischen Gewehre auf sie gerichtet waren."* Einer der Offiziere schnitt sich unmittelbar nach der Übergabe an die Sowjets mit einer Rasierklinge die Kehle durch. Ein anderer sprang von der dreißig Meter hohen Drau-Brücke in den Tod.

Drei Tage später begannen die Briten mit der Räumung der Mannschaftslager zwischen Lienz und Oberdrauburg. Wer zu fliehen versuchte, wurde sofort erschossen. Mütter stürzten sich mit ihren Kindern von der Brücke in die Drau. Ein Kosak erschoß erst seine Frau, dann seine drei Kinder und beging anschließend Selbstmord. Solange die Briten in der Nähe waren, hielten die Sowjets sich zurück. Ein britischer Offizier erinnert sich: *„Einige Minuten später hörten wir Schußsalven, und ich bin sicher, eine ganze Menge von ihnen wurden an Ort und Stelle erschossen – nicht gleich auf dem Bahnsteig, aber um die Ecke hinter dem Wald."* Helmut von Pannwitz, der freiwillig mit seinen Kosaken in Gefangenschaft ging, wurde Anfang 1947 mit drei weiteren Generalen wegen angeblicher Kriegsverbrechen in Moskau hingerichtet.[53]

1944-1947: Deportationen von Russen und Angehöriger anderer Völker in die Sowjetunion

Über zwei Millionen Russen und Angehörige anderer Völker, die von der UdSSR seit 1919 vereinnahmt worden sind, wurden nach Kriegsende 1945 auf Veranlassung von hohen Beamten des Foreign Office in die Sowjetunion zwangsrepatriiert. Aber auch Amerikaner haben sich auf Druck der Briten an der Auslieferung beteiligt. Viele der Zwangsrepatriierten wurden von den Sowjets umgebracht. Die verantwortlichen britischen Schreibtischtäter wußten genau, daß die Rückführung von Menschen, die zum Teil niemals im Sowjet-Reich gelebt hatten, von Stalin nicht einmal verlangt, sondern ihm von der britischen Regierung buchstäblich aufgeredet wurde. Sie wußten auch, daß dies gegen britische Gesetze verstieß.

53 Jan von Flocken: „Ans Messer geliefert. Ende Mai 1945 deportierten die Briten 45.000 Kosaken in Österreich an Stalins Schergen", in: *Junge Freiheit* Nr. 23/15, 29. Mai 2015

Sie kämpften auf der „falschen Seite“...

Pjotr Nikolajewitsch Krasnow (1869-1947).

Andrej Grigorjewitsch Schkuro (1887-1947).

Etwa 32.000 „displaced persons“[54] wurden nach Kriegsende in insgesamt acht Transporten aus Liverpool und Hull nach Murmansk und Odessa verschifft, die meisten gegen ihren Willen. Viele entzogen sich dem Schicksal in Stalins Arbeitslagern durch Selbstmord. Beim ersten Transport auf dem Schiff RMS „Scythia“ ab Liverpool am 31. Oktober 1945 wurden 10.139 Russen und Nichtrussen nach Murmansk verschifft, darunter 30 Frauen und 44 Kinder, alle gegen ihren Willen.

Hunderte wurden von Tunis über Alexandria, Haifa, Bagdad und Teheran an das Kaspische Meer verfrachtet; oder aus Italien nach Odessa oder aus Norwegen und Schottland nach Murmansk, aus Österreich und Norddeutschland über Land in die sowjetisch besetzten Gebiete Europas. Unter

54 Als „displaced persons“ wurden jene Zivilpersonen bezeichnet, die sich kriegsbedingt außerhalb ihres Heimatstaates aufhielten und ohne Hilfe nicht zurückkehren oder sich in einem anderen Land neu ansiedeln konnten.

Er deckte die britische Menschenverachtung auf, hier im Fall der an die Sowjets ausgelieferten Kosaken: Nikolai Graf Tolstoy (geb. 1935).

den Ausgelieferten waren auch Tausende weißrussischer Emigranten, die seit 1919 in Jugoslawien, Österreich und Deutschland gelebt hatten und, wie der Kosaken-General Andrei Grigorjewitsch Schkuro,[55] wegen ihrer Verdienste an der Seite von Briten und Amerikanern im russischen Bürgerkrieg hohe britische Orden trugen. Sie wurden von den Sowjets meist hingerichtet. Aber nicht nur sie: Etwa 100.000 der Zwangsrepatriierten wurden unmittelbar nach ihrer Ankunft von der Roten Armee erschossen. Etwa eine Million starb in den folgenden 20 Jahren in den Arbeitslagern des Archipels Gulag, wo Alexander Solschenizyn einige der Überlebenden traf.

Die Brutalität, mit der britische Soldaten die Opfer auf Schiffe trieben und in Eisenbahnwaggons pferchten, mit Gewehrkolben schlugen und ihnen

55 General Schkuro wurde Anfang 1945 in Österreich von britischen Truppen gefangen genommen. Diese übergaben ihn und seine Männer unter Bruch vorheriger Zusicherungen im Rahmen der Operation Keelhaul an sowjetische Einheiten. In der Sowjetunion wurde er zum Tode verurteilt und am 17. Januar 1947 zusammen mit dem gleichfalls auf deutscher Seite kämpfenden russischen General Pjotr Nikolajewitsch Krasnow hingerichtet.

gegen eine Zigarette die Armbanduhr abnahmen, ist für den russisch-englischen Juristen und Historiker Nikolai Tolstoy, der dies alles in seinem Buch „Die Verratenen von Jalta. Englands Schuld vor der Geschichte" (Verlag Langen-Müller, München, 1978) detailliert dokumentierte, in einer Beziehung sogar noch schlimmer als die Brutalität der deutschen Soldaten gegenüber ihren Gefangenen: Diese handelten oft im Befehlsnotstand, die Briten aber hätten bei solchen Befehlsverweigerungen nicht viel riskiert.

Und jene Beamten des Foreign Office der Jahre 1944 bis 1947, die *„niemals nachließen, jeden Russen, dessen sie habhaft werden konnten, in die Sowjet-Union zu verschicken"* (*Sunday Telegraph*), kamen zu hohen Ehren: John Galsworthy wurde Botschafter in Mexiko, der Labour-Politiker Thomas Brimelow vertrat Britannien im Europa-Parlament, Der Sozialdemokrat Geoffrey Wilson war in den frühen sechziger Jahren eine Schlüsselfigur in der Weltbank, der Vorsitzende des Race Relations Board in den siebziger Jahren und Ende der 70er/Anfang der 80er Jahre auch der „Wohltätigkeitsorganisation" Oxfam. Wilson diente zudem 1940 unter Sir Stafford Cripps an der Moskauer Botschaft, übersetzte für Stalin Churchills Briefe an den Sowjetdiktator und war auch Mitglied der britischen Delegation bei der Jalta-Konferenz 1945. Die drei wurden für ihre Verdienste um Großbritannien geadelt, ebenso wie Patrick Dean, der als damaliger offizieller Berater des britischen Außenministeriums wohl Hauptverantwortliche für die Auslieferungsaktionen. Dean war dann von 1960 bis 1964 Ständiger Vertreter des Vereinigten Königreiches bei der UNO, 1965 bis 1969 britischer Botschafter in den USA sowie Vorsitzender des für die Überwachung der britischen Geheimdienste zuständigen Joint Intelligence Committee.

Keiner war bereit, mit Tolstoy über einen besonderen Abschnitt dieser Verdienste, nämlich die Deportation, zu sprechen. Nur Sir Geoffrey Wilson wollte reden, konnte aber nicht. *„Er bekam einen plötzlichen Anfall von totaler Gedächtnisschwäche"*, erinnert sich Nikolai Tolstoy.[56] Die Zwangsverschickung von 2,27 Millionen Russen und Angehörigen anderer Nationa-

---

56 Beitrag „Letztes Geheimnis", in: *Spiegel* Nr. 11/1978, 13. März 1978, unter http://www.spiegel.de/spiegel/print/d-40617166.html

litäten in die Sowjetunion durch die Alliierten am Ende des Zweiten Weltkrieges ist Thema des Buches von Nikolai Graf Tolstoy „Victims of Yalta“, das 1978 in London erschienen ist.

5. Die Rolle Churchills & Co.

„Um nichts auf der Welt möchte ich diesen herrlich aufregenden Krieg missen." Winston Churchill im Herbst 1914. Auch andere Mitglieder des britischen Kabinetts äußerten öffentlich ihre Lust auf den Krieg.[57]

„Wir werden Hitler den Krieg aufzwingen, ob er will oder nicht." „Deutschland wird zu stark, wir müssen es zerschlagen." Winston Churchill im August 1939 zu General Wood.[58]

„Von Halifax angestachelt, sorgte Chamberlain dafür, daß er den Krieg bekam, den er niemals gewollt hatte, und daß Churchill den Krieg bekam, den er immer gewollt hatte." Patrick J. Buchanan, ehemaliger US-Präsidentschaftskandidat, in: „Churchill, Hitler und der unnötige Krieg"; 2008, S. 215.

„Jetzt hat Churchill seinen Krieg." Lloyd George, in: Stefan Scheil: „Churchill, Hitler und der Antisemitismus", S. 273.

„Dieser Krieg ist ein englischer Krieg und sein Ziel ist die Vernichtung Deutschlands." Sven Hedin, S. 175.

„Jetzt wird es für Deutsche in Deutschland genug Lebensraum geben, nachdem die Verbündeten etwa acht Millionen Deutsche vernichtet haben." Churchill zu Stalin im Oktober 1944.[59]

In Großbritannien gab es vor und während des Zweiten Dreißigjährigen Krieges (1914-1945) eine kleine Gruppe von Entscheidungsträgern in der Regierung, die zu einer Beteiligung am Krieg fest entschlossen war. Zu ihnen gehörten Premier Herbert Asquith, Außenminister Edward Grey, Ma-

---

57 *Süddeutsche Zeitung*, 4. August 2014, unter http://www.sueddeutsche.de/politik/ausbruch-des-ersten-weltkriegs-in-zitaten-jetzt-verloeschen-die-lichter-in-ganz-europa-1.206423

58 „Fakten, Zitate, Dokumente" unter www.oberschlesien.aktuell.de

59 N. F. Pötzl: „Der große Showdown", in: *Spiegel*, Sonderheft „Geschichte" Nr. 3/2010, 1. 6. 2010, unter http://www.spiegel.de/spiegel/spiegelgeschichte/d-70747540.html

rineminister Winston Churchill und Lordkanzler Richard Haldane. Mit publizistischer Unterstützung der Northcliffe-Presse[60] waren diese Politiker entschlossen, zur Durchsetzung der Interessen Großbritanniens an der Seite Frankreichs und der Rußlands in den Krieg einzutreten. Sie trafen unter Umgehung und Ausschaltung des Gesamtkabinetts und des Parlaments Entscheidungen, die den Kriegsbeginn beschleunigten. So ließ Churchill mit Billigung Greys die britische Kriegsflotte bereits am Wochenende des 25./26. Juli 1914 in den Kriegsbereitschaftszustand versetzen, zu einem Zeitpunkt also, da es in der Julikrise noch keine einzige Kriegserklärung gegeben hatte. In Frankreich und Rußland wurde diese den britischen Botschaftern von Grey sogleich mitgeteilte Maßnahme natürlich freudig begrüßt und „richtig" verstanden. Am 28. Juli wurde die 1. Flotte nach Norden auf ihre Kriegsposition beordert. Zu diesem Zeitpunkt war noch nicht einmal entschieden, ob es selbst nur auf dem Balkan tatsächlich zum Krieg kommen würde.

Die dramatische Reaktion Rußlands war am nächsten Tag die Verkündung der Generalmobilmachung, nachdem die gegen Deutschland und Österreich-Ungarn gerichtete Mobilmachung unter möglichster Geheimhaltung bereits am 24./25. Juli angelaufen war. Parallel zu diesen eindeutig auf den Kriegseintritt zielenden Maßnahmen wurden deutsche Angebote, über Großbritanniens Neutralität im Kriegsfall zu verhandeln, von Grey zurückgewiesen. Bei der Verfolgung und Durchsetzung dieser Linie wurde er im Außenministerium von seinen konsequent deutschfeindlichen und russophilen Beratern – allen voran den Unterstaatssekretären Arthur Nicolson und Eyre Crowe, unterstützt – um nicht zu sagen gesteuert. Breiteste Unterstützung fand der Interventionskurs „einer Handvoll von Männern" bei der konservativen Opposition und in der Northcliffe-Presse, besonders in der *Times*, die nichts ungetan ließen, um die Regierung zum frühestmöglichen Zeitpunkt zum Eintritt in den Krieg zu bewegen, damit eine gün-

60 Die Northcliffe-Presse des Zeitungsmagnaten Alfred Harmsworth, 1. Viscount Northcliffe, trug durch die imperiale und antideutsche Ausrichtung seiner Blätter wesentlich zur Kriegsbegeisterung in Großbritannien bei. Nach dem Krieg mobilisierte er eine Kampagne in Parlament und Öffentlichkeit, die die Regierung daran hinderte, die Reparationsforderungen an das Deutsche Reich zu verringern.

stige Gelegenheit zur Niederringung des deutschen Wirtschaftsrivalen nicht ungenutzt vorübergehe. Der Mythos, Großbritannien hätte in der Julikrise alles unternommen, um den Krieg abzuwenden, ist völlig aus der Luft gegriffen.[61]

Zog als Sonderbotschafter hinter den britisch-amerikanischen Kulissen die Strippen in Richtung Kriegseintritt der USA: Edward Mandell House (26. Juli 1858 in Houston, Texas; † 28. März 1938 in New York City), der wichtigste außenpolitische Berater von Präsident Woodrow Wilson. Allgemein bekannt wurde er unter der Bezeichnung „Colonel House", obwohl er keinerlei militärische Erfahrung hatte.*

Edward Grey setzte sich im Juli 1914 für eine Unterstützung Frankreichs ein. Er erweiterte die Entente mit Frankreich durch Verständigung mit Rußland zum Dreiverbund. Durch die verbindlichen, wenn auch formlosen Zusagen an Frankreich für den Kriegsfall erwirkte er die Isolation Deutschlands. Eine maßgebliche Rolle spielte Grey[62] auch bei der Entscheidung Italiens für einen Kriegseintritt im Mai 1915.[63]

Als Marineminister forderte Churchill in einem Schreiben vom 19. Februar 1913 an die britische Reederei Cunard Line,

61 Werner Lehfeldt: „Clark zum Quadrat. Der australische Historiker Douglas Newton und die britische Schuld am Ausbruch des Ersten Weltkrieges", in: *Junge Freiheit* Nr. 42/14/, 10. Oktober 2014

62 http://www.lexikon-erster-weltkrieg.de/Sir_Edward_Grey,_Viscount_Grey_of_Fallodon

63 Der Londoner Vertrag wurde am 26. April 1915 als Geheimvertrag zwischen Italien und den alliierten Mächten Großbritannien, Frankreich und Rußland geschlossen. Er sah den Kriegseintritt Italiens vor, dem dafür die Anerkennung verschiedener territorialer Ansprüche zugesichert wurde. Als Belohnung für die Kriegsbeteiligung erhielt Italien u. a. das österreichische Südtirol „geschenkt", obwohl das Gebirgsland nicht von Italienern, sondern von 200.000 deutschen Österreichern bewohnt war, die sich heftig gegen die Fremdherrschaft auflehnten.

die britische Passagierflotte mit Munitionsmagazinen, Aufzügen und Geschützsockeln umzurüsten. Denn: *„Der Krieg gegen Deutschland ist sicher – spätestens im September 1914 wird er ausbrechen“*, so Churchill. Auch der berühmte Luxusdampfer „Lusitania“ wurde zu einem Hilfskreuzer umgerüstet. Unmittelbar vor der Versenkung der „Lusitania“ fragte Grey am Morgen des 7. Mai 1915 (am Tag der Versenkung der „Lusitania“) den nach England gesandten Berater des US-Präsidenten, Oberst Mandell House: *„Was wird Amerika tun, wenn die Deutschen einen Ozeandampfer mit Amerikanern an Bord versenken?“* House[64] antwortete sinngemäß, daß dann die USA in den Krieg eintreten würden.

Was Churchill bereits im Ersten Weltkrieg und in der Zwischenkriegszeit dachte und tat, steigerte sich im Zweiten Weltkrieg zu einer Vernichtungsorgie gegenüber Deutschland. Sein Hauptmotto hieß fortan: Möglichst viele Wohn- und Kulturstätten der Deutschen zerstören und möglichst viele Deutsche töten. Ab Mai 1940 begann ein systematischer, industriell durchgeführter Vernichtungskrieg gegen die deutsche Bevölkerung.

Es war Churchill, der den regional begrenzten Konflikt zwischen Deutschland und Polen durch die britisch-französische Kriegserklärung vom 3. September 1939 und die Unterstützung der US-Intervention zu einem Weltkrieg machte. Es war Churchill, der den Auftrag hatte, *„Europa in Brand zu setzen“* und *„den Krieg gegen Deutschland mit allen Mitteln fortzusetzen, bis dessen Macht und der Hitlerismus endgültig zerschlagen sind ...“* Es war Churchill, der *„klare Vorstellungen davon hatte, daß es in diesem Krieg keinen Raum für Debatten über moralische Haltungen geben konnte ... Alles, aber wirklich alles, sollte im Kampf um den Sieg erlaubt sein; ganz gleich, wie gefährlich oder gewissenlos jener auch sein würde. Nur eins zählte: die Niederlage Hitlers und Deutschlands.“*[65]

---

64 House war gemeinsam mit Walter Lippmann beim Entwurf von Wilsons 14-Punkte-Programm vom Januar 1918 federführend. Trotz der offiziellen Neutralitätspolitik der Vereinigten Staaten propagierte House die Parole des Kampfes von Demokratie gegen Autokratie. Bei der Friedenskonferenz von Versailles war House der Verhandlungsführer der US-Delegation. 1932 unterstütze House Franklin D. Roosevelt bei dessen erfolgreicher Präsidentschaftskandidatur.

65 Martin Allen, S. 124 ff., 136, 192 f. Allen ist ein britischer Publizist.

Robert Vansittart,[66] ein Freund und der Chefberater Churchills, hieb in die gleiche Kerbe. Am 6. September 1940 hob er in einem Brief an seinen Außenminister hervor, daß es nicht in erster Linie der Nationalsozialismus sei, der eine Gefahr für die britischen Interessen darstellt, sondern Deutschland selbst. Wörtlich heißt es in dem Schreiben: *„Die Zukunft der Zivilisation steht auf dem Spiel. Es geht jetzt um unser oder deren Überleben, und entweder unser Land oder das Deutsche Reich muß untergehen, und zwar nicht nur untergehen, sondern vollständig vernichtet werden. Ich bin überzeugt, es wird das Deutsche Reich sein ... Das Deutsche Reich und die Reichsidee sind seit 75 Jahren der Fluch der Welt, und wenn wir sie diesmal nicht erledigen, werden wir es nie tun, und dann werden sie uns fertigmachen. Der Feind ist das Deutsche Reich, und nicht etwa der Nazismus ... Jede Möglichkeit für einen Kompromiß ist jetzt vorüber, und es muß ein Kampf bis zum Ende, und zwar bis zum endgültigen Ende, geführt werden."*[67]

Es war Churchill, der es immer wieder abgelehnt hatte, jemals mit Hitler zu verhandeln. Es war Churchill, der alle deutschen Friedensvorschläge abgelehnt hatte. Es war Churchill, der um jeden Preis entschlossen war, die Rohstofflieferungen der UdSSR an Deutschland zu sabotieren. Es war Churchill, der Hitler durch vorgetäuschte Friedensverhandlungen ermutigte, *„Rußland anzugreifen durch die Täuschung ..., daß es in Großbritannien weite Kreise lieber sähen, wenn das russische Regime gestürzt würde als das deutsche, die auch bereit wären, einen Kompromißfrieden zwischen Großbritannien und Deutschland zu erzwingen"*. Diese Strategie *„würde den Briten nicht*

66 Robert Vansittart (1881-1957) war bis 1937 oberster Beamter im Außenministerium. Als Gegner der Appeasement-Politik geriet er mit Premierminister Chamberlain in Konflikt und wurde auf einen unbedeutenden Beraterposten abgeschoben. Im Spätherbst 1940 veröffentlichte er in siebenteiligen BBC-Radiosendungen, von ihm selbst verlesen, und von Januar bis März 1941 in Broschüren-Form mit einer Auflage von über 1 Million Stück für die Briten unter dem Titel Black Record 70-seitige antideutsche Pamphlete. Nach Auffassung des späteren Bundeskanzlers Willy Brandt waren sie der Hitlerschen Rassenlehre sehr nahe verwandt. Sie begründeten den Begriff des „Vansittartismus". Danach, so brachte Brandt 1946 die Kriegspropaganda des „vulgären Vansittarismus" auf den Punkt, seien *„die Deutschen immer grausam gewesen. Sie seien von Natur aus schlecht"*.

67 Martin Allen wie oben angegeben; Helmut Simon: „Die Inszenierung eines Krieges", in *Junge Freiheit* Nr. 42/11, 14. Oktober 2011

nur die langersehnte zweite Front bringen, die die deutsche Kriegsmaschine an Menschen und Material aussaugen würde, sondern sie würde ebenso einen guten Teil der Rohstoffzufuhr für Deutschland abschneiden.“[68]

Betrieb professionelle Deutschenhetze: der britische Diplomat und Berater Churchills Robert Gilbert Vansittart, 1. Baron Vansittart, (25. Juni 1881 in Farnham, Surrey; † 14. Februar 1957 in Denham, Buckinghamshire).*

Es war Churchill, der seine Kriegspolitik dadurch zu verschleiern versuchte, daß er Deutschland die alleinige Schuld am Ausbruch der beiden Weltkriege zuschob. So erklärte er am 21. September 1943 vor dem Unterhaus: *„Das Mark Deutschlands ist Preußen. Da liegt der Urquell der wiederkehrenden Pest ... Ich bin überzeugt, daß das britische, amerikanische und russische Volk, die binnen eines Vierteljahrhunderts zweimal unermeßliche Verheerungen, Gefahren und Blutvergießen durch den germanischen Drang nach Herrschaft erlitten haben, diesmal Schritte unternehmen werden, um Preußen oder ganz Deutschland die Macht zu entziehen, sie mit aufgespeicherter Rachsucht und lange genährten Plänen abermals anzugehen ... Die zweifache Wurzel all unserer Übel, Nazi-Tyrannei und preußischer Militarismus, müssen ausgetilgt werden.“*[69]

Churchill wußte aus vielen Quellen von der deutschen Friedensbereitschaft gegenüber England. Hitler selber hatte sie in seiner Reichstagsrede am 19. Juli 1940 bekundet. Er war zu weitreichenden Zugeständnissen bereit: zum sofortigen Rückzug der deutschen Truppen aus Frankreich, Belgien, Holland, Dänemark und Norwegen, zur Wiedergutmachung der entstandenen

68 Martin Allen, S. 150 ff.
69 Post, S. 9 f.

Der „Bellizist" Sir Winston Churchill (30. November 1874 in Woodstock, England; † 24. Januar 1965 in London).*

Schäden, zur Wiederherstellung eines souveränen polnischen Staates und zu umfassender gegenseitiger Abrüstung. Doch Churchill wollte keinen Verhandlungsfrieden. Denn: *„In der Geschichte ist alles immer nur durch Kriege geregelt worden."*[70]

Das war in der Tat die Grundeinstellung dieses *„Abenteurers, Bellizisten und imperialen Realpolitikers"* (*Spiegel*). Im Gegensatz zum „Massenmörder" Hitler, der einen friedlichen Ausgleich mit England und Polen anstrebte, wollte der „Bellizist"[71] Churchill keinen Frieden mit Deutschland, sondern kannte nur ein einziges Ziel: *„Sieg – Sieg um jeden Preis, Sieg trotz allem Schrecken ..."* Um dieses Ziel zu erreichen, ließ er durch den Bombenkrieg die Bevölkerung Deutschlands dezimieren und die kulturellen Zeugnisse dieses Landes unwiederbringlich zerstören. Den Briten ging es nicht wirklich um die Erhaltung des Friedens in Europa, den die Deutschen 1939 durchaus wollten und den die Reichsregierung mit vielen Friedensbemühungen zu erhalten versuchte. In Wirklichkeit ging es London darum, durch Krieg einen Wirtschaftskonkurrenten zu beseitigen, Deutschland entscheidend zu schwächen, dessen in den wenigen Jahren des Dritten Reiches erzielten rasanten Fortschritt zu stoppen und seine auch für die Zukunft abzusehende Dynamik auszuschalten.

70 So Churchill laut Spiegel-Beitrag „Allein gegen Hitler", Nr. 33/2010, 16. August 2010, unter http://www.spiegel.de/spiegel/print/d-73290156.html

71 Bellizismus (lat., bellum; dt., Krieg / lat., bellicosus; dt., den Krieg betreffend / lat., bellicus; dt., zum Krieg gehörig) ist eine im frühen 20. Jahrhundert unter dem Einfluß des gleichbedeutenden französischen bellicisme aufgekommene -ismus-Bildung. Der Begriff bezeichnet eine ideologische Befürwortung des Krieges und die Neigung, internationale Konflikte grundsätzlich durch militärische Gewalt zu lösen.

Daß ein Hitler an der Macht war oder daß Judenverfolgungen stattfanden, spielte in den Überlegungen an der Themse keine wesentliche Rolle. Auch ein demokratischer deutscher Staatschef wäre bei einem deutschen Wirtschaftswunder mit Krieg überzogen worden. Schon im September 1934 meinte Churchill gegenüber dem früheren deutschen Reichskanzler Brüning: *„Deutschland muß wieder besiegt werden, und dieses Mal endgültig. Sonst werden Frankreich und England keinen Frieden haben.“* Im August 1938 erklärte er gegenüber Brüning: *„Was wir wollen, ist die restlose Vernichtung der deutschen Wirtschaft.“* In einem Memorandum des Foreign Office für das Kabinett vom Juli 1943 wurde ausgeführt, daß Deutschland wegen seiner starken zentralen Stellung mit seiner großen Bevölkerung mit hoch entwickelter, leistungsfähiger Industrie die Hauptgefahr für Europa geworden sei. Diesen Grund führte auch der *Sunday Correspondent* vom 16. September 1989 in klarer Eindeutigkeit an: *„Wir sind 1939 nicht in den Krieg eingetreten, um Deutschland vor Hitler oder die Juden vor Auschwitz oder den Kontinent vor dem Faschismus zu retten. Wie 1914 sind wir für den nicht weniger edlen Grund in den Krieg eingetreten, daß wir eine deutsche Vorherrschaft in Europa nicht akzeptieren konnten.“* Aber Europa mußte natürlich die britische Vorherrschaft ertragen. Nur aus diesem britischen Ziel der starken Schwächung der deutschen Leistungsfähigkeit und wirtschaftlichen Überlegenheit werden die Handlungsweisen der Engländer verständlich.[72]

Statt die Verhandlungen der deutschen Reichsregierung mit der polnischen Staatsführung zu unterstützen und die polnische Seite zu einem fairen Kompromiß zu bewegen, betrieb die britische Regierung mit der Reichsregierung ein Doppelspiel. In der letzten Woche vor Beginn des Krieges vermittelten Premierminister Chamberlain und sein Außenminister Halifax Hitler den Eindruck, daß sie den fairen Makler zwischen Polen und Deutschland spielen wollten und daß sie Interesse an einem britisch-deutschen Bündnis hätten, was sie in Wirklichkeit nie hatten. Zur gleichen Zeit ließ Außenminister Halifax seinem Botschafter Howard William Kennard in Warschau dem Sinn nach übermitteln, man verlange von Polen nur Gespräche, aber kein Entgegenkommen. Auch bei der Weitergabe von Verhandlungsort und

---

72 *Der Große Wendig*, Band 3, S. 257-259, 444 f.

Datum ließen die Briten die Deutschen im falschen Glauben, sie hätten die deutschen Vorschläge den Polen anempfohlen. In Warschau rieten sie indessen dazu, darauf nicht einzugehen.

Die britischen Blanko-Garantien gegenüber Polen führten dazu, daß die polnische Regierung nun nicht mehr bereit war, mit Deutschland über die beiderseitigen Streitfragen ernsthaft zu verhandeln. Die britische Regierung hat es dabei mit Geschick verstanden, die Rolle des ehrlichen Vermittlers vorzutäuschen und allseits zum Frieden zu mahnen. So konnte sie „mit sauberer Weste" in den Krieg eintreten, auf den sie lange hingearbeitet hat. Die Briten lehnten die zahlreichen deutschen und aus dem Ausland eingeleiteten Friedensbemühungen während des Krieges grundsätzlich ab. Sie unterstützen die Pläne ihrer Verbündeten zur Teilung und Zerstückelung Deutschlands. Die Briten wußten, daß Hitler 1939 vor der Wahl zwischen Verzicht, Verhandlungslösung oder Krieg stand. Sie wußten auch, daß er angesichts seiner Verantwortung für die „abgetrennten" Deutschen, angesichts der immer prekärer werdenden Lage der deutschen Minderheit in Polen und in Anbetracht der drängenden Forderung der Danziger nach Anschluß an ihr Heimatland so gut wie nicht verzichten konnte. Sie konnten sicher sein, daß Hitler unter diesen Umständen ohne Gesichtsverlust nicht den Rückzug antreten würde. So verstellten sie den Verhandlungsweg, den sie bei den Polen hätten öffnen können. Dabei spielten sie um „fünf vor zwölf" so lange auf Zeit, bis Hitler handelte und den Krieg eröffnete. England hat – zusammen mit Frankreich – das deutsch-polnische Problem geschaffen und 1939 verhindert, daß es ohne Krieg bereinigt werden konnte. Am 3. September 1939 erklärte Großbritannien dem Deutschen Reich den Krieg und erweiterte damit den bewaffneten Konflikt mit Polen zu einem europäischen Krieg.[73]

Neben Churchill und Lord Vansittart gehörten auch Anthony Eden[74] und

---

73 Schultze-Rhonhof, S. 540 ff.

74 Der Konservative Anthony Eden war von 1935 bis 1938, von 1940 bis 1945 und von 1951 bis 1955 britischer Außenminister. 1941 wurde Eden Mitglied der Political Warfare Executive, einer geheimen Propaganda-Behörde. Hitler bezichtigte Eden, als einer der Hintermänner Churchills den britischen Kriegseintritt mitverschuldet zu haben.

Britische Kriegstreiber:

Edward Frederick Lindley Wood, 1. Earl of Halifax (16. April 1881 in Powderham Castle, Devon, England; † 23. Dezember1959 in Garrowby Hall, Yorkshire, England), zwischen 1925 und 1934 auch bekannt als Lord Irwin und von 1934 bis 1944 als Viscount Halifax.*

Howard William Kennard (23. März 1878; † 12. November 1955).*

Robert Anthony Eden, 1. Earl of Avon (12. Juni 1897 in Windlestone, Durham; † 14. Januar 1977 in Salisbury, Wiltshire).*

Isaac Leslie Hore-Belisha, 1. Baron Hore-Belisha (7. September1893 in Plymouth; † 16. Februar 1957 in Reims, Frankreich).*

Hore Belisha[75] zu den führenden Kriegstreibern in Großbritannien. Warum man ausgerechnet dem Kriegstreiber und Kriegsverbrecher Churchill 1953 den Literatur-Nobelpreis verlieh, ist nicht ohne weiteres nachvollziehbar. Die moralische Begründung des Auszeichnungs-Komitees, daß er *„als Verteidiger von höchsten menschlichen Werten"* hervorgetreten sei, ist jedenfalls ein Hohn auf diese Werte angesichts seiner Verantwortung für offensichtliche Kriegsverbrechen. Daß auch die Stadt Aachen Churchill 1955 den Karlspreis als „Hüter menschlicher Freiheit und Mahner der europäischen Jugend" verlieh, zeigt, wie tief die Besiegten bereits zehn Jahre nach Kriegsende moralisch gefallen waren. Nach dem Festakt soll dem Geehrten eine rund 6.000-köpfige Menschenmenge applaudiert haben. Ob diese Menschen wohl wußten, daß es Churchill war, der ihre wunderschöne Stadt in Schutt und Asche legen ließ? Zeitgleich mit der Feier protestierten immerhin rund 750 deutsche Vertriebene am Gefallenen-Ehrenmal in Aachen. Sie warfen Churchill vor, der Abtretung deutscher Gebiete jenseits der Oder-Neiße-Linie zugestimmt zu haben.[76]

75 Der Liberale Isaak Leslie Hore Belisha entstammte einer marokkanisch-jüdischen Familie. 1937 wurde er von Premierminister Neville Chamberlain als Nachfolger von Alfred Duff Cooper zum Kriegsminister ernannt. In der britischen Öffentlichkeit wurde Hore-Belisha bezichtigt, ein „Kriegstreiber" und „Bolschewik" zu sein. Ein wiederkehrender Vorwurf war dabei, er erstrebe zum Schaden des britischen Volkes einen Krieg, um die Interessen der Juden des europäischen Kontinents zu wahren. Hitler nannte den „jüdischen Kriegsminister Hore-Belisha" neben Churchill, Eden und Vansittart als den Hauptverantwortlichen für die britische Kriegserklärung an Deutschland. Werner Jochmann: Monologe im Führerhauptquartier, Hamburg, 1980, S. 93

76 Hubert Hecker: „Paderborn, 27. März 1945: Akte des Terrors und der mutwilligen Zerstörung – Vor 70. Jahren (3)", 27. März 2015, unter http://www.katholisches.info/2015/03/27/paderborn-27-maerz-1945-akte-des-terrors-und-der-mutwilligen-zerstoerung-vor-70-jahren- / WDR-Sendung „Winston Churchill erhält Aachener Karlspreis" unter http://www1.wdr.de/themen/archiv/stichtag/stichtag5244.html

6. Die Rolle Rußlands

„Ich fürchte, wir Deutschen werden auf die Dauer einem Zusammenprall mit dem russischen Imperialismus und Panslavismus nicht ausweichen können."
August Bebel, Begründer der deutschen Sozialdemokratie, 1905 gegenüber dem Botschaftsrat von Eckardstein.[77]

„Wir führen Krieg nicht nur gegen das Deutsche Reich, sondern gegen das Deutschtum."
Der russische Außenminister Sergei Dmitrijewitsch Sasonow (1860-1927) zu Beginn des Ersten Weltkrieges.[78]

„Ich halte es für die Pflicht eines jeden, der dem Ideal menschlicher Entwicklung huldigt, alles zu tun, was in seinen Kräften steht, um die Deutschen zu zermalmen."
Fürst Pjotr Alexejewitsch Kropotkin, russischer Anarchist und Schriftsteller.[79]

„Rußland wollte Konstantinopel und das offene Meer gewinnen, Frankreich die verlorenen Provinzen zurückerobern, England die deutsche Konkurrenz zu Boden schlagen, und alle miteinander gaben sie sich der innigen Hoffnung hin, Deutschland unschädlich zu machen. Das alles war ohne Krieg nicht möglich."
Der Schriftsteller Thomas Mann (1875-1955) im April 1915 in der Stockholmer Zeitung *Svenska Dagbladet.*

In der russischen Armee war der Krieg mit Deutschland bereits ein Thema, als noch niemand etwas vom Attentat in Sarajewo ahnen konnte. In den Jahren 1911 bis 1913 legten der französische und der russische Generalstabschef bei ihren gemeinsamen Jahreskonferenzen in Absprache mit ihren Außenministern fest, daß Deutschland, wenn es sich im Falle eines Krieges auf dem Balkan engagieren sollte, gleichzeitig von den russischen und den fran-

77 Viktor Streck: „Haltloses Wunschdenken. Einige Worte zum deutsch-russischen Verhältnis", in der deutsch-russischen Zeitschrift *Ost-West-Panorama,* vib, 1. 4. 2014
78 a.a.O., S. 10.
79 Ebda.

zösischen Streitkräften angegriffen werden muß. Das Ziel sei dabei die völlige Vernichtung des deutschen Heeres. Die verbreitetste Militärzeitschrift in Rußland *Raswjetschik* schrieb folgerichtig im Januar 1914: *„Uns allen ist sehr wohl bekannt, daß wir uns auf einen Krieg an der Westfront, vornehmlich gegen die Deutschen, vorbereiten. Deshalb müssen wir bei allen unseren Truppenübungen die Annahme zugrunde legen, daß wir gegen die Deutschen Krieg führen. Zum Beispiel muß immer die eine Manöverpartei die ‚deutsche' heißen. Nicht nur die Truppe, das ganze russische Volk muß an den Gedanken gewöhnt werden, daß wir uns zum Vernichtungskampf gegen die Deutschen rüsten und daß die deutschen Staaten zerschlagen werden müssen, auch wenn wir dabei Hunderttausende von Menschen verlieren."*[80]

Russische Politiker und Publizisten redeten immer wieder gern über den angeblichen deutschen „Drang nach Osten" und warfen den Deutschen aufgrund einiger unvorsichtig formulierter Äußerungen ihrer Politiker vor, wahnsinnige Weltherrschaftspläne zu schmieden. Die Realität sah freilich grundsätzlich anders aus. Das russische Riesenreich sah es als sein natürliches Recht an, immer weitere Gebiete an seinen Grenzen einzuverleiben: China, Mittelasien, Kaukasus, Balkan usw. Das Recht anderer Völker und Länder auf Souveränität hat Rußland noch nie ernsthaft interessiert. Nur im Norden und Osten haben ihnen die unüberwindlichen Ozeane Einhalt geboten. Mit unbeirrbarer Zielstrebigkeit pochte Rußland bei jeder denkbaren Gelegenheit nach Einverleibung fremder Gebiete. Als aber die Deutschen aus tatsächlicher existentieller Not den Wunsch geäußert haben, Kolonien käuflich zu erwerben, heulte die ganze Welt von den „bösen Deutschen", die die Welt unterjochen wollten. Dabei regten sich die Russen genauso sehr auf wie die anderen aggressiven Kolonialmächte.

In der ersten Siegeszuversicht erstellte der russische Außenminister Sasonow am 14. September 1914 ein „13-Punkte-Programm". Der Plan formulierte in Punkt 1 als das Hauptziel der drei Alliierten (Rußland, Großbritannien, Frankreich) *„die Vernichtung der deutschen Macht sowie der Bestrebungen Deutschlands nach militärischer und politischer Herrschaft"*. In den weiteren

80 Schultze-Rhonhof, S. 47

Punkten waren territoriale Abtretungen Deutschlands, angeblich auf der Basis des Nationalitätenprinzips, vorgesehen. Danach sollte Rußland den Unterlauf der Memel (russ., Njemen), also das Memelland, und den östlichen Teil Galiziens annektieren. Ferner wollte Rußland für das polnische Königreich Ost-Posen, Schlesien und den westlichen Teil Galiziens annektieren. Frankreich erhielte Elsaß-Lothringen „zurück“, zuzüglich der preußischen Rheinlande und der Pfalz *„nach eigenem Ermessen“*. Dänemark sollte Schleswig-Holstein *„zurückerstattet“* bekommen. Das Königreich Böhmen würde die jetzige Tschechei und Mähren umfassen. Sasonows Programm war die erste umfassende Kriegszielerklärung der russischen Regierung, und Rußland war damit die erste Ententemacht, die ihren Alliierten eine Liste mit Kriegszielen vorlegte.[81] – In Rußland gewann die Kriegspartei (Kriegsminister Wladimir Suchomlinow und Landwirtschaftsminister Alexander Kriwoschein)[82] immer stärkeren Einfluß auf den Zaren. Ende November 1912 legte Suchomlinow seine Auffassung dar, daß der Krieg gegen Deutschland unvermeidlich sei: *„Und es wäre besser für uns, ihn so früh wie möglich zu beginnen.“* Ein Krieg, so argumentierte er, werde Rußland „nur Vorteile“ bringen.[83]

Während der Julikrise von 1914 stellte sich Rußland offen hinter Serbien und erklärte als dessen Schutzmacht, keinen Angriff auf seine Souveränität durch Österreich-Ungarn zuzulassen. In diesen Tagen hatte die „Kriegspartei“ am Sankt Petersburger Hof die Oberhand gewinnen und Nikolaus II. zu diesem Schritt beeinflussen können. Der Zar wollte keinen Krieg, haßte Gewalt, und außerdem wußte er, daß ein Krieg das Ende der alten Ordnung in Europa bedeuten könnte. Trotzdem gab er am 29. Juli 1914 den Befehl zur Generalmobilmachung. Als Österreichs Bündnispartner, das Deutsche Reich, davon erfuhr, erging ein Ultimatum an Rußland, die Mobilisierung innerhalb von zwölf Stunden einzustellen. Doch es fand sich keine friedliche Lösung mehr. Der Weg in den Ersten Weltkrieg war beschritten.

81 Ruland, S. 58 f.; Schütz/v. Preradovich, S. 67

82 Der Sohn von Alexander Kriwoschein, Semjon Moissejewitsch Kriwoschein, war ein sowjetischer General, der eine wesentliche Rolle beim Umbau der Panzertruppen der Roten Armee und dem sowjetischen Sieg in der Schlacht bei Kursk spielte.

83 Christopher Clark: *Die Schlafwandler*, S. 291

Zwei russische Kriegstreiber:

General der Kavallerie Wladimir Alexandrowitsch Suchomlinow (1848/Kaunas-1926/Berlin) war von 1908 bis 1915 russischer Kriegsminister.

Alexander Wasiljewitsch Kriwoschein (1857/Warschau-1921/Berlin) war unter Pjotr Stolypin russischer Landwirtschaftsminister.

7. Die Rolle der Sowjetunion

„Stalin-Herrschaft – das ist an die Macht gelangtes politisches Banditentum. Die Stalin-Herrschaft mit ihrem Völkermord und der Zersetzung der Persönlichkeit, mit ihrer Theorie und Praxis der Gewalt war in ihren Folgen mörderischer als die Weltkriege."
Wladimir Alexandrowitsch Antonow-Owsejenko: „Stalin – Porträt einer Tyrannei"; Vorwort, S. XV

„Die Rote Armee ist ein bewaffneter Truppenteil der Weltrevolution."
Das Organ der Roten Armee *Krasnaja Swesda* (dt., *Roter Stern*) am 21. Februar 1929.[84]

„In den Zeitungen, im Radio riefen wir auf zur heiligen Rache."
Lew Kopelew: „Aufbewahren für alle Zeit"; dtv, München, 1985, S. 19.

„Das Ziel heiligt die Mittel. Unser großes Ziel war der Sieg des Weltkommunismus; um seinetwillen kann man und muß man lügen, rauben, Hunderttausende, ja Millionen von Menschen vernichten – alle, die diesem Ziel hinderlich im Wege stehen oder im Wege stehen könnten."
Kopelew, a.a.O., S. 53.

„Wir müssen, wenn dies erforderlich ist, angreifen."
Leningradskaja Prawda am 22. Februar 1941.[85]

„Im Februar 1941 ernannte Stalin Marschall Schukow zu seinem Generalstabschef. In dieser Funktion bereitete Schukow den Krieg gegen Deutschland vor. Stalin hatte den Befehl zur heimlichen Mobilmachung bewußt am 19. 8. 1939 erteilt. Von diesem Tag an war ... der Krieg nicht mehr aufzuhalten. Deshalb ist der 19. 8. 1939 der Tag, an dem Stalin den Zweiten Weltkrieg auslöste. Die heimliche Mobilmachung sollte mit dem Angriff auf Deutschland und Rumänien am 6. 6. 1941 abgeschlossen werden."
Viktor Suworow: „Der Tag M", S. 73/74, und „Der Eisbrecher", S. 429 f.

84 Adamheit, S. 266
85 Adamheit, S. 289

„Der vollständige Aufmarsch der sowjetischen Truppen an der deutschen Grenze war für den 10. Juli 1941 geplant. Nahezu ein halbes Jahr lang war das Eisenbahntransportwesen durch die geheimen Truppenverlegungen gelähmt."
Viktor Suworow: „Stalins Krieg", S. 174 f.

„Hätte Hitler Stalin nicht angegriffen, hätte Stalin nahezu sicher an irgendeinem Punkt Hitler angegriffen."
Der israelische Militärhistoriker Martin van Creveld.[86]

Der sowjetische Diktator Josef Stalin gehörte zweifellos zu den Hauptkriegstreibern, weil er erklärtermaßen die kommunistische Herrschaft in Europa und auf der ganzen Welt anstrebte. Bezüglich Deutschland verfolgte er beharrlich seine Kriegsziele: die militärische Niederwerfung und Aufteilung Deutschlands, die Zerschlagung der deutschen Industrie sowie das „Zurückdrängen" der deutschen Siedlungsgebiete nach Westen. Um diese Ziele zu erreichen, bereitete sich die Sowjetunion trotz des deutsch-sowjetischen Nichtangriffspakts vom 23. August 1939 (Ribbentrop-Molotow-Abkommen) systematisch auf den kommenden Krieg vor und wartete nur auf eine günstige Gelegenheit, Deutschland in den Rücken zu fallen. Hitler war seinem Gegenspieler an Perfidie und Raffinesse hoffnungslos unterlegen. Er durchschaute aber Stalins Doppelspiel und kam dem erwarteten Angriff der Sowjetunion zuvor. Mit Stalin, dem größten Diktator, Tyrannen, Massenmörder und Kulturzerstörer aller Zeiten, schlossen die westlichen Demokratien in voller Kenntnis seiner bisher bereits verübten Untaten ein Kampfbündnis, um einen anderen Diktator und Tyrannen zu beseitigen, nämlich Hitler. Den vereinten Alliierten ging es vor allem darum, Deutschland mit vereinten Kräften zu zerschlagen und das deutsche Volk zu dezimieren. Gegen die vereinte Übermacht der Großmächte USA, Großbritannien und Sowjetunion konnte Deutschland nichts ausrichten und war von Anfang an zum Untergang verurteilt.

Nach Hitlers Machtübernahme wurde der deutsch-sowjetische Gleichklang beendet. Der aufkommende Gegensatz zwischen Berlin und Moskau ba-

86 in: *Focus*, Nr. 15/2005, 11. April 2005, unter http://www.focus.de/magazin/archiv/serie-und150-teil-vi-ans-hakenkreuz-geschlagen_aid_212248.html

sierte auf der ideologischen Todfeindschaft zwischen Nationalsozialismus und Bolschewismus und fand seine Verschärfung durch völkerrechtliche Vereinbarungen, wie z. B. den Antikominternpakt.[87] Das nationalsozialistische Deutschland und die bolschewistische Sowjetunion blieben trotz des Zweckbündnisses (Nichtangriffspakt) vom 23. August 1939 erklärte Todfeinde, die letztlich einen Entscheidungskampf gegeneinander führen und dabei ihren jeweiligen Einflußbereich auf Kosten der anderen Seite erweitern wollten. Beide Diktaturen hatten weltanschauliche Armeen geschaffen, die auf einen Vernichtungskampf vorbereitet wurden. Über den Charakter des bevorstehenden Weltanschauungskrieges äußerte sich Hitler am 30. März 1941 vor seinen Generalen. Nach den Notizen von Franz Halder, zu der Zeit Chef des Generalstabes des Heeres, sagte Hitler unter anderem: *„Kampf zweier Weltanschauungen gegeneinander. Bolschewismus ist gleich asoziales Verbrechertum. Kommunismus ist ungeheure Gefahr für die Zukunft ... Es handelt sich um einen Vernichtungskampf ... Kampf gegen Rußland: Vernichtung der bolschewistischen Kommissare und der kommunistischen Intelligenz ... Die Truppe muß sich mit den Mitteln zur Wehr setzen, mit denen sie angegriffen wird. Kommissare und GPU-Leute*[88] *sind Verbrecher und müssen als solche behandelt werden ... Der Kampf wird sich sehr unterscheiden vom Kampf im Westen. Die Führer müssen von sich das Opfer verlangen, ihre Bedenken zu überwinden.“*

Hitler sprach in dieser Rede von einem „Vernichtungskampf“ gegen das staatliche Gebilde Sowjetunion, gegen die Kommunistische Partei und gegen die kommunistisch-jüdische Intelligenz. Im Gegensatz zu der Behauptung mancher Historiker war von einer „Vernichtung“ der russischen oder

---

87 Der Antikominternpakt vom 25. November 1936 war ein völkerrechtlicher Vertrag zwischen Japan und Deutschland, dem später unter anderem Italien, Ungarn, Spanien, Mandschukuo und Nanking-China beitraten. Mit diesem Pakt sollte die Kommunistische Internationale (Komintern) bekämpft werden. Die Kommunistische Internationale war ein 1919 gegründeter internationaler Zusammenschluß kommunistischer Parteien zu einer weltweiten gemeinsamen Organisation. Während des Zweiten Weltkrieges löste Stalin 1943 die Kommunistische Internationale als Zugeständnis an seine westlichen Alliierten in der Anti-Hitler-Koalition – die USA und Großbritannien – auf.

88 GPU war seit 1922 die Bezeichnung der Geheimpolizei der Sowjetunion. Die GPU war die Nachfolgeorganisation der Tscheka und eine Vorläuferin des KGB.

slawischen Zivilbevölkerung keine Rede. Eine Folge dieser Rede waren der „Kommissarbefehl" (sofortige Erschießung gefangener sowjetischer Politkommissare) und der „Kriegsgerichtsbarkeitserlaß Barbarossa". Mit diesen Befehlen wollte Hitler die für die Wehrmacht bestehenden völkerrechtlichen Bindungen lockern, um der Truppe die Möglichkeit zu geben, sich gegen die erwartete völkerrechtswidrige Kriegführung der sowjetischen Partisanen besser zur Wehr setzen zu können. Die von Hitler persönlich veranlaßten Befehle zur rücksichtslosen Bekämpfung der Partisanen, die Arroganz und Verachtung mancher NS-Funktionäre gegenüber slawischen Menschen erzeugten bei den Verachteten und Unterworfenen Haß und forderten sie zur Rache an den Besatzern heraus. All dies trug zur Eskalation des Kampfes und zur Verbitterung der Bevölkerung gegenüber den Deutschen bei.

Das Bild, das Hitler und die Wehrmachtsführung von der Sowjetunion und der Roten Armee hatten, war geprägt von den Berichten über die Greuel des Russischen und des Spanischen Bürgerkrieges sowie durch die Berichte von Widerstandsgruppen in den 1939 bis 1940 von der Sowjetunion besetzten Gebieten. Außerdem hatte die Sowjetunion das geltende Kriegsvölkerrecht, das Völkerrecht des „Klassenfeindes", also die Haager Landkriegsordnung von 1907 und die Genfer Konvention von 1929 zum Schutz der Kriegsgefangenen – im Gegensatz zum Dritten Reich und den West-Alliierten –, nicht unterzeichnet. Es war daher zu erwarten, daß die Sowjetführung sofort nach Kriegsbeginn eine Partisanenbewegung organisieren, Kriegsgefangene systematisch ermorden und zu Mitteln der heimtückischen Kriegsführung greifen würde. Die Annahmen der deutschen Führung haben sich in vollem Umfang bestätigt. Unmittelbar nach dem deutschen Angriff am 22. Juni 1941 begannen die Sowjetsoldaten, wie der Völkerrechtler Alfred de Zayas später belegte, deutsche Kriegsgefangene in viehischer Weise abzuschlachten, zu foltern oder kurzerhand zu erschießen.[89]

Nach vorherrschender Geschichtsschreibung wurde Stalin vom deutschen Angriff „vollkommen überrascht". Doch das Gegenteil trifft zu: Stalin war

89 Post, S. 549; Gehlen, S. 99; Martin Zühlke: „Zeitsprung zurück in die Barbarei. Oktober 1944: Nemmersdorf symbolisiert die Kriegsverbrechen der Roten Armee an der deutschen Zivilbevölkerung", in: *Junge Freiheit* Nr. 43/14/, 17. Oktober 2014

über den bevorstehenden deutschen Angriff gegen seine übermächtige Rote Armee voll informiert, weil ihm bis zum Vorabend „alles berichtet" worden ist. Inzwischen veröffentlichte Dokumente zeugen davon, daß der sowjetische Diktator *„über die Aufklärungskanäle umfassende und vollständige Informationen über die Vorbereitungen des faschistischen Deutschlands"* hatte. Nikita Chruschtschow, während des Zweiten Weltkrieges Politoffizier und Organisator des Partisanenkampfes in der Ukraine, räumt in seinen Erinnerungen ein, daß man in Moskau in den letzten Tagen vor dem 22. Juni die zur Entladung drängende Spannung spüren konnte. Stalin habe sehr wohl verstanden, daß der Beginn des Krieges unmittelbar bevorstand. Chruschtschow wörtlich: *„Niemand, der auch nur den geringsten politischen Verstand besitzt, kann glauben, daß wir von einem unerwarteten, hinterhältigen Angriff überrascht worden sind."*[90]

Stalin äußerte sich in seiner ersten Rundfunkrede am 3. Juli 1941 über den Charakter des am 22. Juni 1941 begonnenen Kampfes mit Hitler-Deutschland. Er rief die Bevölkerung, die Soldaten und die Partisanen auf: *„Wir müssen einen schonungslosen Kampf organisieren. Dem Feind darf kein Transportmittel, kein Kilogramm Brot, kein Liter Treibstoff in die Hände fallen. Die Kollektivbauern müssen das Vieh wegtreiben und das Getreide wegschaffen. Was nicht abtransportiert werden kann, muß vernichtet werden. Brücken und Straßen sind zu sprengen. Wälder und Depots niederzubrennen. Für den Feind müssen unerträgliche Bedingungen geschaffen werden."* Das war eine klare Aufforderung zum rücksichtslosen Kampf gegen die Deutschen und zur Politik der „verbrannten Erde". Stalin hatte diese Politik im Zweiten Weltkrieg als erster proklamiert und als wesentlichen Bestandteil in seine Operationen eingefügt.[91]

Nach Ansicht einer wachsenden Zahl russischer Historiker war der deutsch-sowjetische Nichtangriffspakt Ausgangspunkt von Stalins Strategiekonzept. Diesen Pakt mußte Deutschland mit seinem weltanschaulichen Hauptfeind schließen, um zu verhindern, daß Großbritannien und Frankreich

---

90 Post, S. 555; Beitrag „Stalin war voll im Bilde", in: *Junge Freiheit* Nr. 27/11, 1. 7. 2011; Joachim Hofmann: *Stalins Vernichtungskrieg 1941-1945*, S. 79

91 Paul Carell, S. 319 f.

einen ebensolchen Vertrag mit der Sowjetunion eingingen. Stalin begründete den Pakt mit Hitler damit, daß er zum Ausbruch des Krieges zwischen Deutschland und dem „englisch-französischen Block" führen werde und damit im Interesse der Sowjetunion liege, damit sich die beiden Seiten in ihm erschöpften und am Ende ein „sowjetisches Deutschland" stehe und auch Frankreich sowjetisiert werde. Mit dem Pakt gab Stalin Hitler grünes Licht für seinen Angriff auf Polen, dem am 3. September 1939 die Kriegserklärung der beiden Westmächte an Deutschland folgten mußte. Dadurch wurde jener „zweite Krieg" ausgelöst, auf dessen „Unvermeidlichkeit" der sowjetische Diktator schon seit den zwanziger Jahren unentwegt gesetzt hatte. Der Krieg sollte die kapitalistischen Mächte bis zur Erschöpfung schwächen, um der Sowjetunion als *„lachendem Dritten"* (Lenin) die Gelegenheit zu geben, als letzte in die Auseinandersetzung einzugreifen und der kommunistischen Weltrevolution in Europa zum Durchbruch zu verhelfen. Die beiden totalitären Kontrahenten, so ihr Fazit, haben in ihrem indirekten Zusammenspiel den Zweiten Weltkrieg ausgelöst, so daß Stalin am Abend des Vertragsabschlusses im vertrauten Kreis sagen konnte: *„Ich habe Hitler überlistet"*, eine Feststellung, die freilich Hitlers Verantwortung in diesem Komplott durch seinen Angriff auf Polen nicht mindert.

Auch bezüglich der Vorbereitungen des sowjetischen Angriffskrieges gegen Deutschland sind sich die russischen Historiker weitgehend einig. Die Aufrüstung Rußlands hat 1940/1941, besonders bei Panzern, Artillerie und Luftstreitkräften, ihren Höhepunkt erreicht, so daß die Autoren von einem wahrscheinlichen Angriffstermin noch im Juli 1941 ausgehen.[92]

Auch der polnische Historiker Bogdan Musiał kommt zu dem Ergebnis, daß Stalin sich spätestens seit Ende 1940 sehr intensiv auf einen Angriff auf Deutschland vorbereitete, wobei er trotz zahlreicher Warnungen nicht an die Entschlossenheit Deutschlands glaubte, schon bald anzugreifen. Er ließ die Armee noch einmal grundlegend umstrukturieren, ausbauen und umrü-

92 Klaus Hornung: „Der lachende Dritte war bereit", in: *Junge Freiheit* Nr. 26/12, 22. Juni 2012. Der Sammelband des russischen Historikers Dmitrij Chmelnizki über die Kriegsvorbereitungen der Sowjetunion vor dem Angriff der Wehrmacht trägt den Titel *Die Rote Walze. Wie Stalin den Westen überrollen wollte.*

Widerspricht der These von der deutschen Alleinkriegsschuld – der deutsch-polnische Historiker Bogdan Musiał (1960 in Wielopole bei Dąbrowa Tarnowska, Woiwodschaft Kleinpolen). Musial ist seit 2010 Professor an der Kardinal-Stefan-Wyszyński-Universität Warschau.*

sten. Im Frühjahr 1941 war Stalin unbestreitbar dabei, entlang der deutsch-sowjetischen Grenze die größte Invasionsarmee aller Zeiten aufzubauen, um im geeigneten Moment seinen deutschen Verbündeten zu überfallen. Neue Flugplätze an der deutsch-sowjetischen Grenze wurden gebaut und die alten ausgebaut, die serienmäßige Produktion von Kampfflugzeugen und Panzern aufgenommen, um die Streitkräfte im Laufe des Jahres 1941 umzurüsten. Die Eisenbahnlinien und Straßen bis zur deutschen Grenze hin wurden ausgebaut, Vorräte an Lebensmitteln, Treib- und Rohstoffen für den künftigen Krieg angelegt. Auch eine polnische Division ließ Stalin im Juni 1941 aufstellen, die im Krieg gegen Deutschland eingesetzt werden sollte. Der Hauptstoß sollte ja durch das deutsch besetzte Polen gehen.

Sowjetische Kriegsgefangene, 1941.

Inmitten dieser Kriegsvorbereitungen, am 22. Juni 1941, griff Deutschland die Sowjetunion an, ohne daß Hitler und seine Generale von den auf Hochtouren laufenden sowjetischen Kriegsvorbereitungen in ihrer Gesamtheit etwas geahnt hätten. Sie waren vor dem 22. Juni über den Stand der sowjetischen Kriegsvorbereitungen nicht *„im Bilde"*, wie es Goebbels am 19. August 1941 in seinem Tagebuch formulierte. Hitler unterschätzte die Stärke der Roten Armee, erst recht aber den Umfang der Rüstung, zum Beispiel die der sowjetischen Panzerwaffe. Zu der gewaltigen Aufrüstung auf allen Gebieten hatten auch Lieferungen beigetragen, zu denen sich Deutschland 1939 im Rahmen des deutsch-sowjetischen Paktes verpflichtet hatte. Da die Umstrukturierung der Roten Armee zu einer Angriffsarmee im Sommer 1941 noch nicht abgeschlossen war, konnte die Wehrmacht große Anfangserfolge erzielen. Auch waren große Teile der Sowjetbevölkerung, die noch nicht von bolschewistischen Säuberungsaktionen, Zwangskollektivierungen und anderen Formen des Terrors malträtiert worden waren, nicht bereit, für das bolschewistische Regime zu kämpfen.

Vielfach wurde die Wehrmacht als Befreier begrüßt. Im Verlauf des Krieges kämpften insgesamt 1,5 Millionen Sowjetbürger mit der Waffe in der Hand gegen das Sowjetregime. Stalin blieb nichts anderes übrig, als gegen das eigene Volk Massenterror anzuwenden. Der sowjetische Geheimdienst NKWD, aber auch Spezialeinheiten der Roten Armee gingen mit Vernichtungsbataillonen, Sondergruppen, Sperrabteilungen, gegen „Feiglinge und Verräter" vor. Die Einheiten wurden angewiesen, mit allen Mitteln die Disziplin aufrechtzuerhalten und den Rückzug von Truppenteilen zu verhindern. Jeder Soldat, der Anstalten machte, zu fliehen oder gar zu den deutschen Truppen überzulaufen, sollte erschossen werden. 1,3 Millionen Fahnenflüchtige wurden festgenommen, entweder sofort liquidiert oder in Strafeinheiten gesteckt, um zu Himmelfahrtkommandos eingesetzt zu werden. Vaterlandsverrat, Panikmache, Zweifel am Sieg der Sowjetunion, Verbreiten von Gerüchten – alles waren Gründe für brutalste Strafen. Tatsächlich gelang es Stalin, daß allmählich die Zahl der Kampfunwilligen zurückging. Wer in deutsche Kriegsgefangenschaft geriet, gegen dessen Familie wurde Sippenhaftung verhängt.[93]

Der Beitrag der Sowjetunion zum Zweiten Weltkrieg läßt sich wie folgt zusammenfassen: Da der Kommunismus weder in Deutschland noch in anderen europäischen Staaten Fuß fassen konnte, wollte die Sowjetunion das Gesellschaftssystem in den kapitalistischen Ländern durch einen Krieg verändern. Die zwei Ziele Stalins waren auf kurze Sicht „Ostpolen", das er wiedergewinnen wollte, und auf weite Sicht die Ausbreitung des Kommunismus in Westeuropa. So setzte er zunächst auf das „Pferd" der Briten und Franzosen, die seine Waffenhilfe brauchten. Er köderte beide mit dem Angebot von 120 Divisionen für einen neuen Krieg gegen Deutschland.

93 Hans-Joachim von Leesen: „Beutegier und Vernichtungswille", in: *Junge Freiheit* Nr. 34/10, 20. August 2010. Das 2010 erschienene Buch von Bogdan Musial trägt den Titel *Stalins Beutezug – Die Plünderung Deutschlands und der Aufstieg der Sowjetunion zur Weltmacht.*

Er bestätigte sie darin, statt Danzig an das Deutsche Reich zurückzugeben, lieber einen Krieg zu wagen. Als Polen diese Art von Kriegsallianz zunichte machte und als erkennbar wurde, daß die Briten und Franzosen den Sowjets die Hauptlast dieses Krieges überlassen wollten, setzte Stalin auf das „Pferd" der Deutschen. Er sicherte Hitler Handlungsfreiheit zu, ließ sich im „Geheimen Zusatzprotokoll" die Rückeroberung der verlorenen Randgebiete des alten Zarenreiches – wenn auch nur verschlüsselt – genehmigen und strich dann ohne eigene Opfer „Ostpolen" ein.

Doch Stalins Rechnung ging zunächst nicht völlig auf. Der deutsche Feldzug gegen Polen war sehr schnell beendet, und es kam 1939 nicht zu dem erhofften Erschöpfungskrieg der kapitalistischen Staaten Deutschland und Frankreich-England. So waren am Ende der Auseinandersetzung um Polen weder die Menschen in den kapitalistischen Staaten reif für eine bolschewistische Revolution, noch konnte die Sowjetunion – wie Lenin das vorausgedacht hatte – als letzte starke Großmacht in Europa die kapitalistischen Staaten *„an der Gurgel packen"*. Dazu mußte die Sowjetunion noch einmal die Seite wechseln und selber furchtbar bluten. Auch bei den Verhandlungen mit den Engländern und Franzosen hatte sich Stalin die Interventionsrechte gegenüber Finnland, Estland, Lettland, Litauen, Polen und Rumänien als Gegenleistung für seine Waffenhilfe gegen Deutschland zusichern lassen. Stalin wollte die für Sowjetrußland angestrebten Territorialgewinne im Schatten eines Krieges erreichen, den Briten, Deutsche und Franzosen miteinander führten. Zu diesem Zwecke kam ihm der Streit um Danzig und die deutsche Minderheit in Polen gerade recht. Die sowjetische Führung versuchte kein einziges Mal, bei den Differenzen zwischen den Deutschen und den Polen zu vermitteln, um dem Frieden eine Chance zu geben. Stalin setzte von Anfang an auf Krieg, von dem er annahm, daß er die territoriale Ordnung Osteuropas zum Vorteil der Sowjetunion verändert.[94]

---

94 Schultze-Rhonhof, S. 552-554

8. Die Rolle der USA

In den Washingtoner Führungszirkeln wurde das Deutsche Reich schon vor 1914 als der eigentliche „Unruheherd" der Weltpolitik und als Bedrohung des eigenen Anspruchs, einzige Weltmacht zu sein, empfunden. Man war auf amerikanischer Seite davon überzeugt, daß das britische Weltreich sich Stück für Stück verdrängen und übernehmen ließe. Nach Beginn des europäischen Krieges wurden die Planungen für den „War Black Plan", den Krieg gegen Deutschland, intensiviert. In den USA setzte eine umfangreiche innenpolitische Hetze gegen jene ein, die der Präsident persönlich die „Bindestrich-Amerikaner" nannte, die Deutsch-Amerikaner. Da es Washington lieber gewesen wäre, wenn die europäischen Westmächte das Deutsche Reich ohne Mithilfe des amerikanischen Militärs besiegt hätten, gab es zunächst ausgiebige Kriegskredite und Materiallieferungen an die Gegner des Kaiserreiches. Man ließ es zu, daß Waffenexporte unter einem „menschlichen Schutzschild" auf Passagierschiffen stattfanden, leugnete das aber öffentlich ab. Die Angriffe auf solche Waffentransporte durch deutsche U-Boote beutete man propagandistisch („Seeräuberverbrechen") für die weitere Dämonisierung der Deutschen aus. Grundsätzlich erhoben die USA den Anspruch, den Sinn des Geschichtsprozesses zu verkörpern und die Welt nach ihren Maßstäben zu beherrschen.[95]

Am 7. Mai 1917 wurde der zum Hilfskreuzer umgebaute britische Ozeandampfer „Lusitania" von einem deutschen U-Boot versenkt. Das Torpedo hatte offensichtlich die an Bord gelagerte Munition getroffen. Das Schiff sank schnell und riß 1.198 Menschen in die Tiefe, darunter 128 amerikanische Staatsbürger, teilweise prominente wie der Millionär Alfred Vanderbilt und der Industrielle Charles Plamondon. Einige US-Medien nutzten die Versenkung der „Lusitania" für eine antideutsche Propaganda, die einen Stimmungsumschwung der bis dahin strikt auf Neutralität Wert legenden Öffentlichkeit beförderte. Im April 1917 mündete dieser Stimmungsumschwung in eine Kriegserklärung der USA an das Deutsche

95 Stefan Scheil: „Der Erste Weltkrieg und der Kriegseintritt der USA. Der eigentliche Gegner", in: *Junge Freiheit* Nr. 45/14, 31. Oktober 2014

Reich und gegen Österreich-Ungarn, das in den Seekrieg keineswegs involviert war.[96]

96 Hans-Jürgen Wünschel: „Churchills Köder geschluckt“, in: *Junge Freiheit* Nr. 19/15, 1. Mai 2015; Historisches Kalenderblatt, *Junge Freiheit* Nr. 20/15, 8. Mai 2015

9. Die Rolle Roosevelts

„Roosevelt war sehr darum bemüht, sobald wie möglich in den Krieg einzutreten. Durch Betrug trieb er dann das Volk in den Krieg."
Benjamin Colby: „Die Roosevelt-Verschwörung: Amerikanische Kriegspropaganda und Kriegshetze gegen Deutschland", 2002.

„Wir wappnen uns nicht für irgendeinen fremden Krieg. Wir wappnen uns nicht für eine Eroberung oder eine Einmischung in fremde Streitigkeiten. Ich wiederhole nochmals, daß (...) wir an keinen fremden Kriegen teilnehmen und werden weder unser Heer noch unsere See- oder Luftstreitkräfte zu Kämpfen in fremden Ländern außerhalb Amerikas entsenden, es sei denn, wir werden angegriffen."
Franklin Delano Roosevelt am 23. Oktober 1940 in Philadelphia. Hedin, S. 97/98.

„Das amerikanische Volk jedoch glaubt nicht, daß dies sein Krieg ist. Die Abstimmungen zur Erforschung der öffentlichen Meinung zeigen eine stetige, überwältigende Mehrheit gegen unsere Teilnahme. Weit davon entfernt, ‚Amerikas Krieg' zu sein, ist dies der ‚Krieg des Präsidenten'. Präsident Roosevelt begann sich in diesen Krieg, den ‚Krieg des Präsidenten', bei der Einweihung der Brücke in Chikago im Jahre 1937 einzulassen. Schritt für Schritt hat er seinen Krieg in das Bewußtsein des amerikanischen Volkes vorgetrieben. Der Präsident selbst hat im Effekt den Krieg bereits erklärt. Er hat den Feind bezeichnet und spricht vom Siege. Der Kongreß stellt nicht mehr das Volk dar."
Dr. Morrison, Herausgeber des *Christian Century*, im April 1941.[97]

„Diese Propaganda ist einer der schlimmsten Feldzüge in der Geschichte, um dem amerikanischen Volke ein Minderwertigkeitsgefühl zu geben und es dem Willen einer kleinen Gruppe fremder Führer unterzuordnen, die darauf ausgehen, uns in den Krieg zu stürzen."
John G. Alexander, Abgeordneter aus Minnesota, am 18. Dezember 1940.[98]

---

97 Hedin, S. 107/108
98 Hedin, S. 101/102

„Wir werden von denselben Mächten zum Narren gehalten, die uns im [Ersten] *Weltkrieg zum Narren gehalten haben. (...) Wenn wir je in diesen Krieg verwikkelt werden, so wird er von den künftigen Geschichtsschreibern nur mit einem Namen bezeichnet werden, ‚der Krieg des Präsidenten', weil jeder seiner Schritte seit seiner Rede in Chikago auf den Krieg hinlenkte."*
US-Senator Gerald P. Nye am 27. April 1941.[99]

„Zehn Prozent unseres Volkes zwingen die Vereinigten Staaten geschickt in den Weltkonflikt, während die Mehrheit von 90 Prozent, die für den Frieden ist, schweigend und hilflos daneben steht."
John T. McNicholas, Erzbischof von Cincinatti, im Januar 1941[100]

Präsident Roosevelt 1945: *„In der Politik geschieht nichts zufällig. Wenn etwas geschieht, kann man sicher sein, daß es auf diese Weise geplant war."*
Gary Allen, S. 30

Einen wesentlichen Anteil an der Entstehung und Globalisierung des Zweiten Weltkrieges hatte zweifellos der US-amerikanische Präsident Franklin Delano Roosevelt. Er hatte an der Verschärfung der europäischen Krise 1938/39 maßgeblichen Anteil. Roosevelt war eng mit den Hochfinanzkreisen der Wallstreet verflochten. Er arbeitete bereits ab 1920 eng mit ihnen zusammen. Diese Kreise finanzierten seinen Präsidentschaftswahlkampf 1932, und er half ihnen dann mit seinem „New Deal" und anderen Gesetzen ab 1933.[101]

Mit der Kriegspolitik Roosevelts hatte sich der Republikaner Hamilton Fish III., von 1920 bis 1945 Mitglied des US-Kongresses, kritisch auseinandergesetzt. In seinem Buch „Der zerbrochene Mythos" nahm er dazu unter anderem auf S. 17 f. wie folgt Stellung: *„Bereits im April 1939* (!), *also vier Monate vor Ausbruch des Krieges, wurde dem amerikanischen Volk klar, daß die Roosevelt-Regierung sich offen für den Krieg entschieden hatte ... Die Kriegspsychose wurde zur*

99 Hedin, S. 100/101
100 Hedin, S. 106
101 Siehe hierzu das Buch von Antony C. Sutton *Roosevelt und die internationale Hochfinanz – Weltverschwörung in der Wallstreet Nr. 120*, 1990.

Raserei angeheizt. Die Haßkampagne ging vom Weißen Haus aus ... " (S. 38-39) Und weiter: „*Roosevelts Kriegskabinett wurde weitgehend von der Presse der Ostküste in der Kriegsfrage unterstützt. Die weitreichende Kriegspropaganda wurde durch internationale Banken, Waffenproduzenten und Großkonzerne wirkungsvoll finanziert ... Die meisten Mitglieder des Rooseveltschen Kabinetts, einschließlich George C. Marshall, würden für einen Krieg gegen Patagonien eingetreten sein, wenn man damit zu einem Krieg gegen Deutschland gekommen wäre.*"

Die nachfolgende Chronologie der Ereignisse zeigt, wie Präsident Roosevelt auf einen Weltkrieg hinarbeitete.

Bereits im November 1933 erkannten die USA die Sowjetunion diplomatisch an. Am 20. Dezember 1933 versicherte Stalin dem US-Botschafter William Bullitt, daß die UdSSR und die USA de facto Verbündete geworden seien. Curtis Bean Dall, Roosevelts Schwiegersohn, beschrieb, was der Präsident damals dachte: „*... 1937 hielt er den Krieg gegen Deutschland für unvermeidlich ... Die ‚Germany first'-Strategie, die die USA im Zweiten Weltkrieg militärisch anwandten, zeichnete sich also bereits lange vor dem Kriege ab.*"[102]

In der sogenannten „Quarantäne–Rede" vom 5. Oktober 1937 in Chicago rief Roosevelt dazu auf, „*die Aggressornationen Deutschland, Italien und Japan unter Quarantäne zu stellen.*" Roosevelt weiter: „*...Friede, Freiheit und Sicherheit von 90 Prozent der Menschheit werden von den übrigen 10 Prozent gefährdet... Wenn eine Krankheit sich epidemisch ausbreitet, beschließt die Gemeinschaft* (...) *die Patienten unter Quarantäne zu legen. Der Krieg ist eine Seuche, ob er nun erklärt ist oder nicht.*" Zu den friedliebenden Ländern wurde freilich auch die UdSSR gerechnet, obwohl der Massenmord gegen die Bauern und die Ukrainer voll im Gange war und im Spanischen Bürgerkrieg Stalins Anhänger spanische Nonnen gekreuzigt und zahlreiche andere Untaten begangen hatten. Die Drohrede Roosevelts wurde zu einem Zeitpunkt gehalten, als von deutscher Seite noch keine territoriale Revision gefordert worden war.[103]

102 Schröcke, S. 185

103 Schröcke, S. 186; Rassinier, S. 126-127; Post, S. 142; Hedin, S. 97; Sündermann, S. 45

Klarsehende US-Amerikaner, die Roosevelts Kriegspolitik offenlegten:

Hamilton Stuyvesant Fish III. (7. Dezember 1888 in Garisson, Putnam County, New York; † 18. Januar 1991) war von 1920 bis 1945 Abgeordneter im US-Repräsentantenhaus.*

John Timothy McNicholas OP (15. Dezember 1877 in Kilmaugh, Irland; † 22. April 1950), der Erzbischof von Cincinnati.*

Gerald Prentice Nye (19. Dezember 1892, † 17. Juli 1971) saß für den Bundesstaat Nord-Dakota von 1925 bis 1945 im US-Senat.*

John Grant Alexander (16. Juli 1893 in Texas Valley, Cortland County, New York; † 8. Dezember 1971 in Minneapolis, Minnesota) vertrat zwischen 1939 und 1941 den Bundesstaat Minnesota im US-Repräsentantenhaus.*

Zum Jahresende 1937 ließ Roosevelt erstmalig die „Germany first"-Strategie erstellen, wonach die Niederschlagung Deutschlands Vorrang vor dem Krieg gegen Japan hat. Zur gleichen Zeit begann die Zusammenarbeit der amerikanischen und britischen Kriegsflotten im Rahmen eines vertraglich offiziell nicht fixierten Militärbündnisses. Als Roosevelt im September 1938 gefragt wurde, ob ein europäischer Krieg für die Vereinigten Staaten nützlich sei, erklärte er seinem Kabinett (wie das private Tagebuch von Innenminister Herold F. Ickes beweist): *„Ein Krieg in Europa kann für uns nur gut sein. Sie müssen ihre Waffen und Munition von uns kaufen. Das Gold von Europa fließt schon so schnell zu uns, daß wir nicht genug Kriegsschiffe haben, um es über den Atlantik zu bringen!"*

Am 19. November 1938 sagte Bullitt, nunmehr US-Botschafter in Frankreich, zum polnischen Botschafter in Washington, Graf Jerzy Józef Potocki, *„der wahnsinnigen Expansion Deutschlands"* könne nur *„durch Gewalt und schließlich Krieg"* ein Ende gemacht werden. Als Potocki Bullitt fragte, *„wie er sich den kommenden Krieg vorstelle"*, antwortete dieser, *„daß vor allem die Vereinigten Staaten, Frankreich und England gewaltig aufrüsten müßten, um der deutschen Macht die Stirn bieten zu können. Dann erst, wenn der Augenblick reif ist"*, so fuhr Bullitt fort, *„wird man zur letzten Entscheidung schreiten können."* Als Potocki wissen wollte, ob die USA an einem solchen Krieg teilnehmen würden, antwortete Bullitt: *„Zweifellos ja! Aber erst dann, wenn England und Frankreich zuerst losschlagen!"* Die Stimmung in den USA sei nach Aussage Bullitts derart gespannt, *„daß schon heute unter den Amerikanern eine ähnliche Psychose herrscht wie vor der Kriegserklärung Amerikas an Deutschland im Jahre 1917."*[104]

Am 14. Dezember 1938 ließ Roosevelt Chamberlain wissen: *„England werde im Falle eines großen Krieges gegen die Diktatoren die industriellen Ressour cen der amerikanischen Nation hinter sich haben."* Der Völkerbundkommissar in Danzig, Carl Jacob Burckhardt, notierte zum 2. Dezember 1938: *„Er* (Bullitt) *erklärte mir mit merkwürdiger Genugtuung, die Polen seien bereit, wegen Danzig Krieg zu führen ... Im April wird der neue Krieg ausbrechen ...*

104 Post, S. 296; Sündermann, S. 47; *Der Große Wendig*, Band 1, S. 616

Niemals seit der Torpedierung der ‚Lusitania' bestand in Amerika solch ein religiöser Haß gegen Deutschland wie heute. Chamberlain und Daladier werden durch die öffentliche Meinung weggeblasen werden. Es handelt sich um einen heiligen Krieg."[105]

Am 4. Januar 1939 forderte Präsident Roosevelt ein entschiedenes Vorgehen gegen die „Aggressornationen". Gemeint waren natürlich Deutschland, Italien und Japan. Stürme von draußen, so Roosevelt, bedrohten drei Güter. *„Das erste ist die Religion. Sie ist die Quelle der beiden anderen, von Demokratie und Treu und Glauben im internationalen Leben ... Wir haben die Erfahrung gemacht, daß die gottesfürchtigen Demokratien der Welt, die die Heiligkeit der Verträge und Treu und Glauben im Verkehr mit anderen Nationen achten, gegenüber internationaler Gesetzlosigkeit irgendwo in der Welt ohne Gefahr nicht gleichgültig bleiben können. Sie dürfen Aggressionshandlungen gegen Schwesternationen nicht ewig, ohne wirksamen Protest hingehen lassen."* Die Berufung auf die Religion legt nahe, daß der „wirksame Protest" irgendwann in einen „heiligen Krieg" münden würde.[106] Am gleichen Tag ließ Roosevelt die gesamte US-Flotte vom Pazifik durch den Panama-Kanal auf die Atlantikseite zu Manövern in die Karibik laufen. Ferner beantragte er im Kongreß weitere 1,3 Milliarden Dollar für die Rüstung und die Aufhebung oder Lockerung der Neutralitätsgesetze.[107]

Am 16. Januar 1939 verdeutlichte Bullitt dem Grafen Potocki nochmals den Standpunkt der USA in der europäischen Krise: 1. Präsident Roosevelt verurteilt scharf und unzweideutig die totalitären Staaten. 2. Die Kriegsvorbereitungen der USA zur See, zu Lande und in der Luft werden in beschleunigtem Tempo durchgeführt. 3. Frankreich und England müssen mit jeder Kompromißpolitik gegenüber den totalitären Staaten Schluß machen. 4. Die Vereinigten Staaten sind bereit, die Isolierungspolitik zu verlassen und im Falle eines Krieges aktiv auf Seiten Englands und Frankreichs einzugreifen.[108]

105 Schröcke, S. 188
106 Post, S. 296 f.
107 Schultze-Rhonhof, S. 447
108 Post, S. 297

Im Januar 1939 bedrängte Roosevelt die englische und die französische Regierung, den Danzig-Wünschen der Reichsregierung entgegenzutreten und den Polen eine Garantie zu geben. Dies wurde vom US-Botschafter in London (von 1938 bis 1940), Joseph Kennedy, dem Vater von John F. Kennedy, wiederholt bestätigt. Während der ersten deutschen Sondierungen zu Danzig hatte Roosevelt die polnische Regierung aufgefordert, die deutschen Wünsche abzuweisen. Damit hatte der amerikanische Präsident den Kriegsausbruch heraufbeschworen. Der Garantie Englands folgte später notwendigerweise die Kriegserklärung der Briten und Franzosen, die aus dem deutsch-polnischen Vier-Wochen-Krieg einen Weltkrieg von sechs Jahren werden ließ. Von Mai bis November 1940 betrieb Roosevelt zur gleichen Zeit seinen Wahlkampf und den Kriegseintritt der USA auf zwei parallelen Gleisen. Den Wählern versicherte er einerseits, er werde Amerika aus dem Krieg heraushalten. Andererseits bereitete er seine Landsleute auf ihre nächste Kriegsteilnahme vor und schürte ihre Ängste mit dem Slogan: „*Hitler kommt!*" Roosevelt hielt Rundfunkreden über den bevorstehenden deutschen Angriff auf die USA und über das, was die Amerikaner dann von den deutschen Besatzungstruppen zu erwarten hätten.[109]

Der Transmissionsriemen für Roosevelts Kriegspolitik in Europa: William Christian Bullitt (25. Januar 1891 in Philadelphia; † 15. Februar 1967 in Neuilly-sur-Seine), 1933 der erste US-amerikanische Gesandte in der UdSSR; von 1936 bis 1940 Botschafter in Paris. Bullitt war aufgrund massiver psychischer Probleme ein Patient Sigmund Freuds.*

109 Gerd Schultze-Rhonhof: „Roosevelt wollte von Anfang an den Krieg", in: *Junge Freiheit* Nr. 23/12, 1. Juni 2012

In einem Brief vom 7. Februar 1939 berichtete der polnische Botschafter in Paris, Juliusz Graf Łukasiewicz, über das Gespräch mit US-Botschafter Bullitt: „*Die Vereinigten Staaten verfügen England gegenüber über verschiedene und ungeheuer bedeutsame Zwangsmittel. Allein die Drohung ihrer Anwendung dürfte genügen, England vor einer Kompromißpolitik auf Kosten Frankreichs zurückzuhalten.*"[110]

Am 27. März 1939 berichtete der deutsche Botschafter in Washington, Hans Thomsen, über die aktuelle US-Politik: „*Die Kundgebungen und Maßnahmen der amerikanischen Regierung* (...) *lassen immer deutlicher erkennen, daß der Führungsanspruch des Präsidenten Roosevelt in weltpolitischen Angelegenheiten in das Ziel einmündet, das nationalsozialistische Deutschland mit allen zur Verfügung stehenden Mitteln zu vernichten ... Roosevelt ist in seinem Innersten davon überzeugt, daß Deutschland der Feind ist, der vernichtet werden muß, weil es das Gleichgewicht der Kräfte und des Status quo derartig empfindlich gestört hat, daß Amerika die Folgen zu spüren haben wird, wenn es nicht gelingt, das Praevenire* (dt., Zuvorkommen) *zu spielen ...*"[111]

Am 11. März 1941 unterzeichnete Roosevelt das „Leih- und Pachtgesetz". Dieses Gesetz gewährte dem Präsidenten unbeschränkte Vollmacht zum Verleihen von Kriegsmaterial und Hilfsmittel an verbündete Länder. Die Zuwendungen kamen vor allem Großbritannien, später auch Rußland, China und anderen Staaten zugute. Roosevelt erhielt durch das Gesetz die Vollmacht, durch Verordnungen diejenigen Gesetze zu erlassen, die er für erforderlich hielt. Die Vorlage ermächtigte den Präsidenten, „*jeder Nation in der Welt den Krieg zu erklären und in den jetzigen Krieg einzutreten, wenn er dies wünscht, wie es anscheinend der Fall ist*". So der republikanische Senator Robert A. Taft, Präsidentschaftskandidat bei den letzten Wahlen.[112] Und: „*Die Vorlage* (...) *ermöglicht dem Präsidenten, nach seinem Ermessen in solche Bündnisse mit solchen Staaten einzutreten, die ihm gefallen. Unser Land ist einem Propagandafeldzug ausgesetzt gewesen, der seinesgleichen in der Geschichte*

110 Rassinier, S. 219

111 Schultze-Rhonhof, S. 448

112 Robert A. Taft stellte sich vehement gegen einen Kriegseintritt der USA in einen europäischen Krieg.

nicht hat und dazu bestimmt ist, es in den Krieg zu verwickeln", so der republikanische Senator Robert La Folette.[113] *(Hedin, S. 102 f.)*

Dazu eine Anmerkung der amerikanischen Schriftstellerin Freda Utley: *„Kriegspropaganda und Geschichtsfälschung, der die Mehrzahl der Journalisten, Schriftsteller, Professoren und Politiker frönte, haben die amerikanische Öffentlichkeit überzeugt, die Deutschen hätten eine ihnen eigentümliche Abneigung gegen Demokratie und seien ein von Natur aus aggressives Volk, das immer wieder versuchen werde, die Welt zu beherrschen, wenn es nicht niedergehalten und ihm nicht in einer langen Unterweisung in einer Besserungsanstalt die Liebe zur Demokratie beigebracht werde."*[114]

Im April 1941 wurde die Sicherheitszone der USA auf 2000 Meilen ausgedehnt. In dieser Zone unterstützten die US-Kriegsschiffe und Flugzeuge die Engländer. Sie benutzten dazu englische und kanadische Luft- und Seestützpunkte. Gesichtete deutsche U-Boote wurden sofort an die Engländer gemeldet. Im April 1941 besetzten die Amerikaner völkerrechtswidrig das neutrale Grönland. Im Juni 1941 besetzten amerikanische Truppen auch noch – ebenfalls völkerrechtswidrig – das neutrale Island, das bereits vorher von britischen Streitkräften besetzt worden war. Die einseitig erklärte Sicherheitszone wurde von Deutschland respektiert und strenger Befehl an die deutschen Kriegsschiffe und Flugzeuge erlassen, jeden Zwischenfall zu vermeiden. Trotzdem hoffte Roosevelt nach wie vor auf eine deutsche Reaktion, die ihm erlauben würde, Deutschland als den Angreifer darzustellen.[115]

Am 27. Mai 1941 proklamierte Roosevelt den *„Zustand eines unbegrenzten nationalen Notstandes"*. An jenem Tage „eröffnete" er den Amerikanern, daß die Deutschen planten, die USA über Spanien, Nord- und Westafrika, den Südatlantik, Brasilien und Panama von Süden her anzugreifen. Der frühere US-Präsident Herbert Hoover vermerkte dazu in seinen Erinnerungen „Freedom Betrayed" (dt., „Verratene Freiheit") sarkastisch, daß es die deut-

113 La Folette stimmte gegen den Antrag der Wilson-Regierung, an Deutschland den Krieg zu erklären.

114 Utley, S. 13

115 *Der Große Wendig*, Band 1, S. 617-619

sche Wehrmacht acht Monate zuvor nicht einmal geschafft hat, die dreißig Kilometer des Ärmelkanals zu überwinden, um England anzugreifen.[116]

Am 2. Juni 1941 unterzeichnete US-Kriegsminister Henry Stimson einen „Allgemeinen Kriegsplan zur Besiegung der Achsenmächte". Der darüber informierte Admiral Kelly Turner wird dazu vom früheren US-Präsidenten Herbert Hoover in seinem Erinnerungsbuch „Freedom Betrayed" so zitiert: *„Für den Fall, daß es zu einem Krieg mit Japan ohne Beteiligung Deutschlands kommen sollte, wurde entschieden, daß sich die USA bemühen würden, Deutschland möglichst in den Krieg gegen uns hineinzuziehen."* Pikant ist Hoovers Eingeständnis, daß die Washingtoner Regierung die Kriegsabneigung der Amerikaner und des Kongresses durch einen kriegerischen Akt der Japaner oder der Deutschen kippen wollte.[117]

Am 6. Juni 1941 ließ Roosevelt alle deutschen, italienischen, französischen, rumänischen, spanischen und baltischen Schiffe, die sich in nordamerikanischen Häfen befanden, beschlagnahmen. Diese Schiffe wurden völkerrechtswidrig sofort unter dem Sternenbanner in Dienst gestellt. Die beschlagnahmten 30 deutschen und italienischen sowie 35 dänische Schiffe wurden den Engländern überlassen. Diese Maßnahme verstieß eindeutig gegen das Völkerrecht, nach dem kein neutraler Staat derartige Handlungen vornehmen darf.[118]

Am 17. Juni 1941 ordnete Roosevelt die Einfrierung aller deutschen Guthaben in den USA an. Zwei Tage später forderte der Präsident die Schließung aller deutschen Konsulate und Agenturen. Am Tag darauf verurteilte Roosevelt in einer Rede vor dem Kongreß Deutschland als „internationalen Rechtsbrecher."[119]

Am 30. Juni 1941 entsandte Roosevelt Harry L. Hopkins – „Auge und Ohr des Präsidenten" – nach Moskau, um mit Stalin die brennendste Frage zu

116 Gerd Schultze-Rhonhof, „Roosevelt wollte von Anfang an den Krieg", in: *Junge Freiheit* Nr. 23/12, 1. Juni 2012

117 Ebda.

118 Post, S. 565 f.; Hedin, S. 131 ff.

119 Post, S. 568

klären, ob Rußland dem deutschen Blitzkrieg standhalten könne. Hopkin berichtete über seine erste Begegnung mit Stalin: *„Ich sagte Herrn Stalin, ich käme als persönlicher Vertreter des Präsidenten. Der Präsident betrachte Hitler als den Feind der Menschheit und wünsche daher, der Sowjetunion in ihrem Kampf gegen Deutschland zu helfen. Indem er von Hitler und Deutschland sprach, betonte Stalin die Notwendigkeit des Vorhandenseins eines Minimums an Moral zwischen den Nationen, und daß ohne dieses Minimum die Nationen nicht nebeneinander existieren könnten. Er stellte fest, daß die gegenwärtigen Führer Deutschlands dieses Minimum an Moral nicht kennen, und daß sie daher in der gegenwärtigen Welt eine antisoziale Macht darstellten. Er sagte, die Deutschen wären ein Volk, das ohne eine Sekunde zu zögern, heute einen Vertrag unterschreiben, ihn morgen brechen und am darauffolgenden Tag einen neuen abschließen würde...“*[120]

Am 1. Juli 1941 forderte US-Marineminister Frank Knox bei einer Gouverneurskonferenz in Boston *„eine Säuberung des Atlantiks von deutschen Schiffen“*. Isolationisten werteten dies als eindeutigen Hinweis für die Bereitschaft zum Kriegseintritt der Regierung Roosevelt. Am 9. Juli 1941 bestätigte Knox, daß es Befehle zum Angriff auf deutsche U-Boote gäbe. Zwei Tage später gab Knox vor einem Senatsausschuß zu, daß ein US-Zerstörer im Atlantik ein deutsches U-Boot mit Wasserbomben angegriffen hätte.[121]

Anfang Juli 1941 erteilte Roosevelt der gesamten US-Flotte den Befehl, ohne Warnung deutsche Kriegsschiffe im Atlantik anzugreifen. Der Kommentator Joseph Alsop,[122] ein Verwandter Roosevelts, hatte schon Anfang Juni 1941 darauf hingewiesen, daß *„Roosevelt nur darauf warte, daß von*

120 „Aus den Privatpapieren Harry L. Hopkins: Sechs Stunden mit Stalin – Er entscheidet allein“, in: *Welt am Sonntag*, 1. 8. 1948

121 Historisches Kalenderblatt, in: *Junge Freiheit* Nr. 27/11, 1. Juli 2011; Schultze-Rhonhof „Roosevelt wollte von Anfang an den Krieg“, in: *Junge Freiheit* Nr. 23/12, 1. Juni 2012

122 Steward Alsop wurde 1944 einer vom Nachrichtendienst Office of Strategic Services gelenkten Spezialeinheit zugeteilt, die wenige Tage nach dem D-Day mit dem Fallschirm hinter den deutschen Reihen abgesetzt wurde und die französischen Maquisarden (Partisanen) im Périgord unterstützte; hierfür wurde er später mit dem Croix de Guerre ausgezeichnet.

deutscher Seite der erste Schuß fiele, und darauf hoffe, durch Flottenpatrouillen der USA-Marine Deutschland dazu zu provozieren".[123]

Am 7. Juli 1941 besetzten amerikanische Truppen Island, um britische Verbände abzulösen und für andere Fronten freizumachen. Ab Ende Juli 1941 wurden alle deutschen U-Boote auf der Route Neufundland-Island mit scharfen Wasserbomben angegriffen, bis zum 7. Dezember 1941 nicht weniger als achtzigmal.[124]

Am 25./26. Juli 1941 verfügte Roosevelt die Einfrierung der japanischen Guthaben in den USA und verhängte ein vollständiges Ölembargo gegen Japan. Innerhalb weniger Tage erließen Niederländisch-Indien, Großbritannien, Burma und Indien ähnliche Maßnahmen gegen Japan. Damit war die Entscheidung für den Krieg im Pazifik praktisch gefallen. Unterdessen bemühte sich Japan weiterhin um eine friedliche Beilegung des Streites mit den USA. Als Reaktion auf die US-Maßnahmen deutete der japanische Außenminister Toyoda in einem Telegramm vom 31. Juli 1941 an, daß das US-Ölembargo Japan dazu zwingen werde, die Ölquellen in Niederländisch-Indien zu besetzen.[125]

Nach einem Treffen vom 9. bis 12. August 1941 vor Neufundland verkündeten Roosevelt und Churchill auf dem englischen Kriegsschiff „Prince of Wales" die sog. „Atlantik-Charta". Nach dem gemeinsamen Absingen des Chorals „Onward, Christian Soldiers!" (dt., „Vorwärts, christliche Soldaten!") verkündeten die beiden Regierungschefs ihre gemeinsamen Kriegsziele. Sie legten sie in acht Punkten nieder, die an die 14 Punkte Wilsons erinnern. Zum Beispiel Punkt 2: *„Beide Länder wünschen keine territorialen Veränderungen, die nicht mit den frei ausgesprochenen Forderungen der Völker selber in Einklang stehen."* In Punkt 3. versicherten beide, daß sie unter allen Umständen das Recht aller Völker achten würden, sich ihre eigene Regierungsform zu wählen. Punkt 8: Die „angreiferischen" Nationen Deutschland, Italien und Japan sollten bis auf die letzte Patrone entwaffnet und

123 Hedin, S. 127
124 Post, S. 568 f.
125 Post, S. 588

einer Art Polizeikontrolle der „friedliebenden" Mächte unterworfen werden. Als ihr gemeinsames Haupt-Kriegsziel wurde die *„endgültige Vernichtung der Nazi-Tyrannei"* genannt. Eine Woche später berichtete Churchill dem britischen Kabinett: *„Der Präsident sagte, daß er Krieg führen, aber ihn nicht erklären würde, und daß er mehr und mehr provozieren würde. Er werde nach einem ‚Zwischenfall' suchen, der ihm die Rechtfertigung zur Eröffnung der Feindseligkeiten geben würde."*[126]

Am 13. September 1941 befahl Roosevelt seiner Marine, auf jedes Kriegsschiff der Achsenmächte, das in der amerikanischen Sicherheitszone gesichtet wurde, sofort das Feuer zu eröffnen. Tatsächlich war dieser Schießbefehl schon längst in Kraft. Am 4. September 1941 griff der amerikanische Zerstörer „Greer", der sich auf der Fahrt nach Island befand, das deutsche U-Boot „U 652" mit Wasserbomben an, worauf dieses einen Torpedo abschoß, der aber sein Ziel verfehlte. In einer Rundfunkrede erklärte der Präsident den Zwischenfall mit dem deutschen U-Boot so: *„Sie* (die „Greer") *führte die amerikanische Flagge... Sie wurde auf der Stelle von einem U-Boot angegriffen. Deutschland gibt zu, daß es ein deutsches U-Boot war... Wir haben keinen Schießkrieg mit Hitler gesucht... Wir sind keine Angreifer. Wir verteidigen uns nur."* Roosevelt verschwieg, daß die „Greer" die Verfolgungsjagd begonnen und versucht hatte, das deutsche U-Boot in die Enge zu treiben.[127]

Am 17. September 1941 erhielt die deutsche Kriegsmarine erneut den Befehl, amerikanische Handelsschiffe soweit als möglich zu schonen. Sie durften, selbst wenn sie im Geleitzug fuhren, nur in den Gewässern unmittelbar um Großbritannien angegriffen werden.[128] – Im September 1941 ließ die Roosevelt-Regierung, völkerrechtlich immer noch „neutral", ohne Kriegserklärung das im April 1933 vom Haager Gerichtshof ausdrücklich Dänemark zugesprochene Grönland von amerikanischen Truppen besetzen und unterstellte es US-amerikanischer Verwaltung. Es handelt sich eindeutig um einen Akt der Aggression.[129]

---

126 *Der Große Wendig,* Band 1, S. 619; Post, S. 570
127 Post, S. 570 f.; *Der Große Wendig,* Band 1, S. 619 ff.
128 Post, S. 571
129 Schütz/v. Preradovich, S. 233

Am 7. Oktober 1941 versuchte der japanische Außenminister Toyoda, den amerikanischen Botschafter Grew ein letztes Mal davon zu überzeugen, daß Japan eine aufrichtige Verständigung mit den USA anstrebe und langfristig zu weitreichenden Konzessionen bereit sei. Unterdessen wurden die militärischen Vorbereitungen der USA und Englands im Südpazifik weiter vorangetrieben.[130]

Am 17. Oktober 1941 kam es zu einem weiteren schweren Zwischenfall mit dem US-Zerstörer „Kearny". Dieser Zerstörer wurde irrtümlich für ein britisches Schiff gehalten und von einem deutschen Torpedo getroffen, wodurch elf Seeleute ums Leben kamen. Roosevelt benutze diesen Zwischenfall wieder dazu, der amerikanischen Öffentlichkeit die Notwendigkeit eines Krieges gegen „Nazideutschland" nahe zu bringen. Am 27. Oktober 1941 erklärte er, er *„hätte es gewünscht, daß sich das Schießen vermeiden ließ"*. Aber Amerika sei angegriffen worden: *„Die ‚USS Kearny' ist nicht bloß ein Schiff der Flotte. Sie gehört jedem Mann, jeder Frau und jedem Kind dieser Nation... Hitlers Torpedo war auf jeden Amerikaner gerichtet."* Roosevelt erklärte weiter, er sei im Besitz einer in Deutschland hergestellten geheimen Landkarte, die den Plan Hitlers enthülle, ganz Südamerika zu erobern. Aus einem weiteren Dokument gehe hervor, daß Hitler die Absicht habe, im Fall seines Sieges *„alle bestehenden Religionen abzuschaffen"*. Der *„Vormarsch des Hitlerismus"* müsse daher unbedingt gestoppt werden. *„Wir sind verpflichtet, für unser Teil zur Vernichtung des Hitlerismus beizutragen."* Die US Navy habe den Befehl erhalten, bei Begegnungen mit deutschen Schiffen *„sofort zu schießen"*. Die *„Klapperschlangen zur See"* müßten vernichtet werden. Natürlich verschwieg Roosevelt, daß die deutsche Kriegsmarine Befehl hatte, allen Provokationen auszuweichen und Zwischenfälle mit amerikanischen Schiffen, soweit irgend möglich, zu vermeiden. Die beiden „Dokumente" mit den angeblichen Plänen Hitlers waren natürlich reine Fälschungen.[131]

Am 11. November 1941 gab US-Staatssekretär Sumner Welles[132] in einer Rede zu verstehen, daß Amerika sich faktisch im Krieg mit Deutschland be-

130 Post, S. 594 f.

131 Post, S. 571 f.

132 Benjamin Sumner Welles (1892-1961) war als stellvertretender US-Außenminister (1937-1943) einer von Roosevelts politisch aktiven Kriegstreibern.

finde: „*Jenseits des Atlantik hat ein finsterer und erbarmungsloser Eroberer mehr als halb Europa zu kriecherischer Leibeigenschaft herabgewürdigt. Er prahlt damit, daß sein System sogar auf der ganzen Erde vorherrschen werde ... Das amerikanische Volk hat nach erschöpfender Debatte ... über seine Politik entschieden. Es ist verpflichtet ..., keine Mühe und kein Opfer zu scheuen, um die endgültige Niederlage des Hitlerismus und alles dessen, was dieser böse Begriff einschließt, zuwege zu bringen ...*" Allerdings hatte nicht das amerikanische Volk entschieden, sondern die Regierung Roosevelt beschlossen, die USA gegen den Willen der Bevölkerungsmehrheit in den Krieg zu führen.[133]

Am 20./21. November 1941 legte die japanische Regierung dem State Department ein letztes Verhandlungsangebot vor. Die Japaner schlugen einen auf sechs Monate befristeten Modus vivendi vor, der die nötige Zeit gewähren sollte, um eine umfassende Verhandlungslösung zu finden. Die japanische Regierung zeigte sich bereit, sich vom Dreimächtepakt zu distanzieren und versicherte, sie werde „*das japanische Volk niemals auf Geheiß einer ausländischen Macht in einen Krieg treiben*". Mit der Note des Außenministers Hull vom 26. November 1941 beendete Präsident Roosevelt alle Verhandlungen mit Japan über die Lockerungen des seit Juli 1941 von den USA verhängten Öl-Embargos und eingefrorener japanischer Auslandskonten.[134]

Am 28. November 1941, genau zehn Tage vor dem japanischen Angriff auf Pearl Harbor, veröffentlichte der Roosevelt nahestehende Journalist Ralph Ingersoll[135] in seiner New Yorker Zeitung *P.M.* Aufsätze mit der Überschrift „*Amerika muß Japan vernichten*". Darin forderte er, daß die Vereinigten Staaten im Zusammenwirken mit Großbritannien, Sowjetrußland und China die japanische Bedrohung durch „*sofortiges Zuschlagen*" beseitigen sollten. Innerhalb von vierundzwanzig Stunden nach der gemeinsamen Kriegserklärung der vier Mächte würden die Briten ihre Flotte aus Singapur auslaufen lassen, um die Japaner aus der Chinesischen See zu vertreiben, die Amerikaner ihre Bombergeschwader von Manila aus in Marsch setzen und

133 Post, S. 572 f.

134 Post, S. 600 f.; Historisches Kalenderblatt in: *Junge Freiheit* Nr. 48/11, 25. November 2011

135 Ralph Ingersoll (1900-1985) war einer von Roosevelts medial aktiven Kriegstreibern.

die aus *„leicht entzündbarem Holz und Papier erbauten Städte Japans“* vernichten. Die siegreichen Briten und Amerikaner würden sich dann wenige Tage später in Hongkong treffen. Die Säuberung des Pazifischen Ozeans von den Japanern von Westen her sei die alleinige Aufgabe Amerikas. Diese Säuberung mache nicht einmal die Versenkung der japanischen Flotte notwendig, denn wenn alle vier Staaten gleichzeitig zuschlagen, würde der Zusammenbruch Japans schnell erfolgen, *„und all dieser Unsinn von den kleinen Übermenschen ist vorüber“*. Diese Stimmen widerlegen die Behauptung, daß Roosevelt von Japans „Verrat“ überrascht worden sei.[136]

Am 7. Dezember 1941 griff die japanische Marineluftwaffe in zwei Wellen die in Pearl Harbor auf der Hawai-Insel Oahu stationierte US-Pazifikflotte an, die völlig überrascht wurde. Die Schäden waren erheblich. Der Stützpunkt hatte 2.403 Tote und 1.178 Verwundete zu beklagen, während die Verluste der japanischen Angreifer nur sehr gering waren. Der Angriff war ein Schock für die Amerikaner. Es war das erste Mal in der jüngeren Geschichte, daß ihr Land von einer fremden Macht direkt angegriffen wurde. Am nächsten Tag erklärten die USA Japan den Krieg. Vor dem Kongreß sprach Präsident Roosevelt seine berühmt gewordenen Worte: *„Gestern, am 7. Dezember 1941 – einem Tag, der in Schande fortleben wird – wurden die Vereinigten Staaten von Amerika plötzlich und vorsätzlich von See- und Luftstreitkräften des Kaiserreichs Japan angegriffen.* (...) *Wir werden uns immer an den Charakter des Angriffs auf uns erinnern.“*

Waren Kongreß und Volk bisher mehrheitlich gegen einen Krieg, so standen sie jetzt geschlossen hinter ihrem Präsidenten. Die japanische Expansion in Asien, deren Triebkraft keineswegs Eroberungssucht, sondern der Mangel an Rohstoffen war, die importiert werden mußten, führte zu immer größeren Spannungen mit den USA. Durch den Krieg, der im September 1939 in Europa ausgebrochen war, erhielten die Spannungen zwischen Japan und den USA aus der Sicht Roosevelts einen neuen Akzent. Sein eigentliches Ziel war die Teilnahme am atlantischen Krieg gegen Deutschland. Doch dem würde der Kongreß, in dem die Kriegsgegner in der Übermacht waren,

---

136 Hedin, S. 89 f.

niemals zustimmen. Also versuchte Roosevelt, das Deutsche Reich dazu zu provozieren, den ersten Schuß abzugeben, beispielsweise durch den US-Navy-Geleitschutz für britische Konvois trotz der Neutralität der USA. Hitler befahl den U-Booten jedoch größte Zurückhaltung gegenüber US-Schiffen. So versuchte es Roosevelt durch die „Hintertür". (Siehe hierzu Charles C. Tansills Buch „Die Hintertür zum Kriege".) Und die hieß Japan. Um sein Ziel zu erreichen, mußte Roosevelt also dafür sorgen, daß Japan den ersten Schuß abgab.[137] Besonders das amerikanische Öl-Embargo schnürte den Handlungsspielraum Japans völlig ein. Alle mit Tokio geführten Verhandlungen über diese Frage erwiesen sich als reine Scheinverhandlungen.

Der britische Minister für Produktion, Oliver Lyttelton, hat am 20. Juni 1944 dazu festgestellt: *„Amerika provozierte Japan in einem derartigen Ausmaß, daß die Japaner gezwungen waren, Pearl Harbor anzugreifen. Es ist eine Travestie der Geschichte, zu sagen, daß dieser Krieg Amerika aufgezwungen wurde."* Bereits Monate vor dem Angriff war den US-Nachrichtendiensten der Einbruch in den „Purpurcode" gelungen, den Schlüssel, den die Japaner im weltweiten Nachrichtenverkehr mit ihrem diplomatischen Korps nutzten. So erhielten der US-Präsident, Außenminister, Generalstabschef und Marinechef Kenntnis über Zeit und Ort des ersten japanischen Angriffs. Aber sie alle hielten ihre Kenntnisse streng geheim. So erfuhren die Befehlshaber in Pearl Harbor nichts von der ihnen drohenden Gefahr. Die Verantwortlichen hielten es nicht einmal für notwendig, sie rechtzeitig zu warnen, um die nötigen Vorkehrungen treffen zu können. Die erste Warnung vor einem japanischen Luftangriff traf erst sieben Stunden, nachdem der Angriff bereits begonnen hatte, in Pearl Harbor ein. George Morgenstern schreibt dazu: *„Pearl Harbor gab der amerikanischen Kriegspartei ein Mittel, sich von der Abhängigkeit von einem zögernden Kongreß zu befreien, um ein widerstrebendes Volk in den Krieg zu führen. (...) Verfassungsgemäße Verfahren waren nur noch dazu da, um umgangen zu werden, bis schließlich die Entscheidungsgewalt über Krieg und Frieden, die in Händen des Kongresses lag, darauf*

137 Generalstabschef George C. Marshall telegraphierte am 27. Oktober 1941 streng geheim einem nur begrenzten Kreis von Pazifik-Offizieren: *„Wenn Feindseligkeiten nicht vermieden werden können, ziehen die USA es vor, Japan den ersten feindseligen Akt ausführen zu lassen."*

reduziert war, vollendete Tatsachen anzuerkennen." Durch den Eintritt der USA wurde der europäische Krieg zum Weltkrieg.[138]

Am 11. Dezember 1941 erklärten sich auch Deutschland und Italien, nachdem England Japan den Krieg erklärt hatte, aufgrund des Dreimächtepaktes als mit den USA im Krieg befindlich. Vor dem Reichstag begründete Hitler die deutsche Kriegserklärung an die USA: *„Die Regierungen Englands und der Vereinigten Staaten von Amerika haben sich (...) nicht nur für die Gegenwart, sondern auch für die Zukunft jeder berechtigten Revision zur Herbeiführung einer besseren Neuordnung der Welt entgegengesetzt. Seit Kriegsbeginn hat sich der amerikanische Präsident Roosevelt in steigendem Maße eine Reihe schwerster völkerrechtswidriger Verbrechen zuschulden kommen lassen.*" Nach einer Aufzählung der amerikanischen Neutralitätsverletzungen zog Hitler das Resümee: *„Dadurch ist das aufrichtige und von beispiellosem Langmut zeugende Bestreben Deutschlands und Italiens, trotz den seit Jahren erfolgten unerträglichen Provokationen durch den Präsidenten Roosevelt eine Erweiterung des Krieges zu verhüten und die Beziehungen zu den Vereinigten Staaten aufrechtzuerhalten, zum Scheitern gebracht worden.*"[139]

Der Zeitzeuge Ernst Hanfstaengel, Harvard-Absolvent, Intimus Hitlers in den zwanziger Jahren, später sein Auslandspressechef, 1937 nach England emigriert, im Krieg Berater seines Freundes Roosevelt, schreibt in seinem Erinnerungsbuch: *„Ich sah meine wichtigste Aufgabe darin, den Präsidenten von seiner Anfang Januar proklamierten Casablanca–Formel der bedingungslosen Kapitulation abzubringen. Hier aber erwies sich die ehemalige Tafelrunde im Harvard Club aus dem Ersten Weltkrieg leider als übermächtig, denn dieser Personenkreis, in der Gestalt Morgenthaus (1891-1967) und Frankfurters (1882-1965), zählte zu den nächsten Beratern des Präsidenten. So kam es, daß Roosevelt die Weltherrschaftsziele Moskaus verhängnisvoll unterschätzte, den Massenmord von Katyn (1943) schweigend hinnahm und durch die ‚Unconditional Surrender'-Klausel den Krieg nach dem Fall von Stalingrad (Februar*

138 Rolf Bürgel, „Roosevelts Kalkül ging auf", in: *Junge Freiheit* Nr. 50/11, 9. Dezember 2011

139 Post, S. 620

1943) um zwei volle Jahre verlängerte. (...) Aber meine Stimme verhallte, und der stumpfe Geist der Rache streute seine unselige Saat."[140]

Am 26. August 1944 schrieb Präsident Roosevelt an Kriegsminister Stimson: „*Dem gesamten deutschen Volk muß eingehämmert werden, daß die ganze Nation an einer gesetzlosen Verschwörung gegen die Gesittung der modernen Welt beteiligt war.*" In dieser Mitteilung übersah Roosevelt vollständig, daß es in Deutschland Widerstandsbewegungen gab, die während der schicksalhaften Jahre des Nationalsozialismus schwere Opfer erlitten hatten.[141]

Der Beitrag der USA und seines Präsidenten Roosevelt läßt sich wie folgt zusammenfassen: Die USA haben das Desaster von Versailles und seine negativen Folgen mitverschuldet. Sie trugen dazu bei, daß das Danzig-Korridor-Problem nicht friedlich aus der Welt geschaffen wurde, ehe es zum Anlaß eines neuen Weltkrieges wurde. Bald nach Hitlers Amtsantritt reagierte die Roosevelt-Regierung mit einer Schärfe gegen Deutschland, die zwischen souveränen und friedlichen Staaten völlig unüblich war. Die Reaktionen Roosevelts werden in aller Regel allein damit begründet, daß der deutsche Diktator die Demokratie verachtet, die Juden verfolgt und im eigenen Land das Recht gebrochen hatte. Doch die Mißachtung der Demokratie, antijüdische Politik und Rechtsbrüche waren auch das Markenzeichen von Staaten und Regierungen, mit denen Roosevelt ohne Berührungsängste kooperierte und sogar kollaborierte. So lag der tiefere Grund für Roosevelts feindliche Deutschlandpolitik offensichtlich in einer Feindschaft den Deutschen gegenüber, die er seit dem Ersten Weltkrieg in sich trug. Roosevelts Haßgefühle gegenüber Hitler wurden noch größer, als der deutsche Diktator auf einem Feld der Politik Erfolg verbuchte, wo er ihn selbst gerne gehabt hätte. Deutschlands 6,3 Millionen Arbeitslose sind 1936 zum größten Teil wieder in Lohn und Brot, während Roosevelt mit 12,8 Millionen Menschen ohne Job im Jahre 1933 trotz seines „New-Deal"-Programms 1938 immer noch auf 10,4 Millionen Arbeitslosen saß. So wurde Hitlers Weg mit seinem „Wirtschaftswunder" auch zu einem Popularitätsproblem für

---

140 Hanfstaengel, S. 382 f.
141 de Zayas, S. 37

Roosevelt im eigenen Land. Zum „Wirtschaftswunder" gehörte auch der wachsende devisenlose Handel deutscher Firmen in Südamerika, der den Nordamerikanern ihre Marktanteile deutlich schmälerte. So übte die Lobby der US-Industrie- und Landwirtschaft Druck aus, die deutsche Konkurrenz in Südamerika notfalls durch einen Krieg zu stoppen. Es war Roosevelt, der Hitlers Expansionsdrang an die Wand malte, noch ehe der Diktator sich zu seiner Absicht öffentlich geäußert hat, Österreich und das Sudetenland anzugliedern. Es war Roosevelt, der seinen „Feldzug" gegen Deutschland fortsetzte, auch als Hitler nacheinander einen Freundschaftsvertrag mit Polen schloß, Frankreich den Besitz von Elsaß-Lothringen garantierte und England vertraglich zusicherte, die deutsche Flotte bei 35 % der britischen Flotte zu begrenzen. Erst mit Hitlers Besetzung der Tschechei im März 1939 gab es für Roosevelt völkerrechtlich einen Grund, gegen Deutschland Krieg zu führen. Doch beim deutschen Einmarsch in die Tschechei waren ihm die Hände vom US-Kongreß gebunden. Es war Roosevelt, der den Polen, Briten und Franzosen versprach, sie bei einem Krieg gegen Deutschland aktiv zu unterstützen. Es war Roosevelt, der in London ganz massiv darauf drängte, den Deutschen beim nächsten Revisionswunsch Einhalt zu gebieten. Dabei übersah er, daß es die USA gewesen sind, die in Versailles erst ihr Wort gebrochen und dann den Danzig-Streit geboren haben. Es war Roosevelt, der 1939 eine Danzig-Einigung verhindern und Krieg wollte. Es war Roosevelt, der eine Warnung an die Warschauer Regierung unterließ, als er am 23. August durch den Verrat des deutschen Diplomaten Herwarth von Bittenfeld erfuhr, daß „Ostpolen" soeben mit dem „Geheimen Zusatzprotokoll" den Sowjets als Interessensphäre zugesprochen worden war. Es war Roosevelt, der so verhindert hatte, daß die aktuelle Kriegsgefahr jetzt noch gebannt wurde. Sein Botschafter in England, Josef Kennedy, sagte im Dezember 1945 rückblickend auf seine Zeit in London: *„Weder die Franzosen noch die Briten hätten aus der deutsch-polnischen Frage einen Kriegsgrund gemacht, wenn nicht Washington dauernd gebohrt hätte."*[142]

142 Schultze-Rhonhof, S. 554-558

10. Die Rolle Frankreichs

„Es ist nicht Hitler, sondern Deutschland, das besiegt aus diesem Kriege hervorgehen wird."
Die französische Zeitung *Candide* am 6. September 1939.

„Ein Boche ist ein Boche, ob er sich Erzberger oder Göring nennt."
Die französische Zeitung *Gringoire* am 7. September 1939.

„Der Krieg gilt den Barbaren und Teutonen, die seit vier Jahrhunderten aus Brutalität die schlimmsten Verbrechen gegen die menschliche Kultur begangen haben."
Petit Parisien vom 7. September 1939.

„Das Unglück Deutschlands und unser eigenes ist die deutsche Einheit. (...) Alle Franzosen wissen jetzt, daß sie weder Frieden noch Waffenruhe haben, solange ein Großdeutschland an ihrer Grenze bestehen wird. Wir wissen, daß ein starkes Deutschland ein unverbesserliches Deutschland ist."
Gringoire vom 12. Oktober 1939.[143]

Seit den Tagen König Ludwigs XIII. und seines ersten Ministers Kardinal Richelieu ist es das Ziel aller französischen Regierungen gewesen – beginnend mit der Eroberung Lothringens seit dem Jahre 1633 – die Ostgrenze Frankreichs zum Rhein hin vorzuschieben. Dieser „Drang nach Osten" war mit der Einverleibung von Elsaß-Lothringen keineswegs erfüllt. Als Deutschland sich die zwei Provinzen 1871 für ein knappes halbes Jahrhundert zurückeroberte, sann Frankreich nach Revanche. Die Franzosen wollten nicht nur die beiden Landesteile zurückholen, sondern ließen sich noch im Krieg 1917 in einem Geheimvertrag von den Russen das deutsche Saargebiet zusprechen. In den Versailler Verhandlungen versuchte Frankreich dann, das Saarland und Luxemburg zu annektieren und das deutsche Land beiderseits des Rheins als einen eigenen „Rheinstaat" vom Deutschen

143 Die Zitate wurden dem Buch von Jacques Bainville *Frankreichs Kriegsziel*, Hamburg, 1939/1940, Einführung, S. 16-17, entnommen.

Reich zu trennen. Das alles scheiterte nur am Einspruch anderer Siegermächte. Auch nach dem „Friedensvertrag“ von Versailles schloß Frankreich keinen echten Frieden mit dem Nachbarn Deutschland. Der sogenannte Friede ächtete Deutschland, ließ es ungewöhnlich hart zur Ader und verwehrte ihm seine Selbstschutzfähigkeit auf Dauer. Solange das geschlagene Deutschland Frankreichs Hand und Hilfe hätte brauchen können, blieben die Franzosen unversöhnlich. Frankreich schaffte 1919 die Mehrzahl aller Gründe für den Zweiten Weltkrieg, auch wenn es 1939 Deutschland war, das einen dieser Gründe zum Anlaß für eine Kriegseröffnung nahm.

Der Beitrag zum Kriegsausbruch von 1939, den Frankreich zwischen beiden Kriegen leistete, war dem der Briten ähnlich. Doch Frankreich ging dabei von Anfang an massiv vor, indem es auf vier Wegen versuchte, Deutschlands Souveränität und seine äußere Sicherheit zu untergraben. Als erstes erzielten die Franzosen unter Verletzung ihrer Abrüstungspflichten für gut anderthalb Jahrzehnte eine vielfache Militärüberlegenheit gegenüber ihren deutschen Nachbarn. Hinzu kam zweitens, daß die französischen Regierungen von 1927 bis 1933 die Genfer Abrüstungsverhandlungen mit Erfolg blockierten und so verhinderten, daß Deutschland sich wieder selbst verteidigen konnte. Zum dritten nutzte Frankreich Deutschlands Schwäche mehrfach aus und ließ seine Truppen trotz des geschlossenen Friedens in das Deutsche Reich einmarschieren. Viertens errichtete Frankreich binnen weniger Jahre eine Mauer von antideutschen Militärverträgen rund um das Deutsche Reich. Frankreich gelang es, mit Verträgen mit Großbritannien (1919), Belgien (1920), Polen (1921), der Tschechoslowakei (1924), Rumänien (1926), Jugoslawien (1927) und mit der Sowjetunion (1932) nicht nur, Deutschland und Österreich einzukreisen. Es fügte auch eine Allianz zusammen, die Deutschland zwölffach in der Friedensstärke und etwa hundertfach im Kriege überlegen war, so daß sich Hitler und die Reichswehr ab 1935 beim Aufbau einer neuen Wehrmacht daran orientieren mußten. Frankreich versäumte es, die Drohkulisse rund um Deutschland in den Jahren abzubauen, in denen Hitler angeboten hatte, die deutsche Rüstung zu begrenzen. Frankreichs Sicherheitsanstrengungen nach dem Ersten Weltkrieg bestanden im Ergebnis daraus, Deutschland kleinzuhalten und nicht darin, mit den Deutschen einen fairen Ausgleich zu suchen. Die Franzosen, die in Versailles den polnisch-deutschen Streit um Danzig selbst mit verursacht hatten, nutzten ihren Bündniseinfluß auf die Polen nicht im geringsten dazu, eine Friedenslösung anzusteuern. Sie versuchten nicht einmal im Ansatz, zwischen beiden Kontrahenten zu vermitteln oder gar die Probleme selbst anzufassen. Frankreich wollte Deutschland wegen seines Wiederaufstieges und wegen der Tschechei-Besetzung in einem neuen Krieg besiegen. Es bestärkte die polnische Regierung deshalb, den deutschen Forderungen gegenüber hart zu bleiben und notfalls einen Krieg um Danzig zu riskieren. Im Mai 1939 versprach der französische Oberbefehlshaber General Gamelin dem polnischen Kriegsminister Kasprzycki, daß Frankreich gemeinsam mit Polen in einen Feldzug gegen Deutschland ziehen werde. Der französische Premierminister Daladier und sein Außenminister Bonnet wußten, daß Gamelin dieses Versprechen nicht einlösen konnte. Sie ließen die Polen in dem falschen Glauben, daß sie mit Frankreich gemeinsam gegen Deutschland siegen könnten. Im Mai 1939 waren die Verhandlungsvorschläge der Reichsregierung in bezug auf Danzig und die Transitwege noch so bescheiden, daß Polen ohne eigene Territorialverluste hätte Frieden haben können. Es war Frankreich, das der polnischen Regierung seinerzeit nicht zur Normalisierung, nicht zu Verhandlungen und nicht zum Frieden zu einem bislang noch minimalen Preis riet, sondern Polen mit falschen Versprechungen verlockte, den Weg zum Krieg einzuschlagen.

Das französische Versprechen, im Falle einer Danzig-Auseinandersetzung Polen zu helfen und Deutschland anzugreifen, wog deshalb schwerer als die Garantie der Briten, weil 1939 nur die Franzosen über ein Heer verfügten, das in der Lage gewesen wäre, Deutschland direkt und unverzüglich anzugreifen. Die Briten mit ihrer Flotte und ihren Luftstreitkräften konnten nur mittelbar und in einem Krieg von langer Dauer den Polen helfen. Polen aber konnte einen Krieg nur mit direkter und schneller Hilfe gewinnen und, wenn es schlecht kommt, überstehen. So war es vor allem die französische Regierung, die Polen mit dem Versprechen des Zweifrontenkrieges gegen Deutschland in den Krieg lockte. Mit einer solchen „guten Aussicht" hatte die polnische Regierung auch kaum noch ein Motiv, mit Deutschland wegen eines neuen Danzig-Status und eines exterritorialen Transitweges zu verhandeln. Auch als Hitler am 24. August und noch einmal am 30. August die Angriffsbefehle für die Wehrmacht aufhob und damit zeigte, daß er nur Danzig und nicht Polen haben wollte, bestärkte Frankreich Polen, zur vorgeschlagenen, moderaten Danzig-Regelung Nein zu sagen, wohl wissend, daß das Krieg bedeutete. Am 3. September 1939 erklärte Frankreich dem Deutschen Reich den Krieg.[144]

144 Schultze-Rhonhof, S. 546-549

11. Die Rolle Polens

„Für Polen gibt es überhaupt keine Wahl. Seine Lage zwingt ihm den Kampf auf, und zwar auf Tod und Leben."
Jacques Bainville: „Frankreichs Kriegsziel", S. 54.

„Polen muß darauf bestehen, daß es ohne Königsberg, ohne ganz Ostpreußen nicht existieren kann. Wir müssen jetzt in Locarno fordern, daß ganz Ostpreußen liquidiert wird ... Sollte dies nicht auf friedlichem Wege geschehen, dann gibt es ein zweites Tannenberg ..."
Gazeta Gdańska am 9. Oktober 1925.

„Fort mit den Deutschen hinter ihre natürliche Grenze! Fort mit ihnen hinter die Oder!"
Die Krakauer Zeitung *Ilustrowany Kuryer Codzienny* am 20. April 1929[145]

„Nur ein polnisches Armeekorps kann die Danziger Frage lösen."
Der polnische Außenminister August Zaleski gegenüber dem Danziger Senatspräsidenten Heinrich Sahm im September 1930. Oscar Reile: „Der deutsche Geheimdienst im Zweiten Weltkrieg"; München, 1989, S. 21.

„Wir sind uns bewußt, daß der Krieg zwischen Polen und Deutschland nicht vermieden werden kann. Wir müssen uns systematisch und energisch für diesen Krieg vorbereiten."
Die Piłsudski nahestehende Zeitschrift *Mocarstwowiec* (dt., *Liga der Großmacht*) 1930.[146]

„Polen will den Krieg mit Deutschland, und Deutschland wird ihn nicht verhindern können, selbst wenn es das wollte."
Marschall Edward Rydz-Śmigły, Generalinspektor und Oberbefehlshaber der polnischen Armee, im Juni 1939 vor hohen polnischen Offizieren.[147]

---

145 Fuchs, S. 175 f.
146 Schultze-Rhonhof, S. 401
147 David Hoggan, S. 554

„Wir müssen die Deutschen hinauswerfen, da alle Länder auf nationalen, nicht auf multinationalen Grundlagen errichtet sind.“
Władysław Gomułka, Generalsekretär der polnischen KP, im Mai 1945.[148]

„Wenn Deutschland noch einmal Europa destabilisiert, dann wird Deutschland nicht mehr geteilt, sondern von der Landkarte gefegt werden. Ost und West haben die notwendige Technik, um dieses Verdikt auch vollstrecken zu können. Wenn Deutschland wieder anfängt, bleibt keine andere Lösung.“
Lech Wałęsa, polnischer Gewerkschaftsführer, Staatspräsident (1990-1995) und Friedensnobelpreisträger, am 7. April 1990 in einem Interview mit der niederländischen Wochenzeitung *Elsevier*, nachgedruckt und mit einer Karikatur versehen von *Le Monde*. Ziziert nach *Spiegel* Nr. 15/1990, 9. April 1990, unter http://www.spiegel.de/spiegel/print/d-13498691.html

Polen gibt sich gerne als unschuldiges Opfer der deutschen Aggression aus. Auch in der offiziellen Geschichtsschreibung wird Polen die Opferrolle zugestanden, obwohl sich dieses Land in der Zwischenkriegszeit stets aggressiv und expansiv gegenüber Deutschland und anderen Nachbarn verhielt. Nach der Wiederherstellung des polnischen Staates 1918 plädierten polnische Politiker, Priester, Intellektuelle und Medien einstimmig für eine künftige Ausdehnung Polens auf Kosten Deutschlands bis an die Oder und Neiße, um „piastische Gebiete“ aus der Zeit des Herzogs Mieszko I. (um 1000 n. Chr.) „wiederzugewinnen“. Dafür gibt es zahlreiche dokumentierte Aussagen. Der wiedererstandene Staat Polen brachte es fertig, in den ersten vier Jahren seiner neuen Existenz Streit und Kriege mit fast allen seinen Nachbarn zu beginnen, um neue Gebiete zu annektieren (siehe Landkarte, S. 123). 1918, noch vor den Versailler Grenzentscheidungen, nutzte Polen den Waffenstillstand Deutschlands mit den Siegern und die Revolution im Reich, um die preußische Provinz Posen in Besitz zu nehmen. Im Januar 1919 setzte die polnische Delegation in Versailles bei den Siegern durch, daß der größte Teil Westpreußens mit überwiegend deutscher Bevölkerung ohne Volksabstimmung Polen zugesprochen wurde. In die gleiche Kategorie gehörten von 1919 bis 1921 die polnischen Versuche, in Oberschle-

148 *Der Spiegel* Nr. 14/2002, 30. März 2002, unter http://www.spiegel.de/spiegel/print/d-21963826.html

sien eine Volksabstimmung zu vereiteln, und als das nicht funktionierte, das deutsche Oberschlesien zu erobern. Anfang der dreißiger Jahre versuchte Polen mehrfach, mit Hilfe Frankreichs einen („Präventiv-") Krieg gegen Deutschland zu arrangieren, was die Franzosen jedoch damals abgelehnt hatten.

Die polnischen Territorialforderungen standen ganz in der „piastischen" chauvinistischen Tradition, die bereits vor 1914 entwickelt wurde. Der 1921 gegründete chauvinistische „Verband zur Verteidigung der westlichen Grenzgebiete" bzw. „Westmarkenverband" (ZOKZ, später PZZ) forderte in seinem Mitteilungsorgan *Die Westwacht* (poln., *Straznica Zachodnia*) eine radikale „Entgermanisierung" der 1919/1920 gewonnenen Gebiete sowie eine weitere Ausdehnung Polens auf Kosten Deutschlands, vor allem in Richtung Ostpreußen und Oberschlesien. In seinem offiziellen Programm von April 1926 bezeichnete der „Westmarkenverband" die Oder als *„natürliche Grenze Polens"* im Westen und gab die aktuelle Devise aus: *„Von Stettin bis Polangen"*.[149] Ende Juli 1930 forderte der Verband eine Ausdehnung nach Norden (Ostpreußen, Pommern): *„Wir werden solange danach rufen und es verlangen, bis die polnische Fahne wieder in Danzig, über Ermland und Masuren, sowie fern der Elbe, mindestens aber über Stolp wehen wird."* Man wollte die Westgrenze Polens weit nach Deutschland hinein verlegen, wenn möglich bis vor Berlin oder noch weiter bis ins Wendland. Zahlreiche politische und gesellschaftliche Kreise waren darüber hinaus der Ansicht, daß Polen durch den Versailler Vertrag noch nicht ausreichend saturiert worden sei. Entsprechende Forderungen wurden offen in der Presse, in Büchern und Broschüren und vor allem von Verbänden lautstark formuliert und waren dementsprechend auch in Deutschland bekannt. Dazu kam die ausgesprochen repressive Politik gegenüber den vielen Minderheiten, unter denen die deutsche Minderheit, die sogenannten Volksdeutschen, besonders zu leiden hatten.[150]

149 Palanga (deutsch: Polangen) ist ein Seebad in der südkurischen Landschaft Megowe in Litauen, rund 20 km nördlich von Memel. Nach der Entstehung der baltischen Staaten wurde Palanga 1920 im Zuge eines Grenzausgleichs mit Lettland an Litauen zurückgegeben.

150 Karl-Heinz Kuhlmann: „Appetit auf deutsches Bauernland", in: *Junge Freiheit* Nr. 46/10, 12. November 2010

Sie bekamen den Krieg, den sie wollten:

August Zaleski (13. September 1883 in Warschau; † 7. April 1972 in London), von 1926 bis 1932 polnischer Außenminister unter Marschall Józef Piłsudski, von Oktober 1939 bis Juli 1941 Außenminister der polnischen Exilregierung unter Ministerpräsident Władysław Sikorski.*

Edward Rydz-Śmigły (11. März 1886 in Brzeżany bei Tarnopol, Galizien; † 2. Dezember 1941 in Warschau). Am 10. November 1936 wurde er zum Marschall von Polen befördert.*

Józef Beck (4. Oktober 1894 in Warschau; † 5. Juni 1944 in Stăneşti, Rumänien), Oberst der polnischen Armee, enger Vertrauter von Józef Piłsudski und von 1932 bis 1939 polnischer Außenminister.*

Michał Grażyński (12. Mai 1890 in Gdów; † 10. Dezember 1965 in London), der Wojewode von Ostoberschlesien.*

Polen wollte nicht nur die deutschen Provinzen im Westen und Osten in sein Land eingliedern. Darüber hinaus mißachtete es permanent die Rechte der deutschen (und nichtdeutschen) Minderheiten. Die erste große Vertreibung der Deutschen begann bereits nach 1919. Die deutsche Minderheit in Polen nahm bis 1923 um ca. 800.000 auf 1,2 Millionen ab. Als erstes inhaftierte man 16.000 Deutsche als „Staatsfeinde" in zwei Konzentrationslagern im Posener Gebiet. Ab 1922 wurden alle Deutschen ausgewiesen, die nach 1908 ins Land gekommen waren. Man stellte die Deutschen vor die Wahl, sich für Polen zu entscheiden oder für Deutschland zu „optieren" und dorthin auszuwandern. Die „Optanten", die sich zu Deutschland oder Österreich bekannten, mußten ab 1925 das Land verlassen. Zudem entließ man die deutschsprachigen Beamten. Etwa die Hälfte der deutschen Schulen und Universitäten mußte schließen. Der doppelsprachige Unterricht, soweit nach Kriegsende noch erteilt, wurde per Gesetz verboten. Einem großen Teil der Deutschen – genauso wie der Ukrainer, Weißrussen, Juden und Österreicher – wurden ihre Arzt- und Apothekerapprobationen und die Geschäfts- und Verlagslizenzen entzogen. Ansonsten wurde seitens der polnischen Administration geschäftlich alles boykottiert, was nicht polnisch war.

Erst im November 1937 schlossen Polen und das Deutsche Reich einen neuen, bilateralen Minderheitenschutzvertrag, der die Last der Diskriminierung der Volksdeutschen in Polen nur für kurze Zeit erleichterte. Als 1938 erst Österreich und dann das Sudetenland mit dem Deutschen Reich vereinigt wurden, stieg die Angst der Polen, Deutschland könnte auch sein Land und dessen Einwohner aus dem Bestand des früheren Deutschen Reiches zurückverlangen. Das feindliche Klima gegen die deutschsprachige Minderheit nahm wieder scharfe Formen an. Terrorakte gegen Deutsche, die Zerstörung deutscher Geschäfte und die Brandstiftungen an deutschen Bauernhöfen im grenznahen Reichsgebiet nahmen im Frühjahr 1939 ständig zu. Sofort nach der Garantieerklärung Großbritanniens und Frankreichs im März 1939 begann die Leidenszeit der Deutschen in Polen, die am 3. September 1939 ihren Höhepunkt im sogenannten „Bromberger Blutsonntag" fand. Nach der Rückgliederung des Memellandes an das Reich im März 1939 wurde die Lage der Deutschen in Polen gänzlich unerträglich. Im Sommer 1939 schwoll die Zahl der Volksdeutschen, die den Verfolgungen entkommen und Polen „illegal" verlassen wollten, auf etwa 70-80.000 Menschen an. Die Berichte über den Umgang der Polen mit ihrer deutschen Minderheit und die Schilderungen der Geflohenen waren Öl ins Feuer des deutsch-polnischen Verhältnisses in den letzten Wochen vor Kriegsausbruch. Der damalige Staatssekretär Ernst von Weizsäcker schrieb dazu in seinen Erinnerungen: *„Unsere diplomatischen und Konsularberichte zeigten, wie 1939 die Welle immer höher auflief und das ursprüngliche Problem, Danzig, und die Passage durch den Korridor überdeckte."* Die Zwischenfälle an der deutsch-polnischen Grenze erreichten im Sommer 1939 einen gefährlichen Höhepunkt. Die Volksdeutschen in Westpreußen und Ostoberschlesien wurden ihres Minderheitenschutzes nun völlig beraubt, unterdrückt, enteignet, gemordet und vergewaltigt. Das ist durch zahlreiche Dokumente im Archiv des Auswärtigen Amtes belegt.

Dazu einige Beispiele. Ab Mai 1939 forcierten die Polen die Ausschreitungen gegen Deutsche. Auf dem Land wurden deutsche Höfe in großer Zahl angezündet, die Bauern weggetrieben, Menschen in den Städten verprügelt, in Einzelfällen totgeschlagen. Am 13./14. Mai 1939 jagten die Polen in Tomaschow (42.000 Einwohner) alle 3.000 Volksdeutschen aus den Fabriken, aus deutschen Geschäften und demolierten ihre Wohnungen. Die deutsche Regierung mußte im Sommer 1939 sogar Auffanglager einrichten, um dem Strom der Flüchtlinge aus Polen Herr zu werden. Im Juli und August setzte eine Flüchtlingswelle von Volksdeutschen nach Deutschland ein, die sich von Tag zu Tag verstärkte. Am 17. August zählte man inzwischen über 76.000 Flüchtlinge an den polnisch-deutschen Grenzen und weitere 18.000 auf Danziger Gebiet. In dieser Zeit erreichten die deutschfeindlichen Demonstrationen in Polens Städten einen neuen Höhepunkt. Ende August 1939 wurden sogar Passagierflugzeuge der Lufthansa von polnischer Flak beschossen.[151]

Der deutsche Angriff („Überfall") auf Polen am 1. September 1939 erfolgte demnach nicht aus heiterem Himmel. Er war weder grundlos noch un-

151 Artikelserie von Schultze-Rhonhof: „Krieg war nur eine Frage der Zeit", in: *Junge Freiheit* Nr. 30/09, 17. Juli 2009

provoziert. Der Krieg begann vielmehr als Folge einer sich verschärfenden langjährigen Krise wegen der deutschen Minderheit und wegen der ungelösten Danzig- und Korridorfrage. Die polnische Regierung weigerte sich beharrlich, das Minderheitenproblem auf der Grundlage des Völkerrechts zu lösen und auf die entgegenkommenden Vorschläge der Reichsregierung in der Danzig- und Korridorfrage einzugehen, um den Konflikt friedlich zu lösen. Polen wollte den Krieg, weil es nur auf diese Weise seine langgehegten territorialen Ansprüche befriedigen zu können glaubte. Noch 1932/1933 stand ein polnischer Angriff gegen die späte Weimarer Republik auf der Tagesordnung. Erst der deutsch-polnische Nichtangriffspakt vom 26. Januar 1934 leitete vorübergehend eine Entspannung und Verbesserung der gegenseitigen Beziehungen ein. An der grundsätzlichen Haltung in Warschau, daß man zur Selbstbehauptung und Erweiterung Polens einen Krieg gegen Deutschland führen müsse, hat sich jedoch in den dreißiger Jahren zu keinem Zeitpunkt etwas Substanzielles geändert. Die kriegsgeneigten Kreise um Winston Churchill ließen seit Mitte 1938 erkennen, daß sie einen gegen Deutschland gerichteten polnischen Kurs mit handfesten Zusagen bezahlen wollten.

Als der polnische Außenminister Józef Beck im Frühjahr 1939 nach London fuhr, setzte er deshalb offiziell *„Kolonien, Juden und Danzig"* auf seinen Forderungskatalog. Hitler und Ribbentrop boten der Republik Polen sogar eine Garantie ihres damaligen Territoriums an. Als Gegenleistung verlangten sie lediglich die Rückgabe Danzigs und eine „sichere Landbrücke" durch den Korridor nach Ostpreußen. Polen hätte damit indirekt die Anerkennung des territorialen status quo durch Deutschland erreicht, demonstrierte aber trotzdem gegenüber den Westmächten, daß es eine eigene Politik betreiben wollte und nicht länger bereit war, als billige und stetige Drohkulisse gegen Deutschland aufzutreten. Der polnische Wojewode (Provinzgouverneur) von Ostoberschlesien, Michał Grażyński, faßte die deutschfeindliche Haltung der polnischen Politik in den lapidaren Worten *„Deutsche ausrotten"* und Oberschlesien *„deutschenrein"* machen zusammen. Das Verhalten Polens in Oberschlesien und in der Transitfrage trug nicht unerheblich dazu bei, daß ein Großteil aller Deutschen die Kriegseröffnung Hitlers als recht und billig akzeptiert hatte.

Die polnische Bevölkerung wurde mit der Ankündigung kommender Offensiven bis nach Berlin und neuen Grenzen an der Oder in Kriegsbereitschaft, ja geradezu in Kriegshysterie versetzt. Großflächige polnische Propaganda-Plakate zeigten einen kampfbereiten Soldaten, dessen Zielrichtung durch die Worte „*Na Berlin!*" (dt., „*Nach Berlin!*") klar vorgegeben war. Dazu schreibt der im Dezember 1920 geborene Zeitzeuge Dr. med. Konrad Voigt aus Berlin in einem Brief vom 27. September 2011 an den Verfasser: *„Mit dem Arbeitsdienst, dem ich seit dem 1. April 1939 angehörte, marschierte ich hinter der Wehrmacht in Polen ein. Als angehender Medizinstudent wurde ich sofort einer polnischen Ärztin zugeteilt, da Polen durch den Krieg von Ärzten praktisch entblößt war. Mit der Ärztin konnte ich mich auf Deutsch gut verständigen, und bekam dabei folgendes zu hören: ‚Unsere Regierung hat uns gesagt, daß es jetzt der günstigste Zeitpunkt sei, mit Deutschland Krieg zu führen, um unsere territorialen Forderungen zur Erfüllung zu bringen. Polen muß einen Krieg mit Deutschland z. Zt. begrüßen, da er die einzigartige Chance mit sich bringt, daß England und Frankreich mit Beginn eines Krieges sofort von Westen her in Deutschland einrücken müßten.' Wir sind schon am 2. oder 3. Kriegstag der Wehrmacht nachgerückt, und sahen dabei in den kleinsten Dörfern riesige Plakate auf den Mauern der Höfe in Form einer Landkarte, auf der Berlin und Warschau dargestellt wurden. Unter der Karte stand die Inschrift: ‚Auf nach Berlin!' Da der Vormarsch der Wehrmacht sehr zügig war, mußten die Plakate schon vor dem Einmarsch der Deutschen geklebt worden sein. Da Polen, und damit auch die polnische Ärztin, nach einigen Tagen erfuhr, daß die Westmächte trotz ihrer Kriegserklärung nicht das Geringste unternahmen, um Polen zu helfen, geschweige denn, um in Deutschland einzurücken, war sie tief entsetzt. Hinzu kam, daß nach Aussagen der Medizinerin die polnische Propaganda schon Wochen vor Kriegsbeginn der Bevölkerung zu suggerieren suchte, daß in Berlin sofort eine Revolution gegen Hitler ausbrechen würde, wenn der Einmarsch deutscher Truppen in Polen bekannt gemacht würde."* Soweit der Bericht des Zeitzeugen.

Ein weiterer Zeitzeuge berichtet: *„So hörte ich Anfang März 1939 auf Kurzwelle Radio Warschau in deutscher Sprache. Den Inhalt einer Sendung habe ich noch immer im Ohr: Der Sprecher verkündete die Drohung, daß, sollte es zu einem Kriegsausbruch zwischen Deutschland und Polen kommen, drei Wochen* *später die polnische Kavallerie durch das Brandenburger Tor in Berlin einreiten würde.*"[152]

Deutschland hatte nie beabsichtigt, den polnischen Staat oder das polnische Volk oder dessen Intelligenzschicht durch massenhafte Ermordung zu vernichten bzw. auszulöschen. Massenverbrechen wie sie die Bolschewisten an Polen 1940 in Katyn[153] bei Smolensk (ca. 14.500 ermordete polnische Offiziere) begingen, haben die Nationalsozialisten im besetzten Polen nicht verübt. Das NS-Regime wollte den polnischen Staat auch nie untergehen lassen. Ein Indiz hierfür ist Hitlers offizieller Vorschlag vom 6. Oktober 1939 für eine europäische Friedenskonferenz. Darin ist von der Herstellung eines polnischen Staates die Rede, der *„in seinem Aufbau und in seiner Führung die Garantie bietet, daß weder ein neuer Brandherd gegen das Deutsche Reich noch eine Intrigenzentrale gegen Deutschland und Rußland gebildet wird ...*" Dieser Vorschlag wurde vom Weißen Haus erwartungsgemäß stillschweigend übergangen.[154]

Den Kriegsbeitrag Polens kann man wie folgt zusammenfassen. Polen nahm den von Deutschland erstrebten Anschluß Danzigs an das Reich zum Kriegsanlaß. Mit Unterstützung seiner westlichen Verbündeten erklärten die Polen ein lokales, nicht kriegswürdiges Problem, bei dem nicht einmal ihr eigenes Territorium betroffen war, zum Kriegsfall (casus belli). Erinnert sei hier an die verhängnisvolle Erklärung des polnischen Botschafters Lipski, der die Ablehnung der deutschen Vorschläge mit den Worten begründete: *„Ich habe die unangenehme Pflicht, darauf hinzuweisen, daß jegliche weitere Verfolgung dieser*

152 Leserbrief von Hans-Alfred Berger, Bad Bramstedt, in: *Junge Freiheit* Nr. 40/10, 1. Oktober 2010

153 Die Sowjetunion lastete das Verbrechen von Katyn freilich dem NS-Regime an. An dieser Geschichtsfälschung hielt der gesamte Ostblock bis 1990 fest. Der Massenmord non Katyn war auch zunächst ein Anklagepunkt 1946 in Nürnberg, obwohl die Westalliierten spätestens seit 1943 die Täter kannten und dies trotzdem nicht revidierten oder sich gar entschuldigten. Am 30. Dezember 1945 wurden zehn deutsche Soldaten in Leningrad wegen des Verbrechens von Katyn verurteilt, sieben davon zum Tode. Am 5. Januar 1946 wurden die Todesurteile vollstreckt. Die von der britischen Besatzungsmacht herausgegebenen *Norddeutschen Nachrichten* brachten am 4. Januar 1946 einen Bericht auf der Titelseite: „So war Katyn. Massenmord als Naziverbrechen aufgedeckt". *Der Große Wendig*, Band 1, S. 75 ff., und Band 2, S. 492 f.

154 Post, S. 444 ff.

Polnisches Propagandaplakat. „Wir sind nicht seit gestern hier – wir reichten weit nach Westen." (Übersetzung: G.Z.)

deutschen Pläne, insbesondere insoweit sie die Rückkehr Danzigs zum Reich beträfen, den Krieg mit Polen bedeutet." Ohne diese vorgezogene Kriegserklärung hätte die Danzig-Frage zu weit geringeren Kosten geregelt werden können. Der weitere große Beitrag Polens zum Kriegsausbruch war seit langem im Umgang der Polen mit ihren nationalen Minderheiten angelegt. Trotz aller Minderheitenschutzverträge, die geschlossen, gekündigt und meist nicht beachtet wurden, war das Los der Deutschen, Weißrussen und Ukrainer in Polen derart hart, daß die Heimatstaaten dieser Minderheiten fast immer einen Anlaß gehabt hätten, zum Schutz der in Polen Unterdrückten einzuschreiten. Ab Mai 1939 nahmen die Verfolgungen und Drangsalierungen der Minderheiten wieder in einer Weise zu, daß eine neue vertragliche Absicherung der Menschen- und Bürgerrechte der deutschsprachigen Bürger Polens unaufschiebbar wurde. So überlagerte die deutsch-polnische Minderheitenfrage zum Schluß das Danzig-Korridor-Problem und gab ihm eine eigene, gefährliche Dynamik. Hitler kam damit unter einen Zeitdruck, der allein mit Danzig und dem Korridor so nicht entstanden wäre. Polens Umgang mit seinen 10 Millionen Bürgern fremder Muttersprache ist der Brandbeschleuniger zum Ausbruch des Krieges am 1. September 1939 gewesen.[155]

Beutekunst: Polen verweigert die Rückgabe

Die feindselige und haßerfüllte Einstellung vieler Polen gegenüber den Deutschen hat sich auch 70 Jahre nach Kriegsende nicht grundlegend ge-

155 Schultze-Rhonhof, S. 549-552

20. Jahrhundert: Polen fällt über seine Nachbarn her!

Nr.	Gebiet	Jahr
1	Polnisches Staatsgebiet	1916
2	Posen	geraubt 1918
3	Suwalkj-Gebiet	geraubt 1918
4	Westgalizien	angeschlossen 1918
5	Westpreußen	einverleibt 1918/1919
6	Soldau – Gebiet /Südmasuren	einverleibt 1918/1919
7	Ostgalizien	angeschlossen 1919
8	Wilna	besetzt 1920
9	Polesien	geraubt 1921
10	Wolhynien	geraubt 1921
11	Ostoberschlesien	einverleibt 1921
12	Teschen	besetzt 1921
13	Olsa - Gebiet	besetzt 1938
14	Südostpreußen – Masuren	geraubt 1945
15	Freie Stadt Danzig	geraubt 1945
16	Hinterpommern	geraubt 1945
17	Ostbrandenburg	geraubt 1945
18	Schlesien	geraubt 1945
19	Stettin und Umgebung	geraubt 1945

20. Jahrhundert – Das heroische, friedliebende und katholische Polen fällt über seine Nachbarn her...

ändert. Ein Indiz dafür ist das Verhalten der polnischen Regierung in der Frage der Rückgabe des deutschen Kulturgutes, das kriegsbedingt in den Besitz Polens gelangt war.

Zum Schutz vor Bombenschäden wurden zahlreiche Kunst- und Kulturschätze, darunter viele wertvolle Bücher sowie kostbare Handschriften von Goethe, Beethoven und Mozart, allesamt aus der Preußischen Staatsbibliothek stammend, in die deutschen Ostgebiete verlagert. Darunter befanden sich Bestände mit Hunderttausenden von Autographen und Büchern, ferner zahlreiche Bilder sowie Musikalien von Mozart und Beethoven, Nachlässe etwa von Goethe, mittelalterliche Handschriften und nicht zuletzt das „Lied der Deutschen" in der Handschrift des Autors Fallersleben sowie 25 historische Flugzeuge. Die polnische Regierung weigert sich beharrlich, die Beutegüter an Deutschland zurückzugeben. Ihre Begründung: Alle Kunstwerke, Bibliotheks- und Archivmaterialien sowie alle anderen Objekte deutschen Ursprungs, die sich im Zusammenhang mit dem Krieg auf dem nunmehr polnischen Territorium befanden, seien legal in polnisches Eigentum überführt worden. Die Eigentumsentscheidung sei endgültig. Rückgabeforderungen seien *„vollkommen grundlos und können nicht in Betracht gezogen werden"*. Außer einer Luther-Bibel – anläßlich des Besuchs von Bundeskanzler Schröder in Warschau – hat das weitgehend katholische Polen nichts zurückgegeben. Nach dem Ende des Kalten Krieges wurden die Verhandlungen zwischen Polen und der BRD erneut aufgenommen – bis heute ohne ein konkretes Ergebnis.[156]

156 „Beutekunst-Rückgabe: Polen stellt sich stur", in: *Spiegel-Online* vom 8. August 2007 unter http://www.spiegel.de/kultur/gesellschaft/beutekunst-rueckgabe-polen-stellt-sich-stur-a-498915.html; Reinhard Müller: „Rückgabe von Beutekunst: Die letzten deutschen Kriegsgefangenen", in: *FAZ*, 26. Juli 2007, unter http://www.faz.net/aktuell/politik/rueckgabe-von-beutekunst-die-letzten-deutschen-kriegsgefangenen-1461430.html

12. Die Rolle des organisierten Judentums

„Präsident Roosevelt und die Juden in aller Welt übten Druck auf mich aus, damit ich von jeglicher Verständigung mit Hitler absehe."
Der frühere britische Premierminister Neville Chamberlain im *News Chronicle* vom 15. Januar 1952.[157]

Bereits wenige Tage und Wochen nach dem Amtsantritt Hitlers setzte eine scharfe wirtschaftspolitische Boykottaktion des organisierten Judentums gegen Deutschland ein, vorwiegend in den USA und in England. Parallel dazu wurde weltweit eine beispiellose Greuelpropaganda gegen Deutschland entfaltet. Der frühere Reichskanzler (1930-1932) Heinrich Brüning erwähnt in seinem Buch: „Briefe und Gespräche 1934-1945" als Beispiel jüdischer Lügenpropaganda, daß *„der Berliner Korrespondent eines New Yorker Blattes gekabelt hatte, daß an einem außergewöhnlich ruhigen Abend im Frühjahr 1933 die Spree ausgefüllt sei mit treibenden Leichen von durch die Nazis ermordeten Juden"*. Der „Reichsbund jüdischer Frontsoldaten" nahm zu den Propaganda-Aktionen am 24. März 1933 wie folgt Stellung: *„... Die Greuelpropaganda lügt. Die Drahtzieher sind politische und wirtschaftliche Interessenten. Die jüdischen Literaten, die sich dazu gebrauchen lassen, haben früher in Deutschland uns jüdische Frontsoldaten verhöhnt ..."* In einem Schreiben gleichen Datums schrieb der „Reichsbund" an die US-Botschaft in Berlin: *„Es ist aber unseres Ermessens an der Zeit, von der unverantwortlichen Hetze abzurücken, die von sog. jüdischen Intellektuellen im Ausland gegen Deutschland unternommen wird."*[158]

Im Zusammenhang mit den jüdischen Boykottaktionen stand die wirtschaftliche und finanzpolitische Kriegserklärung der Juden in aller Welt am 24. März 1933 in der britischen Zeitung *Daily Express*:

„Judäa erklärt Deutschland den Krieg. Die Juden in aller Welt vereinigen sich zur Tat – Boykott deutscher Waren – Massendemonstrationen an vielen Orten

157 Rassinier, S. 137
158 Schütz/von Preradovich, S. 154; Kosiek, S. 265

– Dramatische Aktion. Ganz Israel vereinigt sich im Zorn gegen das Nazi-Gemetzel an Juden in Deutschland ... Vierzehn Millionen Juden, die über alle Welt verstreut sind, haben sich wie ein Mann zusammengeschlossen, um den deutschen Verfolgern ihrer Glaubensgenossen den Krieg zu erklären ... Pläne für eine Aktion reifen in Europa und Amerika ... Deutschland wird einen hohen Preis für Hitlers Judengegnerschaft zu zahlen haben. Das Reich steht vor einem totalen Boykott in Handel, Finanz und Industrie ... In Europa und Amerika sind Pläne zu einem Gegenschlag gegen das hitlerische Deutschland gereift ... Deutschland ist auf dem internationalen Geldmarkt, wo der jüdische Einfluß beträchtlich ist, hoch verschuldet. Druckmaßnahmen jüdischer Bankiers sind eingeleitet ... Das alte und nun wieder geeinte Volk von Israel erhebt sich, um mit neuen und modernen Waffen den uralten Kampf gegen seine Unterdrücker aufzunehmen."[159]

Als einer der ersten erklärten Gegner der gewählten deutschen Regierung gründete Samuel Untermyer (1858-1940) 1933 die „American League for the Defense of Jewish Rights", die er in „Non-Sectarian Anti-Nazi League to Champion Human Rights" umbenannte und deren Präsident er war. Im Hinblick auf die Verfolgung deutscher Juden initiierte Untermyer einen US-Boykott deutscher Importe und erklärte auf einem jüdischen Weltkongreß in Amsterdam 1933 Deutschland einen „Heiligen Krieg". Diesen Aufruf wiederholte er nach seiner Rückkehr nach New York in einer Rede, die von WABC per Radio ausgestrahlt und am 7. August 1933 in der *New York Times* als Mitschrift veröffentlicht wurde. Als Präsident der World Jewish Economic Federation unternahm Untermyer im Juli 1933 beim Völkerbund den erfolglosen Versuch eines internationalen Boykotts Deutschlands. Erfolglos blieb auch seine Kampagne zum Boykott der olympischen Sommer- und Winterspiele 1936 in Deutschland.[160]

Gegen die weltweiten jüdischen Boykott- und Propagandamaßnahmen legten die deutschen Juden in der *Central-Verein-Zeitung* (dem Organ des „Central-Vereins deutscher Staatsbürger jüdischen Glaubens") am 30. März 1933

159 vollständiger Text in: Schröcke, Dokumenten-Anhang, S. 261-263; Wikipedia, *Daily Express*

160 Wikipedia, *Samuel Untermyer*

FRIDAY, MARCH 24, 1933

BUY BRITISH ballito STOCKINGS

Daily Express

To-day's Weather: Fair; Mild.

NO. 10,258. FRIDAY, MARCH 24, 1933. ONE PENNY.

St. Ivel CHEESE Aids digestion 2d., 6d. & 8½d. each.

JUDEA DECLARES WAR ON GERMANY

Jews Of All The World Unite In Action

BOYCOTT OF GERMAN GOODS

MASS DEMONSTRATIONS IN MANY DISTRICTS

DRAMATIC ACTION

"Daily Express" Special Political Correspondent.

ALL Israel is uniting in wrath against the Nazi onslaught on the Jews in Germany.

Adolf Hitler, swept into power by an appeal to elemental patriotism, is making history of a kind he least expected. Thinking to unite only the German nation to race consciousness he has roused the whole Jewish people to a national renaissance.

The appearance of the swastika symbol of a new Germany has called forth the Lion of Judah, the old battle symbol of Jewish defiance.

Fourteen million Jews dispersed throughout the world have banded together as one man to declare war on the German persecutors of their co-religionists. Sectional differences and antagonisms have been submerged in one common aim—to stand by the 600,000 Jews of Germany who are terrorised by Hitlerist anti-semitism, and to compel Fascist Germany to end its campaign of violence and suppression directed against its Jewish minority.

World Jewry has made up its mind not to remain quiescent in face of this revival of mediaeval Jew-baiting.

SPECIAL SESSION

CONCERTED ACTION

SHIPPING THREAT

THE BIRTH OF AN IDEA

HIGHER WAGES FOR STEEL WORKERS

AN INCREASE OF THREE SHILLINGS A WEEK

BRIGHT SPOT IN A BLACK TOWN

CUTS THAT KILL

MONEY SPENT WOULD START THIS TOWN AGAIN

SEVENTEEN WORKING

OFFICER'S DAYS OF LOVE IN BERLIN

GOOD FIGURE

MORE JEWS SHOT DEAD

New "Sweep" Bill In The Dail

MR. DE VALERA AND STATE CONTROL

SECRET MEASURE

NO CLUB

GOLDEN HOPES

£87,000 IN FIVE MINUTES

—AND NOT ONE PRIZE FOR IRELAND

MR. MacDONALD EXPLAINS HIS TOUR

"PEACE CAN BE KEPT IN EUROPE"

MR. RAMSAY MACDONALD faced a crowded House of Commons yesterday afternoon when he spoke about his visits to Paris, Geneva, and Rome, and his talks with Signor Mussolini.

Mr. MacDonald.

LATE NEWS

LABOUR LEADER BEREAVED

A CASUALTY AT AINTREE.

Titelseite des Daily Express vom 24. März 1933.

*Der US-amerikanische Rechtsanwalt, Demokrat und Selfmade-Millionär Samuel Untermyer (auch Samuel Untermeyer; * 6. März 1858 in Lynchburg; † 16. März 1940 in Palm Springs) war in den dreißiger Jahren ein wichtiger Unterstützer des Zionismus und aktiver Hetzer gegen Deutschland.*

Protest ein: „... *Eine zügellose Greuelpropaganda gegen Deutschland tobt in der Welt. Durch jedes Wort, das gegen unser Vaterland gesprochen und geschrieben wird, durch jeden Boykott-Aufruf, der gegen Deutschland verbreitet wird, sind wir deutschen Juden genauso tief betroffen wie jeder andere Deutsche. Nicht aus Zwang, nicht aus Furcht, sondern weil gewisse ausländische Kreise die Ehre des deutschen Namens lästern, das Land unserer Väter und Land unserer Kinder schädigen, sind wir ohne Verzug dagegen aufgestanden. Vor dem Inland und dem Ausland haben wir die Lügenmeldungen über Deutschland und die neue Regierung gebrandmarkt ... Gegen diese ungeheuren Beschuldigungen legen wir 565.000 deutschen Juden vor ganz Deutschland und vor der Welt feierliche Verwahrung ein.*"[161]

Als Reaktion auf die antideutschen Aktionen ordnete die NS-Parteileitung am 1. April 1933 den symbolischen und eintägigen Boykott jüdischer Geschäfte in ganz Deutschland an. In der Anordnung wurde die Maßnahme als reiner „Abwehrkampf" gegen die „jüdischen Gewalttaten" bezeichnet, aber gleichzeitig befohlen: „*Krümmt auch weiterhin keinem Juden auch nur ein Haar!*" Der offene Antisemitismus der Nationalsozialisten, der sich während der Machtübernahme in einer Anzahl von tätlichen Übergriffen gegen deutsche Juden entlud, brachte unvermeidlich die amerikanischen jüdischen Organisationen auf, die einen wichtigen Bestand-

161 *Der Große Wendig*, Band 1, S. 377

teil von Roosevelts liberal-demokratischer Allianz bildeten. In den Medien wird immer wieder der Eindruck vermittelt, der Boykott jüdischer Geschäfte in Deutschland am 1. April 1933 sei aus heiterem Himmel entstanden, einfach als Ausdruck des deutschen Antisemitismus. Das entspricht allerdings nicht den historischen Tatsachen. Auch mit „Rassismus" hatte die Boykottaktion nichts zu tun, wie es etwa fälschlicherweise der *Spiegel* behauptet.[162]

Der Rabbiner Dr. Leo Baeck (23. Mai 1873 in Lissa/Provinz Posen, Preußen; † 2. November 1956 in London), zu seiner Zeit der bedeutendste Vertreter des deutschen liberalen Judentums sowie jahrelang die unbestrittene Führungsfigur und der Repräsentant der deutschen Judenheit, verwahrte sich gegen die US-jüdische Greuelpropaganda.*

Rabbiner Leo Baeck, zu seiner Zeit Präsident der Reichsvereinigung der Juden in Deutschland und der bedeutendste Vertreter des deutschen liberalen Judentums, erklärte im Mai 1933: *„Die nationale deutsche Revolution, die wir durchleben, hat zwei ineinander gehende Richtungen: den Kampf zur Überwindung des Bolschewismus und die Erneuerung Deutschlands. Wie stellt sich das deutsche Judentum zu diesen beiden? Der Bolschewismus ist, zumal in seiner Gottlosenbewegung, der heftigste und erbittertste Feind des Judentums, die Ausrottung der jüdischen Religion ist sein Programm. Ein Jude, der zum Bolschewismus übertritt, ist ein Abtrünniger. Die Erneuerung Deutschlands ist ein Ideal und eine Sehnsucht innerhalb der deutschen Juden."*[163]

In der bereits erwähnten Rede über WABC Radio (New York), von der die schriftliche Fassung in der *New York Times* am 7. August 1933 gedruckt

162 Rassinier, S. 122, S. 326, Anm. 86; Post, S. 136 f.; *Der Große Wendig*, Band 1, S. 375 f.
163 *Der Große Wendig*, Band 1, S. 375-377; Band 3, S. 161-163

wurde, sagte Samuel Untermyer u. a. folgendes: „... *Deutschland hat sich von einer Kulturnation in eine wahrhaftige Hölle von grausamen und wilden Untieren verwandelt. Wir schulden es nicht nur unseren verfolgten Brüdern, sondern der ganzen Welt, jetzt in Notwehr einen Schlag zu führen, der die Menschheit von einer Wiederholung dieser unglaublichen Gewalttat befreien wird.* (...) *Jetzt oder nie, müssen alle Nationen der Welt gemeinsame Sache machen gegen das* (...) *Abschlachten, Verhungern und Vernichten,* (...) *teuflische Folter, Grausamkeit und Verfolgung, die Tag für Tag diesen Männern, Frauen und Kindern zugefügt wird.* (...) *Die Juden sind die Aristokraten der Welt. Seit undenklichen Zeiten wurden sie verfolgt und sahen ihre Verfolger kommen und gehen. Sie alleine haben überlebt. Und so wird sich die Geschichte wiederholen, aber das ist kein Grund, warum wir erlauben sollen, daß sich eine einst große Nation in das finstere Mittelalter zurückbegibt, oder daß wir es unterlassen, diese 600.000 Menschenseelen vor den Qualen der Hölle zu erretten.* (...) *Was wir vorschlagen und was wir bereits in die Wege geleitet haben, ist, einen rein defensiven wirtschaftlichen Boykott einzuleiten, der das Hitlerregime unterminieren und das deutsche Volk zur Vernunft bringen wird ... Wir schlagen vor und organisieren die Weltmeinung, sich in der einzigen Weise zu äußern, die Deutschland versteht, indem wir seinen Exporthandel zerstören, auf dem seine nackte Existenz beruht.*" – Untermyer fuhr dann fort, seinen Zuhörern die Umstände des Boykotts gegen Deutschland zu erklären: „*Das Hitlerregime erfand und verfolgt teuflisch seinen Boykott, die Juden auszurotten, indem es jüdische Geschäfte kennzeichnet und die Deutschen davor warnt, bei ihnen zu kaufen; indem es jüdische Geschäftsinhaber einsperrt und sie zu Hunderten durch die Straßen paradiert unter der Bewachung der Nazitruppen, nur weil sie Juden sind; indem es sie aus den Berufen ausstößt, in denen viele von ihnen hohe Stellungen erreicht hatten; indem ihre Kinder aus den Schulen, ihre Männer aus den Gewerkschaften ausgestoßen werden; indem ihnen jede Form des Lebensunterhalts verwehrt wird, sie in gemeine Konzentrationslager gesperrt und gefoltert werden, ohne Grund und auf jede erdenkliche Art, die so unvorstellbar unmenschlich ist, bis Selbstmord ihr einziger Ausweg ist, und das alles nur deshalb, weil sie oder ihre entfernten Vorfahren Juden waren, und alles mit dem eingestandenen Zweck, sie auszurotten.*" Untermyer beendete seine großenteils fanatische und hysterische Ansprache, indem er erklärte, mit der

Unterstützung *„christlicher Freunde* (werden) *wir den letzten Nagel in den Sarg des Vorurteils und Fanatismus treiben"*.[164]

Die folgenden weiteren Aussagen bestätigen, daß das organisierte Judentum fest entschlossen war und all seine Möglichkeiten dafür aufbot, Deutschland durch einen weltweiten Krieg zu vernichten. Wer die Selbstbekenntnisse der zionistischen Juden unvoreingenommen bewertet, kann zu keinem anderen Ergebnis kommen.

„Wir sind die Erzanstifter von Weltkriegen und die Hauptnutznießer solcher Kriege. ... Wir sind in einer Person die Begründer und Hauptvertreter des Kapitalismus und die Hauptrădelsführer im Kampfe gegen den Kapitalismus. Sicher, die Geschichte hat kein Beispiel einer solchen Vielseitigkeit." Rabbiner Marcus Eli Ravage in der Monatsschrift *The Century Magazine*, Nr. 3, New York, Januar 1928.[165]

„Es muß noch einen Krieg geben, um die ruchlose Organisation Satans (d. i. die bestehenden Staaten und christlichen Religionen) *auszufegen, und das ist der Krieg des großen Tages Gottes, des Allmächtigen, oder der Krieg von Harmagedon."*[166] J. F. Rutherford, in:[167] „Zuflucht zum Königreich", Bern, 1933, S. 49.

„In zehn Jahren wird die Schlacht von Harmagedon der Welt, so wie sie jetzt aufgebaut ist, ein Ende bereiten." J. F. Rutherford in einer Rede laut *New York Tribune* vom 29. 2. 1937.

---

164 http://ip-klaeden.selfhost.eu/webseiten/hitler/berlin/untermyr.htm

165 abgedruckt in: „Zwei Aufsätze des amerikanischen Juden M .E. Ravage", Erfurt, 1937, 5. Auflage, S. 7; von Freyenwald, S. 209

166 Harmagedon (auch Harmageddon, Armageddon oder Har-Magedon) bezeichnet in der Offenbarung des Johannes den Ort der endzeitlichen Entscheidungsschlacht im *„Krieg des großen Tages Gottes, des Allmächtigen"*. Im erweiterten Sinn bezeichnet der Begriff in der Theologie den eschatologischen Entscheidungskampf. Der Begriff Harmagedon wird in der Bibel nur ein einziges Mal erwähnt, nämlich in der Offenbarung des Johannes, Kapitel 16, Vers 16.

167 von Freyenwald, S. 222

„Durch das Dazwischentreten der ‚Anti-Defamation League‘ (kurz: ADL; dt., Anti- Diffamierungsliga) *ist es uns gelungen, der nichtjüdischen Presse einen Maulkorb umzubinden, dergestalt, daß amerikanische Zeitungen davon absehen, einen jeden, der sich etwas hat zu schulden kommen lassen, in den Zeitungen als einen Juden zu bezeichnen.“* Bernhard J. Brown, in: „From Pharaoh to Hitler, what is a Jew?", Chicago 1933, S. 106.[168]

„Der Kampf gegen Deutschland geht von allen jüdischen Gemeinschaften, von allen jüdischen Versammlungen und Kongressen, von den jüdischen Handelsvertretungen und von jedem einzelnen Juden individuell aus. In der ganzen Welt wird der Kampf gegen Deutschland solchermaßen ideologisch aufgeputscht und gefördert. Die Gefahr für uns, die Juden, liegt in der ganzen deutschen Bevölkerung, in Deutschland insgesamt ...“ Wladimir Jabotinsky (1880-1940), russisch-jüdischer Schriftsteller und Zionist, Gründer der Jüdischen Legion im Ersten Weltkrieg, in einem Artikel vom 1. Januar 1934 in der jüdischen Zeitung *Natcha Retch*, die in Rumänien erschien.[169]

„Hitler will nicht den Krieg, aber er wird dazu gezwungen werden, nicht in diesem Jahr, aber bald ... Das letzte Wort hat, wie 1914, England zu sprechen.“ Emil Ludwig (1881-1948), deutsch-jüdischer Schriftsteller, in: *Les Annales*, Juni 1934, laut „Il Regime Fascista“, Cremona, 5. 10. 1939.[170]

„Denn obwohl er vielleicht im letzten Augenblick den Krieg vermeiden will, der ihn verschlingen kann, wird Hitler dennoch zum Kriege genötigt werden.“ Emil Ludwig, in: *Die neue heilige Allianz*, Straßburg, Juli 1938, S. 39.[171]

„Im kommenden Weltkrieg muß Israel die Völker, die für Gott kämpfen, gegen die Vereinigung der Völker führen, die gegen Gott kämpfen. Bedenke! Britannien ist heute der Herr der Nationen.“ *The National Message*, Organ der „British-Israel World Federation“, London, Sondernummer vom Dezember 1937.[172]

---

168 von Freyenwald, S. 199
169 Romanescu, S. 33
170 von Freyenwald, S. 224
171 Ebda.
172 Ebda.

„Und es besteht kein Zweifel mehr, daß im Ernstfall die ganze Welt gegen Hitler-Deutschland zusammenstehen würde. Daß dem so ist, das ist mit in erster Linie dem Feldzug zu verdanken, den Amerika für die Wahrheit führt." Lion Feuchtwanger (1884-1948), deutsch-jüdischer Schriftsteller, in einem Begrüßungsschreiben an den „American Jewish Congress" anläßlich seiner Anti-Hitler-Kundgebung in New York am 15. 3. 1937, laut *Die Wahrheit*, Wien, Nr. 11, 19. 3. 1937, S. 2.[173]

„In der Finsternis, die der Nazismus über Europa heraufbeschworen hat, erwarten wir einen Lichtstrahl aus dem freien Amerika. Das Volk Israel hat keinen größeren Feind als diesen neuen Amalek,[174] *der die historische Nation ausrotten will. Laßt uns wieder einmal den alten Schwur der Bibel geloben: Ewiger Krieg zwischen uns und Amalek! Boykottiert den Herd des Menschenhasses, des Rassenhasses und des internationalen Krieges!"* Simon Dubnow (1860-1941), russisch-jüdischer Historiker, in einem Begrüßungsschreiben an den „American Jewish Congress" anläßlich seiner Anti-Hitler-Kundgebung in New York am 15. März 1937, laut *Die Wahrheit*, Wien, Nr. 11, 19. März 1937, S. 2.[175]

„So geht es nicht weiter. Falls nicht bald ein neuer Weltkrieg ausbricht, werden in der nächsten Zeit 150.000 bis 200.000 Juden auswandern müssen." Der jüdische Publizist Georg Bernhard in der jüdischen Wochenschrift *Die neue Weltbühne*, Paris, Nr. 35, 1. 9. 1938.[176]

„Sache der ‚Jüdischen Weltliga' ist es, die moralische und wirtschaftliche Blokkade Hitler-Deutschlands, den Boykott gegen die Henker zu organisieren. Sa-

173 Ebda.

174 Laut jüdischem *Philo-Lexikon* von 1937 sind Amalekiter (d. h. die Kinder Amaleks) ein arabischer Stamm, in der Bibel der jüdische Erbfeind. Vgl. Exodus 17, 11 ff: *„Solange Mose seine Hand erhoben hielt, war Israel stärker; sooft er aber die Hand sinken ließ, war Amalek stärker...So besiegte Josua mit scharfem Schwert Amalek und sein Heer. Danach sprach der Herr zu Mose: Halte das zur Erinnerung in einer Urkunde fest und präg es Josua ein! Denn ich will die Erinnerung an Amalek unter dem Himmel austilgen!...Er sagte: Die Hand an Jahwes Feldzeichen!. Krieg ist zwischen Jahwe und Amalek von Generation zu Generation."* Seither werden von den Juden die christlichen Völker mit dem Namen Amalek bezeichnet. Dubnow wendete ihn auch für den Nationalsozialismus an.

175 a.a.O., S. 220

176 a.a.O., S. 226

che der ‚Jüdischen Weltliga' ist es, alle Grünspans der Welt, Juden, Neger, Mohammedaner und Christen zu verteidigen. Unsere Sache ist es, unversöhnliche Feinde Deutschlands und Italiens zu sein. ... Unsere Sache ist es, Deutschland, dem Staatsfeind Nr. 1, erbarmungslos den Krieg zu erklären." Bernard Lecache (1895-1968), französisch-jüdischer Journalist, Präsident der „Jüdischen Weltliga" und der LICRA („Ligue Internationale Contre le Racisme et l'Antisémitisme"), in dem Aufsatz „Grünspan, Du bist freigesprochen" in der Zeitung *Le Droit de Vivre*, Paris, 9. 11. 1938.[177]

„*Es ist unsere Sache, die moralische und wirtschaftliche Blockade Deutschlands zu organisieren und diese Nation zu vierteilen. ... Es ist unsere Sache, endlich einen Krieg ohne Gnade zu erwirken.*" Bernard Lecache in der Zeitung *Le Droit de Vivre*, Paris, 18. 11. 1938.[178]

In seinem 1938 veröffentlichten Buch „Épître aux Juifs" schrieb Pierre Créane: „*Unser Kampf gegen Deutschland wird so weit gehen, als es möglich ist. Israel ist angegriffen worden. Verteidigen wir also Israel. Einem erwachten Deutschland stellen wir ein erwachtes Israel entgegen. Und die Welt wird uns verteidigen.*"[179]

„*Die Judenfrage wird ihren Hydra-Kopf in allen diplomatischen Kreisen zeigen und alle Wege zu einer internationalen Beruhigung versperren. Ein befestigtes Gebiet – ‚Palästina für die Juden' – ist nicht nur eine jüdische oder arabische Frage, es ist ein Weltproblem. Wenn die Lösung des Problems anders ausfallen würde, werden wir Juden keinen Frieden in der Welt zulassen, so sehr auch die Staatsmänner und Friedensstifter ihn schaffen wollen.*" *The Jewish Chronicle*, London, 3. 3. 1939, laut *Der Weltkampf*, München, Nr. 187, Juli 1939, S. 330.[180]

„*Ich wünsche in nachdrücklichster Form die Erklärung abzugeben, daß wir Juden an der Seite Großbritanniens stehen und für die Demokratie*

177 Ebda.
178 Ebda.
179 Romanescu, S. 33
180 von Freyenwald, S. 227

Der „Zeuge Jehovas" Joseph Franklin Rutherford (8. November 1869 in Morgan County, Missouri, USA; † 8. Januar 1942 in San Diego, Kalifornien, USA) war Nachfolger von Charles Taze Russell als Präsident der „Watch Tower Bible And Tract Society of Pennsylvania".*

Der jüdische Schriftsteller Lion Feuchtwanger (7. Juli 1884 in München; † 21. Dezember 1958 in Los Angeles).*

Der jüdische Schriftsteller Emil Ludwig (25. Januar 1881 in Breslau; † 17. September 1948 in Ascona).*

Der Zionist Wladimir Zeev Jabotinsky (1880/Odessa-1940/Hunter, USA).

Der Journalist Bernard Lecache (1895-1968). Der Sohn jüdischer Emigranten aus der Ukraine war seit 1928 auch in der „Internationalen Gesellschaft der Freunde der Sowjetunion“ aktiv. Seit Anfang der dreißiger Jahre war er Mitglied im Logenverbund Grand Orient de France. Lecache gründete die Loge „Abbé Grégoire“.

Der Chemiker Chaim Weizmann (27. November 1874 in Motal bei Pinsk/Weißrussland; † 9. November 1952 in Jerusalem) war Präsident der Zionistischen Weltorganisation, israelischer Politiker und zionistischer Führer sowie von 1948 bis 1952 erster israelischer Staatspräsident.*

kämpfen werden. Aus diesem Grunde stellen wir uns in den kleinsten und größten Dingen unter die zusammenfassende Leitung der britischen Regierung. Die jüdische Vertretung ist bereit, in sofortige Abkommen einzutreten, um alle menschlich-jüdische Kraft, ihre Technik, ihre Hilfsmittel und alle Fähigkeiten nützlich einzusetzen.“ Chaim Weizmann (1874-1952), damals Präsident des Jüdischen Weltkongresses und designierter Staatschef Israels, am 29. August 1939 in einem Brief an Premierminister Chamberlain. Diese Erklärung wurde von der Londoner *Times* am 5. September 1939 und am 8. September 1939 auch im *Jewish Chronicle* veröffentlicht.[181]

181 Schröcke, S. 116; Golancz, S. 89

„Die Millionen Juden in Amerika, England und Frankreich, Nord- und Südafrika und, nicht zu vergessen, in Palästina sind entschlossen, den Vernichtungskampf gegen Deutschland bis zum Ende zu führen. ...“ Centraal-Blad voor Israeliten in Nederland, Amsterdam, 13. 9. 1939.[182]

„Wir Juden dürfen niemals vergessen, wie England seit 20 Jahren für uns eintritt. Der Platz des jüdischen Volkes ist daher an allen Fronten auf der Seite Polens, Frankreichs und Englands. Alle Juden müssen mithelfen, den Weltfeind auszurotten. Und dieser Weltfeind ist Deutschland.“ Centraal-Blad voor Israeliten in Nederland, Amsterdam, 13. 9. 1939.[183]

In der Sowjetunion gründeten führende Juden ein „Jüdisches Antifaschistisches Komitee“ (JAFK). An der Gründungsversammlung am 24. August 1941 in Moskau nahmen u. a. folgende „Vertreter des jüdischen Volkes“ teil: Der Schauspieler und Theaterdirektor Solomon Michoels, der Schriftsteller Ilja Ehrenburg und der Romancier David Bergelson. Diese Zusammenkunft hatte auf internationaler Ebene ein großes Echo. In den USA wurde daraufhin unter dem Vorsitz von Albert Einstein der „Jewish Council for Russian War Relief“ errichtet. In Palästina wurde ein öffentlicher Ausschuß zur Unterstützung der Sowjetunion im Kampf gegen den Faschismus gegründet, der später als „Fünfte Liga“ bekannt wurde. Am 7. April 1942 veröffentlichte das Komitee seinen ersten Appell an Juden in der ganzen Welt, der von 47 Personen des öffentlichen Lebens unterzeichnet wurde. Solomon Michoels wurde zum Vorsitzenden des JAFK ernannt. Am 24. Mai 1942 erfolgte in der zweiten Zusammenkunft der „Vertreter des jüdischen Volkes“ ein weltweiter Spendenaufruf zur Sammlung von Geld zum Kauf von 1.000 Panzern und 500 Flugzeugen für die Rote Armee. Die jiddisch-sprachige JAFK-Zeitung *Ejnikejt* (dt., „Einigkeit“) erschien erstmals am 6. Juli 1942 in Kuibyschew, worauf sie in dreimonatlichen Abständen veröffentlicht wurde. 1943 begaben sich Michoels und Itzik Feffer auf eine siebenmonatige Reise durch die USA, Mexiko, Kanada und Großbritannien, um für Verstärkung zu

182 von Freyenwald, S. 227
183 a.a.O., S. 228

Der jüdische Schauspieler und Regisseur Solomon Michailowitsch Michoels (1890/Dwinsk, Lettland-1948/Minsk, Weißrußland).

Der jüdische Schriftsteller und Journalist Ilja Grigorjewitsch Ehrenburg (1891/Kiew-1967/Moskau).

Der Physiker Albert Einstein (14. März 1879 in Ulm; † 18. April 1955 in Princeton, New Jersey/USA).*

Fiorello Enrico „Henry“ LaGuardia (11. Dezember 1882 in New York; † 20. September 1947 ebenda) war von 1934 bis 1945 für drei Amtszeiten Bürgermeister der Stadt New York und ein treuer Freund der jüdischen Lobby dieser Stadt.*

Der kommunistische „Bürgerrechtler“ Paul LeRoy Robeson (9. April 1898 in Princeton, New Jersey; † 23. Januar 1976 in Philadelphia, Pennsylvania).*

Der jiddische Schriftsteller Schalom Asch (1. Januar 1880 in Kutno, Polen; † 10. Juli 1957 in London).*

Stephen Samuel Wise (17. März 1874 in Budapest; † 19. April 1949 in New York City) war ein US-amerikanischer Rabbiner und führender Zionist. Er gründete den „Jüdischen Weltkongreß“ und war 1936 bis 1949 dessen erster Präsident.*

werben. In den USA wurden sie von einem „Nationalen Empfangskomitee" willkommen geheißen, dessen Vorsitzende Albert Einstein und B. Z. Goldberg, einer Hollywoodgröße, waren. Die größte pro-sowjetische Versammlung, die es in den Vereinigten Staaten jemals gegeben hat, fand am 8. Juli 1943 in den Polo Grounds statt, als 50.000 Menschen Michoels, Feffer, Fiorello LaGuardia, Sholem Asch und Rabbiner Stephen Wise, dem Vorsitzenden des „American Jewish Congress", zuhörten. Neben anderen trafen sie Chaim Weizmann, Charlie Chaplin, Marc Chagall, Paul Robeson und Lion Feuchtwanger. Zusätzlich zu den Kriegsanleihen für den russischen Krieg (16 Millionen Dollar in den USA, 15 Millionen in England, 1 Million in Mexiko, 750.000 in Palästina) wurde auch andere Hilfe beigesteuert. Der Besuch sollte auch die amerikanische Öffentlichkeit beeinflußen, daß eine Einschaltung in den europäischen Krieg notwendig sei.

In der Chicagoer jüdischen Zeitschrift *The Sentinel* war am 8. Oktober 1942 zu lesen: *„Der zweite Weltkrieg wird geführt, um die wesentlichen Prinzipien des Judentums zu verteidigen."*[184]

„Dieser Krieg ist unser Krieg!" „Wir leugnen es nicht und haben keine Furcht, die Wahrheit zu bekennen, daß dieser Krieg unser Krieg ist und zur Befreiung des Judentums geführt wird ... Wir sagen, daß ohne uns der Erfolg der Alliierten nicht denkbar wäre. Stärker als alle Fronten zusammen ist unsere Front, die Front des Judentums. Wir geben diesem Krieg nicht nur unsere ganze finanzielle Unterstützung. Die Sicherung des Sieges baut sich hauptsächlich auf der Schwächung der gegnerischen Kräfte, auf der Zerschlagung in ihrem eigenen Lande, im Inneren ihrer Festung des Widerstandes auf. Und wir sind das trojanische Pferd in der Festung des Feindes. Tausende in Europa lebende Juden sind der Hauptfaktor bei der Vernichtung unseres Feindes ..." Chaim Weizmann, damals Präsident des „Jüdischen Weltkongresses", am 3. Dezember 1942 in New York.[185]

184 Romanescu, S. 33

185 *Der Große Wendig*, Band 1, S. 613; Schröcke, S. 117

Die New Yorker jüdische Zeitung *Forwards* veröffentlichte in ihrer Nummer vom 22. September 1943 folgendes: „*Baruch*[186] *ist der Meinung, daß die Luftwaffe am wichtigsten und auch dasjenige ist, was den Ausgang dieses Krieges entscheiden wird. Er ist überzeugt davon, daß eine ausreichende Anzahl von Flugzeugen Deutschland und Japan in Aschenhaufen verwandeln könnte.*"[187]

---

186 Bernard M. Baruch (1870-1965) war ein US-amerikanischer Finanzier, Börsenspekulant und Politikberater. Während des Ersten Weltkrieges beriet Baruch US-Präsident Wilson in Verteidigungsangelegenheiten und wurde Vorsitzender des Rates für Kriegsindustrie (Chairman of the War Industries Board). 1919 nahm Baruch an der Versailler Friedenskonferenz teil. Durch finanzielle Zuwendung zugunsten der Wahlkampfanstrengungen demokratischer Kongreßabgeordneter gelang es Baruch, seine einflußreiche Stellung in der amerikanischen Politik auch über das Ende des Krieges zu festigen. Für Woodrow Wilsons Präsidentschaftskandidatur hatte er beispielsweise 50.000 US-$ Wahlkampfunterstützung geleistet. Unter Franklin D. Roosevelt war Baruch ein Mitglied des sogenannten „Brain Trust", jener Denkfabrik, die federführend mit der Ausarbeitung von Roosevelts wirtschaftspolitischen Reformanstrengungen betraut war. Sie wurden unter dem Schlagwort „New Deal" bekannt. Baruch hatte bereits seit den zwanziger Jahren mit Winston Churchill in freundschaftlicher Verbindung gestanden und ihn zudem als Verwalter seines Privatvermögens unterstützt. Nach Churchills Amtsantritt als Premierminister arbeitete Baruch seit 1940 an führender Stelle an der Aufstellung des Konzepts zur britischen Kriegsfinanzierung mit. Baruch war unter anderem der Schöpfer des Lend-and-Lease-Systems, das es ermöglichte, die (offiziell noch) neutralen Vereinigten Staaten in die britischen Kriegsanstrengungen miteinzubeziehen. Bis an sein Lebensende blieb Baruch als politischer Berater tätig. Wikipedia, *Bernard Baruch*

187 Romanescu, S. 34

13. Das Deutschlandbild der Anglo-Amerikaner

Vordergründig kämpften die Anglo-Amerikaner selbstverständlich für die edlen Werte der Demokratie, Freiheit, Humanität und Zivilisation. In Wirklichkeit haben sie selbst gegen die von ihnen propagierten Grundsätze verstoßen, das Kriegsvölkerrecht ohne Skrupel gebrochen und den Mißbrauch und die Mißachtung der anerkannten Regeln des Völkerrechts bewußt geplant, organisiert und praktiziert. Man wird die von den westalliierten Demokratien verübten Verbrechen nur verstehen, wenn man die politischen Ziele und Ansichten der anglo-amerikanischen Staatsmänner und ihrer Protagonisten vor, während und nach Ende des Krieges kennt. Zu nennen sind hier vor allem die Herren Kaufman, Hemingway, Hooton, Nizer und Morgenthau jun.

Der Kaufman-Plan: Sterilisation der Deutschen

Bereits im Februar 1941, ein halbes Jahr vor Eintritt der USA in den Krieg, forderte Theodore N. Kaufman, seinerzeit Präsident der „Amerikanischen Friedensliga", in seinem Buch „Germany must perish" (dt., „Deutschland muß zugrunde gehen") die Zwangssterilisierung aller Deutschen, selbst wenn sie Antinazis, Kommunisten oder Judenfreunde seien. In drei Monaten sollte es keinen zeugungsfähigen Deutschen in Europa mehr geben und das deutsche Volk in 60 Jahren auf dem Kontinent völlig ausgelöscht sein. Wiedergegeben seien hier einige Zitate aus diesem Buch:

„Dieser Krieg ist keinesfalls ein Krieg gegen Hitler. Ebenso wenig ist es ein Krieg gegen die Nazis. Es ist ein Krieg Volk gegen Volk; ein Krieg zivilisierter Völker gegen unzivilisierte Barbaren. ... Es ist ein Kampf zwischen dem deutschen Volk und der Menschlichkeit. ... Für diesen Krieg des deutschen Volkes ist Hitler nicht mehr zu tadeln als der frühere deutsche Kaiser für den vorigen oder als Bismarck vor dem Kaiser. Diese Männer waren weder die Urheber noch die Führer des Krieges Deutschland gegen die Welt. Sie waren nur Spiegelbilder der durch die Jahrhunderte eingebrannten Gier des deutschen Volkes nach Eroberung und Massenmord. Dieser Krieg wird vom ganzen deutschen Volk geführt. Dieses ist daher verantwortlich zu machen. Deshalb muß auch das gesamte Volk

für den Krieg büßen. Andernfalls wird es immer wieder Kriege des deutschen Volkes gegen die Welt geben. ... Dieses Mal hat Deutschland der Welt einen totalen Krieg aufgezwungen. Es muß daher so fertig gemacht werden, daß ihm auch eine totale Strafe auferlegt wird. Und es gibt nur eine, eine einzige derartige Strafe: das deutsche Volk muß für immer vollständig vernichtet werden, und das nicht nur theoretisch, sondern wirklich und wahrhaftig. ... Die gleiche Gier und die gleiche viehische Brutalität, wie sie die Deutschen heute unter der Regierung der sogenannten ‚minderwertigen Nazis' zur Schau stellen, zeigten sie schon 1914, d. h. zu einer Zeit, als die ‚Oberen Zehntausend' und deren ‚nobelste Musterexemplare' – die ‚Junker' – vom deutschen Volke herausgestellt wurden. ... Es handelt sich dabei um eine sorgfältig und rücksichtslos vorbedachte Verschwörung, die Herrschaft über die Welt zu bekommen, oder, falls das mißlingt, die Welt zu vernichten. Seitdem das deutsche Volk als Nation existiert, trägt es sich geradezu mit dem Gedanken, eine solche Katastrophe jetzt oder in Zukunft herbeizuführen. ... Deutschland ist nicht mehr zu retten. ... Deutschland und sein Volk müssen für immer von dieser Erde verschwinden! ... Wenn nun ein Volk mit Vorbedacht Völkermord begeht, muß es darauf gefaßt sein, daß es sein eigenes nationales Leben verwirkt. Über diesen Punkt sagen göttliche und menschliche Gesetze ganz klar aus: Auge um Auge; Zahn um Zahn; Leben um Leben. Aber was bedeuten menschliche und göttliche Gesetze schon für die Deutschen? Nichts. ... Daß die Deutschen nach und nach aus Europa verschwinden, wird keine nennenswerte Lücke hinterlassen, keine größere als das allmähliche Verschwinden der Indianer hierzulande. ... Deutschland ist aufzuteilen, und seine Gebiete sind an die Nachbarn zu vergeben. Die beigefügte Landkarte mag als Vorschlag dafür gelten, wie sie in etwa den Ländern zugewiesen werden können. ...“

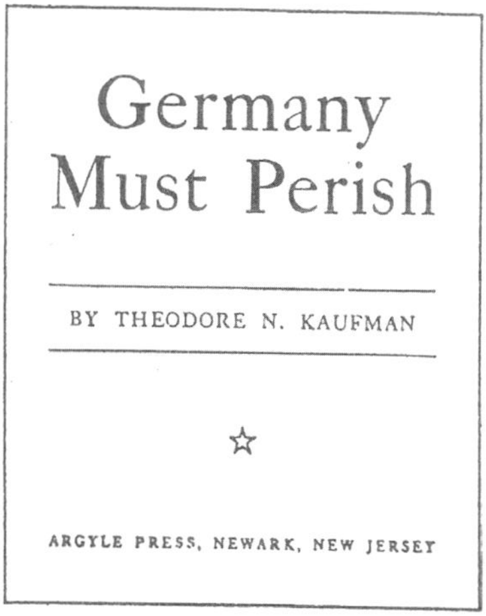
Germany Must Perish

BY THEODORE N. KAUFMAN

☆

ARGYLE PRESS, NEWARK, NEW JERSEY

Das Titelblatt des berüchtigten Kaufman-Buches.

Hemingway: Sterilisation als Endlösung

Ernest Hemingway gilt als einer der großen amerikanischen Schriftsteller und als ein herausragender Vertreter der US-Kultur. Im Jahre 1942 veröffentlichte der spätere Nobelpreisträger das Buch „Men at War" (dt., „Männer im Krieg") mit deutschfeindlichen Aussagen in der Einführung. Grundsätzlich spricht er sich darin für eine Sterilisation der Deutschen aus, ähnlich wie um dieselbe Zeit Theodore N. Kaufman. Wörtlich heißt es bei Hemingway:

„Als jener Krieg (der Erste Weltkrieg) *gewonnen wurde, hätte Deutschland tatsächlich so zerstört werden müssen, daß wir es für hundert Jahre nicht mehr zu bekämpfen hätten oder gar für immer, wenn es richtig gemacht worden wäre. Das läßt sich wahrscheinlich nur durch Sterilisation erzielen ... Alle Mitglieder der NS-Organisationen müßten diesem Eingriff unterzogen werden, falls wir einen Frieden anstreben, der nicht bloß ein frischer Luftzug zwischen zwei Kriegen ist. Die Art und Weise, wie wir den Krieg gewinnen und den Frieden aufzwingen werden, spielt überhaupt keine Rolle, wenn wir nicht zu dieser Maßnahme greifen ... Zum gegenwärtigen Zeitpunkt wäre es aber nicht angezeigt, sich zum Fürsprecher der Sterilisation zu machen, das würde den Widerstand, dem die Regierung und die alliierten Truppen vor Ort begegnen, nur noch verstärken. Deshalb trete ich nicht dafür ein. Ich bin dagegen. Nichtsdestoweniger liegt hier die Endlösung."*[188]

Der Hooton-Plan: Bevölkerungsvermischung durch Immigration

Bereits mitten im Krieg legten vor allem die USA konkrete Planungen für das demographische Schicksal Nachkriegsdeutschland offen. Die ethnische Vernichtung des deutschen Volkes wurde zum gemeinsamen Nenner, zum Hauptkriegsziel der Alliierten, erhoben. Es galt offenkundig, die Zahl der Deutschen soweit wie möglich zu dezimieren und sie schließlich zu eliminieren. Diese Zielsetzung stellte der amerikanische Professor für Anthropologie, Earnest Albert Hooton, in der New Yorker Zeitung *PM's Daily* vom

188 *Der Große Wendig*, Band 2, S. 392

4. Januar 1943 auf. Der in besagtem Zeitungsartikel formulierte „Hooton-Plan“ kann als Rahmenplan zur aktuell auf Hochtouren laufenden Zerstörung der Identität der Deutschen bezeichnet werden. Zunächst stellt Hooton Allgemeines zum Verhalten einer Nation fest und äußert die Ansicht, daß nicht nur äußere Einflüsse (sprich Umerziehung) erforderlich seien, um eine nachhaltige Veränderung dieses Verhaltens zu bewirken, sondern auch biologische Maßnahmen. Als Maßnahmen zur Erreichung dieses Zieles regt Hooton an:

„1. Hinrichtung oder lebenslängliche Verurteilung aller Führer der Nazipartei; dauerhafte Verbannung aller Berufsoffiziere.
2. Verwendung der gegenwärtigen Masse der deutschen Armee für eine Dauer von 20 oder mehr Jahren als Arbeitskräfte zum Wiederaufbau in zerstörten Gebieten der Kriegsalliierten in Europa und anderswo. (...) Das Ziel dieser Maßnahme ist unter anderem eine Reduzierung der Geburtenrate von ‚reinrassigen' Deutschen, die Neutralisierung der deutschen Aggressivität durch deren Herauszüchtung und die Destabilisierung von indoktrinierten Personen.
3. Fragmentierung des Deutschen Reichs in mehrere Staaten, wobei jeder einzelne im Rahmen von in angemessenen Abständen seitens der Alliierten durchgeführten Inspektionen seine eigene Form einer antifaschistischen Regierungsweise wählen sollte. Das Ziel dieser Maßnahme ist es, den nationalen Rahmen für eine vereinte deutsche Aggression zu zerstören.
4. Während der Phase der Überwachung und Besetzung der Einzelstaaten durch militärisches und ziviles Personal der Alliierten Förderung von Ehen zwischen Besatzungspersonal und deutschen Frauen sowie deren dauernde Niederlassung in Deutschland. Während dieser Phase sollte auch die Immigration und Niederlassung von insbesondere männlichen Ausländern in den deutschen Einzelstaaten gefördert werden.“[189]

Der Nizer-Plan: Nachkriegs-Deutschland muß total umgestaltet werden

Eine weitere in diese Richtung zielende Publikation ist der Bestseller von Louis Nizer „What to do with Germany“ (dt., Was tun mit Deutschland?),

189 *Der Große Wendig*, Band 2, S. 388 f.

erschienen 1943/44 in New York. Nizer war ein Prominenten-Anwalt und Mitglied der jüdischen B'nai B'rith-Loge (hebräisch, „Söhne des Bundes").

Den größten Teil des Buches widmet Nizer (1902-1994) der Frage, wie die Deutschen zu bestrafen sind. Unter der Überschrift *„Tag des Göttlichen Strafgerichts"* stellt Nizer das Programm der Bestrafung des deutschen Volkes im einzelnen vor: *„Besetzung Deutschlands – Hoheitsrechte aussetzen"*. Das Volk als Ganzes müsse *„in Schutzhaft genommen werden"*, so Nizer wörtlich. *„... Ihr Staat als geschlossene Einheit, durch die sie handelten, muß aufgelöst werden. Ihre nationale Einheit haben sie so lange verwirkt, bis sie durch Annahme zivilisierter Lebensregeln ihre Umformung bewiesen haben. Kurz gesagt, die deutsche Staatshoheit muß außer Kraft gesetzt werden. Das Land muß vollständig von den Streitkräften der Vereinten Nationen besetzt werden ... Psychologisch gesehen ist die vollständige Besetzung eine notwendige Vorbedingung für das Erziehungsprogramm, über das wir später reden werden ... Es darf daher keine Friedensverhandlungen mit Deutschland geben, denn Frieden können nur zwei selbständige Staaten miteinander schließen. Der Vertrag sollte Deutschlands Entlassung aus der Probezeit in die deutsche Eigenstaatlichkeit abwarten. Es dürfte kaum wahrscheinlich sein, daß Deutschland trotz des später noch von u n s zu behandelnden Programms gelernt hat, die Regeln eines guten internationalen Betragens über eine längere Zeit hinweg anzunehmen ..."* (S. 97-101)

Wen die Strafe treffen soll, darüber gibt Nizer folgende Auskunft: *„Die Naziparteiführer müssen als erste herangezogen werden. Ihre Schuld nachzuprüfen, ist überflüssig. Die Waffenstillstandsbedingungen sollen sie einfach für schuldig erklären. Es würde ein Possenspiel bedeuten, Hitler, Himmler, Göring, Streicher, Ley oder andere Massenmörder vor Gericht zu stellen ... Die Ungeheuerlichkeit der Verbrechen, von den Verbrechern selbst veröffentlicht, und das Leben von Millionen von Witwen, machen die Forderung nach Beweisen zu einem leeren Formalismus. Da der Sinn dieses Verfahrens ja auch vor zukünftigen internationalen Verbrechen abschrecken soll, so würde jede Paragraphenreiterei, jede Anwendung eines tölpelhaften Brauchtums zur Beweisführung des Selbstverständlichen nur Verachtung statt Respekt vor dem Gesetz verursachen. Dabei ist zu bedenken, daß die Sorge, es könne unter Umständen ein Unschuldiger*

Opfer scharfer Gesetze werden, zu einer abgeschmackten Überempfindlichkeit wird. W i r haben uns dem Dialekt des gesunden Menschenverstandes zu fügen ... Nur so wird das Verlangen nach Vergeltung in gesunde Gesetzeskanäle geleitet ... Nur mit solch derben Methoden kann das Rückgrat des Nazismus und des Preußentums gebrochen und die Gefahr zukünftiger Angriffskriege verringert werden." Soweit der studierte US-Jurist Nizer auf den Seiten 101 bis 104 seines Buches.

Im Abschnitt „*Abstufung der Strafmaße*" stellt Nizer fest, daß die Verwüstung Deutschlands der gerechte Preis für die von Deutschen begangenen Verbrechen sei: „*... Denn zwei Ziele müssen immer im Auge behalten werden. Durch die verwirkte deutsche Staatshoheit bestrafen wir Deutschland und schützen uns selber, aber w i r stellen ein Ende der Probezeit in Aussicht und die Wiederherstellung Deutschlands als gleichberechtigtes Mitglied der Völkerfamilie, wenn es sich gewandelt hat.*[190] *Um seine Militärclique mit der Wurzel auszurotten, werden wir für die gewissenlosesten Mörder der Geschichte die Todesstrafe verhängen. Gleichzeitig befreien w i r das deutsche Volk von seiner Führerschaft, die teils heimlich, teils offen verehrt wurde, was sie zu den wiederholten Blutorgien ermuntert hat. Durch Wiedergutmachung in Form von Eigentum und Arbeit geben wir den Opfern einige ihrer rücksichtslos gestohlenen oder zerstörten Werke zurück. Gleichzeitig wird das deutsche Volk daraus lernen. Es wird den einfachen amerikanischen Spruch lernen, daß Verbrechen sich nicht auszahlen. Nicht nur die erzwungene Herausgabe der Beute, sondern auch die Verwüstung ihres eigenen Landes dürfte eine ernüchternde Wirkung nicht verfehlen. Die in Aussicht genommenen Strafen an sich können uns weder vollen Schutz gewähren noch ausreichende erzieherische Abschreckung erzielen. Es muß noch viel mehr getan werden.*" (S. 115)

Unter der Überschrift „*Erziehung Kains*" behandelt Nizer Erziehungsfragen. Einleitend zitiert er einen Ausspruch von Professor Karl A. Kuhn aus seinem Buch „Die wahren Kriegsursachen": „*Muß die Kultur über Berge von Leichen, durch Ozeane von Tränen ihre Dome errichten unter der Todesrassel*

190 Die Probezeit für Deutschland ist offensichtlich bis heute noch nicht abgelaufen, denn auch 70 Jahre nach Kriegsende ist die sog. „Feindstaatenklausel" der UN-Charta noch immer in Kraft. Es gibt auch bis heute keinen Friedensvertrag.

der Sieger? Ja, sie muß! ... Die Macht des Siegers ist das höchste Gesetz der Moral, vor dem sich der Besiegte zu beugen hat." (S. 155-157) Folgende Straf- und Erziehungsmaßnahmen hat Nizer für Deutschland vorgesehen.

Strafe für Deutschland:

„Erstens sprechen w i r Deutschland alle Hoheitsrechte über die Nation ab. W i r werden sie wieder herstellen, wenn und wann es aufhört, eine Bedrohung für die Gemeinschaft der Völker zu sein. W i r haben aufgezeichnet, wie diese Entscheidung gefällt werden soll. Zweitens, nachdem w i r die Nation als eine Wesenheit gestraft haben, bestrafen w i r die einzelnen Kriegsverbrecher ... Die zweite Art ist der Internationale Gerichtshof mit seinen strafrechtlichen und militärischen Ablegern. Sie handeln als Gerichtshof ohne Berufungsmöglichkeit und ziehen ‚Regierende' und andere große Verbrecher vor Gericht ... Drittens sollen internationale wie auch nationale Kommissionen die im Überfluß vorhandenen Angaben über die verbrecherischen Handlungen unter der unmittelbaren Leitung der Ankläger sammeln. Viertens nehmen wir die Gruppe der Verfechter des großdeutschen Gedankens in Listen auf. Die amtlich organisierte Brutalität ist nämlich ihr Werk. Sie müssen als erste der unerbittlichen Rachejustiz ins Auge sehen ... Fünftens haben wir Hinweise gegeben, wie gewisse lästige Fragen in bezug auf das internationale Recht beantwortet werden sollten, wie zum Beispiel die Verteidigung mit dem Vorbringen, daß der Befehl eines höheren Offiziers ausgeführt worden wäre. Sechstens haben wir Maßnahmen vorgeschlagen, die verhindern sollen, daß Schuldige Asyl in neutralen Ländern erhalten ... Der preußische Kriegskult und sein nazistischer hoher Vollstrecker müssen zerstört werden ..." (S. 196-197).

Das Erziehungsprogramm:

„1. Das gesamte Erziehungssystem Deutschlands muß vernichtet werden, genau wie seine Rüstungswerke. Seine geistige Verfassung, deren Ergebnis für die Menschheit nicht weniger gefährlich ist als die verschiedenen Granaten aus den Munitionsfabriken, hat es sich selbst zuzuschreiben. 2. Die Aufgabe, die falschen Lehren des deutschen Nationalismus auszurotten, kann nicht den Deutschen allein anvertraut werden ... W i r haben die entartete Erziehungsme-

thode nach dem Ersten Weltkrieg kennengelernt, als wie sie unbehindert den Deutschen zur Lösung überlassen hatten. Gut gemeinte Noten blieben ebenso wie feierliche Aufforderungen zur Abrüstung unbeachtet. Der Preis für unsere Fehler war der Zweite Weltkrieg. 3. Das Erziehungsprogramm muß unter internationaler Schirmherrschaft durchgeführt werden. Wenn eine übernationale Aufsicht erstellt ist, wird es die zweckmäßigste und am wenigsten auffallende Überwachung erfordern ... Die bestmögliche Lösung für die Einzelheiten der Erziehungsreform wie z. B. die Überwachung der Lehrpläne an den Schulen, die Auswahl der Lehrer und Lesebücher und der pädagogischen Fragen im allgemeinen, würde eine Internationale Universität sein ... Alle deutschen Schulbücher müssen den Zulassungsstempel der Internationalen Universität haben. Überragenden deutschen Studenten soll Gelegenheit zu einem Studium an der Internationalen Universität angeboten werden. Sie werden nach Deutschland als Lehrer zurückkehren, um den Grundstock zu einer neuen Kulturtradition zu legen, die von einem internationalen Bürgersinn durchtränkt sein muß. 4. Soweit es möglich ist, sollten die Professoren aus deutschen Liberalen und Demokraten ausgewählt werden. Fehlende werden international gewählt. Wir haben auch die Aufreizung durch ‚ausländische' Einflüsse in Betracht gezogen ... Sie dürfen nicht zur Begründung dienen, die Aufsicht abzuschaffen. 5. Die Wiederbelebung demokratischer Kultur muß sich jeder erdenkbaren Mittel zur Beeinflussung der Geisteshaltung bedienen. Wir haben aufgezeigt, wie in dieser Hinsicht Kirche, Film, Theater, Radio, Presse und Gewerkschaften eingespannt werden können. Es wird also einen Erziehungsdienst statt Militärdienst geben, und jeder Deutsche wird auf seine dem Frieden dienende Pflicht zwangsweise so vorbereitet wie einst auf den Kriegsdienst. 6. Ein breit gefächertes Erziehungsprogramm wird als Hauptziel die Erziehung zur demokratischen Selbstregierung haben. Wenn und wann das deutsche Volk nach dem unparteiischen Urteil der Internationalen Universität auf den rechten Platz in der Gesellschaft vorbereitet ist, werden wir sie mit ihren neuen Verbindlichkeiten willkommen heißen. Die Deutschen werden dann nicht länger mehr als Bedrohung angesehen. Sie werden ihre Hoheitsrechte wieder erhalten. Ihre Auflösung ist ganz einfach durch die neue Geisteshaltung vorgenommen. Denn nur, wenn ihre Absichten und Ansichten normal sind, werden die äußerlichen Schutzmaßnahmen gegen sie überflüssig. (...) In gewissem Sinne sind w i r die Wächter für die Zukunft ..." (S. 202-206) – Soweit die lehrreichen Auszüge aus dem Buch von Nizer.

Henry Morgenthau junior (11. Mai 1891 in Poughkeepsie, New York; † 6. Februar 1967 in New York City).*

Der Morgenthau-Plan: Deindustrialisierung und Agrarisierung Deutschlands

Den größten Ruhm als Nachkriegsplaner für Deutschland erwarb sich Henry Morgenthau jun., von 1934 bis 1945 Finanzminister von US-Präsident Roosevelt und Schlüsselfigur seines „New Deal". Am 15. September 1944 stimmten Roosevelt und Churchill auf der zweiten Quebec-Konferenz dem Plan zu. Der „Morgenthau-Plan" enthielt folgende wesentliche Punkte:

- Demilitarisierung Deutschlands.
- Aufteilung Ostpreußens zwischen der Sowjetunion und Polen. Polen soll Schlesien erhalten, Frankreich das Saarland und einige linksrheinische Gebiete zwischen Rhein und Mosel.
- Teilung Deutschlands in zwei unabhängige Staaten im Norden und Süden, Zollunion zwischen dem Süden und Österreich.
- vollständige Demontage der Industrie im Ruhrgebiet einschließlich des Rheinlandes. Verbot der Reindustrialisierung auf absehbare Zeit.
- Entschädigungen und Reparationen.
- Entnazifizierung von Schulen, Universitäten, Zeitungen, Rundfunk, Schließung und Neuaufbau durch eine alliierte Erziehungskommission.
- politische Dezentralisierung (Föderalisierung).
- Kontrolle der Wirtschaft durch die UNO.
- Zerschlagung des Großgrundbesitzes, Verteilung an die Bauern.
- Bestrafung von Kriegsverbrechen.

Die wesentlichen Vorschläge des Morgenthau-Planes flossen in die Direktive „Joint Chief of Staff 1067" vom Mai 1945 ein, so daß die Forderungen des Planes zumindest teilweise von der amerikanischen Militärregierung und nach ihrem Vorbild auch von den anderen Besatzungsmächten verwirklicht wurden. Diese Direktive wurde am 17. Oktober 1945 veröffentlicht und blieb bis zum 14. Juli 1947 in Kraft. Als Morgenthau am 6. Februar 1967 verstorben war, urteilte der *Spiegel* in seinem Nachruf auf den „Enkel eines jüdischen Zigarrenhändlers aus Mannheim": *„Er wollte das schöne Deutschland verderben, seine Gruben schließen und seine Hochöfen löschen, seine Junker enteignen und seine Nazis erschießen – ohne Urteil. Das Dichtervolk sollte Rüben ziehen und Rindvieh züchten – ohne Gnade."*[191]

Andere antideutsche Stimmen

Der Chor antideutscher Stimmen war seinerzeit sehr groß. Zu ihnen gehörte in Großbritannien vor allem Lord Robert Vansittart, von dem der auf die Deutschen bezogene Ausdruck „kollektive Schuld" geprägt wurde. Sein radikaler Deutschenhaß und seine ablehnende Haltung gegen „Beschwichtiger" führten dazu, daß er zum „außenpolitischen Berater" Churchills befördert wurde. Vansittart benutzte das Oberhaus als Plattform, um ein hartes Durchgreifen gegen Deutschland nach Kriegsende zu fordern. Seine Ansichten waren so extrem, daß einige Spielarten des Deutschenhasses „Vansittarismus" genannt wurden. Im Januar 1941 eröffnete Vansittart eine Reihe britischer Rundfunkansprachen, in denen er die Deutschen kollektiv als Räuber, Betrüger, Barbaren, Kriegsliebende, Feinde der Menschlichkeit, des Liberalismus und der christlichen Zivilisation gebrandmarkt hatte. Hier einige Beispiele: *„Nun, durch Winkelzüge und Gaunerei – besonders Gaunerei – brachte es der* (deutsche) *Raubwürger vor 1914 auf drei Kriege (1864, 1866 und 1870).*[192]

---

191 *Spiegel*, Nr. 8, 13. 2. 1967, S. 91; Nawratil, S. 126; *Der Große Wendig*, Band 3, S. 741-744

192 Der Krieg von 1864 war ein gemeinsamer Krieg Preußens und Österreichs gegen Dänemark, um die überwiegend deutsch besiedelten Herzogtümer Schleswig und Holstein für Deutschland zu sichern. Der Krieg von 1866 entstand aus eben dieser Sache und war ein Bruderkrieg zwischen Deutschen, in dem die süddeutschen Staaten sowohl als auch Hannover, Hessen und Nassau auf Seiten Österreichs gegen Preußen standen. Beide Kriege wurden um Deutschlands Einigung willen geführt, die vom Volk, durch die Napoleonischen Kriege zu Beginn des Jahrhunderts angefeuert, heiß ersehnt wurde. Der deutsch-französische Krieg von 1870 ist von den Franzosen provoziert worden. 1905 zwang Deutschland Frankreich, sein Abkommen mit England über Marokko zu revidieren. Lutz, S. 7 ff.

Jeder dieser Kriege war vom Raubwürger sorgfältig geplant und provoziert. Dann, 1905, brachte er es beinahe zu einem weiteren Krieg ... 1911 rutschte er wiederum knapp an einem Krieg vorbei, doch 1914 landete der Raubwürger glatt seinen vierten Krieg ... Und so erlebte Europa fünf Kriege in fünfundsiebzig Jahren! ... Und an Hitler ist da nichts Neues. ... Er ist das natürliche und fortlaufende Erzeugnis einer Brut, die seit dem Anbruch der Geschichte räuberisch und kriegslüstern gewesen ist." Über den deutschen Volkscharakter erklärte Vansittart: *„Gewalt und Betrug, Betrug und Gewalt: das ist das alte deutsche Evangelium. ... Die Deutschen haben nie ein Wort verpfändet, ohne es zu brechen, haben keinen Vertrag geschlossen, ohne ihn zu schänden, berührten kein internationales Treuegesetz, ohne es zu besudeln. Seit Generationen haben sie jegliches Vertrauen unter den Menschen zerstört.*" Im Jahr 1943 behauptete Vansittart, daß 75 Prozent der Deutschen 75 Jahre lang *„erpicht waren auf jeglichen Überfall auf ihre Nachbarn*". Am 10. März 1943 sagte Vansittart während einer Debatte über das Nachkriegsdeutschland im Oberhaus: *„Ich möchte Deutschland nicht zerstören. Ich möchte Deutschland nur als militärische Macht zerstören; und außerdem möchte ich allen deutschen Ambitionen, Intrigen und Bemühungen, die wirtschaftliche Vormachtstellung in Europa zu erlangen, ein für alle Mal ein Ende setzen...*"[193]

1945 erließ er in englischer und französischer Sprache eine eindringliche Warnung: *„Die Deutschen sind ihrem Wesen nach falsch. ... Es steckt nichts moralisch Gesundes in ihnen. Vergeßt daher nie, daß eine deutsche Verpflichtung oder Zusage den allergeringsten Wert hat; sie sind im Gegenteil Fallstricke.*" Diese Rundfunkansprachen wurden durch die britische Presse weithin verbreitet und später *„auf sehr zahlreiche Bitten hin*" als Flugschrift gedruckt, von der innerhalb eines Jahres 500.000 verkauft wurden.[194]

Als weiteres Beispiel sei die Rundfunkbotschaft des britischen Feldmarschalls Bernard Montgomery vom 10. Juni 1945 erwähnt. *The London Times* druckte sie am 11. Juni mit großer Überschrift ab: *„Warum die Deutschen gemieden werden. Der Preis der Schuld.*" Der Feldmarschall begann

193 Grayling, S. 190 f.; Nawratil, S. 121
194 Lutz, S. 3 ff.

mit dem Krieg von 1914, *„der von Euren Führern gestartet wurde"*, und er erklärte, im Vertrag von Versailles *„gaben Eure Führer zu, daß Deutschland für den Krieg verantwortlich war"*. Diese Rundfunkansprache wurde in ganz Deutschland verbreitet, aber die Deutschen betrachteten damals diese Behauptungen als *„alte abgedroschene Lüge"*. Sein Waffengefährte, General George C. Marschall, charakterisierte in einem offiziellen Bericht vom 1. Juli 1943 Deutschland als *„verbrecherische Nation"*.[195]

Neben Kaufman, Hemingway, Hooton, Nizer, Morgenthau & Co. gab es auch auf östlicher Seite eine Reihe Vernichtungs- und Umerziehungsplaner sowie Haßpropagandisten. Bereits seit 1942 ergingen die Mordaufrufe des jüdisch-sowjetischen Propagandisten Ilja Ehrenburg: *„Es gibt nichts, was an den Deutschen unschuldig ist, die Lebenden nicht und die Ungeborenen nicht! ... Zerstampft für immer das faschistische Tier in seiner Höhle! ... Brecht mit Gewalt den Rassenhochmut der germanischen Frauen! Nehmt sie als rechtmäßige Beute! Tötet, ihr tapferen, vorwärtsstürmenden Rotarmisten, tötet! ... Wir wollen nicht reden, wir wollen uns nicht entrüsten. Wir wollen töten. Wenn Du nicht im Laufe eines Tages wenigstens einen Deutschen getötet hast, ist Dein Tag verloren. Wenn Du einen Deutschen getötet hast, so töte einen zweiten. Es gibt nichts Schöneres für uns als deutsche Leichen. ... Zähle nicht die Kilometer. Zähle nur eines: Die von Dir getöteten Deutschen!"* Die „historische Mission" der Sowjetarmee *„besteht bescheiden und ehrenwert darin, die Bevölkerung von Deutschland zu vermindern"*, schrieb Ehrenburg in einem Leitartikel am 3. Februar 1945.[196]

Der sowjet-russische Oberkommandierende, Marschall Schukow, erließ im Januar 1945 bei Beginn der Offensive der Roten Armee auf das Reichsgebiet einen Aufruf an seine Truppen, in dem es unter anderem heißt: *„Die Zeit ist gekommen, mit den deutsch-faschistischen Halunken abzurechnen. Groß und brennend ist unser Haß. Wir haben die Qual und das Leid nicht vergessen, welche von den Hitlerschen Menschenfressern unserem Volke zugefügt wurde. Wir haben unsere niedergebrannten Städte und Dörfer nicht vergessen.*

195 Lutz, Geleitwort, S. XXIX

196 „Die Massaker der Roten Armee und der Untergang Preußens", in: *Focus*, 7/2005, 14. 2. 2005, S. 76

Wir gedenken unserer Brüder und Schwestern, unserer Mütter und Väter, unserer Frauen und Kinder, die von den Deutschen zu Tode gequält wurden. Wir werden uns rächen für die in den Teufelsöfen Verbrannten, für die in den Gaskammern Erstickten, für die Erschossenen und Gemarterten. Wir werden uns grausam rächen für alles." Schukow hatte im Jahre 1956 in einem Vortrag vor den Kadetten der „Frunse-Akademie" Ehrenburgs Greuel-Propaganda für die Übergriffe, Greueltaten und Vergewaltigungen verantwortlich gemacht, die von den Rotarmisten in den von ihnen eroberten und besetzten Ländern Ostmitteleuropas und Südosteuropas begangen worden waren. Er erwähnte auch das „bedauerliche" Flugblatt Ehrenburgs, in dem die Sowjetsoldaten aufgefordert wurden, Rache zu nehmen an den Deutschen und nicht einmal das Kind im Mutterleib zu schonen. Der Marschall suchte anscheinend auch eine Art Entschuldigung für seinen eigenen, oben angeführten Mordbefehl vorzubringen, der im Text stellenweise den Mordaufrufen Ehrenburgs ähnelt und damit die Verantwortung für die unmenschlichen Greueltaten der Roten Armee auf Ehrenburg abzuwälzen. Noch am 3. März 1945 sah der Chefpropagandist Stalins in einem Leitartikel die *„bescheidene und ehrenwerte"* Hauptaufgabe der *„historischen Mission"* der Sowjetarmee darin, *„die Bevölkerung Deutschlands zu vermindern"*.[197]

197 Franz-Willing, S. 211-212; „Die Massaker der Roten Armee und der Untergang Preußens", in: *Focus* Nr. 7/2005, 14. 2. 2005, S. 76

14. Ein jüdischer Insider zu den Kriegsursachen

Um die Ursachen der europäischen Katastrophe besser verstehen zu können, ist es notwendig, einen Blick auf die Rolle der Vereinigten Staaten und des zionistischen Judentums im und nach dem Ersten Weltkrieg zu werfen. Hierzu hat Benjamin Freedman (Friedman), ein intimer Kenner der anglo-amerikanischen und zionistischen Politik, in einer Rede 1961 Stellung genommen. Benjamin H. Freedman wurde 1890 in den USA als Sohn jüdischer Eltern geboren. Er war sowohl ein erfolgreicher Geschäftsmann als auch ein absoluter Insider der US-Politik sowie verschiedener jüdischer Organisationen. Zu seinen persönlichen Freunden zählten Leute wie Bernard Baruch, Samuel Untermyer, Woodrow Wilson, Franklin Roosevelt, Joseph Kennedy und viele andere einflußreiche Persönlichkeiten jener Zeit. Freed-

Der jüdische anti-zionistische Aktivist Benjamin Harrison Freedman, auch Friedman (5. Oktober 1890 in Manhattan, New York City; † April/Mai 1984) – auf dem Bild dritter von links – mit dem an ihn verliehenen Preis der „Anti-Communist Federation of Polish Freedom Fighters" in Salem, Massachusetts, im Jahr 1972; links außen seine Ehefrau Rose Schoendorf.*

man war Vertrauensmann von Henry Morgenthau, dem Vorsitzenden des Finanzausschusses. Er war in allen Sitzungen anwesend, als Präsident Wilson mit den Ideen der zionistischen Bewegung indoktriniert wurde. Freedman nahm auch an der Versailler Konferenz teil.

Nach dem Zweiten Weltkrieg brach Freedman mit dem Judentum und verbrachte den Rest seines Lebens damit, die Amerikaner vor dem übermäßigen Einfluß jüdischer Lobbyisten zu warnen. Er starb 1984. Obwohl Freedmans Rede bereits 1961 gehalten wurde, hat sie keineswegs an Aktualität verloren. Ganz im Gegenteil: Amerikas Nahostpolitik ist heute fester denn je im Würgegriff jüdischer, pro-israelischer Hintergrundmächte. Dies wird nun auch von völlig unverdächtiger Seite, nämlich von zwei renommierten Wissenschaftlern der Harvard University, bestätigt. John Mearsheimer und Stephen Walt weisen in ihrer Studie „The Israel Lobby and U.S. Foreign Policy"[198] nach, daß die Nahostpolitik der USA nicht etwa amerikanische Interessen vertritt, sondern in erster Linie israelische. Als wichtiges zeithistorisches Dokument wird nachfolgend die Rede von Benjamin H. Freedman auszugsweise wiedergegeben.

Hier in den Vereinigten Staaten kontrollieren Juden und Zionisten (genauer: Khasaren)[199] alle Bereiche unserer Regierung. Sie herrschen in

198 John Mearsheimer und Stephen Walt: *The Israel Lobby and U.S. Foreign Policy*; Harvard University, Kennedy School of Government, Faculty Research Working Papers Series, RWP06-0, 11. März 2006, http://www.lrb.co.uk/v28/n06/mear01_.html

199 *„Die Khasaren waren ein kriegerischer Stamm, der in einem Gebiet in Zentralasien lebte. Sie waren so kriegslüstern, das sie letztendlich in Richtung Osteuropa* (in die Region nördlich des Kaukasus) *vertrieben wurden. Dort gründeten sie ein Königreich von einer Größe von 800.000 Quadratmeilen. Der König der Khasaren war von der verkommenen Lebensweise seines Volkes so angewidert, daß er entschied, sein Volk müsse einen monotheistischen Glauben annehmen. Durch ein Los wurde zwischen dem Christentum, dem Islam und dem Judentum entschieden. Das Los fiel auf das Judentum, und so wurde der Judaismus die Staatsreligion der Khasaren. Der König der Khasaren holte Tausende von jüdischen Religionsgelehrten von den Talmudschulen aus Pumbedita und Sura in sein Reich. Synagogen und Schulen wurden gegründet, und sein Volk wurde zu dem, was wir heute Juden nennen. Doch kein einziger Khasare hatte auch nur mit einer Zehenspitze das Heilige Land jemals betreten. Die Ostjuden* (Aschkenasim) *sind einst heidnische Khasaren, die zum Judentum konvertierten, wie die Iren, die zum Christentum konvertierten."* Entnommen aus dem Redetext von Benjamin Freedmann.

den USA, als wären sie die absoluten Monarchen dieses Landes. Der Erste Weltkrieg brach im Sommer 1914 aus. Innerhalb von zwei Jahren gewann Deutschland diesen Krieg nicht nur nominell, sondern tatsächlich. Die bis dahin unbekannten deutschen U-Boote vernichteten so gut wie alle alliierten Kriegsschiffe auf dem Atlantik. Großbritanniens Munition und Lebensmittel gingen zur Neige. Der Nachschub reichte gerade mal für eine Woche, danach drohte eine Hungersnot. Zur gleichen Zeit meuterte die französische Armee; sie hatten 600.000 blühende junge Leben bei der Verteidigung von Verdun verloren. Die russische Armee zog sich fluchtartig zurück. Die Russen legten ihre Waffen nieder und gingen nach Hause; sie wollten nicht mehr Krieg spielen. Auch die italienische Armee kollabierte. In Deutschland fiel bis dahin kein einziger Schuß, und kein einziger Kriegsgegner hatte deutschen Boden betreten.

Dennoch bot Deutschland England den Frieden an. Einen Frieden auf der Grundlage des „status quo ante", was so viel bedeutet wie: *„Laßt uns den Krieg beenden, und alles soll so sein wie vor dem Krieg."* England zog dies im Sommer 1916 ernsthaft in Erwägung. Die Engländer hatten keine andere Wahl. Sie konnten entweder das großzügige Friedensangebot Deutschlands annehmen oder den Krieg bis zur vollständigen Niederlage fortführen. Doch dann wandten sich deutsche Zionisten an das britische Kriegsministerium und sagten: *„Seht her, ihr könnt diesen Krieg doch noch gewinnen, ihr dürft nicht aufgeben. Ihr braucht auf das deutsche Friedensangebot nicht einzugehen. Wenn die USA als eure Verbündeten in den Krieg eintreten, könnt ihr diesen Krieg gewinnen."* Außerdem sagten die Zionisten zu England: *„Wir bringen die USA als euren Verbündeten in den Krieg, wenn ihr uns versprecht, daß wir nach dem Krieg Palästina bekommen."* England hatte das gleiche Recht, irgend jemandem Palästina zu versprechen wie Amerika das Recht hätte, den Iren – aus welchen Gründen auch immer – Japan zu versprechen. Es war absolut absurd, daß Großbritannien, das keine Interessen und auch keine Verbindungen zu Palästina hatte, dieses Land als Gegenleistung für den

Kriegseintritt der USA anbot (Palästina gehörte damals dem Osmanischen Reich). Dennoch gaben sie den Zionisten dieses Versprechen im Oktober 1916. Kurz darauf traten die USA, die bis dahin fast vollständig pro-deutsch waren, als Verbündete Großbritanniens in den Krieg ein. Auch die amerikanischen Juden waren pro-deutsch, weil viele von ihnen aus Deutschland stammten. Sie wollten, daß Deutschland den Zaren besiegt. Die Juden haßten den Zaren, sie wollten nicht, daß Rußland den Krieg gewinnt. Jüdische Bankiers wie Kuhn-Loeb und andere Großbanken weigerten sich, England und Frankreich auch nur mit einem Dollar zu unterstützen. Aber sie pumpten Geld nach Deutschland, denn sie wollten, daß Deutschland den Krieg gewinnt und daß das zaristische Regime untergeht. Doch diese gleichen Juden ließen sich plötzlich auf einen Handel mit England ein, als sie die Möglichkeit sahen, Palästina zu bekommen. Auf einmal veränderte sich in den USA alles, wie eine Ampel, die von Rot auf Grün schaltet. Alle Zeitungen, die bis eben noch pro-deutsch waren, schwenkten um. Es wurde plötzlich behauptet, die Deutschen seien böse, sie seien Hunnen, Barbaren usw. Die Deutschen würden Rot-Kreuz-Schwestern erschießen und kleinen Babys die Hände abhacken. Nun telegrafierten die Zionisten aus London an ihren Gewährsmann in den USA, Richter Louis Brandeis: *„Wir bekommen von England was wir wollen. Bearbeiten sie Präsident Wilson! Bringen sie Präsident Wilson dazu, in den Krieg einzutreten!"*[200] Auf diese Weise traten die USA in den Krieg ein.

Doch es gab absolut keinen Grund, diesen Krieg zu unserem zu machen. Wir wurden hineingetrieben, nur damit die Zionisten ihr Palästina bekommen. Das ist etwas, was den Bürgern dieses Landes noch nicht erzählt wurde. Sie wissen bis heute nicht, warum wir in den Ersten Weltkrieg eingetreten sind. Nach dem Kriegseintritt der USA (Kriegserklärung am 6. April 1917) gingen die Zionisten nach London und

---

200 Brandeis war einer der Wortführer des amerikanischen Zionismus. Er wurde 1916 von US-Präsident Wilson zum Richter am Obersten Gerichtshof ernannt und blieb bis 1939 im Amt.

sagten: *„Wir haben unseren Teil der Abmachung erfüllt, jetzt seid ihr dran. Wir sollten schriftlich festhalten, daß uns Palästina zusteht, falls ihr den Krieg gewinnt.“* Die Zionisten wußten ja nicht, ob der Krieg noch ein, zwei oder zehn Jahre dauern würde. Deshalb wollten sie ihre Abmachung mit der englischen Regierung schriftlich festhalten. Das Schriftstück wurde in Form eines Briefes verfaßt, der verschlüsselt formuliert wurde, so daß die Allgemeinheit nicht genau wissen konnte, was dahintersteckt. Dieses Schriftstück ist heute als Balfour-Erklärung bekannt. Die Balfour-Erklärung vom 2. November 1917[201] war Englands Versprechen an die Zionisten, daß sie als Gegenleistung für den von ihnen herbeigeführten Kriegseintritt der USA Palästina erhalten würden. Der Kriegseintritt der USA führte bekanntlich zur Niederlage Deutschlands. Auf der Versailler Friedenskonferenz nahm auch eine Delegation von insgesamt 117 Juden teil, welche von Bernard Baruch angeführt wurde. Als man auf dieser Konferenz gerade dabei war, Deutschland zu zerstückeln und Europa neu aufzuteilen, sagten die Juden: *„Wir wollen Palästina für uns.“* Um ihrer Forderung Nachdruck zu verleihen, zeigten sie den Teilnehmern die Balfour-Erklärung. Die Deutschen erfuhren erst hier in Versailles von der Abmachung zwischen den Zionisten und den Engländern.

Die Deutschen erkannten, daß sie den Krieg nur deshalb verloren hatten, weil die Zionisten Palästina um jeden Preis für sich haben wollten. Zu allem Überfluß wurden die Deutschen auch noch mit irrsinnigen Reparationsforderungen konfrontiert. Als sie diese Zusammenhänge erkann-

---

201 Der Hinweis auf die Balfour-Erklärung wird nicht selten als Teil einer „rechten Verschwörungstheorie“ abgetan. Es sei deshalb an dieser Stelle darauf hingewiesen, daß in der Unabhängigkeitserklärung des Staates Israel vom 14. Mai. 1948 auf die Balfour-Erklärung explizit Bezug genommen wird. Nahum Goldmann, der Vorsitzende des Jüdischen Weltkongresses von seiner Gründung 1938 bis 1977, äußerte sich in diesem Zusammenhang wie folgt: *„Zwei Kriege waren nötig, um Israel zu gründen. Der erste, um England zur Proklamation der Balfour-Deklaration zu veranlassen, der zweite, um die Vereinten Nationen zu dem Beschluß der Schaffung eines jüdischen Staates in einem Teil von Palästina zu bringen.“* Nahum Goldmann: *Israel muß umdenken*, S. 15

Sie halfen bei der Verwirklichung der zionistischen Träume:

Louis Dembitz Brandeis (13. November 1856 in Louisville, Kentucky; † 5. Oktober 1941 in Washington D.C.).*

Der jüdische Finanzier, Börsenspekulant, Politikberater und „Philanthrop" Bernard Mannes Baruch (19. August 1870 in Camden, South Carolina; † 20. Juni 1965 in New York).*

Der Konservative Arthur James Balfour, 1. Earl of Balfour (25. Juli 1848 in Whittingehame, East Lothian † 19. März 1930 in Fisher's Hill, Surrey) bekleidete während des Ersten Weltkriegs 1915/1916 als Nachfolger Churchills das Amt des Ersten Lords der Admiralität (Marineminister).*

Nachum Sokolow (10. Januar 1859 in Wyszogród bei Plozk, Russisches Kaiserreich; † 17. Mai 1936 in London) war von 1931 bis 1935 Präsident der Zionistischen Weltorganisation.*

ten, nahmen sie es den Juden verständlicherweise sehr übel. Bis dahin ging es den Juden in keinem Land der Welt besser als in Deutschland. Es gab Walter Rathenau, der im Wirtschaftsleben Deutschlands sicherlich genauso einflußreich war wie Bernard Baruch in den USA. Es gab Albert Balin, Besitzer der großen Reedereien Norddeutscher Lloyd und Hamburg-Amerika-Linie. Es gab Gerson Bleichröder, der damals Bankier der Hohenzollern war. In Hamburg saßen die Warburgs, eine der einflußreichsten Bankiersfamilien der Welt. Keine Frage, den Juden ging es damals sehr gut in Deutschland. Doch die Deutschen empfanden es als einen schändlichen Verrat, daß die Juden hinter ihrem Rücken dafür sorgten, daß die USA gegen Deutschland in den Krieg eintraten. Die Deutschen waren bis dahin den Juden gegenüber sehr tolerant. Als 1905 die erste kommunistische Revolution in Rußland scheiterte und die Juden aus Rußland fliehen mußten, gingen sie alle nach Deutschland. Deutschland bot ihnen allen eine sichere Zuflucht. Sie wurden sehr gut behandelt. Doch sie haben Deutschland verraten und verkauft, und zwar aus einem einzigen Grund: Sie wollten Palästina als ihre Heimstätte haben.

Kurz nach Ende des Ersten Weltkrieges räumte der Zionistenführer Nachum Sokolow[202] ein, daß der Antisemitismus in Deutschland da-

---

202 Nachum Sokolow (1859-1936) war Präsident der Zionistischen Weltorganisation und hebräischer Schriftsteller. Bei Ausbruch des Ersten Weltkriegs hatte er Deutschland verlassen und kam schließlich nach London. Nach Gesprächen mit Chaim Weizmann und Sokolow erklärte 1917 der britische Außenminister Balfour in der Balfour-Deklaration die grundsätzliche Zustimmung Großbritanniens zur Errichtung einer „nationalen Heimstätte" des jüdischen Volkes in Palästina. Sokolow gelang es, bei den Regierungen Frankreichs und Italiens die Zustimmung zur Balfour-Deklaration zu erlangen. Sokolow hat auch wiederholt mit dem Vatikan verhandelt und wurde 1917 von Papst Benedikt XV. empfangen, dem er die Ziele der zionistischen Bewegung ausführlich erklären konnte. Während der Friedensverhandlungen wurde Sokolow Präsident des Comité des Délégations Juives und wirkte bei der Anerkennung der jüdischen Minderheitsrechte in den verschiedenen Friedensverträgen mit. Zustimmungsbekundungen vieler Regierungen (Polen, Rumänien, Südafrika, sogar des US-amerikanischen Parlaments) zur Gründung der jüdischen Heimstätte in Palästina sind direkt auf Sokolows Wirken zurückzuführen.

her rührte, daß die Juden den Kriegseintritt der USA herbeiführten, was letztendlich zur Niederlage Deutschlands führte. Auch viele andere Zionisten gaben dies offen zu. Von 1919 bis 1923 schrieben sie es für jedermann nachlesbar immer wieder in ihren Zeitungen. Es gab keine Anfeindungen, nur weil die Juden einen anderen Glauben hatten. Damals interessierte sich in Deutschland niemand dafür, ob ein Jude abends nach Hause ging und *„Shema Yisroel!"* (dt., *„Höre Israel!"*) oder das *„Vaterunser"* betete – nicht mehr und nicht weniger als hier in den USA. Der Antisemitismus, der später hochkam, war einzig und alleine darauf zurückzuführen, daß die Deutschen den Juden die Schuld für den verlorenen Krieg gaben.

Die Deutschen waren nicht Schuld am Ausbruch des Ersten Weltkrieges. Ihre einzige Schuld war es, erfolgreich zu sein. Sie bauten ihre Marine aus. Sie bauten ihre Handelsbeziehungen mit der ganzen Welt aus. Sie müssen wissen, daß Deutschland noch zu Zeiten der Französischen Revolution aus über 300 Stadtstaaten, Grafschaften, Fürstentümern usw. bestand. Von der Zeit Napoleons bis zu der Zeit, als Bismarck Kanzler war, also in nur 50 Jahren, wurde Deutschland zu einem einzigen Staat und zu einer der wichtigsten Weltmächte. Die deutsche Marine wurde fast so mächtig wie die britische. Die Deutschen unterhielten Handelsbeziehungen mit der ganzen Welt. Sie waren in der Lage, qualitativ hochwertige Produkte zu absolut konkurrenzlosen Preisen anzubieten. Aus diesem Grund verschworen sich England, Frankreich und Rußland gegen Deutschland. Sie wollten Deutschland zerschlagen. Es gibt heute keinen Historiker, der einen anderen nachvollziehbaren Grund benennen könnte, warum diese drei Länder sonst beschlossen hätten, Deutschland von der politischen Landkarte zu tilgen.

Im Winter 1918/1919 versuchten die Kommunisten, die Macht in Deutschland an sich zu reißen. Rosa Luxemburg, Karl Liebknecht und eine Gruppe weiterer Juden übernahmen für kurze Zeit die Regierung. Der Kaiser floh nach Holland, weil er befürchtete, ihm würde das gleiche Schicksal widerfahren wie kurz zuvor dem russischen Zaren. Damals hatte Deutschland ca. 80 Millionen Einwohner, davon waren gerade mal 460.000 Juden. Obwohl der Bevölkerungsanteil der Juden bei gerade mal einem halben Prozent lag, beherrschten sie die Presse, das Finanzwesen und große Teile der Wirtschaft. Als Antwort auf den Versuch der Deutschen, den ungeheuren Einfluß der Juden in Kultur, Wirtschaft, Finanzwesen und Presse einzudämmen, organisierte das Weltjudentum im Juli 1933 eine Konferenz in Amsterdam. Hier stellten sie Deutschland ein Ultimatum, in welchem sie verlangten, Hitler müsse als Reichskanzler abgesetzt werden.

Die Antwort der Deutschen auf dieses Ultimatum können Sie sich vorstellen. Nach Beendigung der Konferenz hielt der Leiter der amerikanischen Delegation, Samuel Untermyer, eine Rede, die in den gesamten USA über den Radiosender CBS ausgestrahlt wurde. Er sagte: *„Die Juden der Welt erklären Deutschland den Krieg. Wir befinden uns in einem Heiligen Krieg gegen Deutschland. Wir rufen zu einem weltweiten Boykott gegen Deutschland auf. Dies wird sie vernichten, denn sie sind von ihrem Außenhandel abhängig.“*[203] Dazu muß man wissen, daß Deutschland damals zwei Drittel seines Lebensmittelbedarfs importieren mußte. Und es konnte nur importiert werden, wenn im Gegenzug etwas anderes exportiert wurde. Wenn Deutschland nichts exportieren konnte, mußten zwei Drittel der deutschen Bevölkerung Hunger leiden. In dieser Erklärung, sie wurde in der *New York Times* vom 7. August 1933 veröffentlicht, gab Samuel Untermyer bekannt, daß dieser Boykott Amerikas Mittel der Selbstverteidigung sei. Präsident Roosevelt hat dem Boykott im Rahmen der National Recovery Administration offiziell zugestimmt. Obwohl der Oberste Gerichtshof diesen Boykott gegen Deutschland für verfassungswidrig erklärte, hielten die Juden daran fest.

---

203 Mehr zur Rede von Samuel Untermyer später. Bereits am 24. März 1933 veröffentliche die britische Zeitung *Daily Express* die sogenannte „Jüdische Kriegserklärung“ an Deutschland.

Der Handelsboykott gegen deutsche Produkte war so effektiv, daß sie in Kaufhäusern keinen einzigen Artikel mit dem Aufdruck „Made in Germany" mehr finden konnten. Ein Mitarbeiter von Woolworth erzählte mir, daß Geschirr im Wert von mehreren Millionen Dollar weggeworfen werden mußte, weil sonst ihr Kaufhaus boykottiert worden wäre. Falls ein Kunde einen Artikel aus Deutschland fand, gab es umgehend Demonstrationen und Sit-Ins vor den Geschäften mit Transparenten, auf denen „Nazis" oder „Mörder" stand. In einem Laden der R. H. Macy-Kette, deren Eigentümer die jüdische Familie Strauß war, fand eine Kundin Damenstrümpfe aus Chemnitz, die dort seit gut 20 Jahren verkauft wurden. Ich selbst sah die Demonstration vor Macy. Es waren Hunderte von Leuten mit Schildern wie „Mörder" und „Nazis". Bis dahin wurde keinem Juden in Deutschland auch nur ein Haar gekrümmt. Die Juden hatten nichts zu erleiden, mußten nicht hungern, wurden nicht angegriffen oder umgebracht. Doch natürlich fragten sich die Deutschen: *„Wer sind diese Leute, die unser Land boykottieren, unsere Menschen in die Arbeitslosigkeit stürzen und unsere Wirtschaft zum Erliegen bringen?"*
Natürlich nahmen sie es den Juden übel.

Als Reaktion auf den von den Juden organisierten internationalen Handelsboykott wurden nun in Deutschland jüdische Geschäfte boykottiert. Warum sollte ein Deutscher sein Geld in ein Geschäft bringen, dessen Besitzer einen Boykott gegen Deutschland unterstützt und mit dafür verantwortlich ist, daß das deutsche Volk hungern muß? Die Vorstellung, daß die Juden den Deutschen vorschreiben wollten, wen sie zu ihrem Kanzler zu wählen haben, war einfach lächerlich. Erst 1938, als ein junger polnischer Jude (Herschel Grynszpan) in Paris einen deutschen Konsularbeamten (Ernst vom Rath) erschoß, wurde die Lage für die Juden in Deutschland ernst. In der „Reichskristallnacht" wurden Schaufensterscheiben eingeschlagen, und es gab erste Tätlichkeiten gegen Juden. Die Ursache für den aufkeimenden Antisemitismus der Deutschen liegt darin begründet, daß sie die Juden verantwortlich machten für: Erstens, den Ersten Weltkrieg, zweitens, den weltweiten Boykott deutscher Waren und drittens, für den sich abzeichnenden Zweiten Weltkrieg. Denn so wie die Dinge standen, war es unvermeidlich, daß es zu einer ernsten Auseinandersetzung zwischen dem Weltjudentum und Deutschland kommen würde. Im November 1933 haben die USA die Sowjetunion anerkannt. Die Sowjetunion wurde sehr mächtig. Die Deutschen erkannten, daß sie von der Sowjetunion ernsthaft bedroht waren, falls sie nicht ebenfalls aufrüsten würden. Aus diesem Grund hat Deutschland damals wieder aufgerüstet. Heute gibt die Regierung der USA 83 bis 84 Milliarden Dollar pro Jahr für Verteidigung aus. Verteidigung gegen wen? Es ist die Verteidigung gegen die etwa 40.000 Juden, die erst in Rußland die Macht an sich gerissen hatten und nachher mit List und Tücke in vielen anderen Staaten der Welt ähnlich verfahren sind.

Wir befinden uns an der Schwelle zum Dritten Weltkrieg. Diesen Krieg kann niemand gewinnen. Wenn wir heute einen Krieg vom Zaun brechen, könnte daraus sehr schnell ein Atomkrieg werden. Dieser Fall wird eintreten, wenn der dritte Akt dieses Schauspiels beginnt. Akt 1 war der Erste Weltkrieg, Akt 2 der Zweite Weltkrieg, Akt 3 wird der Dritte Weltkrieg sein. Die Juden dieser Welt sind fest entschlossen, die USA abermals dazu zu bringen, für Israel in den Krieg zu ziehen. Wie sollten wir uns verhalten? Sie könnten das Leben Ihres eigenen Sohnes retten. Ihre Jungs könnten noch heute Nacht in diesen Krieg geschickt werden. Über die Hintergründe wissen viele heute genauso wenig wie damals, 1916 als die Zionisten mit dem britischen Kriegsministerium eine geheime Abmachung trafen, die Söhne Amerikas nach Europa in den Krieg zu schicken. Kein Mensch wußte etwas über diese Abmachung. Wer wußte Bescheid? Präsident Wilson wußte es. Colonel House wußte es. Einige andere Eingeweihte wußten es. Habe ich es gewußt? Ich hatte eine ziemlich gute Ahnung davon, was da vor sich ging. Ich war in all den Sitzungen anwesend, als sie Präsident Wilson mit den Ideen der zionistischen Bewegung indoktrinierten. Präsident

Woodrow Wilson war so inkompetent wie ein neugeborenes Baby, er hatte keine Ahnung, was vor sich ging. Und so trieben die Zionisten die USA in den Ersten Weltkrieg, während wir alle schliefen. Sie schickten unsere Jungs als Kanonenfutter nach Europa. Warum? Nur damit die Juden Palästina als ihre Heimstätte bekommen konnten. Sie haben Euch so sehr zum Narren gehalten, daß Ihr nicht mehr wißt, ob Ihr gerade kommt oder gerade geht!

Soweit der gekürzte Redetext von Benjamin Freedman.[204]

Jüdische Boykotthetze gegen Deutschland im Rahmen der alt-bekannten Heuchelei: „Um der Humanität willen – Kauft keine deutsche Waren! Vereinigung der jüdischen Kriegsveteranen der USA."

204 Der ganze Redetext ist unter: www.lichtinsdunkel.blogspot.de veröffentlicht. Die Rede ist auch unter www.youtube.com/watch?v=LtIHlhsdMHY im Original (deutsche Übersetzung) zu hören.

Boykott eines (jüdischen) Woolworth-Geschäftes in den USA, in dem noch deutsche Waren gefunden worden sind.

Jews Condemn Hitler Party Actions

JUDEA DECLARES WAR ON GERMANY

BOYCOTT ALL GERMAN GOODS

GY 5

Notices and posters condemning the brutal excesses of Hitlerite Nazis on German Jews are being prominently displayed by the Jews of East London. The automobile in the photograph is about to tour the city with the vigorous protest shown being fixed to the top.

Rangers Within One Game of Taking Stanley Cup Home

SPORTS Forward Pass in All Zones Amateur Hockey SPORTS

Leafs Outshot When Patrick's Men Take Convincing 3-1 Win

BASEBALL

Hollywood Gossip

Closer, cleaner, more comfortable shaves

Palmolive Shave Cream

ZIG-ZAG

ANSWER

WRIGLEYS

Boykotthetze im Anzeigenteil einer US-amerikanischen Zeitung.

Am 3. September 1939 erklärten Großbritannien und Frankreich dem Deutschen Reich den Krieg, obwohl sie in keiner Weise von Deutschland bedroht worden waren. Im Rundfunk machte Winston Churchill deutlich: *„Dieser Krieg ist ein englischer Krieg, und sein Ziel ist die Vernichtung Deutschlands.“* Die Tageszeitung *Daily Mail* unterstrich diese ungeheuerliche Aussage mit den Worten: *„Die Erörterung der Kriegsziele ist sinnlos; das einzige, was wir zu tun haben, ist Deutschland zu vernichten.“* Der schwedische Asienforscher und Publizist Sven Hedin bemerkt hierzu in seinen Buch: *„Es wäre gut, wenn die, die die ganze Schuld am Kriege auf Deutschland schieben, sich erinnern würden, daß deutsche Redner und Staatsmänner niemals Englands Vernichtung als Kriegsziel oder Wunsch aufgestellt haben.“*[205]

Am 29. August 1939 schrieb Chaim Weizmann, damals Präsident der Zionistischen Weltorganisation, an Neville Chamberlain, den damaligen britischen Premierminister:

„Ich wünsche in nachdrücklichster Form die Erklärung abzugeben, daß wir Juden an der Seite Großbritanniens stehen und für die Demokratie kämpfen werden. Aus diesem Grunde stellen wir uns in den kleinsten und größten Dingen unter die zusammenfassende Leitung der britischen Regierung. Die jüdische Vertretung ist bereit, in sofortige Abkommen einzutreten, um alle menschlich-jüdische Kraft, ihre Technik, ihre Hilfsmittel und alle Fähigkeiten nützlich einzusetzen.“ Diese Erklärung wurde in der Londoner *Times* vom 5. September 1939 veröffentlicht, drei Tage später auch im *Jewish Chronicle* am 8. September 1939.

Anläßlich der britisch-französischen Kriegserklärung an Deutschland veröffentlichte der Präsident der Jewish Agency, Chaim Weizmann, folgende Stellungnahme: *„Die Regierung seiner Majestät hat Hitlerdeutschland den Krieg heute erklärt. In diesem schicksalsschweren Augenblick liegt der jüdischen Gemeinde dreierlei besonders am Herzen: der Schutz der jüdischen Heimat, das Wohl des jüdischen Volkes und der Sieg des britischen Empire. Der Krieg, zu dem sich Großbritannien jetzt durch das nazistische Deutschland*

---

205 Hedin, S. 175 f.

gezwungen sieht, ist unser Krieg. Wir werden dem britischen Heer und dem britischen Volk vorbehaltlos jedwede Unterstützung zuteil werden lassen, die wir leisten können und leisten dürfen."

Er ist nach seinen eigenen Worten von den Juden in den Krieg getrieben worden. – Der Konservative Arthur Neville Chamberlain (18. März 1869 in Birmingham; † 9. November 1940 in Reading), von 1937 bis 1940 Premierminister des Vereinigten Königreichs.*

Diese Kriegserklärung des Weltjudentums wurde am 8. September 1939 im *Jewish Chronicle* veröffentlicht. Der israelische Richter Halevy sagte dazu während des Eichmann-Prozesses, daß es eine Erklärung von Chaim Weizmann aus dem Jahre 1939 gebe, die man als Kriegserklärung des Judentums an Deutschland verstehen könne.[206]

Am 3. Dezember 1942 erklärte der damalige Präsident des Jüdischen Weltkongresses, Chaim Weizmann, in New York: *„Dieser Krieg ist unser Krieg!" „Wir leugnen es nicht und haben keine Furcht, die Wahrheit zu bekennen, daß dieser Krieg unser Krieg ist und zur Befreiung des Judentums geführt wird. ... Wir sagen, daß ohne uns der Erfolg der Alliierten nicht denkbar wäre. Stärker als alle Fronten zusammen ist unsere Front, die Front des Judentums. Wir geben diesem Krieg nicht nur unsere ganze finanzielle Unterstützung. Die Sicherung des Sieges baut sich hauptsächlich auf der Schwächung der gegnerischen Kräfte, auf der Zerschlagung in ihrem eigenen Lande, im Inneren ihrer Festung des Widerstandes auf. Und wir sind das trojanische Pferd in der Festung des Feindes. Tausende in Europa lebende Juden sind der Hauptfaktor bei der Vernichtung unseres Feindes..."*[207]

206 *Der Große Wendig*, Band 1, S. 612; Sündermann, S. 199
207 *Der Große Wendig*, Band 1, S. 613; Schröcke, S. 117

Neville Chamberlain selbst bekannte im News Chronicle vom 15. Januar 1952: *„Präsident Roosevelt und die Juden in aller Welt übten Druck auf mich aus, damit ich von jeglicher Verständigung mit Hitler absehe."*[208]

Die Sonntagszeitung *Sunday Correspondent* schrieb am 16. September 1989: *„Wir sind 1939 nicht in den Krieg eingetreten, um Deutschland vor Hitler oder die Juden vor Auschwitz oder den Kontinent vor dem Faschismus zu retten. Wie 1914 sind wir für den nicht weniger edlen Grund in den Krieg eingetreten, daß wir eine deutsche Vorherrschaft in Europa nicht akzeptieren konnten."*

Die obigen Zitate sagen mehr als tausend Worte, wer die wirklichen Kriegstreiber waren und welches Hauptziel ihre Unterstützer verfolgt und schließlich auch erreicht haben.

208 Rassinier, S. 137

15. Beispiele Alliierter „Befreiungstaten" 1945

„Die Welt weiß alles, was die Deutschen begangen haben, sie weiß aber nichts darüber, was den Deutschen angetan wurde."
Patrick J. Buchanan, US-amerikanischer Präsidentschaftskandidat 2000.

„An ihren Früchten (Taten) *werdet ihr sie erkennen."*
Mt. 7, 16, 20.

Obwohl Deutschland 1945 bereits wehrunfähig am Boden lag und der Sieg der Alliierten absolut sicher war, setzten die Alliierten ihre Massentötungs- und Zerstörungsaktionen mit unverminderter Intensität und Härte fort. Das von Churchill anläßlich der Kriegserklärung Großbritanniens verkündete vorrangige Ziel der Alliierten, Deutschland zu vernichten und dessen Bevölkerung gründlich zu dezimieren, wurde bis zum bitteren Ende planmäßig umgesetzt. Die Alliierten bombardierten nun nach Gutdünken selbst Ruinenstädte und warfen ihre Bomben überall dort, wo noch etwas heilgeblieben war. Die Waffe, mit der die Westmächte eine Übermacht über das gesamte, bereits geschlagene Deutschland von Düren bis Dresden und von Kiel bis Würzburg behaupten konnten, war ihre überaus stattliche Bomberflotte. Sie war Anfang 1945 bis zum Zwanzigfachen der Anfang 1942 verfügbaren Maschinen gediehen. Man verfügte über mehr als zehntausend Stück. Nichts in der bisherigen Kriegsgeschichte glich entfernt der Vernichtungskapazität dieser himmlischen Armada. Erst nachdem Churchill Deutschland zu einem Trümmerfeld gemacht hatte, überkamen ihn Zweifel an der alliierten Bombenkriegsführung. In einem Memorandum vom 28. März 1945, das in der „Official History" zitiert wird, schrieb er an Marschall Charles Portal, den Chef des Luftstabs und damit das Oberhaupt der Luftstreitkräfte des Vereinigten Königreichs, und an die übrigen Stabschefs: *„Mir scheint, der Augenblick ist gekommen, da die Frage der Bombardierung deutscher Städte überdacht werden sollte. Andernfalls werden wir die Kontrolle über ein Land erhalten, das völlig in Trümmern liegt. Die Zerstörung Dresdens wirft ernste Zweifel an der alliierten Bombenkriegsführung auf."* Und weiter: *„...und ich halte es für notwendig, daß wir uns stärker auf militärische Ziele konzentrieren wie etwa Treibstoffwerke und Nachschublinien hinter der Front,* *statt auf bloße Akte des Terrors und der mutwilligen Zerstörung, wie eindrucksvoll diese auch sein mögen.*" Erst daraufhin wurden die Flächenbombardements größtenteils eingestellt. Dennoch wurden die Luftangriffe der RAF und der US-Luftwaffe den ganzen April fortgesetzt und erst am 2./3. Mai 1945 beendet.[209]

Als die Alliierten die Grenzen des Deutschen Reiches überschritten und das Land vollends besetzt hatten, wurde klar, was ihr eigentliches Ziel war. Es ging ihnen primär nicht um die Beseitigung des NS-Systems, sondern um die seit langem geplante Vernichtung und Zerstückelung Deutschlands. Um dieses Ziel zu erreichen, sollten möglichst viele deutsche Wohnstätten und Kulturgüter zerstört und möglichst viele Deutsche umgebracht werden. Das belegen bereits die systematischen Luftangriffe der Anglo-Amerikaner gegen die deutschen Städte und die Zivilbevölkerung. Ohne Rücksicht auf das Völkerrecht und die Gebote der Menschlichkeit begannen die Briten im Mai 1940 mit Luftangriffen gegen wehrlose Frauen, Kinder und Alte, um die Moral und den Durchhaltewillen des deutschen Volkes zu brechen. Ein unendlicher Strom westlicher Bomber lud fast täglich bis Mai 1945 seine Bombenfracht über den deutschen Städte ab. Die Flächenbombardements zerstörten nicht nur Häuser und Wohnungen, sondern Bibliotheken, Schulen, Universitäten, Theater, Konzertsäle, Museen, Kunstgalerien, Geschäfte, Denkmäler, architektonische Schätze, Krankenhäuser, Hotels, Ateliers, Fahrzeuge, unzählige persönliche Wertgegenstände – kurz: die kulturelle Substanz und die materiellen Zeugnisse der deutschen Geschichte und Kultur. Vor diesem Hintergrund erscheint klar, was die westlichen Alliierten mit den Flächenbombardierungen beabsichtigt haben: nämlich die Zeugnisse der deutschen Kultur und Identität dauerhaft zu zerstören und möglichst viele Deutsche zu töten. Der Bombenkrieg der Anglo-Amerikaner war beides: ein Genozid und ein Kulturozid.

Der Massenmord an der Zivilbevölkerung und die Massenzerstörung von Wohn- und Kulturstätten wurden eiskalt geplant und durchgeführt. Kinder, Frauen, Alte und Flüchtende wurden genauso als Feind behandelt wie

---

209 Friedrich, S. 108, 147; Grayling, S. 91, 202

Frontsoldaten. Was diese Menschen durch die Bombardierungen und die Tieffliegerangriffe erlitten und durchlitten haben, ist für die Nachkriegsgenerationen kaum mehr vorstellbar. In ihrem Kreuzzug für Demokratie und Zivilisation schien den Demokratien jedes Gewaltmittel gegen Deutschland und die Deutschen legitim, um die NS-Diktatur zu beseitigen und Deutschland zu vernichten.

Über die alliierten Verbrechen („Unsere Verbrechen gegen die Menschlichkeit") schrieb die amerikanische Schriftstellerin Freda Utley 1950 u. a. folgendes: *„Verglichen mit den Vergewaltigungen, Mordtaten und Plünderungen der russischen Armee bei Kriegsende, verglichen mit dem Terror und der Versklavung, dem Hunger und der Ausbeutung der Ostzone von heute, verglichen mit dem von Polen und Tschechen vollführten Völkermord erscheinen die Kriegsverbrechen und Verbrechen gegen die Menschlichkeit, die von den in Deutschland zum Tode oder lebenslänglichem Gefängnis verurteilten Deutschen begangen wurden, im Ausmaß, wenn nicht gar der Art nach geringer. Man konnte nicht durch die zerstörten Städte der Westzonen reisen, ohne ein Gefühl des Befremdens und Entsetzens, daß wir über die Deutschen zu Gericht sitzen sollten, die nicht so viele Zivilisten umbrachten wie wir und keine größeren Grausamkeiten verübten als unsere Ausradierung ganzer Städte durch Bomben. Waren die deutschen Gaskammern wirklich ein größeres Verbrechen gegen die Menschlichkeit als unsere Angriffe auf nicht-militärische Ziele wie Dresden, wo wir in einer Nacht mehr als einer Viertelmillion Menschen*[210] *den gräßlichsten Tod brachten, den man sich nur ausmalen kann, indem wir dieses unverteidigte und von Menschen, die vor dem russischen Vormarsch westwärts flohen, vollgestopfte Kulturzentrum mit Phosphorbomben belegten? Diese Greueltat gehört zu unserem größten Kriegsverbrechen, weil wir damit demonstrierten, daß Mord an Zivilisten unser Ziel war. Wir machten sogar Jagd mit Maschinengewehren*

---

210 In einem offiziellen „Historikergutachten" der Stadt Dresden vom April 2010 wurde die Zahl der Dresdener Bombenopfer auf das politisch korrekte Limit von 25.000 bis 30.000 heruntergerechnet. In fast allen Medien ist deshalb heute von „bis zu 25.000 Toten" die Rede. Die Zahl der Toten von Dresden von 250-350.000 auf 25.000 herunterzurechnen, ist eine Verhöhnung der Bombenopfer und eine Schande der daran beteiligten Historiker, Medien und politischen Klasse. Näheres hierzu im Buch von Wolfgang Hackert: *Bombenlügen*; Verlag libergraphix, Gröditz, 2013.

auf Frauen und Kinder, die aus der lodernden Stadt aufs Land hinaus zu fliehen trachteten. Aber Dresden war nicht das einzige Beispiel des schrecklichen Todes, mit dem wir die Einwohnerschaft von Städten heimsuchten, die weder Kriegsindustrie aufwiesen noch sonst eine ‚militärische' Bedeutung hatten... "[211]

Im Vorwort zur deutschen Ausgabe schreibt Utley: „...*Die Amerikaner, denen man länger als ein Jahrzehnt den schauerlichen Katalog der Naziverbrechen gegen Menschheit und Menschlichkeit in die Ohren getrommelt hat, und die darüber verärgert sind, daß sie zweimal in Kriege verwickelt wurden, um Europa vor der Beherrschung durch Deutschland zu bewahren, haben keine Ahnung davon, was ihre eigene Militärregierung in Deutschland getan hat und was ihre Verbündeten den entwaffneten und hilflosen Deutschen zufügen durften, die durch ihre bedingungslose Kapitulation den Siegern die ganze Verantwortung für ihr Schicksal aufgebürdet hatten. (...) Nicht die Juden, sondern die Kommunisten haben die totalitäre Doktrin von der Kollektivschuld des deutschen Volkes erfolgreich propagiert und müssen die Verantwortung für die Richtlinien tragen, nach denen jeder Deutsche Strafe verdient, gleichgültig, ob er selbst ein Verbrechen begangen hat oder schuldlos ist...* "[212]

Die nachfolgenden Beispiele alliierter „Befreiungstaten" zeigen, daß die Alliierten in ihrem grenzenlosen Haß auf alles Deutsche nach dem offiziellen Kriegsende möglichst viele der bereits längst besiegten Deutschen töten wollten.

Deutsche Zwangsarbeiter 1945

Nach Kriegsende wurden Millionen deutsche Kriegsgefangene und Zivilisten von den Siegermächten zur Zwangsarbeit verpflichtet. Im Jahr 1947 waren rund 4 Millionen deutsche Kriegsgefangene und Zivilisten europaweit als Zwangsarbeiter eingesetzt. Schätzungen gehen von 600.000 bis 1.000.000 toten deutschen Kriegsgefangenen während des Krieges und danach aus. Das Deutsche Rote Kreuz verzeichnet 1,3 Millionen deutsche

---

211 Freda Utley: *Kostspielige Rache* (engl., *The High of Vengeance*), Hamburg, 1950, S. 211
212 a.a.O., S. 5 f.

Kriegsgefangenen, deren Schicksal niemals geklärt werden konnte. Sie gelten bis heute offiziell als vermißt.

Robert Houghwout Jackson (13. Februar 1892 im Spring Creek Township, Warren County, Pennsylvania; † 9. Oktober 1954 in Washington, D.C.) bekleidete das Amt des Attorney Generals, war Richter am Obersten Gerichtshof der Vereinigten Staaten und für sein Land Hauptanklagevertreter bei den Nürnberger Prozessen.*

Robert H. Jackson, amerikanischer Hauptanklagevertreter bei den Nürnberger Prozessen, kommentierte im Oktober 1945 in einem Brief an den US-Präsidenten Harry S. Truman, daß die Alliierten selbst *„genau die Dinge getan haben oder tun, für die wir die Deutschen anklagen. Die Franzosen verletzen die Genfer Abkommen bei der Behandlung der Kriegsgefangenen in einem Ausmaß, daß unser Kommando sie wieder zurücknimmt. Wir verfolgen strafrechtlich Ausbeutungshandlungen, und unsere Alliierten praktizieren sie selbst. Wir sagen, daß aggressive Kriegshandlungen ein Verbrechen sind, und einer unserer Bündnispartner nimmt die Staatshoheit über die Baltischen Staaten in Anspruch, mit keinem anderen Titel als ihre militärische Eroberung."* Nach Art. 87 Abs. 3 Genfer Abkommen III und Artikel 33 Genfer Abkommen IV zählen Kollektivstrafen zu den Kriegsverbrechen. Artikel 33 bestimmt, daß keine Person für ein Verbrechen verurteilt werden darf, das sie nicht persönlich begangen hat.

Sowjetunion

Viele deutsche Zwangsarbeiter in der Sowjetunion waren inhaftierte Soldaten des Ostheeres. Zusätzlich dazu überließen die US-Amerikaner den Sowjets einen Teil ihrer Gefangenen. Diese wurden dann auf Arbeitslager wie das Kriegsgefangenenlager 126 Nikolajew aufgeteilt. Ein großer Teil der Männer kam infolge von Unterversorgung und Krankheit ums Leben. Von den wenigen, die den Mangel und die Knochenarbeit überlebten, kehrten die letzten 1955 heim.

Der sowjetischen Geheimdienst NKWD verschleppte außerdem unzählige Zivilisten. Ein Drittel der Entführten starb während der Haft oder beim Transport an Hunger, Seuchen und Kälte. Schon kurz nach Eroberungen durch die Rote Armee kam es zur Deportation deutscher Minderheiten. Zahllose Zivilpersonen, vor allem aus Rumänien und Jugoslawien, waren betroffen. Hier wurden im Dezember 1944 Zehntausende Volksdeutsche im Alter von 18 bis 40 Jahren ergriffen, ein Großteil davon Frauen. 16 Prozent der Gefangenen überlebten die Arbeitslager des Donezbeckens nicht.

Jugoslawien

Nach dem Einmarsch der Roten Armee und der nachrückenden jugoslawischen Partisaneneinheiten war der in der Wojwodina verbleibende Teil der jugoslawiendeutschen Bevölkerung bereits in den ersten Wochen Massenerschießungen, Verhaftungen, Mißhandlungen, Plünderungen, Vergewaltigungen und Zwangsarbeit ausgeliefert. Die deutsche Volksgruppe in Jugoslawien wurde mit den AVNOJ-Dekreten vom 21. November 1943 und vom 21. November 1944 ohne Gerichtsverfahren und unter Anwendung der These der Kollektivschuld, wonach die Volksdeutschen als Kriegsverbrecher galten, zu Feinden Jugoslawiens erklärt, entrechtet und enteignet. Gegenüber der donauschwäbischen Bevölkerung entluden sich die aufgestauten Vergeltungsbedürfnisse. Am 29. November 1944 gab die Kommandantur der Volksbefreiungsarmee des serbischen Banats, der Batschka und der Baranya den Befehl zur Internierung aller deutschen Männer zwischen 16 und 60 Jahren in Lager. Bis zum Frühjahr 1945 waren ca. 90 % der jugoslawiendeutschen Bevölkerung interniert.

Ende Dezember 1944 wurden zwischen 27.000 und 30.000 Donauschwaben aus dem serbischen Banat, der Batschka und der Baranya in sowjetische Arbeitslager zwischen Charkow und Rostow zur Zwangsarbeit deportiert. Die jugoslawischen Behörden hielten jedoch Handwerker und Facharbeiter zur Verwendung im eigenen Land zurück. Nach Schätzungen starben 16 Prozent der Deportierten wegen mangelhafter Ernährung und schlechter ärztlicher Betreuung in der Sowjetunion. Kranke Deportierte wurden 1945 noch nach Jugoslawien, ab 1946 aber auf das Gebiet der späteren DDR abgeschoben. Nach der Auflösung der Arbeitslager ab dem Herbst 1949 wurden die Deportierten ebenfalls in die DDR verbracht.

Polen

Polnische Staatsangehörige deutscher Abstammung wurden nach Kriegsende inhaftiert und zwangsverpflichtet, bis man sie später aus Polen vertrieb. Ein Gesetz zum Ausschluß feindlicher Elemente aus der Gesellschaft enteignete die Betroffenen und entzog ihnen die Staatsbürgerschaft.

Vor 1939 in Polen lebende Personen, die sich in die deutsche Volksliste eintragen ließen, und selbst Angehörige der polnischen Minderheit in Oberschlesien waren auch von den Repressionen betroffen. Angeblich kollaborierten sie mit den Nationalsozialisten. Anders erging es Menschen, die als rein deutsch eingestuft waren. Diese wurden, mit Ausnahme weniger Technikspezialisten, sofort nach dem Krieg vertrieben.

Neben dem Zentralen Arbeitslager Potulice (dt. Potulitz) existierte das Zentrale Arbeitslager Jaworzno sowie die Lager Zgoda (dt., Eintrachthütte) und Łambinowice (dt., Lambsdorf). Die Lage der Haftanstalten im westlichen Wartheland und in Oberschlesien deutet bereits auf die Zusammensetzung der darin Gefangenen hin. Etwa 200.000 Menschen starben in den polnischen und sowjetischen Einrichtungen.

Freie deutschstämmige Polen hatten es nicht wesentlich besser, denn die Regierung verschärfte per Verordnung deren Erwerbssituation dramatisch. Die Wochenarbeitszeit betrug demnach 60 Stunden, bei 25 % bis 50 % des Gehalts polnischer Arbeiter.

Tschechoslowakei

Obwohl die Sudetendeutschen 1945 ihre Heimat verlassen mußten, leisteten zwei Jahre später noch viele Vertreter der deutschen Volksgruppe als „Fachkräfte“ Zwangsarbeit in der Tschechoslowakei. Die Häftlinge trugen dabei weiße Armbinden mit dem Buchstaben N (tschechisch němec = Deutscher) als Kennung. Selbst tschechische Juden deutscher Abstammung, die den Davidstern als ethnisches Kennzeichen auf ihrer Kleidung gerade erst abgelegt hatten, mußten sich auf diese Art nun als Deutsche zu erkennen geben.

Frankreich

Frankreich bat 1945 die Verbündeten, ihr Millionen rdeutsche Gefangener als Wiederaufbauhelfer zu überlassen. Die US-Amerikaner stellten daraufhin etwa 740.000 Zwangsarbeiter zur Verfügung. Viele kamen aus den überfüllten Rheinwiesenlagern und waren sehr schwach, teilweise wogen die Männer nur 50 kg.

General George S. Patton notierte dazu in seinen Aufzeichnungen: *„Ich bin auch dagegen, Kriegsgefangene als Sklavenarbeiter in fremde Länder zu schikken (insbesondere nach Frankreich), wo man viele verhungern lassen wird.“* Der *New York Herald Tribune* verglich am 12. Oktober 1945 die Lage der Deutschen mit den ehemaligen Insassen des Konzentrationslagers Dachau.

Rund 50.000 Zwangsarbeiter entfernten unter Lebensgefahr Minen aus früheren Kampfgebieten, während andere, auch arbeitsunfähige Menschen, in der Landwirtschaft und im Bergbau tätig waren. Die Zahl der dabei umgekommenen Häftlinge ist unbekannt. Die französischen Behörden rechneten im September 1945 bei der Minenräumung mit 2.000 bei Unfällen verstümmelten oder getöteten Gefangenen pro Monat.

Dem Glasgower Historiker Simon Mackenzie zufolge war die französische Politik durch den dringenden Bedarf an Arbeitern geprägt und gleichzeitig von der Sehnsucht nach spürbarer Vergeltung bestimmt. Am 13. März 1947 unterzeichnete die Regierung auf Druck der USA eine Vereinbarung, welche 450.000 Gefangene betraf, und festlegte, jeden Monat 20.000 Zwangsarbeiter zu entlassen

Wiedergutmachung

Wiedergutmachungsleistungen für deutsche Zwangsarbeiter seitens der Siegermächte hat es natürlich keine gegeben, während die BRD die vom Deutschen Reich eingesetzten Zwangsarbeiter in Jahresraten pauschal mit 4,37 Milliarden Euro entschädigte. Innenminister Hans-Peter Friedrich (CSU) lehnte dagegen eine Entschädigung deutscher Opfer mit der Begründung ab, die Zwangsarbeit gelte als Massenschicksal, das nicht entschädigt werden könne. Der CDU-Innenpolitiker Wolfgang Bosbach meinte: *„Die deutschen Zwangsarbeiter haben auf Grund des erlebten Leids zumindest moralisch das Anrecht, in ähnlicher Weise entschädigt zu werden. Die Union muß in der Regierungsverantwortung das umsetzen, was sie in der Opposition aus gutem Grund gefordert hat.“*

Von den 50.000 überlebenden Minenräumern in Frankreich haben 19 im Jahr 2008 die Bundeskanzlerin Angela Merkel (CDU) angeschrieben. Eine Antwort kam vom Bundesverwaltungsamt: *„Forderungen aus Arbeitsleistungen ehemaliger deutscher Kriegsgefangener können nicht mehr geltend gemacht werden“*, weil die Causa bereits seit dem 29. September 1978 verjährt sei.

Alliierte Kriegsverbrechen an Waffen-SS-Soldaten 1945

Wenn Angehörige der Waffen-SS in feindliche Hände gerieten, war ihr Schicksal oft bereits besiegelt. Soweit sie an der Uniformierung nicht zu erkennen waren, enthüllte die in der Regel auf dem Oberarm eintätowierte Blutgruppe die Waffen-SS-Mitgliedschaft. Auf dem östlichen Kriegsschauplatz wurden SS-Männer nach der Gefangennahme oder wenn sie den Russen verwundet in die Hände fielen, meistens sofort erschossen, nicht selten jedoch zuvor grausam verstümmelt und gefoltert. Die amtliche Wehrmacht-Untersuchungsstelle (WUSt) hat solche Fälle zu Hunderten dokumentiert. Das Martyrium dieser Soldaten war mit dem Ende des Krieges keineswegs beendet. Zu erwähnen ist noch, daß bei den Nürnberger Prozessen die Waffen SS als *„verbrecherische Organisation“* deklariert wurde. Seitdem werden der Waffen-SS jegliche Kriegsverbrechen angedichtet.

Tschechen erschießen SS-Soldaten

Bei den Morden und Folterungen taten sich besonders die Tschechen hervor. So wurden in Nordböhmen Hunderte 17- bis 18-jährige SS-Männer willkürlich ermordet. Ein unbewaffneter Trupp von SS-Reitern wurde am 13. Mai 1945 westlich Melin von tschechischen Ortswehren festgenommen, in eine Waldlichtung geführt und dort mit Maschinenpistolen erschossen. Nichts deutet heute mehr daraufhin, daß der Wenzelsplatz in Prag am 8. Mai 1945 Ort eines makabren Schauspiels wurde. An jenem Tag wurden Angehörige der Waffen-SS von Tschechen kopfüber an Laternen aufgehängt und dann als lebende Fackeln angezündet. In Zinnwald/Erzgebirge erschossen Tschechen am 12. Mai 1945 fünf Waffen-SS-Männer. Noch Mitte Mai schossen Tschechen wahllos in der Scharnhorst-Kaserne in Prag-Dewitz in die deutschen Gefangenen hinein. Die Keller der Kaserne waren bereits mit den Leichen unzähliger, meist junger Waffen-SS-Männer angefüllt, die dauernd und ununterbrochen mit Lastwagen abtransportiert wurden. Auf der Flucht ins Reichsgebiet kam am 11. Mai 1945in Teplitz-Schönau eine unbekannte Zahl von Waffen-SS-Angehörigen bei einem Massaker ums Leben.

Verbrechen der US-Truppen

Auf westalliierter Seite begangen vor allem US-Truppen zahlreiche Kriegsverbrechen an Waffen-SS-Soldaten, die oft unmittelbar nach der Gefangennahme liquidiert wurden. In zahllosen Lagern in der Nähe von Bologna lebten im April 1945 die Deutschen zusammengepfercht und rechtlos – gleichgültig ob Zivilist oder Soldat, ob Angehöriger des Heeres, der Waffen-SS, ob Mann oder Frau.

Insbesondere in amerikanischen Kriegsgefangenenlagern waren Waffen-SS-Angehörige unglaublichen Torturen ausgesetzt, die sich teilweise nach der Übergabe der Lager an Frankreich noch steigerten. Am 21. Juli 1945 wurden im Lager Sinzig die Waffen-SS-Angehörigen einer „Spezialbehandlung“ unterworfen. Nachdem sie so lange mit Gewehrkolben und Peitschen geschlagen worden sind, daß sie zu Boden fielen, mußten sie sich nackt ausziehen, wobei man ihnen erneut mit Stöcken und Peitschen auf die Geschlechtsteile schlug. Am 22. Juli wurden sie in einem 18 km langen Todesmarsch unter ständigen Mißhandlungen in das Lager Andernach getrieben. Viele kamen dabei um. Am 12. August 1945 wurden im Camp IV des Lagers Andernach Hunderte Waffen-SS-Angehörige mit Knüppeln, Seitengewehren, Keulen und Schlagwerkzeugen so mißhandelt, daß fast 100 Mann von ihnen in schwerverletztem Zustand in ein Hospital eingeliefert werden mußten. Im Lager Thorree wurde am 11. August 1945 ein Transport von Waffen-SS-Männern eingeliefert, die dermaßen mißhandelt wurden, daß die Männer blutüberströmt, teils ohnmächtig zusammenbrachen; viele wurden einfach totgeschlagen. Im selben Lager mußten Waffen-SS-Angehörige den täglichen Abtransport der Latrinenkübel vornehmen. Aus den Kübeln laufender Kot mußte mit den Händen wieder eingefüllt werden. Die Wachen demütigten die Gefangenen durch Peitschenhiebe, Stöße und Beinstellen absichtlich.

Der französische Kriegsverbrecher Philippe François Marie Graf von Hauteclocque, auch bekannt unter dem Namen „Jacques-Philippe Leclerc“, den er während der Résistance annahm (22. November 1902 in Belloy-Saint-Léonard, Département Somme; † 28. November 1947 in der Nähe von Colomb-Béchar, Algerien).*

Verbrechen der Franzosen

Am 2. Dezember 1944 verübten Franzosen ein Massenkriegsverbrechen an deutschen Waffen-SS-Angehörigen. Bei Herbsheim im Elsaß sonderte der Panzerkommandant Unterleutnant Robert Galley vom 501. R.C.C. unter den versammelten 800 Kriegsgefangenen die Waffen-SS-Angehörigen aus und befahl ihre Erschießung. Es waren mehr als 200 Mann. Am 8. Mai 1945 nahmen amerikanische Soldaten bei Bad Reichenhall zwölf französische

Soldaten der Waffen-SS-Division „Charlemagne" fest und übergaben sie der 2. französischen Panzerdivision unter General Philippe Leclerc. Mehr dazu unter dem Hauptkapitel „Die Verbrechen von Franzosen an Deutschen 1945".

Ausländische Freiwillige der Waffen-SS

Ein besonders tragisches Kapitel ist das Schicksal der ausländischen Freiwilligen – nachweislich fast eine Million aus anderen Ländern – der Waffen-SS. Soweit es sich um Menschen aus Osteuropa handelte, lieferten die Westalliierten sie skrupellos an die Sowjetunion aus, obwohl sie wußten, daß diese Personen ausnahmslos direkt nach der Übergabe mit Genickschuß liquidiert werden.[213]

213 *Deutsche Militärzeitschrift* (DMZ), *Sonderausgabe Waffen-SS*; Mark Weinreich: „Verstümmelt – Alliierte Kriegsverbrechen an Soldaten" unter https://morbusignorantia.wordpress.com/2013/04/15/verstummelt-alliierte-kriegsverbrechen-an-soldaten/

16. Die Verbrechen von Briten an Deutschen 1945

Erschießungen schiffsbrüchiger deutscher Marinesoldaten

Bereits im Ersten Weltkrieg verübte die britische Marine Kriegsverbrechen an schiffbrüchigen deutschen Marinesoldaten. Am 19. August 1915 sichtete das deutsche Unterseeboot U 27 unter Kapitänleutnant Bernhard Wegener in der irischen See das britische Handelsschiff „Nicosian" (6.400 BRT). Gemäß dem damals geltenden Seerecht, der sog. Prisenordnung, ließ Wegener sein U-Boot auftauchen, forderte die „Nicosian" zum Stopp auf und entsandte ein Prisenkommando an Bord, um die Ladung zu inspizieren. Es handelte sich um Gewehrmunition sowie 250 Maultiere für die britische Armee. Die Besatzung der „Nicosian", darunter auch einige US-amerikanische Seeleute, ging in die Rettungsboote; der Dampfer sollte von U 27 durch Granatschüsse in die Wasserlinie versenkt werden.

Inzwischen näherte sich ein weiteres Handelsschiff, das die US-Flagge gesetzt hatte und ein US-Hoheitszeichen an der Bordwand trug. Da die Vereinigten Staaten von Amerika damals noch neutral waren und alle deutschen U-Boot-Kommandanten strikte Order hatten, neutrale Schiffe nicht anzugreifen, erfolgte von U 27 keine Reaktion. Alles sah so aus, als wollten die Amerikaner die Männer der „Nicosian" in den Rettungsbooten an Bord nehmen. Doch als zwischen U-Boot und Dampfer kaum noch 600 Meter lagen, wurden Stars and Stripes niedergeholt und der vermeintlich neutrale Frachter entpuppte sich als das britische Kriegsschiff „HMS Baralong", eine sog. U-Boot-Falle („Q-Ship"). Die Londoner Admiralität griff seit Monaten zu dieser Maßnahme, weil man gegen die überraschend effektiven U-Boote der Kaiserlichen Marine keine legalen Mittel mehr wußte.

Nach 34 Schuß aus den bis dato getarnten 7,6 cm-Bordkanonen der „Baralong" sank U 27 in kürzester Zeit. *„Nachdem das U-Boot von der Wasseroberfläche verschwunden war, griff die Besatzung der ‚Baralong' zu Gewehren und Pistolen und begann auf die wenigen von U 27 noch Übriggebliebenen im Wasser mit den Handfeuerwaffen zu schießen. Einigen gelang es, sich auf den noch schwimmenden Dampfer ‚Nicosian' zu retten. Aber auch das dauerte* *nicht lange. Sie wurden dort von den Verfolgern aufgespürt, die den Wehrlosen das Schicksal ihrer im Wasser erschossenen Kameraden bereiteten, damit auch nicht ein einziger von der ganzen Besatzung des U-Bootes davonkommen sollte"*, heißt es in den eidesstattlichen Erklärungen von sechs US-amerikanischen Besatzungsmitgliedern der „Nicosian". Zwölf überlebende deutsche U-Boot-Männer unter ihrem Kapitänleutnant Wegener wurden von den Briten erschossen. – Verantwortlich für dieses Kriegsverbrechen war der „Baralong"-Kommandant, Kapitänleutnant Godfrey Herbert. Er hatte die Schüsse auf die im Wasser treibenden Männer ausdrücklich befohlen. Bevor mehrere Soldaten der britischen Marineinfanterie an Bord der „Nicosian" gingen, sagte Herbert ihrem Kommandeur, Corporal Collins, unmißverständlich: *„Machen Sie keine Gefangenen!"* Er wurde für diese Mordtaten nie zur Verantwortung gezogen – im Gegenteil, er kassierter noch die übliche Versenkungsprämie für ein U-Boot in Höhe von 100 Pfund (etwa 2.000 Reichsmark). Die Besatzung bekam für ihr schändliches Verhalten eine Kopfprämie von 185 Pfund.[214]

Bereits in der Anfangsphase des Zweiten Weltkrieges kam es wiederholt zur Erschießung schiffbrüchiger deutscher Marinesoldaten durch Besatzungen britischer Kriegsschiffe.

Nach der Versenkung des deutschen Zerstörers Z 12 Erich Giese durch die britischen Zerstörer HMS Cossack (F03) und HMS Foxhound (H69) am 13./14. April 1940 vor Norwegen wurde auf die deutschen Schiffbrüchigen geschossen.

Nach dem Einmarsch der Wehrmacht in Griechenland versenkte am 12. Mai 1941 das britische U-Boot „Rorqual" (unter Kapitänleutnant Dewhurst) den griechischen Motorsegler „Osia Paraskevi", der sich auf dem Weg von Kastron (Limnos) nach Kavala befand. Den sieben griechischen Besatzungsmitgliedern wurde zuvor noch ermöglicht, ein Rettungsboot zu besteigen, während die vier deutschen Soldaten mit Waffengewalt daran ge-

214 Jan von Flocken: „Morden unter falscher Flagge", in: *Junge Freiheit* Nr. 35/15, 21. August 2015

hindert wurden. Nach Versenkung des Schiffes wurden die vier schwimmenden Deutschen mit Maschinengewehren erschossen.

Der britische Kriegsverbrecher Konteradmiral Sir Anthony Cecil Capel Miers (11. November 1906; † 30. Juni 1985).*

Am 9. Juli 1941 versenkte das britische Unterseeboot „Torbay" einen deutschen Motorsegler vor Kreta. Sieben deutsche Soldaten, Angehörige einer Gebirgs-Division auf Kreta, die sich in ein Schlauchboot gerettet hatten, wurden auf Befehl des U-Boot-Kommandanten, des damaligen Kapitänleutnants Anthony Miers, mit Maschinengewehren erschossen. Der Erste Wachoffizier und ein Seemann weigerten sich, sich an der Erschießung zu beteiligen. Dasselbe Unterseeboot versenkte mehrere weitere deutsche Motorsegler und hinderte die Besatzungen daran, von Bord zu gehen. Es kam nie zu einem Verfahren gegen Miers.

Besonders brutal verlief die Auslieferung des gesamten XV. Kosaken-Kavallerie-Korps der deutschen Wehrmacht nach deren Kapitulation vor der Britischen Armee am 12. Mai 1945 (11. britische Panzerdivision) an die Sowjetische Armee bei Judenburg in Österreich, das aus etwa 25.000 Mann kosakischer Kampfverbände bestand, einschließlich etwa 2.000 Mann deutschen Rahmenpersonals im Zuge der Operation „Keelhaul". Viele Kosaken erwartete die sofortige Erschießung durch die Hinrichtungskommandos des NKWD, ansonsten der Abtransport in die Gefangenenlager nach Sibirien. Das gleiche Schicksal erlitten dann auch die etwa 25.000 Familienangehörige der Kosaken (Frauen, Kinder und Greise) der sog. Kosakenstans, die zur gleichen Zeit, aus Oberitalien kommend, versucht hatten, deutsches Reichsgebiet zu erreichen und bei Lienz in Ost-Tirol von den Engländern in Lagern festgesetzt wurden. Auch sie wurden gewaltsam den Sowjets übergeben.

Deutsche und kosakische Offiziere bei einer Lagebesprechung während der Niederschlagung des „Warschauer Aufstandes" Anfang August 1944.

13./14. Februar 1945: Dresden – Der Inbegriff der Barbarei

Dresden, ein Meisterwerk der Renaissance und des Barock, ohne jede militärische Bedeutung, zum Kriegsende ein ziviles Ballungszentrum mit Hunderttausenden Flüchtlingen aus dem Osten, wurde in einem 14-stündigen Feuersturm zu 90 Prozent zerstört. Einziges Ziel dieses sinnlosen Massakers war es, die schutzlose Bevölkerung zu ermorden und Kulturwerte zu zerstören. Als die Bomber schließlich abdrehten, stand Dresden das Schlimmste noch bevor, denn drei Stunden später kamen sie zurück, um ihr Werk des Grauens zu vollenden. Das Feuer, das sich bereits durch das Stadtzentrum gefressen hatte, breitete sich nun rasend schnell auf die Vororte aus. Bis heute kann niemand genau sagen, wie viele Menschen diesem Terrorangriff zum Opfer fielen. Von englischen Historikern wird der Angriff auf Dresden als Kriegsverbrechen eingeschätzt.[215]

215 Werner Olles, Zeitschriftenkritik: „Die Barbarei des Krieges", in: *Junge Freiheit* Nr. 28/15, 3. Juli 2015

23. Februar 1945: Das RAF-Bombenmassaker von Pforzheim

Der Luftangriff auf Pforzheim (1939: 79.000 Einwohner) am 23. Februar 1945 forderte nach den Angriffen auf Hamburg (25. Juli bis 3. August 1943) und auf Dresden (13. bis 15. Februar 1945) die meisten Opfer im alliierten Luftkrieg gegen deutsche Städte. Bei dem nur 22 Minuten dauernden Angriff wurden verhältnismäßig mehr Einwohner getötet als in jeder anderen Stadt des Deutschen Reiches. Von den 79.000 Pforzheimern, die bei der Volkszählung 1939 erfaßt wurden, kamen mindestens 20.000 ums Leben, ein knappes Drittel der Einwohner. Andere Quellen gehen sogar von 40.000 Toten aus, z. B. Herman, S. 68 f.

Um die kleine Schmuck- und Uhrenstadt einzuäschern, luden 379 RAF-Bomber 1.551 Bombentonnen ab, einhundert mehr als bei dem „Millenium"-Angriff auf Köln. Masterbomber „Ted" Swales konnte sein Bombardement geradezu unter Laborbedingungen abhalten. Der wolkenlose Himmel über der Stadt und der nahezu voll scheinende Mond boten beste Aussichten, alle Bomben ins Ziel zu bringen. Die Stadt wurde in die Zielliste vor allem deswegen aufgenommen, weil sie ein zynisches Kalkül erfüllte. Das eng bebaute Pforzheim würde perfekt brennen und könnte binnen weniger Minuten ausgelöscht werden. Die Stadt war so gut wie unverteidigt, der Feuerschutz schwach. Die schmalen, verzweigten Gassen im Zentrum, die dicht an dicht stehenden Häuser ohne rechte Brandabschnitte boten ideale Bedingungen für einen Feuersturm. Nach dem Angriff hob der Orkan zuerst mit einem starken Luftzug an, dann mit dem inmitten der Glut eiskalten, stürmischen Sog, der bis 23.30 Uhr brauchte, die Stadt in Flammen zu tauchen. Es zerflossen Metalle, die einen Schmelzpunkt von 1.700 Grad besitzen. Nach dem 22-minütigen Wirken Swales', den im Abflug ein übriggebliebener deutscher Jäger abschoß, zerkochte Pforzheim zu Lava. Für seine „Heldentat" erhielt Swales posthum das Viktoriakreuz verliehen.

Keine andere deutsche Stadt hatte im Bombenkrieg vergleichbar hohe Menschenverluste erlitten. Sowohl die Zahl der Toten als auch das Ausmaß der Zerstörung lag im Verhältnis zur Größe der Stadt weit höher als in Dresden und Hamburg – und sogar Hiroshima in Japan, auf das am 6. August 1945 die erste Atombombe fiel. Die meisten Opfer in Pforzheim erstickten in Keller und Bunkern. Viele wurden im Bombenhagel erschlagen, viele verbrannten teils bis zur Unkenntlichkeit in dem Hitzeorkan, der Temperaturen bis zu 1.700 Grad erreichte. Die Körper schrumpften auf Schuhgröße. Der durch den Brand glutrot gefärbte Himmel war noch im 50 Kilometer entfernten Tübingen zu erkennen. Militärisch bedeutsam war Pforzheim nicht. Zwar wurden dort Zünder und Präzisionsinstrumente produziert. Es galt auch als Etappe für Militärtransporte nach dem Westen, weil es an der Hauptbahnlinie Stuttgart-Karlsruhe liegt. Auch nach Meinung ausländischer Experten gab es jedoch keine militärische oder rüstungswirtschaftliche Notwendigkeit, die Stadt zu zerstören. Die nordamerikanische Historikerin Ursula Moessner-Heckner brachte es auf den Punkt, wie der Bombenkrieg funktionierte: *„Pforzheim starb grundlos und wurde zerstört, weil es noch nicht zerstört war.“* Der Krieg hat seine eigene Logik und so war es unter anderem der Zufall des guten Wetters in der Bombennacht, der Pforzheim zum Verhängnis wurde. Sein Untergang würde zudem einen moralischen Schock auslösen. Von diesen Annahmen hat sich nur die letzte nicht bestätigt.[216]

16. März 1945: Der RAF-Brandangriff auf Würzburg

Würzburg (1939: 107.000 Einwohner) tauchte im amerikanisch-britischen Zielauswahlkomitee erst Anfang Februar 1945 auf. Als Primärziele waren zu der Zeit Berlin, Dresden, Chemnitz, Leipzig, Halle/Saale, Dessau, Erfurt und Magdeburg vorgesehen. Zu den Ausweichzielen zählten unter anderem Hildesheim, Würzburg, Pforzheim, Worms und Nürnberg. Am 7. Februar war die Regierung im britischen Parlament von dem Labour-Abgeordneten Pubrick ausdrücklich auf Dresden, Freiburg und Würzburg angesprochen worden als Städte, die bisher noch keine Bombenerfahrungen gemacht hätten. Wann die Reihe an ihnen sei? Auf eine Antwort sollte der Abgeordnete nicht lange warten. Harris hatte eine berühmt-berüchtigte Liste mit Städten, die zu bombardieren seien, und an deren Bombardierung er stur

216 Wikipedia, *Luftangriff auf Pforzheim am 23. Februar 1945*; Nico Schwenzer: „Nach 17. Minuten alles in Trümmern. Erstickt, verbrannt, erschlagen: 20.000 Menschen starben im Bombenhagel“, in: *Haller Tagblatt* vom 23. 2. 2005; Friedrich, S. 108-112

festhielt. Und so verwüsteten seine Flugzeuge bislang verschont gebliebene Städte wie Würzburg und Hildesheim, deren historische Schönheit einzigartig war und die nur eine geringe oder gar keine militärische Bedeutung hatten.

Nach dem dritten kleineren Angriff vom 5. Februar 1945 ließ Gauleiter Otto Hellmuth als Reichsverteidigungskommissar in der *Mainfränkischen Zeitung* eine deutliche Warnung verkünden: *„Der haßerfüllte Feind ist hemmungslos in seinem Vernichtungswillen. Sein Luftterror macht weder Halt vor Frauen und Kindern noch vor alten Kulturstätten. Mehr denn je ist es unsere Pflicht, für den Ernstfall das Menschenmögliche vorzubereiten. Wir haben keinerlei Grund mehr anzunehmen, daß die Luftpiraten Würzburg verschonen."* In der Tat war beim Bomber Command der RAF inzwischen die Entscheidung gefallen, aufgrund der vorausgesagten günstigen Witterungsverhältnisse am 16. März 1945 das bis dahin noch relativ unzerstörte Würzburg als „filler target" (dt., Ersatzziel) für einen Flächenangriff auszuwählen. Die von vielen Fachwerkbauten bestimmte Bausubstanz und die räumliche Enge der Altstadt versprachen die Auslösung eines Feuersturms. Beauftragt mit diesem Angriff wurde die No. 5 Bomber Group, die auch beim schwersten Angriff auf Dresden am 13./14. Februar 1945 entscheidend beteiligt war. Das kleine Würzburg wurde zu einem noch höheren Anteil zerstört als Dresden.

Die 225 Lancaster und 11 Mosquitos starteten zwischen 17.00 und 18.10 Uhr. Ehe das deutsche Frühwarnsystem ein Angriffsziel lokalisieren konnte, war der Angreifer schon vor Ort. So blieb den Bewohnern kaum Zeit, Schutz zu suchen. Die Maschinen trugen 924 Tonnen Munition, geteilt in 389 Tonnen Spreng- und 572 Tonnen Brandstoffe. Um 21.25 Uhr begannen die Blindmarkierer damit, das Stadtzentrum mit 2.000 Leuchtbomben grün einzurahmen. Es folgten die Beleuchter und warfen Flammenkaskaden ab, welche die nötige Helle für die Zielmarkierer herstellten. Würzburg wurde mit 20.000 Farblichtern markiert und von 256 Stück Spreng- und 397.000 Stück Brandbomben zerstört. Gegen Mitternacht traf die Gruppe Nr. 5 wieder bei ihren Basen ein, die Piloten setzten sich zu einer Tasse Kaffee und der „post mortem conference" zusammen. Sie hatten ein hervorragendes Stück Arbeit abgeliefert. *„Exceedingly wellmarked"*, nickte ein

Kapitän der 50. Schwadron. Der Bericht von Nr. 5 notiert *„good fires"*. Der Würzburgangriff im März 1945 vernichtete auch die im Würzburger Schloß aufbewahrten Akten des Kurfürstentums Mainz und des Fürstbistums Würzburg. Viele Würzburger stürzten nach Beginn des Angriffs instinktiv zum Main hinab. Die in Keller und Schutzräume stiegen, hätten diese bei dem raschen Brandaufkommen gleich nach der Entwarnung verlassen müssen. Zu vielen fehlte diese Kenntnis. Sie ängstigten sich, meinten sich geborgen, wußten später im Flammenring nicht ein noch aus, irrten durch die Kellerdurchlässe unter der Erde entlang und fanden nirgends einen feuerfreien Straßenausstieg. An der Gasentwicklung im Hauskeller sind Tausende im Bombenkrieg zugrunde gegangen. In der Domstraße 9 fand Kaplan Bauer 76 davon. Würzburg verlor am 16. März etwa 5.000 von 107.000 Einwohnern.

Keine zweite Stadt hatte auf so engem Raum eine ähnliche Ansammlung von Kunstschätzen besessen. Der größte Kunstschatz war Balthasar Neumanns Schöpfung, Würzburg selbst. Später hat man sich immer wieder gefragt, wie ein Ort nach siebzehn Minuten Bombardement zu 90 % zerstört werden konnte? Die Antwort lautet: Verhängnis und die perfektionierte Zerstörungstechnik der RAF-Bombergruppe Nr. 5. Alle britische Bombardierungstechnik stellte darauf ab, den Löschkräften zuvorzukommen. Feuer, das in kürzester Zeit höchste Intensität annimmt, ist nicht löschbar. Die Briten wußten, daß die Stadt das reichliche Holz des Würzburger Rokoko enthielt. Die darauf abgestimmte Munition hat die Gruppe Nr. 5 perfekt zentriert. Die Stadt war vom Bombenkrieg nahezu unberührt. Churchill kannte Würzburg, als junger Attaché hatte er sich in das Goldene Stadtbuch eingetragen. Man beherbergte keine kriegslüsterne Industrie, sondern Spinette und Altäre.[217] Grayling erwähnt in seinem Buch mehrmals die sinnlose Zerstörung der historischen Städte Würzburg und Hildesheim. In seiner Auflistung ist nur der Angriff auf Hildesheim am 22. Februar 1945 erwähnt, nicht jedoch der Angriff auf Würzburg vom 16. März 1945. Bei beiden Angriffen sind keine Opferzahlen angegeben.

---

217 Wikipedia, *Bombenangriff auf Würzburg*; Friedrich, S. 312-316, 533

22. März 1945: Der RAF-Brandangriff auf Hildesheim

Hildesheim (1939: 72.000 Einwohner) war als Ausweichziel Ziel mehrerer alliierter Luftangriffe. Am 22. März 1945 war Hildesheim das wichtigste Tagesziel der alliierten Bomberkommandos. Britische und kanadische Bomber flogen einen gezielten Angriff auf das Stadtzentrum. Die Hildesheimer Altstadt wurde als Kerngebiet des Angriffs ausgewählt, weil hier der Holzanteil an der Gesamtbaumasse am höchsten war. Damit stellte sie zum Entzünden eines Feuersturms in Hildesheim das optimale Kernzielgebiet dar. Die über 250 Bomber warfen in 15 Minuten insgesamt 438,8 Tonnen Sprengbomben und 624 Tonnen Brandbomben ab. 75 Prozent der Gebäude wurden durch den Angriff zerstört oder beschädigt, einschließlich fast der gesamten historischen Altstadt. Das Zentrum, mit seiner als „Nürnberg des Nordens" bekannten mittelalterlichen Bebauung, wurde fast völlig zerstört. Etwa 1.500 Zivilisten wurden bei den Angriffen im März getötet, von diesen konnten circa 500 nicht identifiziert werden. Bis Kriegsende wurden in Hildesheim insgesamt 1.736 Menschen getötet.

Wie die Einwohner vieler deutscher Städte glaubten auch die Hildesheimer, daß ihre Stadt von den Bomben ausgenommen sein würde. Man hegte gewisse Sympathien für Amerika und England: viele ausgewanderte Deutsche haben am amerikanischen Befreiungskrieg teilgenommen, zwischen England und Nordwestdeutschland bestanden Traditionsbeziehungen, und schließlich würde man sich bei Hildesheims Weltruhm als mittelalterliche Kulturstätte nicht daran vergreifen wollen. Für die Anglo-Amerikaner war Hildesheim aber nur ein Bahnhof mit umgebender Stadt. Anfang November 1944 bemerkten die Einwohner kopfschüttelnd, daß tieffliegende Bomber auf Flecken wie den im Grünen träumenden Bahnhof Hönnersum hinabstießen und Maschinengewehrgarben auf die Station Derneburg prasselten. Am Sonntag, dem 26. November 1944, flog die 8. US-Flotte nach Hildesheim. Sie war an diesem Tag in großer Besetzung unterwegs mit 1.818 Bombern, 3.000 Tonnen Bomben und schlug eine der großen Luftschlachten des Krieges. Die Gegner waren zwei Hauptziele, die Viadukte von Altenbeken bei Paderborn und Schildesche bei Bielefeld, die Rangierbahnhöfe Hamm, Osnabrück, Gütersloh, Bielefeld, Herford und sieben Gelegenheitsziele. Hildesheim war Gelegenheitsziel. Etliche Häuser am Alten Markt wurden getroffen, doch am meisten staunte man, daß eine Bombe soviel Kraft hatte, einen schweren Baumstumpf von zwei Meter Länge und zwei Zentner Gewicht vom Alten Markt über die Häuser weg auf den Domhof zu schleudern, genau vor das Denkmal des heiligen Bernward.

Erst am 22. Februar 1945 erfolgte der erste systematische Angriff auf Hildesheim. Die Bomben trafen die Lambertikirche von 1473, von der nur der Turmstumpf und Mauerreste des Langhauses erhalten blieben. Das Innere der Augustinerinnen-Klosterkirche St. Magdalena war ausgebrannt, die St.-Michaelis-Kirche arg beschädigt worden. Bomben, die auf dem ehemaligen Klostergelände niederfielen, zerstörten große Teile des nördlichen Flügels und des östlichen Querschiffes. Für die Alliierten galt alles in Deutschland Stehende als „Ordensburg Germania", das wurde auch für Hildesheim am 22. März wahr, als das Bomber Command die Stadt liquidierte. So wurden in einer Spanne von elf Tagen hintereinander Würzburg, Hildesheim und Paderborn in zusammen achtundfünfzig Minuten in den Boden gestampft. Der Hildesheimer Dom brannte lichterloh. Volltreffer waren im nördlichen Seitenschiff und südlichen Querschiff eingebrochen. Die Goldene Kuppel sank in die Tiefe. St. Michael war eine aufgerissene Ruine. Bis auf einen Winkel an der Godehardskirche sind die hölzernen Balladen des Hildesheimer Fachwerks von der Erde verschwunden, einschließlich dessen, was der Name „schönster Marktplatz der Welt" nicht genug benennen konnte. Das steil aufragende Gildehaus der Fleischer, das Knochenhauerhaus, vom Kunsthistoriker Ludwig Dehio als *„monumentalstes aller Holzhäuser Deutschlands"* gelobt, eine Vermählung von Gotik und Renaissance, brannte ab wie Zunder. Der Dom war die meistzerstörte Kathedrale Deutschlands. Die Bomber hinterließen beim Rückflug eine riesige Feuersäule, in der 1.600 Menschen verbrannten, 6.934 Häuser und 20.781 Wohnungen verglühten: ein Brandopfer – Holocaust – im wörtlichen Sinne. Auch Schulen, Bibliotheken und Archive fielen Churchills Kulturbarbarei zum Opfer, des weiteren ein Theater, Museen, Denkmäler, Kirchen, Kapellen, Konvikte, Ateliers, Kunstgalerien und Buchhandlungen. Hildesheim war ein exemplarischer Kulturozid.[218]

218 Wikipedia, *Luftangriffe auf Hildesheim*; Friedrich, S. 210-215; Hans Meiser: „Kulturozid. Vernichtung der deutschen Seele und Kultur", in: *Euro-Kurier* 10/2012, S. 10-11

3./4. April 1945: Das RAF-Bombenmassaker von Nordhausen/Thüringen

Am 3. und 4. April 1945 wurde Nordhausen (1939: 42.300 Einwohner) durch zwei britische Luftangriffe zu 74 % zerstört, wobei etwa 8.800 Menschen (nach anderen Quellen über 10.000 Menschen) ums Leben kamen und weitere 20.000 obdachlos wurden. Beim ersten Großangriff am 3. April wurden 255 Bomber eingesetzt, die in 20 Minuten 1.170 Tonnen Sprengbomben abwarfen. Der Angriff galt der Boelcke-Kaserne der Luftwaffe, deren Umfunktionierung zum KL-Außenlager den Briten nicht bekannt war. Dabei starben etwa 1.200 Häftlinge. Der zweite Großangriff am 4. April erfolgte mit 243 Lancaster-Bombern und 1.220 Tonnen Bomben. Er zielte als Flächenbombardement neben der Kaserne auf das Stadtgebiet. Hierbei wurden hauptsächlich Wohngebiete (10.000 Wohnungen), das Krankenhaus und zahlreiche Denkmäler von hervorragender Bedeutung zerstört. Bis auf die Boelcke-Kaserne wurden keine als militärisch oder kriegswichtig identifizierbaren Ziele getroffen. So blieben der Bahnhof, der Flugplatz, die Gleisanlagen, die Industriebetriebe und das Konzentrationslager Dora, in dem auch die „Vergeltungswaffe 2" produziert wurde, unzerstört. Schwer beschädigt wurden die St.-Blasii-Kirche, der Dom und die Frauenbergkirche. Zerstört wurden auch das Frauenbergkloster, die Neustädtische Pfarrkirche St. Jakobi, die Marktkirche St. Nikolai, St.-Petri-Kirche (Turm teilweise erhalten). Die Reste dieser Gebäude wurden nach dem Krieg abgetragen. Die Stadtmauer einschließlich der teilweise genutzten Türme und Wiechhäuser[219] wurde schwer getroffen, das Rathaus bis auf die Umfassungsmauern zerstört. In großer Zahl wurden die für Nordhausen charakteristischen bürgerlichen Fachwerkbauten aus Gotik, Renaissance, Barock, Rokoko und Frühklassizismus vernichtet. In der Innenstadt wüteten tagelang noch zahlreiche Brände.[220]

---

219 spezielle Wehrhäuser, die in die bzw. auf die Stadtmauer integriert worden sind

220 Nordhausen-Wiki.de, *Luftangriffe auf Nordhausen*; Wikipedia, *Luftkrieg im Zweiten Weltkrieg, Nordhausen*; Thomas Müller: „Das blutende Nordhausen – 200 Menschen gedenken der Bombenopfer", in: *Thüringer Allgemeine*, 3. April 2013, unter http://nordhausen.thueringer-allgemeine.de/web/lokal/politik/detail/-/specific/Das-blutende-Nordhausen-200-Menschen-gedenken-; MDR-Reportage „Nordhausen – Die schwerste Bombardierung Thüringens" unter http://www.mdr.de/thueringen/buchenwald-gedenken/kriegsende_nordhausen100.html

14. April 1945: Der RAF-Brandangriff auf Potsdam

Potsdam, die einstige preußische Königsstadt, seit dem Großen Kurfürsten neben Berlin die zweite Residenz der Hohenzollern, wurde am 14. April 1945 durch einen britischen Luftangriff zum großen Teil zerstört. Bei dem Bombardement wurden 1.700 Tonnen Bomben abgeworfen und fast 1.000 Gebäude völlig zerstört, wodurch rund 60.000 Menschen obdachlos wurden. Die Menge der Bombenlast, die hohe Anzahl an verwendeten Brandbomben sowie die Absteckung der Altstadt als Zielgebiet durch sogenannte „Christbäume" deuten auf die gezielte Vernichtung der Altstadt hin. Dies wurde nunmehr durch Unterlagen der Royal Air Force, die nach 1990 übergeben wurden, bestätigt. Das Hauptangriffsziel war die Potsdamer Altstadt. Dementsprechend wurden auch der größte Teil der südlichen und östlichen Potsdamer Altstadt sowie das Gebiet nordöstlich des Brahausberges getroffen und erlitten schwerste Schäden. Einige der bedeutendsten Bauwerke der Stadt, wie zum Beispiel das Stadtschloß, ein Modell des preußischen Barock, und die Hof- und Garnisonkirche, die Grablege Friedrichs des Großen, brannten vollständig aus. Weite Teile der Berliner Vorstadt gingen in Flammen auf, und auch die Babelsberger Bevölkerung mußte einen heftigen Luftangriff hinnehmen. Die Wohnhäuser in der Potsdamer Innenstadt und in der Berliner Vorstadt wurden bis zu 97 % zerstört beziehungsweise beschädigt. Babelsberg kam mit einer Zerstörung beziehungsweise Beschädigung von 23 % recht glimpflich davon. Einige wertvolle Bauwerke überstanden die „Nacht von Potsdam", wurden allerdings schwer beschädigt. Dazu zählen die Nikolaikirche und das Alte Rathaus am Alten Markt – die nach dem Krieg wieder hergestellt wurden –, die nach 1945 abgetragene Heilig Geist-Kirche und das Schauspielhaus in der östlichen Altstadt sowie der Monopterus auf dem Militärwaisenhaus in der Breiten Straße. Beim Luftangriff auf Potsdam kamen laut dem Potsdamer Jahrbuch aus dem Jahr 1966 genau 3.578 Menschen um. 1.641 von ihnen fanden auf dem Potsdamer „Neuen Friedhof" auf zwei „Bombenopfer-Ehrenfeldern" ihre letzte Ruhe.[221]

---

221 Björn Schumacher: „Vergessene des Feuersturms", in: *Junge Freiheit* Nr. 8/14, 14. Februar 2014

Der Angriff auf Potsdam war der letzte Großangriff des Bomber Command, bei dem der historische Baubestand dieser Stadt, das Werk Schlüters, Schinkels und Knobelsdorffs, zu 47 % verloren ging. Zusammen mit dem deutschen Heer ging im April 1945 auch das Heeresarchiv in Potsdam unter, mit sämtlichen Akten zu den Kriegen 1864, 1866, 1870/71 und den beiden Weltkriegen. Am 14. April 1945 fiel auch die Potsdamer Städtische Volksbücherei den Bomben zum Opfer. Vom alten Buchbestand blieben lediglich die ausgeliehenen Bücher erhalten. Potsdam wurde zerstört, um den „preußischen Militarismus" geschichtlich zu annullieren.[222]

24. April 1945: Das RAF-Bombenmassaker von Bad Oldesloe

Bad Oldesloe (1939: 8.300 Einwohner) war mehrmals Angriffsziel der alliierten Bomber. Am 3. Juli 1940 wurde die Stadt das erste Mal attackiert. Anfang August 1943 fielen auf die Stadt 500 Brandbomben, 4 Spreng- und 30 Phosphorbomben. Es blieb aber nur bei Sachschäden. Den schwersten Luftangriff erlebten die Oldesloer am 24. April 1945. Es war ein klarer Tag. Am Bahnhof Bad Oldesloe herrschte Hochbetrieb. Aus Lübeck und Ratzeburg ankommende Flüchtlingstrecks suchten nach Möglichkeiten, um weiterzukommen. Ein Zug mit Frauen und Mädchen aus Berlin stand auf den Gleisen, um nach Kiel weitergeleitet zu werden. Da heulten um 10.30 Uhr die Sirenen. Was noch niemand wußte: Sie kündigten den schwersten Bombenangriff auf Bad Oldesloe an. 18 Minuten lang fielen die Bomben auf die 9.250 Einwohner und die zahllosen Flüchtlinge. In mehreren Wellen entluden 300 britische Kampfflugzeuge ihre tödliche Fracht. Flüchtlinge versuchen noch, Schutz in Splittergräben und im Tunnel am Bahnhof zu finden. Viele schaffen es nicht. Ein Volltreffer tötete 200 Wehrmachtshelferinnen und Krankenschwestern. Erst Stunden später wurde das ganze Ausmaß deutlich. 700 Tote und 300 Verwundete forderte der schwere Angriff. *„Der Bombenangriff vom 24. April 1945 bleibt bis heute ein traumatisches Ereignis für die Stadt"*, sagt Dr. Sylvina Zander. Die Historikerin ist seit 1997 Leiterin des Stadtarchivs und damit auch Hüterin von noch unsortierten

---

222 Wikipedia, *Luftangriff auf Potsdam*; Friedrich, S. 524, 533; Stadt- und Landesbibliothek Potsdam unter www.fabian.sub.uni-goettingen.de

Fotos der Zerstörungen sowie zahlreicher Dokumente aus der Zeit. Nur Augenzeugen gibt es kaum noch.[223]

3. Mai 1945: Die Versenkung des Häftlingsschiffes „Cap Arcona“

Die „Cap Arcona“ war ein Luxusdampfer und ab Ende 1944 zum Transport von Flüchtlingen aus Ostpreußen nach Westen eingesetzt. Ab dem 14. April 1945 lag das Schiff wegen eines Maschinenschadens manövrierunfähig vor Neustadt in Holstein. Am 20. April 1945 wurden mehr als 4.000 Gefangene aus dem KL Neuengamme in den Lübecker Industriehafen transportiert

*Ziel eines britischen Terrorangriffes – Der als Rot-Kreuz-Schiff gekennzeichnete Luxusdampfer „Cap Arcona“. Hier eine Aufnahme aus dem Jahre 1927. Quelle: Fachzeitschrift „Werft * Reederei * Hafen“, 1927.*

---

223 Susanne Rohde-Posern: „24. April 1945, 10.36 Uhr – Bad Oldesloe im Bombenhagel“, in: *Stormarner Tageblatt*, 15. April 2015, unter http://www.shz.de/lokales/stormarner-tageblatt/24-april-1945-10-36-uhr-bad-oldesloe-im-bombenhagel-id9471821.html; „Bombenangriffe auf Bad Oldesloe“, in: *Hamburger Abendblatt* vom 9. Juli 2004 unter www.abendblatt.de; „Der große Bombenangriff. Bad Oldesloe gedenkt des 24. April 1945. Damals starben 700 Menschen“, in: *Hamburger Abendblatt* vom 22. April 2005 unter www.abendblatt.de; Wikipedia, *Rolf Carls*; „Bombenterror in Schleswig-Holstein Bad Oldesloe“ unter www.bombenterror.info

und mit ihrer Bewachung in zwei kleinere beschädigte Schiffe, die „Thielbek“ und die „Athen“, untergebracht. Diese und andere Häftlinge aus schlesischen Lagern wurden dann auf der „Cap Arcona“ eingeschifft. Mit über 7.500 Häftlingen an Bord war das Schiff völlig überfüllt. Mangelhafte Ernährung und unzureichende hygienische Zustände führten zu einem Massensterben. Am 30. April 1945 wurden alle KL-Häftlinge französischer Nationalität und einige Belgier und Niederländer von den Schiffen ans Ufer gebracht und mit den „Weißen Bussen“[224] des Schwedischen Roten Kreuzes zu zwei Dampfern transportiert, die sie nach Trelleborg übersetzten.

Am 3. Mai 1945 gegen 14.30 Uhr wurden die „Cap Arcona“, die „Athen“ und die „Thielbek“ in den Gewässern vor Neustadt in Holstein von britischen Jagdbombern angegriffen. Die Jagdbomber griffen in vier Wellen sofort an, obwohl die Häftlingsschiffe eine gut sichtbare Rotkreuzbeflaggung hatten. Innerhalb weniger Minuten verwandelten sie die „Cap Arcona“ in eine Flammenhölle. Getroffen von mehreren Bomben ging sie in Flammen auf. Als der Angriff eingestellt wurde, war die „Cap Arcona“ bereits gekentert und ging etwa um 15.30 Uhr unter. Mit ihr starben schätzungsweise 5.000 Menschen, nur 350 überlebten die Katastrophe. Mit den Toten der beiden anderen Schiffe stieg die Zahl der Opfer auf etwa 8.000 Menschen. Um das Kriegsverbrechen zu vertuschen, wurde im Nachhinein kolportiert, daß sich angeblich hochrangige deutsche Regierungsmitglieder mittels der Schiffe absetzen wollten. Bei dem Luftangriff wurden insgesamt 23 Schiffe versenkt und 115 Schiffe beschädigt. Da die Wassertemperatur an diesem Tag nur 8° C betrug, konnten die meisten Häftlinge sich nicht schwimmend ans Ufer retten. Die Schiffbrüchigen wurden von den britischen Flugzeugen mit Bordwaffen beschossen. Wirkungsvolle Rettungsmaßnahmen liefen verspätet an. Nur ein geringer Teil der Häftlinge wurde von Booten

---

224 Durch Weiße Busse, weiß gestrichene und mit Rot-Kreuz-Zeichen markierte Fahrzeuge unter schwedischer Flagge, wurden ab März 1945 rund 15.000 überwiegend norwegische und dänische Häftlinge aus deutschen Konzentrationslagern nach Skandinavien in Sicherheit gebracht. Der Vize-Präsident des Schwedischen Roten Kreuzes, Folke Bernadotte, hatte diese humanitären Rettungsaktionen ab März 1945 mit Walter Schellenberg und Heinrich Himmler persönlich vereinbart. Wikipedia, *Rettungsaktion Weiße Busse*

aufgenommen, die sich vorrangig um die Rettung von Marineangehörigen bemühten. Rund 6.400 der etwa 7.000 KL-Insassen auf der „Cap Arcona" und der „Thielbek" verbrannten, ertranken oder wurden erschossen.[225]

3. Mai 1946: Die Zerstörung des Eifeldorfes Wollseifen

Wollseifen (1939: etwa 500 Einwohner) war ein blühendes Eifeldorf mit malerischen Fachwerkhäusern. Auf Befehl der britischen Besatzungsmacht fiel dieser Ort, dessen Ursprung bis ins 12. Jahrhundert zurückgeht, einem militärischen Übungsplatz zum Opfer. Die Bewohner von Wollseifen wurden im August 1946 aufgefordert, ihr Dorf binnen drei Wochen (bis zum 1. September 1946) zu räumen. Unterkünfte für den weiteren Verbleib wurden den Menschen allerdings nicht angeboten. So wurden die Einwohner (etwa 120 Familien), welche die Ruinen ihrer Häuser nach dem Krieg wieder notdürftig hergerichtet hatten, aus ihrem Dorf kurzerhand vertrieben und obdachlos. Die Häuser in Wollseifen wurden vom britischen Militär in Brand geschossen und das Dorf letztendlich dem Erdboden gleichgemacht, mit Ausnahme eines Trafohäuschens. Auch der Mittelpunkt und das Wahrzeichen von Wollseifen, die weithin sichtbare Kirche St. Rochus mit ihrem schlanken, hohen Turmhelm, wurde durch übende britische und belgische Truppen zerstört und brannte an Fronleichnam 1947 vollständig aus. 1955 stand dann endgültig fest, daß der Truppenübungsplatz als Dauereinrichtung zu sehen ist und so eine Rückkehr der Wollseifener in ihre Heimat nicht mehr möglich sein würde. Die Bundesvermögensverwaltung „übernahm" 1963 das Grundvermögen der vertriebenen Wollseifener kurzerhand per Enteignungsbeschluß bzw. Enteignungsverfahren.

Reparationszahlungen an die Wollseifener für die entstandenen Schäden wurden 1975 vom Petitionsausschuß des Deutschen Bundestages zurückgewiesen. Seit über 60 Jahren warten die Wollseifener vergeblich auf Worte der Entschuldigung seitens einer deutschen Bundesregierung für das ihnen zugefügte Unrecht. Einen Tag vor Beginn der Ardennenoffensive, am 15.

225 „Versenkung der Cap Arcona am 3. Mai 1945" unter https://bilddung.wordpress.com/2013/01/31/wilhelm-gustloff-grostes-kriegsverbrechen-in-der-seefahrtsgeschichte/

Dezember 1944 gegen 12.00 Uhr mittags, legten amerikanische Jagdbomberpiloten der 9. Bombardement Division einen grauenvollen Bombenteppich über das Dorf. Zurück blieben Trümmer über Trümmer und 35 tote Zivilisten und viele tote Soldaten.[226]

17. April 1947: Der Versuch einer Totalsprengung Helgolands

Am 18. April 1945 flog die RAF mit insgesamt 981 Flugzeugen einen Großangriff auf Helgoland, durch den der gesamte Wohnraum (über 95 Prozent) und die Versorgungsbetriebe der Insel zerstört wurden. Der Angriff kostete 116 Soldaten und zwölf Zivilisten das Leben, etwa 2.000 Menschen wurden obdachlos. Nach dem Krieg wurden die verbliebenen 2.700 Einwohner evakuiert. Helgoland diente nun der britischen Luftwaffe als Übungsziel.

Blick auf das zerstörte Helgoland, Richtung Nordwest. Oben rechts der Leuchtturm, im Vordergrund die Ostmole mit Südhafen und Binnenreede, linker Bildrand: alte Westmole.

226 „Wollseifen – Das tote Dorf" unter www.eifelpunkt.de; Wikipedia, *Wollseifen*; „St. Rochus in Wollseifen", Beitrag vom 27. März 2008 unter www.aachener-zeitung.de

Auf der Grundlage des Potsdamer Abkommens, das eine völlige Entmilitarisierung und Entwaffnung Deutschlands vorsah, wurde unter der Bezeichnung „Operation Big Bang" auch die Zerstörung der Festungsanlagen Helgolands angeordnet. Danach sollten nur die militärischen Anlagen zerstört werden, von einer Totalzerstörung der Insel war nie die Rede. Offizieller Beginn der Operation war der 15. August 1946. Nach Abschluß der vorbereitenden Maßnahmen erfolgte die Verschiffung von 3.183 Tonnen Explosivstoffen zur Insel, darunter auch 1.200 britische Unterwasserbomben und deren Einbau in die Festungsanlagen. Somit waren insgesamt 3.997 Tonnen Sprengstoffe (netto) für den „Big Bang" eingebracht, was einem Bruttogewicht von zirka 6.700-7.000 Tonnen entsprach. Der Installation der Sprengladungen folgte die Verkabelung, wobei die Zünder erst wenige Stunden vor der Sprengung eingepaßt wurden. Am Morgen jenes schicksalhaften Tages, des 17. Aprils 1947, legten Arbeiter ein letztes Mal Hand an, als sie die Zünder anbrachten.

Mit dem dritten Zeitton des 13.00 Uhr-Zeitsignals der BBC wurde dann vom neun Meilen entfernten britischen Schiff „Lasso" die Sprengung per Fernzündung ausgelöst. Die Festung Helgoland hatte aufgehört zu existieren und damit auch ein Teil der Insel selbst. Im Guiness-Buch der Rekorde wurde die Sprengung als die größte nicht-atomare Explosion der Menschheitsgeschichte vermerkt und hat damit eine traurige Berühmtheit erreicht. Nach der gewaltigen Explosion, deren Staub- und Rauchwolken noch in Cuxhaven zu sehen waren, glich Helgoland einer Mondlandschaft.[227]

---

227 Pit Pietersen: *Kriegsverbrechen der alliierten Siegermächte*, Norderstedt, 2006, S. 40-41

17. Die Verbrechen der Sowjets an Deutschen

21. Oktober 1944: Das Massaker von Nemmersdorf (Ostpreußen)

Deutsche Soldaten sammeln die Leichen der von der Roten Armee bei Nemmersdorf ermordeten Zivilisten. Aufnahme einer Propagandakompanie.

Im Vordergrund zwei bei dem Massaker erschossene Kinder. Die Nemmersdorfer Opfer wurden unmittelbar nach dem Gegenschlag der Wehrmacht penibel dokumentiert. Niemand, der die in vielen zeithistorischen Büchern zu Flucht und Vertreibung reproduzierten Fotos von den auf einem Dorfacker liegenden toten Kleinkindern und offensichtlich vergewaltigten Frauen gesehen hat, vergißt diese Bilder. Die Toten sind überdies „inszeniert" und damit plastischer als unzählige gleich schwerwiegender Kriegsverbrechen ins öffentliche Bewußtsein gehoben worden.

Die Nemmersdorfer Opfer wurden unmittelbar nach dem Gegenschlag der Wehrmacht penibel dokumentiert. Niemand, der die in vielen zeithistorischen Büchern zu Flucht und Vertreibung reproduzierten Fotos von den auf einem Dorfacker liegenden toten Kleinkindern und offensichtlich vergewaltigten Frauen gesehen hat, vergißt diese Bilder. Die Toten sind überdies „inszeniert" und damit plastischer als unzählige gleich schwerwiegender Kriegsverbrechen ins öffentliche Bewußtsein gehoben worden

Die im Juni 1944 gestartete Großoffensive brachte die Rote Armee bis Anfang September dicht vor die Reichsgrenze in Ostpreußen. Bei der ersten Begegnung mit deutschen Zivilisten im Memelland passierten bereits schwere Übergriffe, Plünderungen, Vergewaltigungen, Erschießungen. In den Ortschaften des südlichen Landkreises Gumbinnen verfuhren die Sowjettruppen nach dem gleichen Muster. Der heftigste Gewaltexzeß erfolgte am 21. Oktober 1944 in der 600-Seelen-Gemeinde Nemmersdorf. Dem Gemetzel fielen 19 Einwohner zum Opfer. Hinzu kamen mindestens zehn weitere Morde an Flüchtlingen, die es mit ihren Trecks dorthin verschlagen hatte. Als die deutschen Soldaten Nemmersdorf und Umgebung am 23. Oktober kurzfristig befreiten, stellten sie fest, daß in den Nachbardörfern wenigstens 50 weitere Menschen die kurzeitige Besetzung ihrer Heimat mit dem Leben bezahlt hatten. Insgesamt forderte die sowjetische Kriegsfurie bei diesem ersten tieferen Einbruch ins Reichsgebiet etwa hundert tote Zivilisten.

Angesichts der etwa 3.500 Königsberger, die allein Ende August 1944 bei zwei Nachtangriffen der Royal Air Force umkamen, scheint das keine bemerkenswerte Verlustbilanz zu sein. Trotzdem rangierte Nemmersdorf im kollektiven Gedächtnis der vertriebenen Ostpreußen jahrzehntelang vor dem im britischen Feuersturm untergegangenen Königsberg, obwohl dessen Kriegsschicksal mit dem im Februar 1945 von Rotarmisten verübten Massaker im Vorort Metgethen sowie den Massenverbrechen in der am 9. April 1945 eroberten Provinzhauptstadt noch Steigerungsformen der Bestialität ausweist.[228]

---

228 Martin Zühlke: „Zeitsprung zurück in die Barbarei", in: *Junge Freiheit*, 21. Oktober 2014

30. Januar 1945: Die Versenkung des Flüchtlingsschiffes „Wilhelm Gustloff"

Ende Januar 1945 rückte die Rote Armee immer weiter nach Westen vor, in Richtung Danzig. Bald war Ostpreußen vom Deutschen Reich abgeschnitten. Für mindestens 1,5 Millionen Zivilisten und rund 500.000 Wehrmachtsangehörige blieb damit nur noch die Flucht über die Ostsee. Die „Operation Hannibal" lief an. Mit Schiffen sollen die Flüchtlinge über die Ostsee in den Westen transportiert werden. Die daran beteiligte „Wilhelm Gustloff" verließ Gotenhafen/Gdingen am 30. Januar 1945 um die Mittagszeit.

Ausgelegt war das 1938 in Dienst gestellte „Kraft durch Freude" (KdF)-Schiff für 1.465 Passagiere und 426 Besatzungsmitglieder. Im Kriege wurde es als Lazarettschiff eingesetzt. Zum Kriegsende wurde das Schiff für Evakuierungsmaßnahmen verwendet. Beim Auslaufen in Gdingen befanden sich über 10.000 Menschen an Bord, überwiegend Frauen und Kinder. Gegen 21.15 Uhr feuerte das sowjetische U-Boot „S-13" den ersten von drei Torpedos auf das knapp 700 Meter entfernte Schiff. Alle drei fanden ihr Ziel: Zwei schlugen im Vorderschiff ein, der dritte mittschiffs in den Maschinenraum. Schnell strömte Wasser in den Rumpf. Drei der abtrennbaren Abteilungen liefen umgehend voll, doch die zum Schutz gegen Lecks eingebauten Schotten konnten nicht geschlossen werden. Bald war klar, daß der Dampfer keine Chance mehr hatte. Tausende Menschen drängten an Deck. Die Luft war schneidend kalt – minus 18 Grad Celsius. Die zusätzlichen Rettungsflöße waren festgefroren; nur wenige der ohnehin nicht ausreichenden Rettungsboote konnten zu Wasser gelassen werden.

Unbeschreibliche Szenen spielten sich ab. Verzweifelte Flüchtlinge schlugen sich um Schwimmwesten. Hunderte Menschen sprangen über Bord ins eisige Meer, wo sie meist binnen kurzem erfroren. Im Inneren des Schiffs steckten Tausende Flüchtlinge fest. 62 Minuten dauerte der Todeskampf. Dann verschlang die Ostsee den Stolz der KdF-Flotte und mit ihr um die 9.000 Menschen; nur 1.239 Personen überlebten. Mit über 9.000 Toten ist der Untergang der „Wilhelm Gustlof" bis heute die größte Katastrophe in der Geschichte der Seefahrt, bezogen auf ein einzelnes Schiff.

„Held der Sowjetunion“ und Kriegsverbrecher: Alexander Iwanowitsch Marinesko (1913/Odessa-1963/Leningrad).

Zurück in seinem Heimathafen Turku in Finnland, brüstete sich U-Boot-Kommandeur Alexander Marinesko, vermutlich im Wodkarausch, er sei der Tonnagekönig der Baltischen Flotte, weil er zwei Schiffe mit zusammen 40.000 Tonnen versenkt und mindestens 10.000 „Faschisten“ getötet habe. 1990 verlieh ausgerechnet Michail Gorbatschow ihm posthum den begehrten Titel „Held der Sowjetunion“. Heute heißt in „Kaliningrad“ (Königsberg) eine prominente Straße nach Marinesko, in St. Petersburg steht ein Denkmal zur Erinnerung an ihn. Ob die Versenkung der „Wilhelm Gustloff“ dem geltendem Kriegsvölkerrecht entsprach, erscheint höchst zweifelhaft, weil die sowjetischen Stellen über die Fluchtrouten der Flüchtlinge genauestens informiert waren.[229]

22. Januar 1945: Das Niederbrennen Allensteins

Anfang 1945 flüchteten die meisten Einwohner Allensteins (1939: 46.500 Einwohner) vor der heranrückenden sowjetischen Front. Soldaten der Roten Armee nahmen die Stadt am 22. Januar kampflos ein. Die Stadt hatte durch Bomben und Artilleriebeschuß kaum gelitten. Aber schon in der ersten Nacht begannen die Sowjetsoldaten, Brände zu legen. Auf einem der Hauptplätze

229 Sven Felix Kellerhof: „Der Trinker, der die ‚Wilhelm Gustloff‘ versenkte“, in: *Die Welt*, 29. Januar 2015, unter http://www.welt.de/geschichte/zweiter-weltkrieg/article136893332/Der-Trinker-der-die-Wilhelm-Gustloff-versenkte.html; Katja Riedel: „Eisiges Grab für über 9.000 Menschen“, in: *Focus-Online*, 1. April 2015, unter http://www.focus.de/wissen/mensch/geschichte/tid-9050/wilhelm-gustloff_aid_262896.html; WDR, „Stichtag 30. Januar 1945 – Flüchtlingsschiff ‚Wilhelm Gustloff‘ wird versenkt“, unter http://www1.wdr.de/themen/archiv/stichtag/stichtag4984.html; Wikipedia, *Wilhelm Gustloff (Schiff)*

wurde ein vierstöckiges Kaufhaus angezündet. Es kam auch zu Mißhandlungen der Zivilbevölkerung. Besonders grausame Übergriffe wurden nach Augenzeugenberichten in der zum Feldlazarett umfunktionierten Heilanstalt Kortau[230] verübt, wo alle Lazarett-Patienten und das Personal den Tod fanden. Dort wurden bei Bauarbeiten in den fünfziger Jahren mehrere kleinere und größere Massengräber entdeckt. Das größte von ihnen barg 227 Leichen. Bis März 1945 wurden in Allenstein durch vorsätzliche Brandstiftung 1.040 Häuser (40 Prozent der Bausubstanz) zerstört, bevor die Rote Armee die Kontrolle über die Stadt der polnischen Verwaltung übergab.

Das brutale Vorgehen der sowjetischen Armee in Ostpreußen am Ende des Krieges und die dabei geduldeten Ausschreitungen werden u. a. auch in Büchern der russischen Schriftsteller Alexander Solschenizyn („Ostpreußische Nächte") und Lew Kopelew („Aufbewahren für alle Zeit") thematisiert, die damals selbst Soldaten und Zeitzeugen waren. Die Narben des Krieges sind noch heute zu sehen. Den historischen Stadtkern haben die Polen in Anlehnung an die alte Architektur neu errichtet.[231]

1. Februar 1945: Das Massaker von Metgethen

Das ostpreußische Dorf Metgethen im Kreis Königsberg wurde in der Nacht zum 1. Februar 1945 von der Roten Armee eingenommen. Als

230 In Kortau, einem Stadtteil von Allenstein, befand sich ein Hospital für psychisch Kranke. In den Jahren 1941-1945 wurden Teile des Gebäudes in ein Kriegslazarett umgewandelt, in dem auch ausländische Kriegsgefangene lagen. Als die Soldaten der Roten Armee in der Nacht vom 21. auf den 22. Januar in die Vorstadt von Allenstein einmarschierten, brachten sie alle um, die sich noch auf dem Krankenhausgelände befanden: die Insassen des Kriegslazaretts, Patienten, medizinisches Personal und Flüchtlinge, die sich hierher gerettet hatten (vor allem Frauen und Kinder). Die Rotarmisten brannten die Gebäude nieder, in denen sich die noch Anwesenden versammelt hatten. Auf die Fliehenden wurde mit Gewehren geschossen oder sie wurden durch Flammenwerfer bei lebendigem Leibe verbrannt. Die Ärzte von Kortowo wurden auf dem Dachboden des Gebäudes erhängt, der Anstaltsleiter und seine Frau in ihrer Villa erschossen. „Kortowo (Kortau) – Hospital und Denkmal", Deutsch-polnisches Jugendwerk unter http://www.erinnerungsorte.org/karte-polen/mpc/Memorial/mpa/pdf/mp-place/kortowo-szpital-i-pomnik/

231 Wikipedia, *Olsztyn (Allenstein)*; Allenstein (Olsztyn) unter www.polish-online.com

die Rotarmisten das Dorf besetzten, hatten sich in Metgethen und in dem benachbarten Waldgebiet eine unbekannte Anzahl von Zivilpersonen aufgehalten, außer Einwohnern auch Flüchtlinge aus dem Osten und ukrainische Fremdarbeiter. Nachdem am 19. Februar 1945 deutsche Truppen den Korridor Pillau-Königsberg zurückerobert hatten, wurde eine große Zahl Toter entdeckt. Die Leichen wiesen Anzeichen von Vergewaltigung, Verstümmelung und Mißhandlung auf. Einer der Tatortzeugen war Hermann Sommer, damals Hauptmann im Stab des Festungskommandanten von Königsberg, General Otto Lasch. Zu seinen Zuständigkeiten gehörte die Unterbringung von Ausländern und Kriegsgefangenen. Nach der Rückeroberung fand er *„neben den über den ganzen Ort verstreuten Einzelleichen zwei besonders große Leichenhügel"*, in denen mehrere hundert Tote lagen: deutsche Frauen und Kinder und ukrainische Fremdarbeiter. An der Straßenkreuzung nach Powayen stand ein russischer Panzer, der vier unbekleidete Frauen hinter sich hergeschleift hatte. Auf dem Tennisplatz befand sich ein offener Sprengtrichter von etwa zehn Metern Durchmesser und vier Metern Tiefe. In seinem Inneren, an seinem Rand, in der nächsten Umgebung, selbst am und auf dem hohen Drahtzaun des Tennisplatzes und in den Ästen der umstehenden Bäume lagen und hingen Leichenteile von etwa 25 Männern, Frauen, Kindern, drei oder vier Flaksoldaten und einigen Männern in deutscher Polizeiuniform. Rund um den Trichter lagen einige Pferdekadaver und Fuhrwerke mit zerfetztem Flüchtlingsgut. Weitere Leichenteile fand man bis zu 200 Meter in der Umgebung des Tennisplatzes verstreut.

Nach der Entdeckung der Greuel wurde eine Kommission zur Identifizierung der Opfer und Klärung des Hergangs gebildet, die *„mehrere hundert Leichen"* fotografierte und Aussagen und Tatzeugen protokollierte. Etwa 200 Tote wurden mit Truppenfahrzeugen der 1. und 561. Infanteriedivision zur Identifizierung nach Königsberg gebracht.[232]

---

232 Entnommen aus dem Buch *Deutsche Opfer – Alliierte Täter 1945* von Prof. Dr. Franz W. Seidler, 2012/13, veröffentlicht am 1. Februar 2013 unter https://menosgada.wordpress.com/2013/02/01/die-massaker-von-nemmsersdorf-und-metgethen-194445/

10. Februar 1945: Die Versenkung des Flüchtlingsschiffes „Steuben"

Ab der Jahreswende 1944/45 unternahm das ehemalige Kreuzfahrtschiff „Steuben" mehrere Fahrten zur Evakuierung von Verwundeten und Flüchtlingen aus den deutschen Ostgebieten. Am 9. Februar 1945 lief die „Steuben" mit rund 4.000 Menschen aus dem belagerten Pillau in Richtung Kiel aus. Gegen 0.55 Uhr am 10. Februar 1945 wurde die „Steuben" auf der Höhe von Stolpmünde von zwei Torpedos des sowjetischen U-Bootes „S-13" getroffen und sank innerhalb von nur etwa 15 Minuten. Der U-Boot-Kommandant Alexander Marinesko hatte zuvor unter Wasser manövrierend das Schiff vier Stunden lang mit dem Horchgerät verfolgt. Beim Untergang der „Steuben" kam der größte Teil der an Bord befindlichen Personen ums Leben. Nur etwa 660 Schiffbrüchige konnten vom Begleitschiff des Transporters und dem zu Hilfe kommenden Torpedofangboot „TF 10" aus der eiskalten Ostsee gerettet werden.

Die Versenkung der „Steuben" gehört damit zu den Schiffskatastrophen mit der höchsten Zahl an Todesopfern, von denen sich die meisten zu Beginn des Jahres 1945 mit den Versenkungen der „Wilhelm Gustloff", der „Goya", der „Steuben" und der „Cap Arcona" in der Ostsee ereigneten und mehr als 20.000 Menschen das Leben kosteten.[233]

16. April 1945: Die Versenkung des Flüchtlingsschiffes „Goya"

Anfang 1945 flüchteten mehr als zwei Millionen Menschen über die Ostsee. Die Rote Armee versuchte, so viele Schiffe wie möglich zu versenken. Zu ihnen gehört kurz vor Kriegsende die „Goya". Der Frachter sank in sieben Minuten und riß 7000 Menschen in den Tod – eine der größten Schiffskatastrophen der Geschichte.

Das 1940 in Dienst gestellte Frachtschiff „Goya" sollte im April 1945 verwundete Soldaten, flüchtende Zivilisten und 200 Militärangehörige aus

233 Tobias Birzer: „Das Schicksal der vergessenen Flüchtlingsschiffe", in: *Focus-Online*, 10. Februar 2010, unter http://www.focus.de/wissen/mensch/geschichte/tid-17176/geschichte-das-schicksal-der-vergessenen-fluechtlingsschiffe_aid_478590.h

„Held der Sowjetunion" und Kriegsverbrecher: Wladimir Konstantinowitsch Konowalow (1911/Nadjoschnoje-1967/Leningrad). Konowalow wurde in einer jüdischen Familie in der Landwirtschaftkolonie Nadjoschnoje im Südosten der Ukraine geboren.

Westpreußen evakuieren. Der verantwortliche Zahlmeister zählte allein am Fallreep über 7.000 Personen. Während der Beladung lag der Hafen der Halbinsel Hela am Ausgang der Danziger Bucht unter Dauerbeschuß. Gegen 8.30 Uhr wurde die „Goya" von einer Fliegerbombe im vorderen Drittel getroffen. Die Bombe riß ein Loch in das Oberdeck und zerstörte die MES-Anlage (Mineneigenschutz).

Gegen 19:00 Uhr setzte sich der Geleitzug vor Hela in Bewegung. Die Schiffe waren völlig abgedunkelt in Richtung Swinemünde aufgebrochen. Gegen 23.00 Uhr wurde der Konvoi angewiesen, nach Kopenhagen zu fahren. Wegen eines Maschinenschadens der „Kronenfels" mußte der Konvoi allerdings für etwa 20 Minuten stoppen. Unmittelbar nach Reparatur und Wiederaufnahme der Fahrt erfolgte der Angriff auf die

„Goya". Um 23.52 Uhr schoß das sowjetische Garde-U-Boot „L-3"unter Kapitänleutnant Wladimir Konowalow vier Torpedos auf die „Goya" ab, von denen zwei trafen. Der erste Treffer verursachte einen Bruch des Kiels im Bereich des Vorschiffs; der zweite traf mittschiffs. Die „Goya", die als Frachter über keine baulichen Sicherungsmaßnahmen verfügte, wie sie für Passagierschiffe üblich waren, sank innerhalb von nur sieben Minuten in der drei Grad kalten Ostsee. Obwohl Konowalow für die Versenkung der „Goya" die höchste Auszeichnung des Landes, den Orden „Held der Sowjetunion", erhielt, wurde die Versenkung von der Sowjetunion selbst lange bestritten.[234]

23. April 1945: Das Massaker von Treuenbrietzen

Treuenbrietzen (1945: etwa 7.000 Einwohner) ist eine Kleinstadt im Südwesten Brandenburgs. Die Stadt erlangte durch das Massaker vom 23. April 1945 traurige Berühmtheit. Am 21. April 1945 besetzte die Rote Armee die Stadt. Während einer typischen Siegesfeier mit reichlich Alkohol und entführten deutschen Frauen kam es am 22. April in der sowjetischen Kommandantur zu einem tödlichen Streit. Hierbei wurde der Kommandant der Stadt, Oberstleutnant Fedor Schartschinski, erschossen. Morgens am 23. April eroberten Soldaten der Wehrmacht, verstärkt durch Mitglieder des Reichsarbeitsdienstes und Hitlerjungen, große Teile von Treuenbrietzen zurück. Erst am Nachmittag brachte die Rote Armee die Stadt wieder unter ihre Kontrolle. Dann kam es zu den Erschießungen. Mutmaßlicher Auslöser war der gewaltsame Tod des Kommandanten der Stadt am Vorabend. In und um Treuenbrietzen wurde, beginnend am 23. April 1945, eine unbekannte Zahl deutscher Zivilisten erschoßen. Dabei wurden die Opfer am Rand eines Waldes selektiert. Während Frauen und Kinder weiterziehen durften, mußten die Männer heraustreten und wurden erschossen. Augenzeugen sprechen von 800 ermordeten Einwohnern und Flüchtlingen, das örtliche Standesamt hat 254 von Angehörigen gemeldete Opfer registriert. Augenzeugen, die die Toten begraben mußten, hörten bei einer Zahl von 721 Toten auf zu zählen. Heutige Schätzungen reichen bis zu etwa 1.000

234 Wikipedia, *Goya (Schiff)*

Toten. In der DDR wurden sie als Opfer eines Bombenangriffs ausgegeben, den es aber nachweislich nicht gegeben hatte.

Die Opfer dieses Verbrechens der Roten Armee wurden nach Kriegsende auf dem Triftfriedhof beigesetzt. Dort gibt es sechs Massengräber, in denen die Toten in zwölf Reihen übereinander liegen, offiziell registriert wurden hier lediglich 125 Zivilisten. Seit dem Herbst 2008 ermittelte erstmals die Staatsanwaltschaft Potsdam aufgrund dieses Massakers in Treuenbrietzen gegen ehemalige Soldaten der Roten Armee wegen „Mordes gegen unbekannt". Tätig wurde die Staatsanwaltschaft Potsdam aufgrund der Anzeige des „Forums für Aufklärung und Erneuerung". Weil jedoch deutsche Gerichte für strafbare Handlungen der Alliierten laut Kontrollratsgesetz Nr. 4 nicht zuständig sind, besteht ein Verfahrenshindernis, so daß das Verfahren 2009 eingestellt wurde. Das brutale Vorgehen der sowjetischen Soldateska dürfte durch einen Befehl des Oberbefehlshabers der 1. Weißrussischen Front, Marschall Schukow, gedeckt gewesen sein, worin Geiselnahmen und Erschießungen von Mitgliedern der ortsansäßigen Bevölkerung eindeutig vorgesehen waren.

Über das Geschehen in Treuenbrietzen berichten Zeitzeugen. Der Großvater von Günter Eiserbeck wurde von einem Sowjetsoldaten gefragt: *„Du Deutscher?"* Als der alte Mann bejaht, wurde er weggerissen, auf die Knie gezwungen, der Uniformierte drückte ihm den Lauf einer Pistole in den Nacken und erschoß ihn. Eiserbeck war damals sieben Jahre alt. Er weiß noch, daß er den leblosen Großvater liegen sah, das Gesicht auf dem nassen Waldboden, und daß er jämmerlich geweint und nichts begriffen hatte.

Ingeborg Grabow, eine ehemalige Deutschlehrerin, die damals 21 Jahre alt war, erinnert sich: *„Ich habe mit eigenen Augen gesehen, wie sie Männer aus der Stadt in den Wald führten."* Damals im Wald seien die Männer regelrecht hingerichtet worden. Wer in Treuenbrietzen blieb, sei ebenfalls dem Tode geweiht gewesen: *„Alle Zivilisten, die das Stadtgebiet während der Kampfhandlungen nicht verließen, galten als Partisanen und konnten erschoßen werden"*, erinnert sie sich. *„Selbst wenn sie, wie meine Großtante, 93 Jahre alt* *waren, wurden sie getötet.*" Ingeborg Grabow weiß genau, wovon sie spricht, wenn sie von dem Schicksal der Frauen und Mädchen berichtet, die *„von den russischen Soldaten wie Freiwild behandelt worden"* seien. *„Sie konnten mißbraucht, gequält und zutiefst gedemütigt werden."* Und sie fügt leise hinzu: *„Wer Rache übt, kann sich nicht als Befreier feiern lassen, auch wenn er mitgeholfen hat, diesen unseligen Krieg zu beenden."*

Die damals 14-jährige Gerda Berkholz war am 23. April 1945 fassungslos durch die Stadt gelaufen. *„Der Anblick, der sich mir bot, war grauenhaft"*, erinnert sich die heute 78-Jährige. *„Die Straße lag voller Leichen."* Es habe *„ein Spießrutenlaufen durch die Massen der russischen Soldaten"* begonnen. *„Ich war noch sehr klein damals, sah aus wie ein Kind"*, sagt sie, *„vermutlich hat mich das in diesen Tagen vor Vergewaltigungen gerettet."* Von 1960 bis 1990 arbeitete Gerda Berkholz in Treuenbrietzen als Standesbeamtin. Sie kennt fast jeden in der Stadt. *„Der 23. April 1945"*, sagt sie, sei *„hier immer ein Tabuthema"* gewesen. *„Über Russen durfte ohnehin nicht schlecht geredet werden. Das war ja schon ein Staatsverbrechen, wenn man ‚die Russen' sagte. Offiziell waren das ‚die Freunde'."* Staatsanwaltliche Ermittlungen gegen die Täter wurden 2009 eingestellt.[235]

29. April 1945: Das Niederbrennen Neubrandenburgs

Am 29. April 1945 wurde Neubrandenburg (1939: 22.000 Einwohner) ohne Widerstand und ohne Kampfhandlungen von der Roten Armee eingenommen. Nach dem Einmarsch der Russen wurde die Stadt Opfer von Zerstörung und Brandschatzung, welche die historische Altstadt zu mehr als 80 Prozent vernichteten. Hierbei wurde auch das Alte Rathaus zerstört. Ein ähnliches Schicksal erlebten fast alle Städte im östlichen Mecklenburg und der angrenzenden Uckermark (z. B. Malchin, Friedland, Woldegk, Neustrelitz, Prenzlau, Gartz/Oder). Etwa 600 Menschen begingen in dieser Zeit Selbstmord.

235 Michael Mielke: „Das Massaker von Treuenbrietzen", 2. Dezember 2008, unter www.welt.de; „Das Massaker von Treuenbrietzen", in: *Berliner Zeitung* vom 25. 11. 2008 unter www.berliner-zeitung.de; Wikipedia, *Sowjetisches Kriegsverbrechen 1945 in Treuenbrietzen* und *Massaker von Treuenbrietzen*

Die SED-Propaganda versuchte, die Verantwortung der Roten Armee für die Brandschatzung in der Nachkriegszeit durch vielfältige Legenden zu vertuschen. So hieß es beispielsweise, daß sich in der Innenstadt einige Einheiten der Wehrmacht verschanzt hätten und die Stadt eine Kapitulation verweigerte oder daß der Umstand maßgeblich gewesen sei, daß Neubrandenburg die Geburtsstadt von Otto Ernst Remer war. Die moderne Stadtgeschichtsforschung konnte all diese Aussagen inzwischen zweifelsfrei als mehr oder weniger frei erfundene Propagandalügen belegen.[236]

Spiegel-Bericht über die Selbstmordwelle zum Kriegsende 1945

Zehntausende Deutsche nahmen sich während der letzten Kriegswochen das Leben, vor allem beim Einmarsch der Roten Armee. In der DDR war der Terror der Befreier gegen die Zivilbevölkerung tabu. Überall dort, wo die Rote Armee vorrückte, verlief eine beispiellose Selbstmordwelle entlang der Frontlinie. Mancher nahm sich schon aus Angst vor der Rache der Sieger das Leben. Der Terror, der dann wirklich über die Zivilbevölkerung hereinbrach, trieb in Schlesien, Pommern oder Mecklenburg Zehntausende in den Tod. Willkürliche Erschießungen, die Vergewaltigungen, das Abfakkeln der Städte – die Greueltaten der Roten Armee waren in der DDR tabu, ebenso die Massenselbstmorde.

Diejenigen, die alles mitangesehen oder gar einen gescheiterten Suizidversuch hinter sich hatten – Kinder, Alte, vergewaltigte Frauen – schämten sich und hielten still. Irgendwie mußte das Leben im System der Befreier ja weitergehen. Heute mögen manche nichts mehr davon hören, lange genug haben sie um die Balance zwischen Erlittenem und Erlerntem gerungen. *„Tötet, tötet! Kein Deutscher ist unschuldig"*, hatte Ilja Ehrenburg, Stalins Agitator des Hasses, gehetzt. *„Brecht mit Gewalt den Rassenhochmut der germanischen Frauen. Nehmt sie als rechtmäßige Beute"*, hat er die Sowjettruppen angefeuert. In der Stadt Demmin brach Massenhysterie aus, Weltuntergangsstimmung. Bald trieben die Leichen derer im Wasser, die Schluß gemacht hatten aus Angst

236 Wikipedia, *Neubrandenburg*; Neubrandenburg unter www.europeonline-magazin.eu; www.stadt-brandenburg.de

und Verzweiflung über das Grauen. Ganze Familien gingen zusammengebunden ins Wasser. Wie eine Bordüre säumten Babywäsche, Kleider, Pelze, Ausweise, Pässe und Geld das Tollenseufer. *„Wochenlang fand man aufgedunsene Leichen in den Flüssen, und in den blühenden Apfelbäumen sehe ich noch heute die Toten hängen"*, sagt der Zeitzeuge Karl Schlösser. Am Ende fehlte etwa jeder 20. Demminer. Genau gezählt hat es keiner mehr.

Im Archiv seiner Heimatstadt Neubrandenburg hat Dieter Krüger schon zu DDR-Zeiten zwischen grauen Pappendeckeln den Bericht eines russischen Kreiskommandanten entdeckt. Darin heißt es, Deutsche, verkleidet in russischer Uniform, seien plündernd und vergewaltigend durch Mecklenburg-Strelitz gezogen. Krüger zieht das vergilbte Schriftstück hervor: *„Das war die russische Ausrede. Es gab kein noch so kleines Eingeständnis zu den Übergriffen. Das waren ja die Befreier."* Für die in Moskau geschulten deutschen Kommunisten, die mit den sowjetischen Truppen nach Hause zurückkehrten und dort die Verwaltung übernahmen, hatte die Ideologie im Zweifelsfall über der Aufklärung zu stehen. Kein Makel durfte auf die ruhmreiche Rote Armee fallen. *„Auch in der Alt-BRD hat sich später darum niemand gekümmert."* Nach der Wende nahm er seine Forschungen wieder auf: *„Demmin war vielleicht der Höhepunkt, aber auch in Neubrandenburg waren es mindestens 600 Freitote."* Krüger hat die Opferzahlen aus Dokumenten und Zeitzeugenberichten notiert. Er trägt vor: *„Burg Stargard: 120 Freitote. Neustrelitz: 681. Penzlin: 230. Tessin: 107 ..."* Hinter jede Zahl setzt er einen roten Haken. – Es wird Zeit, daß diese Fakten in die Geschichtsbücher gelangen.

In Vietzen und Rechlin liefen die Menschen in Scharen zur Müritz, um sich zu ertränken. Hunderte von Freitoten in Teterow, Güstrow, Rostock, Bad Doberan. In Malchin sollen über 500 Freitote im Massengrab liegen. Meist nur Schätzungen gibt es für die deutschen Ostgebiete. Schönlanke: 500. Stolp: 1.000. Lauenburg: 600. Grünberg in Niederschlesien: 500. In Berlin, wo Regierungsstellen Zyankalikapseln lagerten, nahmen sich allein im April und Mai über 4.000 Menschen das Leben.

Erschüttert hat Krüger ein Fall in Sukow. Unter der Kanzel der Kirche erschoß dort ein Mann seine Familie und dann sich selbst. Ein anderer aus

Malchin stand 1959 vor Gericht, weil er damals beim Anrücken der Roten Armee seine Frau und seine beiden Jungen mit der Pistole seines Nachbarn getötet hatte. Er ahnte nicht, daß nur drei Schuß in der Waffe waren und überlebte. Zur Tatzeit sei er unzurechnungsfähig gewesen, entschied das Gericht und sprach ihn frei.

„Trauma bleibt Trauma", sagt Hartmut Boek. *„Mein ganzes Leben ist gezeichnet davon."* Immer blieb er allein, immer Außenseiter. 1972, beim Anblick seines toten Vaters, stürzte er in die erste Krise. Er begann, das Erlebte zu malen: die Mutter und der Russe mit dem Gewehr, er ganz klein daneben, von der Welt abgeschnitten in einer Art Blase. Wie ein Einsiedler verkroch er sich im Naturschutzgebiet, schrieb Mundartstücke und Lyrik, lebte mit Literatur und Musik, Hesse und Tolstoi, Bach und Tschaikowsky.

Von seinen Klassenkameraden hatten damals einige mit verbundenen Handgelenken in der Klasse gesessen. *„Manche waren mit 30 invalide, weil sie damit nicht fertig wurden."* Das Perfide war: Was sie durchlitten hatten, war offiziell gar nicht geschehen. Boek empfand das immer als zusätzliche Verletzung: *„Für alle gab es Gedenken: KZ-Häftlinge, jüdische Opfer, die gefallenen Russen. Aber um die andere Seite kümmerte sich kein Mensch."*[237]

1. Mai 1945: Der Massenselbstmord von Demmin

Die Hansestadt Demmin (1939: 15.534 Einwohner) in Mecklenburg-Vorpommern erlebte am 1. Mai 1945 die schrecklichste Zeit ihrer tausendjährigen Geschichte. In der Stadt befanden sich damals etwa 30.000 Menschen, die Hälfte davon Flüchtlinge aus dem Osten. Als die Rote Armee im Herbst 1944 erstmals die Grenzen des Deutschen Reiches überschritt, begann für Millionen Zivilisten eine Schreckenszeit. Vergewaltigungen und Plünderungen durch die vorrückenden Truppen und später durch die Besatzer wurden zum schrecklichen Alltag. Die Welle aus Haß und Rache erreichte Anfang Mai 1945 im vorpommerschen Demmin ihren Höhepunkt. Die Kleinstadt wurde von Rotarmisten gebrandschatzt, die Bevölkerung terrorisiert. Hun-

237 Beate Lakotta in: *Spiegel-Special* 2/2005

Demmin vor dem Mai 1945: Die Stadt wurde nach dem Einmarsch der Roten Armee gezielt eingeäschert. In der DDR waren die traumatischen Erlebnisse der Bewohner ein Tabu-Thema.

derte oder gar Tausende hielten das nicht aus und brachten sich um – einer der schrecklichsten Massenselbstmorde aller Zeiten.

Am Montag, dem 30. April, frühmorgens haben sich die letzten deutschen Verbände aus der Stadt abgesetzt. Sämtliche Brücken über die Flüsse Peene und Tollense wurden gesprengt. Die Einwohner und Flüchtlinge saßen in der Falle. Um elf Uhr drangen die sowjetischen Truppen in die Stadt ein. Am Turm der St.-Bartholomaei-Kirche und an vielen Häusern wehten weiße Fahnen. Während sich unendliche Militärkolonnen vor den zerstörten Brücken stauten, plünderten Rotarmisten die beiden Getreidebrennereien und diverse Spirituosenhandlungen. Die Exzesse begannen. Krakelende und plündernde Rotarmisten zogen von Haus zu Haus. Unentwegt „Uri,

Uri“ und „Frau, komm!“-Rufe. In der Nacht marodierten die meist betrunkenen Mörderbanden durch die Stadt. Tausende Frauen und Mädchen wurden vergewaltigt, viele Bewohner getötet. Aus den Wohnungen wurde alles gestohlen, was wertvoll erschien.

Am frühen Morgen des 1. Mai bestrichen die Rotarmisten mit großen Besen die Häuserwände mit Benzin. Wenig später fraßen sich die Flammen durch die Lehmfachwerkhäuser ganzer Straßenzüge. Die Stadt brannte lichterloh. Soldaten mit Kalaschnikows verhinderten drei Tage lang, daß gelöscht wurde. 80 % Demmins brannten nieder. Später kam eine Unzahl vergewaltigter Frauen, teilweise noch stark blutend, mit ein, zwei, drei, ja manchmal vier Kindern an der Hand in Trance die Jarmener Chaussee heraufgewankt nach rechts den Weg Richtung Tollense nehmend, um den Tod in den Fluten zu suchen. Die Luft war voll von Verwesungsgeruch. Auf einer Breite von bis zu zwei Metern säumten Babywäsche, Frauenkleider und Pelze, Ausweise, Pässe und Geldscheine die Ufer. Viele schafften es nicht. Mütter, die ihre Kinder ertränkt hatten, wurden wieder an die Ufer gespült oder aus den Fluten gezogen. Bei anderen reichte das Gift, das längst Mangelware war, nicht mehr für den eigenen Tod. Andere zerschnitten sich statt der Pulsadern die Sehnen. Viele nahmen Gift, andere erschossen sich, ganze Familien ertränkten sich in der Tollense. Noch Wochen später werden Leichen aus den Flüssen Peene, Tollense und Trebel geborgen. Auf dem Friedhof kam eine Wagenladung nach der anderen an, die Menschen wurden in ein großes Massengrab gelegt, mit Sand und Kalk bedeckt, darauf kam die nächste Schicht. Särge gab es nicht mehr. Da wurden Pappkartons genommen, Bettbezüge oder auch eine große Papiertüte. Es gab auch keine Trauerfeier für jeden einzelnen. Ein kurzes Gebet, und dann wurde die nächste Schicht an Toten beigesetzt. Bis zu 18 Opfer verscharrte man je Massengrab. Insgesamt kamen bis zu 2.500 Menschen zu Tode.

Ein Teil der Opfer wurde im Demminer Totenbuch aufgelistet: Der Kaufmann, der Hotelbesitzer, die Lehrer, die Pastorin, der Drogist und viele, viele mehr. Sie sind namentlich und mit allen Familienmitgliedern benannt. Manchmal steht auch nur: „Junge, unbekannt, fünf bis sechs Jahre“ oder einfach nur: „Kind, ertrunken“, „Junge unbekannt“, „Kind, Demmin“ oder

„Mutter mit zwei Kindern". Daneben heißt es „ertrunken", „vergiftet", „erhängt" oder „vom Großvater erwürgt", „Pulsadern geöffnet" und immer wieder, seitenweise „Selbstmord durch Ertrinken".[238]

2. Mai 1945: Der Massenselbstmord von Teterow

Anfang Mai 1945 rückte die Rote Armee in Teterow (1939: 7.800 Einwohner) in Mecklenburg-Vorpommern ein. Es kam zu Massenvergewaltigungen, dem Abtransport noch vorhandener Männer und Plünderungen. Zu Kriegsende begingen mindestens 300, nach anderen Berichten 500 bis 800 Frauen Selbstmord. Am 2. Mai brannte das als Hilfslazarett dienende und mit Verwundeten überfüllte Kurhaus ab. Die Verwundeten in den anderen Lazaretten konnten kaum noch versorgt werden. Im Sommer brachen Seuchen in der Stadt aus. Ende 1945 wurden unter „Werwolf"-Vorwurf 23 Jugendliche – überwiegend 15 bis 17 Jahre alt – in das NKWD-Lager Fünfeichen verbracht, ein Teil weiter zur Zwangsarbeit nach Sibirien. 21 Jungen kehrten erst 1948 zurück. Kein Politiker erinnerte an die tapferen Frauen und Männer von 1945, die von den Besatzern Anstand einforderten und von der plündernden Soldateska in Lager verschleppt oder gleich erschossen wurden.[239]

6. Mai 1945: Das Kriegsende in Breslau

In den letzten Tagen der Festungszeit vom 2. bis 5. Mai 1945 wurde Breslau meist zweimal täglich durch die sowjetische Luftwaffe bombardiert. Bei manchem Angriff erlitt die Zivilbevölkerung Verluste bis zu etwa 1.000 Toten und Verwundeten. Breslau kapitulierte am 6. Mai 1945, vier Tage nachdem die letzten Verteidiger Berlins die Waffen niedergelegt hatten.

---

238 Axel Büssem: „Der Massenselbstmord von Demmin" unter http://www.stern.de/politik/geschichte/hysterie-der-massenselbstmord-von-demmin-539858.html
Beate Lakotta: „Tief vergraben, nicht daran rühren", in: *Spiegel-Special* 2/2005, 30. März 2005

239 Paul Rosen: „Deutsche Opfer sind vergessen. Siebzig Jahre nach Kriegsende: Weder der Bundespräsident noch die Kanzlerin erinnern an unsere Toten", in: *Junge Freiheit* Nr. 21/15, 15. Mai 2015; Wikipedia, *Teterow*

Doch der 6. Mai brachte den in der Stadt verbliebenen mehr als hunderttausend Einwohnern nicht die ersehnte Ruhe. Nach der Einnahme der Stadt kam es zu zahlreichen Plünderungen, Übergriffen und Vergewaltigungen durch die Rotarmisten. Aber auch durch die Gewalttaten der polnischen Miliz und von polnischen Zivilisten kamen viele Deutsche zu Tode, nicht zuletzt in KZ-ähnlichen Lagern. Nach Schätzungen des britischen Historikers Norman Davies kamen im Kampf um Breslau insgesamt 170.000 Zivilisten und 6.200 deutsche und 13.000 sowjetische Soldaten ums Leben. Andere Schätzungen belaufen sich auf 20.000 getötete Zivilisten.

Vorsätzlich gelegten Brände fiel u. a. das bisher verschont gebliebene Stadtschloß Friedrich des Großen zum Opfer. Nur das Juwel des gotischen Rathauses überstand die Belagerung unzerstört, die Elisabethenkirche und die Kreuzkirche überstanden mit Teilschäden die schrecklichsten Monate der Breslauer Geschichte. Tragisch ist, daß die Kirchen von St. Maria-Magdalenen und St. Barbara erst nach der Kapitulation ausbrannten, anscheinend durch Brandstiftung. Die Breslauer Wohnviertel wurden zu 60 Prozent, die schöne moderne Südstadt und die Arbeiterviertel des Westens wurden total vernichtet.

Nach der Einnahme Breslaus wurden über 1.000 verwundete Deutsche von den Sowjets ermordet. Alle Gefallenen wurden in Breslau mit Gedenkkreuzen geehrt, doch für die deutschen Kriegstoten steht dort kein Kreuz.[240]

6.-9. Mai 1945: Das Kriegsende in Görlitz

Görlitz (1939: 93.800 Einwohner) wurde am 6. Mai 1945 von den Sowjets unter Artilleriebeschuß genommen. Es brachen mehrere Großbrände aus. In der folgenden Nacht rückte die Wehrmacht ab. Um der vom Nordwesten in die Stadt einsickernden Roten Armee das Nachrücken zu erschweren, wurden die Neißebrücken gesprengt. Am 8. Mai, den die bundesdeutsche Politik heute als „Tag der Befreiung“ feiert, brach die Katastrophe über die

240 Ernst Hornig: *Breslau 1945*, 1975, S. 208, 230, 233-234; Wikipedia, *Schlacht um Breslau*; Felix Lehmann: „Unsere Aufgabe sind die deutschen Kriegstoten“, in: *Junge Freiheit* Nr. 25/15, 12. Juni 2015

verbliebenen rund 30.000 Görlitzer herein. Der Augenzeuge Franz Scholz, katholischer Priester, schreibt in seinem Tagebuch („Görlitzer Tagebuch. Chronik einer Vertreibung 1945-46", Berlin, 1993): *„Unzählige Züge von frei schwärmenden, Frauen und Beute suchenden Rotarmisten sind unterwegs. Dazu stoßen die Kriegsgefangenen aus dem Stalag VIIIa in Görlitz-Moys. Sie wurden sofort freigelassen und mußten sich beim Beutesuchen wegen der Sprengung aller Brücken zunächst auf das kleine Görlitz-Ost beschränken. Das Einschlagen der Türen, Schrankfüllungen, das Hilfeschreien der vergewaltigten Frauen gellt durch die Nacht."*

Es sind die Erfahrungen, wie sie bereits die Ungarn, Rumänen Slowaken, Ostpreußen, Schlesier und Pommern machen mußten, mit dem Unterschied, daß Deutschland inzwischen kapituliert hatte. *„Das Plündern entwickelt sich zum System. LKW fahren vor die Häuser, alles wird verladen.* (...) *Die Ostvölker zeichnen sich durch einen unheimlichen Instinkt für verborgene Frauen und versteckte Wertgegenstände aus"*, notiert Scholz für den 9. Mai und fügt resignierend hinzu: *„Manche Mutter opfert sich, um ihrer 12- bis 15jährigen Tochter die Schmach zu ersparen. Selbst 70-jährige Frauen und Ordensschwestern werden – oft viele Male am Tage – vergewaltigt. Es ist nicht abzusehen, wann dieses Chaos und die Willkür einer brutalen Soldateska ein Ende nehmen wird. Der Deutsche hat aufgehört, Rechtssubjekt zu sein: Seine Ehre, sein Leib, sein Leben und sein Eigentum stehen einem übermütigen Sieger gnadenlos zur Verfügung."*

In den folgenden Wochen nahmen zwar die brutalen Übergriffe ab, dafür füllte sich der Westen der Stadt mit aus ihrer Heimat vertriebenen Schlesiern, wo bereits das polnische Militär die Macht übernommen hat. Dieses begann systematisch, einen 30 Kilometer breiten Streifen östlich der Neiße von allen Deutschen zu säubern. Gleichzeitig kamen immer mehr Flüchtlinge in die Stadt, die in ihre schlesische Heimat zurückkehren wollten. 55.000 sind es schließlich. Da Lebensmittellager und das Vieh in den Dörfern von der Roten Armee abtransportiert wurden, wüteten Hunger und Typhus in Görlitz. Im August wurden die Stadt und der Landkreis zum Notstandsgebiet erklärt. Einen Tag vor Weihnachten schlossen die Russen ihrerseits die Grenze für den Flüchtlingsstrom, der sich seit Mai aus dem Osten über der Stadt ergoß.

In der Oststadt, die von den polnischen Besatzern „Zgorzelec" genannt wird, spielten sich unvorstellbare Szenen ab: *„Alle hier vegetierenden, verängstigten Deutschen haben nur eine einzige Sehnsucht: hinweg aus dem Machtbereich dieses Terrors: Deutsch-Görlitz mit seinen so nahen Häusern und Türmen ist Symbol für Deutschland, für das Land, in dem man nicht zum Verkümmern verurteilt ist, nur weil man eine deutsche Mutter hatte und die deutsche Sprache spricht"*, schrieb Priester Scholz Anfang 1946. Später schreibt er im Vorwort seines veröffentlichten „Görlitzer Tagebuchs": *„Versöhnung duldet keine billige, vielleicht sogar feige Verdrängung."* Voraussetzung für eine Aussöhnung zwischen Polen und Deutschen sei der *„Mut zur unangenehmen Wahrheit"*. Dieser haben sich nur die wenigsten gestellt.[241]

9.-11. Mai 1945: Das Kriegsende in Cottbus

Cottbus (1939: 53.500 Einwohner) in der Niederlausitz erhielt den schwersten Schlag am 15. Februar 1945, zwei Tage nach dem mörderischen Angriff auf Dresden. Verbände der 8. US-Luftflotte tobten sich 34 Minuten lang bombenwerfend über der Bahnhofsgegend und den östlichen Stadtteilen aus. Mindestens 3.000 Menschen (darunter 400 Kinder) – andere Zählungen sprechen von 7.000 Opfern – starben allein während dieser halbstündigen Aktion „Thunderclap" (dt., „Donnerschlag") in den Trümmern. Bei Kriegsende sind der Bahnhof, das Krankenhaus, das Rathaus und mehrere Schulen vollständig zerstört, ebenso 475 Häuser mit insgesamt 1.900 Wohnungen und fünfzehn Betriebe mit rund 3.000 Arbeitsplätzen. 13.000 Cottbuser wurden obdachlos. Weitere acht Fabriken mit 1.700 Arbeitsplätzen wiesen schwere Kriegsschäden auf.

Und so wie in der Hauptstadt der Niederlausitz, von der sorbischen Minderheit seit alters her einfach „die Stadt" genannt, sah es auch in den meisten anderen Orten dieser von Freund und Feind verwüsteten Region aus. In Muskau an der Neiße galt noch ein Viertel der Gebäude als bewohnbar,

241 Paul Leonhard: „Das Nahe so fern. Nachkriegsverbrechen und Vertreibung an der Neiße: In der schlesischen Grenzstadt Görlitz ist dieses Schicksal bis heute gegenwärtig", in: *Junge Freiheit* Nr. 21/15, 15. Mai 2015

im Spreewald-Städtchen Lübben nur noch ein Fünftel, und in Guben lag kaum noch ein Stein auf dem anderen.

Am 23. April 1945 wurde Cottbus von den Sowjets kampflos übernommen. Am Sonntagmorgen zogen die Soldaten der Roten Armee singend und in Achterreihen in die Stadt ein. Bereits Anfang Mai 1945 verließen die ersten Züge Cottbus Richtung Osten: Hunderte von beschlagnahmten deutschen Lokomotiven, zu langen Zügen aneinandergekoppelt und von deutschen Eisenbahnern unter Dampf gehalten, die gerade noch in Tag- und Nachtschicht Munition an die nahe Front gekarrt hatten. Gleichzeitig begannen Spezialeinheiten der sowjetischen Eisenbahntruppen mit der Demontage zahlreicher Reichsbahn-Werkstätten und ganzer Schienenstränge auf fast allen zweigleisigen Strecken. In Cottbus waren es in erster Linie Webstühle und andere Textilmaschinen, die in den unbeschädigten Fabriken als Kriegsbeute demontiert wurden. Das meiste davon freilich verrostete schon auf dem Sammelplatz nahe dem notdürftig reparierten Bahnhof, weil Güterwagen ebenso fehlten wie geeignete Hallen.

Der letzte Exzeß in diesem Kriege stand Cottbus noch bevor. Drei Tage lang dauerten die offiziellen Siegesfeiern der in die Stadt gelegten Besatzung – vom 9. bis zum 11. Mai. An die Bevölkerung erging strikter Befehl, die Wohnungen nicht zu verlassen; auf den Straßen dagegen wurde Ilja Ehrenburgs Rechtfertigung des Hasses „lichterlohe Wirklichkeit“: Zahlreiche Cottbuser Kaufhäuser und Kirchen, die bis dahin unversehrt geblieben waren, erfüllten nun ihren letzten Zweck als „Freudenfeuer“. Zur traumatischen Demütigung durch die Sieger wurden die ersten Besatzungswochen für die geschlagenen Deutschen dadurch, daß „der Russe“ auch ihre Frauen mit Gewalt nahm und sich auf alttestamentarische Weise durch massenhafte Vergewaltigung ihre Töchter und Gattinnen unterwarf.

Eine Gutsbesitzerin aus dem Cottbuser Umland hat in ihrem Tagebuch nicht nur die Vorgänge jener Apriltage festgehalten, sondern zugleich etwas von dem psychischen Schock konserviert, den der jähe Rollenwechsel zum wehrlosen Opfer für die deutsche Oberschicht bedeutete: *„Direkt vor der Kirche wimmelt es von Offizieren mit mongolischen Gesichtern. Unter* *satanischem Schimpfen werden wir aufgefordert, weiterzugehen. Wir machen kurz entschlossen kehrt. Nun beginnt die Einkreisung und Erniedrigung. Wir werden schließlich zur Strecke gebracht und in ein Haus getrieben; vier junge Mädchen sind die Opfer. Will sich eine versagen, hat sie sofort die Pistole auf der Brust. Wir zittern vor Angst! Annemies grelle Worte ‚Nein, nein, nicht noch mal' schallen durch das Haus. Ihre Mutter fällt erstarrt auf die Knie und betet laut. Langsam schleicht sich eine nach der anderen an ihren Platz, geknickte Blüten. Endlich dürfen wir gehen, die Besiegten auf der ganzen Linie.*"

Am 28. Mai wurde in Cottbus wie in der gesamten sowjetischen Besatzungszone die Moskauer Zeit eingeführt. Die Bürger mußten die Uhren, sofern sie noch welche hatten, eine Stunde vorstellen. Der Tagebuchschreiber Heller notiert: „*Ich versuche, die Ölmühle in der Stadt in Gang zu bringen. Es ist viel ungeschlagener Leinsamen da. Aber die Russen haben alle ledernen Transmissionsriemen gestohlen, und an neues Leder ist nicht zu denken.*"[242]

18. August 1945 bis 14. Januar 1950: Das sowjetische Speziallager Nr. 2 Buchenwald

In der sowjetischen Besatzungszone gab es insgesamt zehn Speziallager an folgenden Orten: Mühlberg, Buchenwald, Berlin-Hohenschönhausen, Bautzen, Ketschendorf, Jamlitz (zuvor in Frankfurt Oder), Sachsenhausen, Werneuchen (Weesow), Torgau und Fünfeichen (Neubrandenburg) sowie Landsberg (Warthe). In Bautzen, Sachsenhausen und Torgau wurden auf dem gleichen Gelände auch Unterkünfte für durch das Sowjetische Militärtribunal (SMT) Verurteilte errichtet; die weitaus größere Personenzahl stellten jedoch auch hier die internierten Speziallagerhäftlinge. Zusätzlich gab es noch mehrere Gefängnisse wie Nr. 5 Strelitz und Nr. 6 Berlin-Lichtenberg. Die Speziallager in Buchenwald und Sachsenhausen wurden in den beiden ehemaligen KL Buchenwald und Sachsenhausen eingerichtet, welche die sowjetische Besatzungsmacht ab August 1945 weiter nutzte.

242 Jörg R. Mettke: „Absturz ins Bodenlose", in: *Der Spiegel* 19/1985, 6. Mai 1985, unter http://www.spiegel.de/spiegel/print/d-13513054.html; Wikipedia, *Geschichte von Cottbus*

Das Speziallager Nr. 2 in Buchenwald entstand 1945 als sowjetisches Speziallager auf dem Gelände des ehemaligen KL Buchenwald bei Weimar und wurde 1950 aufgelöst. Der Inhaftierung gingen Verhöre voraus, die oft unter Anwendung von Folter stattfanden. Fanden sich dabei Anhaltspunkte, die den sowjetischen Sicherheitskräften verdächtig vorkamen, folgten Verfahren vor sowjetischen Tribunalen mit strengen Urteilen und Einweisung in Strafanstalten oder Deportation nach Sibirien. Der große Rest der nicht Verurteilten wurde in den Speziallagern festgehalten. Diese Speziallager wurden zunehmend zur Internierung von vorgeblichen Nationalsozialisten, Mitläufern und vermeintlichen Kriegsverbrechern verwendet. Gemäß der stalinistischen Herrschaft des Terrors gegen Andersdenkende wurden in der Zeit von 1945 bis 1950 auch immer mehr Sozialdemokraten, Bauern, „Junker" und andere vermeintliche oder tatsächliche Gegner des sich entwickelnden SED-Regimes interniert, darunter auch ehemalige Insassen des vormaligen Konzentrationslagers sowie willkürlich Denunzierte, der Zusammenarbeit oder Sympathie mit dem Westen Verdächtige und Jugendliche (etwa 5 %).

Es ging den Machthabern dabei insbesondere auch um die Verfolgung Mißliebiger aus dem Bürgertum, die zur Durchsetzung des Arbeiter- und Bauernstaates ausgeschaltet werden sollten. Buchenwald war nach 1945 kein Arbeitslager. Außer einigen Tätigkeiten zum internen Betrieb des Lagers – dazu zählten zeitweilig auch Erhaltungsmaßnahmen an der von KL-Häftlingen errichteten und von den Sowjets weiterbetriebenen Buchenwaldbahn – war ein Merkmal der Lagerhaft das Fehlen jedweder Beschäftigung. Auch dies und die völlige Isolation von der Außenwelt und den Angehörigen, die nicht wußten, wo der verhaftete Verwandte war, trug zur psychischen Belastung der Inhaftierten bei.

Im November 1945 wurde ein „Isolator" mit völlig dunklen Einzelzellen eingerichtet. Am ersten Weihnachtstag 1945 wurden allen Inhaftierten die Brotrationen gestrichen.

Insgesamt waren im Speziallager Buchenwald etwa 28.000 Menschen inhaftiert, davon etwa 1.000 Frauen sowie einige in Buchenwald und anderen Lagern geborene Kinder. Mehr als 7.000 Menschen kamen durch die unmenschlichen Lagerverhältnisse, insbesondere durch völlig unzureichende Ernährung und unbehandelte Folgeerkrankungen wie Dystrophie, Ruhr, Tuberkulose und Typhus ums Leben und wurden am Rande des Lagers in Massengräbern verscharrt.

18. Die Verbrechen von US-Amerikanern an Deutschen 1945

14. Februar 1945: US-Fliegerangriff auf einen Flüchtlingszug in Königsbronn

Am 14. Februar 1945 griffen um die Mittagszeit amerikanische Mustang-Tiefflieger („Rotschwänze") den Bahnhof in Königsbronn (1939: 1.745 Einwohner) an. Dort hatte gerade ein Rot-Kreuz-Zug mit Evakuierten aus Ludwigshafen Halt gemacht. Plötzlich tauchten über dem Brenztal amerikanische Jagdbomber auf und eröffneten das Feuer. Bei der Attacke starben 30 Menschen. Die Toten wurden zuerst auf Stroh gebettet und später mit Pritschenwagen auf den Friedhof Itzelberg gefahren. Dort wurden sie in einem Sammelgrab neben der Friedhofsmauer beigesetzt. Die Aushebung des Massengrabes war eine der letzten Aufgaben des örtlichen Reichsarbeitsdienstes. Im Jahr 1953 ließ die Gemeinde an der Friedhofsmauer Gedenkplatten mit den Namen der Opfer anbringen. Weitere Fliegerangriffe auf Königsbronn gab es am 20. und 23. Februar 1945.[243]

12. März 1945: US-Bombenmassaker von Swinemünde

Swinemünde (1939: 26.600 Einwohner) war ab Februar 1945 zum Zentralanlandehafen der ostdeutschen Fluchtbewegung geworden. Im Auftrag von Großadmiral Karl Dönitz hatte Konteradmiral Conrad Engelhard die Rettungsaktion für die Flüchtlinge aus Ostpreußen und Danzig organisiert. Er hatte sich für Swinemünde als Anlandehafen für die Flüchtlingsschiffe entschieden, da die westlich Kiel und Hamburg, östlich Kolberg und Stolpmünde gelegenen Häfen zu gefährdet gewesen wären. Zwischen dem 4. und 9. März fuhren allein zehn Geleite von Ostpreußen nach Swinemünde. Wenn man weiß, daß die Fähre nach Swinemünde täglich 12.000 Personen befördern, die Eisenbahnfähren gar 15.000 Menschen übersetzen konnten,

243 Joachim Ziller: „Königsbronn Kriegsende 1945: Fliegerangriff auf Flüchtlingszug", in: *Heidenheimer Zeitung*, 10. Februar 2015; Joachim Ziller: „Die letzten Kriegstage in Königsbronn", in: *Königsbronner Wochenblatt*, 30. April 2015

kann man ahnen, wie viele Menschen sich am 12. März 1945 in Swinemünde aufhielten.

Die US-Angreifer wußten genau, daß der Ort mit Flüchtlingen überfüllt war. Die Frauen hatten zum Teil grauenhafte Erlebnisse mit dem Sadismus der siegestrunkenen sowjetischen Soldateska hinter sich. Auch etwa 900 Gerettete der „Wilhelm Gustloff" waren darunter. Der kleine Hafen quoll über von Schiffen und Flüchtlingen. Lange überfüllte Eisenbahnzüge warteten am Kai. Die total übermüdeten und verängstigten Menschen, die nur noch ihr nacktes Leben retten wollten, hofften auf eine Weiterfahrt nach Dänemark oder ins Landesinnere. Sie biwakierten in Parks, auf Schiffen, in Zügen, am Ufer der Swine. Über keinen Ort in Deutschland waren die Alliierten besser informiert als über Usedom mit dem V 2-Gelände in Peenemünde. Sie kannten auch die ausgedehnten Flüchtlingslager in den breiten Parkanlagen vor der Stadt. Daher verwendeten sie Bomben mit Berührungszündern, die schon in den Baumkronen explodierten und unter den darunter Lagernden ein Blutbad anrichteten. Am Vormittag waren 14 Schiffe aus Stolpmünde eingetroffen und lagen noch am Kai. Die meisten Flüchtlinge hatten noch nicht von Bord gehen können. Als Fliegeralarm gegeben wurde, verließen die meisten Schiffe fluchtartig den Hafen. Der Dampfer „Androß" der gerade mit der Ausschiffung der Flüchtlinge begonnen hatte, wurde durch drei Bomben getroffen. Je nach Quelle, kamen dabei zwischen 600 und 1.000 Menschen allein auf der „Androß" um.

Der Angriff begann kurz nach 12 Uhr und dauerte etwa eine Stunde. Er wurde von 671 Bombern und 412 Begleitjägern ausgeführt. Es gab so gut wie keine Gegenwehr. Die US-Bomber warfen aus großer Höhe 1.609 Tonnen Bomben ab, zumeist Spreng- und Splitterbomben. Der Angriff forderte nach offiziellen Angaben 23.000 Opfer. Der Zahlmeisterassistent Heinz Schön, der die Gustloff-Tragödie überlebt hatte und sich am 12. März 1945 in Swinemünde befand, nennt sogar die Zahl 28.000; die Zahl 23.000 Opfer bezieht sich offensichtlich auf die auf dem Hügel Golm tatsächlich Bestatteten. Nur 1.667 von ihnen wurden identifiziert. Die meisten waren namenlose, weil nicht registrierte Flüchtlinge, in der überwiegenden Mehrzahl Frauen, Kinder und alte Männer. Viele Tote konnten nicht mehr

Aufstieg zur Gedenkstätte Golm mit Holzkreuz.

identifiziert werden, weil sie von den Sprengbomben zerfetzt worden waren. Augenzeugen berichten, daß selbst in den Bäumen brennende Leichenteile hingen. Insbesondere im Bahnhofsbereich gab es sehr viele Tote, da sich hier Lazarett- und Flüchtlingszüge stauten. Große Teile der Stadt gerieten bei dem Angriff in Brand. Der Bereich des Kurparkes, wo Tausende von Flüchtlingen unter den Bäumen Schutz gesucht hatten, wurde mit Splitterbombenteppichen eingedeckt, hinzu kamen sogenannte „Baumkrepierer", die bei der Berührung mit den Ästen detonierten. Hier wurden die meisten Toten gefunden.

Bei dem Angriff wurde auch eine Reihe von Schiffen, die zum Flüchtlingstransport aus dem Samland-Kessel und aus Ostpreußen eingesetzt waren, durch Tiefflieger versenkt. Namentlich die Flüchtlingsschiffe „Jasmund", „Hilde", „Ravensburg", „Heiligenhafen", „Tolina", „Cordillera" und „Androß“ wurden versenkt. Allein mit der „Androß“ gingen im Hafen von Swinemünde 570 Menschen unter, überwiegend Frauen und Kinder. Die Mehrzahl der geborgenen Toten fand auf dem nahen Golm bei Kamminke in Massengräbern ihre letzte Ruhestätte. Der Golm ist mit 69 Metern die höchste Erhebung auf der Insel Usedom. Swinemünde selbst liegt so tief, daß die Anlage von Massengräbern sich wegen des hohen Grundwasserspiegels verbot. Die 8. US-Luftflotte verzeichnete den Angriff in ihren Annalen als „Angriff auf Rangierbahnhöfe“.

Infolge der neuen Grenzziehung und der damit verbundenen Umbenennung des Ortes ist bis heute der Luftangriff nicht ins öffentliche Bewußtsein vorgedrungen. Auf dem Golmer Hügel steht als Blickfang das „Flüchtlingsmädchen“ des DDR-Bildhauers Rudolf Leptien. Die Namen von 669 bekannten Opfern wurden in Bronze graviert, ebenso zwei Gedenktexte. *„20.000 Opfer des Bombenangriffs am 12. März 1945 auf Swinemünde. Eine Stadt sank in Trümmer. Vergeben, doch nicht vergessen. Wir gedenken der Toten“*, heißt es auf einer privat gestifteten Tafel. Am 12. März eines jeden Jahres finden in der Gedenkstätte auf dem Golm Gedenkveranstaltungen für die Opfer dieses Angriffs statt. Der Historiker Jörg Friedrich nennt den Angriff *„Das Massaker von Swinemünde“*. Auf einer grauen Betonwand der Gedenkstätte Golm stehen die Worte: *„Daß nie eine Mutter mehr ihren Sohn beweint.“* Der Angriff der US-Amerikaner auf den kleinen beschaulichen Badeort an der Küste von Usedom kann, mehr noch als Dresden und Pforzheim, als Gipfel der Grausamkeit, als Sinnbild des Hasses der Sieger auf alles Deutsche gesehen werden.[244]

31. März 1945: US-Luftangriffe auf Zellerau und Unterdürrenbach

Ausgebrannte Ruinen: Am 31. März 1945 wurden die Würzburger Stadtteile Zellerau und Unterdürrenbach bei einem US-Bombenangriff schwer getroffen, wobei viele Menschen starben. Seit dem 16. März 1945 war die Würzburger Altstadt ein einziges Trümmerfeld. Die wenigen tausend Menschen,

---

244 Wikipedia, *Luftangriff auf Swinemünde*; Baumfalk, S. 96 f.; Friedrich, S. 176; Helmut Schnatz: *Der Luftangriff auf Swinemünde. Dokumentation einer Tragödie*, 2004, S. 19; Björn Schumacher: „Vergessene des Feuersturms“, in: *Junge Freiheit* Nr. 8/14, 14. 2. 2014

die nach dem nächtlichen Bombenangriff der Royal Air Force noch in der Stadt lebten, hofften, daß sie das Schlimmste hinter sich hätten. Dann kam der 31. März 1945, ein Karsamstag. Zwei Wochen lang gab es immer wieder kleinere Bombardierungen, jetzt schlugen die Amerikaner hart zu. Von 7.00 bis 12.00 und 14.00 bis 19.00 Uhr wurde die Zellerau angegriffen, erinnert sich Carl Borschert, der damals elf Jahre alt war. Noch heute wohnt er im Haus Leistenstraße 73, wo er als Kind die Geschehnisse dieses Tages miterlebte. *„Es waren immer mehrere Flugzeuge, vermutlich Jagdbomber.“*

Der 31-jährige Domkaplan Fritz Bauer schrieb an jenem Karsamstag in sein Tagebuch: *„Über die noch einigermaßen erhaltene Zellerau ist die Golgatha-Stunde gekommen. Sie flogen an, warfen ihre Bomben etc. ab, flogen wieder ab und kamen dann etwa alle halbe Stunde wieder. Das Hauptziel waren die Kasernen von Zellerau.“* Der Luftangriff auf Zellerau forderte mehrere Dutzend Tote.

Am 31. März 1945 bombardierte die US-Luftwaffe das damals selbständige Dorf Unterdürrbach, wobei 78 Menschen getötet wurden. Außer den Toten gab es zahlreiche Verletzte und Verschüttete. Die Ortsmitte wurde weitgehend zerstört; kaum ein Haus war ohne Schäden geblieben. Unter den Opfern waren auch Evakuierte aus dem Ruhrgebiet und Flüchtlinge aus den Ostgebieten gewesen, die sich hier in Sicherheit glaubten. Das Tragische daran war, daß es nur eine Woche dauern sollte, bis die Amerikaner in Unterdürrbach einmarschierten.[245]

31. März 1945: US-Brandangriff auf Rothenburg ob der Tauber

Rothenburg ob der Tauber (1939: 9.000 Einwohner) war die besterhaltene mittelalterliche Stadt Deutschlands, die den Dreißigjährigen Krieg unversehrt überstanden hatte. Aus dieser Zeit hat Rothenburg sein Gesicht in einzigartiger Vollkommenheit bewahrt. Eine Wehrmauer mit schönen Toren und Türmen umschließt die Stadt mit ihren gotischen Kirchen (Werke von Rie-

---

245 Roland Flade: „Bomben auf Zellerau und Unterdürrbach“, in: *Main-Post*, 30. März 2015

menschneider u. a. in St. Jakob), Klöstern und Ordenshöfen (Museum im ehemaligen Dominikanerkloster), schönen Brunnen und vielen Profanbauten der Gotik und Renaissance, von denen das turmgekrönte, reichgeschmückte Rathaus, ein Hauptwerk der Renaissance, das bedeutsamste ist. *„Die Stadt als Ganzes ist ein Denkmal"*, so urteilte einst der Kunsthistoriker Dehio.

Am Ostersamstag, dem 31. März 1945, griff eine US-Staffel von 16 Flugzeugen mit ihrer schweren Bombenlast die Altstadt von Rothenburg an und zerstörte sie ohne militärischen Grund. *„Neun Tonnen Bomben mit gutem Erfolg abgesetzt"* – meldete die Flugzeugstaffel vom Einsatzort Rothenburg, das als „Ausweichziel" ausgewiesen war. Nach dem ersten Schock über das Unfaßbare taten sich die Menschen zusammen, um miteinander mit allen verfügbaren Kräften zu retten, was noch zu retten war. Bald durchzogen Qualm und beißender Brandgeruch alle Gassen. Es entwickelte sich ein Osterfeuer, das keiner der Betroffenen jemals wieder aus dem Gedächtnis löschen sollte: *„Die ganze obere Stadt war ein riesiges Feuermeer, immer mehr Bewohner gaben den Kampf gegen die Flammen auf, um wenigstens das nackte Leben zu retten!"* Andere Augenzeugen berichten von vielen Menschen, die in der alten Burg Zuflucht suchten. Kranke und Alte habe man auf Leiterwagen aus der Brandzone gebracht. Damals gab es auch noch Landwirtschaft innerhalb der Mauern, und so irrte verstörtes Vieh durch die Stadt, und es lagen Tierkadaver auf dem Pflaster. Durch diesen sinnlosen Einsatz verloren 39 Menschen ihr Leben, 741 Familien wurden obdachlos, die Stadt veränderte für immer ihr Gesicht. Die später befragten Staffel-Piloten sagten aus, sie hätten nicht geahnt, welche Kulturstadt sie bombardieren würden. Einer der Piloten hat sich sogar für seine Tat entschuldigt.[246]

1. April 1945: US-Tieffliegerangriff auf einen Häftlings-Güterzug in Oberkochen

An diesem Tag, einem Ostersonntag, wurde am Bahnhof in Oberkochen (1939: 2.000 Einwohner) bei Aalen ein Güterzug von US-Jagdflugzeugen be-

246 „Die schicksalsschweren Tage im Kriegsjahr 1945", Internetseite der Stadt Rothenburg ob der Tauber; Friedrich, S. 354

schossen, der mit 2.000 Häftlingen beladen war, die vom KL Neckarelz über Schwäbisch Hall nach Dachau gebracht werden sollten. Der alliierte Angriff forderte acht Tote (darunter ein Deutscher) und etwa zehn Schwerverletzte.

Bereits am 14. Februar 1945 kamen beim ersten Tieffliegerangriff im Bahnhof Königsbronn 20 Männer, Frauen und Kinder ums Leben, die aus Ludwigshafen nach Heidenheim gebracht werden sollten. Fünf Tage später gab es sieben Tote beim Bahnhof Dischingen und weitere sieben bei verschiedenen kleineren Attacken, bevor im März für einige Wochen trügerische Ruhe einkehrte. Besonders der Angriff von Königsbronn ist seit langem wohl bekannt.[247]

7./8. April 1945: US-Luftangriffe auf Halberstadt

Die ehemalige Bischofsstadt Halberstadt (1939: 50.000 Einwohner) gehörte zu den reichsten Kunststädten Mitteldeutschlands. Halberstadt genoß den Ruhm einer Fachwerkstadt mit 721 erhaltenen Gebäuden, das älteste davon der dreigeschoßige Ratskeller mit gotischem Maßwerk verziert. Auf einer Steinplatte im Sockel stand eingeritzt die Gestalt eines betenden Ritters. Von der Schwelle über dem Erdgeschoß schauten zwischen Blattwerk geschnitzte Menschen– und Drachenköpfe herab.

Im April 1945 lebten 65.000 Personen im Ort, 14.000 davon Kranke und Verwundete, verteilt auf fünfzehn Lazarette. Am Sonnabend erschienen Jagdbomber am Halberstädter Himmel und warfen ein paar Stabbrandbomben und zielten mit Bordwaffen auf Straßenpassanten. Im Hauptbahnhof stand ein Flakzug, von dort wurde zurückgeschossen. Auf Gleis 9 stand ein Munitionszug, der von Jagdbombern angegriffen wurde. Die Explosion riß einen Trichter von einem halben Quadratkilometer. Durch den Luftdruck platzten in der ganzen Stadt die Fensterscheiben. Abends nagelten die Bewohner die Öffnungen mit Brettern und Pappe zu. Am nächsten Abend war von den 19.000 Wohnungen die Hälfte nicht mehr vorhanden.

247 „Ostersonntag 1945: Flieger greifen Zug mit KZ-Häftlingen an“, in: *Heidenheimer* Zeitung, 31. März 2015, unter http://m.swp.de/heidenheim/lokales/heidenheim/Ostersonntag-1945-Flieger-greifen-Zug-mit-KZ-Haeftlingen-an;art1168893,3140262

Am Sonntagvormittag hatten die Halberstädter fünfzehn Minuten Zeit, vor den 218 „Fliegenden Festungen" der 8. US-Flotte zu flüchten, nicht in den Dom, sondern in sichere Höhlen. Nach dem Alarm rannten Tausende zur Stadt hinaus in die Spiegelsberge, wo natürliche Felsenkeller luftschutzmäßig hergerichtet waren. Auch einen Teil der Lazarettpatienten konnte man in die „Lange Höhle" schleppen. Von dort aus, berichtete 1946 der Augenzeuge Krause, *„blickte man in die Hölle. Hier und da drang magisches Karbidlicht in das Dunkel und beleuchtete die stöhnenden, in ihr Schicksal stillergebenen Verwundeten, Sterbenden und Mütter mit kleinen schreienden Kindern."* Die Hölle war der Fächer. Um 11.25 Uhr waren vier US-Geschwader mit fünfhundertfünfzig Bombentonnen im Anflug, die ursprünglich Zerbst und Staßfurth einebnen wollten. Der Industriedunst behinderte dort ihre Sicht, denn sie erprobten ein britisches Bombardierungsverfahren, das gute Sicht benötigte, „Fächer" genannt. Mit fünfhundertfünfzig Tonnen Munition wurde Halberstadt zu drei Vierteln vernichtet. Der Fachwerkbestand ging bis auf Reste unter. Die Menschenverluste lagen zwischen 1.800 und 3.000.[248]

8./9./10. April 1945: US-Luftangriffe auf Pößneck, Saalfeld und Rudolstadt (Thüringen)

Pößneck hatte 1939 16.000 Einwohner. Am 8. April 1945 begannen die schlimmsten Bombardierungen auf das Pößnecker Stadtgebiet. Gegen 9.30 Uhr erfolgte ein schwerer Bombenabwurf auf den Ostteil der Hohen Straße in der Nähe des Krankenhauses. Dabei kam es zu erheblichen Verwüstungen. Es wurden mehrere Häuser zerstört. Sofort nach dem ersten Abwurf drehten die Flugzeuge wieder in Richtung Stadt und warfen erneut Sprengbomben ab. Neben Fabrikgebäuden gingen auch in der Hindenburg- und Neustädter Straße Bomben nieder, welche große Schäden verursachten.

---

248 Friedrich, S. 354-358; Christoph Dieckmann: „Der Sonntag nach Ostern. Am 8. April 1945 starb das Fachwerk-Paradies im Feuersturm – drei Tage vor dem Einmarsch der Amerikaner", in: *Die Zeit*, 23. März 2005, unter http://www.zeit.de/2005/13/A-Halberstadt; Benedikt Kaiser: „Chronik des Bombenkriegs: 8. April 1945 – Der US-Luftangriff auf Halberstadt" unter http://www.sezession.de/49172/chronik-des-bombenkriegs-7-8-april-1945-der-us-luftangriff-auf-halberstadt.html

Der 9. April 1945 war der schlimmste Tag der Pößnecker Kriegszeit. Kurz nach Mittag begann der erste Angriff, wobei wieder die Hindenburgstraße schwer getroffen wurde. Den gesamten Angriff hindurch wurde Pößneck anscheinend von immer den gleichen Bombern angegriffen, welche abwechselnd zu zweit oder zu viert halbstündlich wiederkehrten. Von nahezu 50 Gebäuden einer Siedlung blieben gerade zwei unversehrt und zwei andere wurden leicht beschädigt. Etwa eine Stunde nach diesem Angriff griffen die vier Bomber wieder an und trafen nun die Georgstraße mit dem Villenviertel und den oberen Bahnhof. Bei diesem Angriff wurde ein Großteil der bis zur Rosenbrauerei stehenden Villen getroffen, und das Heimatmuseum (Goethe-Loge) wurde völlig zerstört. Gegen 18.30 Uhr folgte ein erneuter Angriff der Bomber, der die vordere Gerberstraße (Hotel „Deutsches Haus") und die Breite Straße traf. In der Gerberstraße stürzten fast 20 große Wohnhäuser ein, und es gab viele Todesopfer. Durch die Bombardierungen an den beiden Tagen wurde rund ein Drittel Pößnecks zerstört.

Am 10. April 1945 kamen wieder vier amerikanische Bomber und bombardierten diesmal gezielt den oberen Bahnhof. Dabei wurde der Bahnhof schwer getroffen, viele der dort abgestellten Wagen wurden zerstört. Insgesamt kamen während dieser schweren Bombenangriffe 58 Menschen zu Tode.[249]

Saalfeld zählte 1939 22.000 Einwohner. Am 9. April 1945 forderte ein amerikanischer Luftangriff auf die Feengrottenstadt allein im Bereich des Saaltores 205 Menschenleben (38 starben im Luftschutzkeller des Saaltores). An jenem Tag wurden in vierzehn Angriffswellen etwa 1.300 Bomben auf die Städte Saalfeld, Pößneck und Kronach/Oberfranken abgeworfen. Hauptsächliches Ziel der Flugeinsätze war der Saalfelder Bahnhof und die nähere Umgebung. Weitere Ziele waren Fabrikanlagen in der Kaiserstraße (heute Kulmstraße). Zerstört wurden auch Wohngebäude in der Pösnecker Straße, am Bahnhofsvorplatz, in der Kaiser- und Hüttenstraße, in der unteren Saalstraße, in der Oberen Straße, in der Töpfergasse sowie am Mittleren

249 www.abc-poessneck.de - Seminararbeit vom 18. Oktober 2007 über das Kriegsende im Raum Pößneck; *Stadtgeschichte Pößneck* unter http://www.poessneck.de/de/stadtgeschichte_1.html

Boden. Offiziell fielen den US-Luftangriffen insgesamt 238 Menschen zum Opfer.[250]

In **Rudolstadt** lebten 1939 18.200 Menschen. Die thüringische Stadt wurde am 10. April 1945 Ziel eines US-Luftangriffs. An jenem Tag wurde der Ortsteil Volkstedt von amerikanischen Flugzeugen bombardiert. Dem Bombardement fielen 35 Menschen und 165 Häuser zum Opfer, darunter auch die Kirche und das Pfarrhaus, in dem Schiller 1788 wohnte.[251]

12. April 1945: US-Luftangriff auf Brettach (Kreis Heilbronn)

Die kleine Gemeinde Brettach (1939: 922 Einwohner) wurde am 12. April 1945 durch einen schweren Luftangriff weitgehend zerstört. Ungefähr 15 Tiefflieger warfen nachmittags um 17.00 Uhr auf den Ort über 100 Brandbomben. Der Angriff dauerte ca. 20 Minuten. Eine halbe Stunde später setzte nochmals bis gegen 6.00 Uhr morgens heftiger Artilleriebeschuß ein, so daß die im Dorf verbliebene Bevölkerung sich schleunigst in Sicherheit bringen und die Löscharbeiten einstellen mußte. Viele Gebäude wurden deshalb erst durch Funkenflug entzündet und brannten nieder. Nur einige besonders Mutige versuchten die Gebäude zu löschen, infolge des Wassermangels mit Jauche. 70 % der Gebäude wurden zerstört oder beschädigt. Neun Einwohner kamen ums Leben. Zwei unbekannte Soldaten starben.

Die meisten SS-Soldaten zogen am Abend des 12. April in Richtung Brettacher Wald ab. Am 13. April besetzten die Amerikaner gegen 17.00 Uhr, von Kochersteinsfeld her kommend, Brettach. Panzer und Infanterie rückten ein. Die amerikanischen Soldaten verließen, da das Dorf vollig zerstört war, nach drei Tagen wieder Brettach.[252]

---

250 Beitrag vom 8. April 2012: „Wir gedenken der Opfer der Bombardierung Saalfelds" unter www.saalfeld.de; Beitrag „Bombardierung Rudolstadts" unter http://www.fn-saalfeld.info/bombardierung-rudolstadts/

251 Wikipedia, *Rudolstadt*; www.rudolstadt-web.de – *Aus der Geschichte der Stadt*

252 Herbert Schlegel: „Die Zerstörung Brettachs" unter http://www.simpfendoerfer.de/geschichten/worldwar_II_de.htm

15. April 1945: US-Kriegsverbrechen in Jungholzhausen und in Ilshofen

Bei den Kämpfen in Hohenlohe kam es auch zu Kriegsverbrechen der US-Armee. Davon betroffen war am 15. April 1945 die Kleingemeinde Jungholzhausen-Braunsbach (1939: 555 Einwohner) im Kreis Schwäbisch Hall. Dort gab es heftige Gefechte mit Einheiten des 254. US-Infanterieregiments, bei denen zum Großteil erst 17 Jahre alte Soldaten der Waffen-SS aus Leoben in der Steiermark eingesetzt waren. Beide Seiten erlitten hohe Verluste. Nach den Kämpfen zählten die Dorfbewohner die Leichen von 63 deutschen Soldaten, die in mindestens 13 Fällen wahllos von US-Soldaten erschossen wurden, obwohl sie sich bereits ergeben und ihre Waffen abgelegt hatten. Andere Quellen nennen bis zu 30 ermordete Soldaten. Es hieß, in diesem Dorf wurden keine Gefangenen gemacht.

Georg Baumann beobachtete eine der Hinrichtungen in Jungholzhausen: *„In der Nacht (…) ließen sie vier SS-ler mit erhobenen Händen vor sich herlaufen. Mit der Maschinenpistole haben sie sie abgeschossen. Die SS-ler sind hingefallen, da haben sie ihnen mit der Pistole noch den Genickschuß gegeben."* Auf Befehl eines US-Offiziers mußten Einwohner von Jungholzhausen ein Massengrab für die Opfer anlegen, die dann aber mit Lastwagen nach Bensheim in Hessen abtransportiert wurden.

Ähnliche Fälle sind auch aus anderen Ortschaften in Hohenlohe überliefert. So berichtete Fritz Ebert vom Landturm nahe Hörlebach über eine Beobachtung seines Vaters: *„An der Hecke hinter unserer Scheune hatten 13 deutsche Soldaten Schützenlöcher ausgehoben. Als die Amerikaner kamen, wollten sie sich ergeben. Zwei Tage, nachdem die Amerikaner da waren, mußten ich und Nachbar Karl Grub die toten deutschen Soldaten einsammeln und nach Haßfelden bringen. Alle 13 Soldaten lagen auf den Knien und Ellbogen in ihren Löchern. Manche hatten noch das weiße Tuch in der Hand. Jeder hatte an der gleichen Stelle im Nacken von den ‚Befreiern' den Genickschuß erhalten."*

Im Heimatbuch der Stadt Ilshofen (1939: 822 Einwohner) wird ebenfalls ein Kriegsverbrechen geschildert: *„Hier sah man 16 tote SS-Männer, gleich* *einer Kette aneinandergereiht, liegen. Alle Anzeichen wiesen darauf hin, daß diese nicht im Kampf gefallen sind, sondern als Gefangene erschossen worden waren. Einzelne von ihnen trugen außerdem noch Stichwunden und Spuren von Kolbenhieben. Dies führt zur Annahme, daß bei ihnen bei der Erschießung der Tod nicht sofort eingetreten und nun auf diese Weise herbeigeführt worden war.*"

Wenige Tage vor dem Massaker in Jungholzhausen wüteten am 11. April 1945 Soldaten der 63. US-Infanteriedivision in dem Dorf Hermersberg bei Niedernhall im Hohenlohekreis. Hier kam es zu noch furchtbareren Exzessen von einzelnen US-Soldaten. Angehörige der Waffen-SS wurden nach Kämpfen mit zugezogenen Drahtschlingen um den Hals tot aufgefunden. Augenzeugen aus Hermersberg sahen zudem, wie Gefangene ihre eigenen Gräber ausheben mußten und und dann mit Klappspaten erschlagen wurden. Dokumentiert ist auch die Erschießung von 36 zum Großteil erst 16 Jahre alten Soldaten der Waffen-SS aus Ellwangen (1939: 6.900 Einwohner) am 22. April 1945 in Lippach bei Aalen-Westhausen durch Angehörige der 12. US-Panzerdivision. In dem Dorf kam es auch zu mehreren Vergewaltigungen.[253]

16. April 1945: US-Luftangriff auf Rückertsbronn

Das Dorf Rückertsbronn bei Braunsbach (1939: 555 Einwohner) wurde am 16. April 1945 um 20.25 Uhr von zwölf Flugzeugen der US-Luftwaffe angegriffen. Die Flugzeuge warfen rund zwei Dutzend 225-kg-Brandbomben ab, danach wurde der Ort mit Bordwaffen beschossen. Die Zerstörung war gewaltig. Kaum ein Ort auf der Gemarkung Braunsbach wurde in den letzten Tagen des Krieges verschont. Tod und Zerstörung verwüsteten das Kochertal und die Hohenloher Ebene. Der Zeitzeuge Karl Hanselmann aus Orlach, der damals gerade 14 Jahre alt war, erinnert sich an den LKW, der mit Toten beladen war, ebenso an die Schüsse, mit denen die Amerikaner deutsche Soldaten im Ort nach Einstellung der Kämpfe ermordeten. Als die

253 Harald Zigan: „US-Soldaten nehmen blutige Rache. In Jungholzhausen und in Ilshofen werden Soldaten nach ihrer Gefangennahme erschossen", in: *Hohenloher Zeitung*, 16. April 2015

Amerikaner in Jungholzhausen einrückten, erschossen sie 13 Soldaten im Ort, drei versteckten sich in einem Backofen und entkamen. Die Gesamtzahl der gefallenen, vermißten und getöteten Bürger der heutigen Gemeinde Braunsbach beläuft sich auf 233.[254]

Über ein weiteres Kriegsverbrechen der US-Soldaten am 19. April 1945 berichtet die inzwischen 83-jährige Frida Klaub (geb. Knecht), die das Kriegsende in Otterbach bei Tüngental, Kreis Schwäbisch Hall, erlebte. In dem zerstörerischen Chaos am Ende des Krieges wollten die Familie Knechts in einem Steinbruch Zuflucht finden. Die damals 13 Jahre alte Zeitzeugin erzählt: *„Unsere Nachbarn hatten fünf Kinder, zwei sind mit uns entlang eines Baches zum Steinbruch, drei sind mit einem deutschen Soldaten auf der anderen Bachseite entlang.“* Die amerilkanischen Soldaten haben auf die Fliehenden geschossen. *„Alle drei Kinder, ein Mädchen und zwei Buben, und der Soldat waren tot“*, sagt Frida Klaub. Wenig später wurden die drei Kinder und der Soldat in zwei mit einfachen Brettern notdürftig gezimmerten „Kisten“ gelegt und bestattet.[255]

17. April 1945: US-Luftangriff auf Brettheim (Kreis Schwäbisch Hall)

Das schmucke Bauerndorf Brettheim wurde durch den Luftangriff und bei den Kämpfen am 17. und 18. April 1945 in eine Ruinenlandschaft verwandelt: 75 Prozent aller Häuser und Höfe brannten bei den Angriffen nieder.

SS-Gruppenführer und Generalleutnant der Waffen-SS Max Simon, auf dessen Befehl am 10. April 1945 drei Brettheimer getötet wurden, erklärte als Befehlshaber des XIII. SS-Armeekorps Brettheim zu einem *„Eckpfeiler der deutschen Verteidigung“*, ließ Gebirgsjäger des Alpenregiments 2 und Soldaten der Waffen-SS aufmarschieren und provozierte damit am 17.

254 Corinna Janssen: „24 Bomben auf Rückertsbronn“, in: *Haller Tagblatt*, 16. April 2015. Dieselbe: „Das Leid des Krieges. Braunsbacher Zeitzeugen erzählen“, in: *Haller Tagblatt*, 20. April 2015. Siehe auch Eintrag vom 21. April 1945.

255 Bettina Lober: „‚Weißt noch, wo ich im Graben lag?‘ – Frida Klaub aus Gnadental erinnert sich an die letzten Kriegstage in Otterbach“, in: *Haller Tagblatt* 28. April 2015. Siehe auch unter www.swp.de/schwaebisch_hall/zeitzeugen

April 1945 einen Bombenangriff der US-Luftwaffe – eine erneute Strafe für die Brettheimer, die es gewagt hatten, vier Hitlerjungen zu entwaffnen. Für die US-Luftwaffe war der Einsatz mit der Nummer 3445 reine Routine: Acht Jagdbomber vom Typ „Thunderbolt" P-47 der Jagdstaffeln 314 und 316 starteten am 17. April 1945 von einem Flugplatz in Frankreich und warfen ihre todbringende Ladung aus Brand- und Splitterbomben gegen 11.30 Uhr auf Brettheim ab und beschossen das Dorf noch mit Bordwaffen. *„Wetter: dunstig"* heißt es lakonisch im Einsatzbericht der US-Piloten.

Das Inferno in Brettheim beschrieb der Brettheimer Pfarrer Willy Issler im Juni 1945 in einem Bericht an den Oberkirchenrat in Stuttgart so: *„Sofort standen Dutzende von Wohnhäusern, Scheunen und Stallungen in hellen Flammen. Auch das Pfarrhaus hatte, wenn auch zunächst nur leicht, Feuer gefangen. Über ganz Brettheim lagerte ein dichter schwarzer Qualm, der weithin sichtbar war, während er selbst jede Sicht benahm; vom Pfarrhaus aus konnte man die nur 100 Meter entfernte Kirche kaum mehr sehen."*

Auch Martha Bullinger packte das nackte Grauen, als sie die Zerstörungen im Dorf sah: *„Ich habe furchtbar geschrien"*, als auch der Bauernhof ihrer Eltern in Flammen aufging. *„Meine Mutter rannte kopflos hin und her, rettete noch etwas Hausrat und einen Kochtopf mit Fleisch, bevor wir in den Keller gingen – die brennenden Vorhänge an unseren Fenstern haben sich tief in mein Gedächtnis eingeprägt."* Martha Bullinger mußte auch mit ansehen, wie der Landwirt Schaffert seine von einem Granatsplitter getroffene Ehefrau Luise aus dem Haus trug und die Nachbarn Ludwig und Marie Wolfinger ebenfalls schwere Verletzungen erlitten. Auch für diese drei Brettheimer kam jede Hilfe zu spät. Erschütternde Bilder von brüllendem, hungrigem Vieh haben sich ebenfalls im Gedächtnis von Martha Bullinger festgesetzt: *„168 verendete Rinder mußten vergraben werden und in den ersten Tagen danach gab es kaum Futter."*

Ein Drama spielte sich nach dem verheerenden Luftangriff auch am nordöstlichen Ortsrand von Brettheim ab. Eine Gruppe von Frauen und Männern suchte Schutz an der Böschung der Brettach – und geriet hier zwischen die heranrückenden US-Panzer und die flüchtenden deutschen Einheiten. Allein hier starben drei Frauen und ein erst 20 Monate altes Kind.[256]

18. April 1945: US-Kriegsverbrechen in Nürnberg

Am 18.April 1945 ergab sich während des Kampfes um Nürnberg eine Kampfgruppe der Waffen-SS den Amerikanern. Die Gefangenen wurden zu einem Friedhof geführt und dort erschossen. Der Fall wurde nach Kriegsende polizeilich untersucht, der Polizeibericht spricht von acht Opfern.[257]

19. April 1945: US-Napalmeinsatz auf Wäschenbeuren (Kreis Göppingen)

Als „Schwarzer Tag" hat der 19. April 1945 Einzug in die Wäschenbeurer Ortschronik gefunden. Nur wenige Wochen vor Ende des Zweiten Weltkrieges wurde der Ort durch einen alliierten Angriff zu zwei Dritteln zerstört. Quelle: Stadtarchiv Wäschenbeuren.

Am Donnerstag, dem 19. April 1945, kurz nach 16.30 Uhr, warfen ohne Vorwarnung bei strahlendem Sonnenschein elf amerikanische P-47-Jagdbomber Napalmkanister über dem 1800-Seelendorf ab und schossen danach mit ihren MGs etwa 30 Minuten lang in das flammende Inferno. Flammen loderten meterhoch auf der Straße. Das Heulen der herabstürzenden Jagdbomber drang durch Mark und Bein, Dauerfeuer knatterte aus den Bordgeschützen. Menschen rannten panisch um ihr Leben, suchten nach Deckung, riefen ihre Angehörigen. Tiere brüllten in Todesangst, erstickten oder verbrannten in den Ställen.

256 Harald Zigan: „Kriegsende 1945 (Teil 11): Die zweite Heimsuchung des Dorfes Brettheim", in: *Hohenloher Tagblatt*, 17. April 2015

257 Wikipedia, *Kriegsverbrechen der Alliierten im Zweiten Weltkrieg*

Die Republic P-47 „Thunderbolt" war ein Kampfflugzeug der US-amerikanischen Firma Republic Aviation Company.

Zwei Stunden später erreichten US-Bodentruppen den Ort. Fünf Einwohner überlebten diese Stunden nicht: drei verbrannten in ihren Häusern, zwei wurden auf der Straße erschossen. Rund 60 Prozent des Dorfes wurden zerstört, auch das Rathaus mit dem Gemeindearchiv. Auf dem Wäscherhof notierte der Stuttgarter Rechtsanwalt Hugo Weber: *„Womit jedermann längst gerechnet hatte, was in sorgenden Erwägungen überall besprochen war, was man aber immer wieder weit von sich geschoben hatte, ist nackte Tatsache geworden: Der Feind ist da!"*

Die dicken Rauchsäulen über dem Dorf waren weithin zu erkennen, und bald verdichteten sich Gerüchte zu einer Aussage: In Wäschenbeuren sei wegen Gegenwehr bombardiert worden, obwohl dies nicht den Tatsachen entspricht. Die US-Bodentruppen befanden sich während des Luftangriffs erst bei Lorch, und sogar die Panzersperren waren offen gewesen. An Widerstand dachte kaum noch jemand. Bei den Amerikanern lagen die Nerven blank, sie feuerten jetzt auf alles, was sich bewegte. Der Augenzeuge Paul Käser berichtet: *„Vor meinen Augen wurde ein Bauernhof in Oberhausen in Brand geschossen, und ein französischer Gefangener aus diesem Weiler wurde dabei so angeschossen, daß er am andern Tag an Verblutung starb und dort von seinen Kameraden unter einem Kastanienbaum begraben wurde."*[258]

19./20. April 1945: Das Feuerinferno von Stammheim (Kreis Calw)

Die Gemeinde Stammheim (1939: 1.896 Einwohner) brannte am 19. und 20. April 1945 nach dem Beschuß durch Granaten und Bomben nahezu

258 Kreisarchivar Dr. Stefan Lang: „Der Angriff kommt vom Norden", in: *Göppinger Kreisnachrichten*, 17. April 2015, und http://www.swp.de/goeppingen/zeitzeugen/art1214280,3170053

halb ab. Fünf Einwohner fanden den Tod. Von Calw aus rückten Franzosen in den Ort vor, kehrten jedoch zunächst wieder um. Nur 20 Minuten später kamen aus Richtung Westen zwölf Jagdflugzeuge. Sie bombardierten zunächst irrtümlich Gechingen. Es gab dort sieben Tote, sechs Gebäude brannten ab.

Dann kehrten die Flugzeuge zurück, und das Inferno begann. In drei Wellen flogen sie über das Ortszentrum. Sie warfen Spreng- und Stabbrandbomben sowie Phosphorkanister ab. Der Zeuge Roller berichtet – stimmt das so schildert: *„Die Häuser der Holzbronner Straße zwischen dem Friedensheim und der Pumpstation Gechinger Straße gehen sofort in Flammen auf. Nicht viel später brennt es in der Molkerei- und Hermannstraße. Eine riesige Rauchsäule verursacht völlige Dunkelheit."* In der durch den Brand entfachten Hitze stiegen die Temperaturen auf bis zu 1.000 Grad. Die Einwohner flüchteten; viele in letzter Minute aus den Kellern, heißt es weiter. Man band, soweit möglich, Vieh und Pferde los. Am Ende waren 120 Tiere tot, manche durch Lungenschäden, hervorgerufen durch Phosphor. Gelöscht wurde wegen des Wassermangels auch mit Gülle.

Tags zuvor war Stammheim mit Granaten beschossen worden. Zwei Frauen und ein Kind starben durch Splitter. Zuvor hatte Augenzeuge Erwin Ritter ein kleines Flugzeug beobachtet, das über Stammheim kreiste. Die Menschen, die sich am Brunnen in der Gechinger Straße versammelt hatten, wurden von dem Beobachter offenbar für Soldaten gehalten. Ein verhängnisvoller Irrtum, denn daraufhin kam es zum Beschuß.[259]

21. April 1945: US-Luftangriff auf Deckenpfronn (Kreis Böblingen)

Die Gemeinde Deckenpfronn (1939: 1.071 Einwohner) wurde am 21. April 1945 durch 14 US-Jagdbomber mit Spreng- und Brandbomben angegriffen, wobei zehn Menschen starben und 70 % des Ortes zerstört wurden, darunter die Nikolauskirche von 1818, das Rathaus und die Schule.

259 Alfred Verstl: „Feuerinferno noch kurz vor dem Kriegsende", in: *Schwarzwälder Bote,* 18. April 2015

Am Sonntag, dem 22. April, rollten gegen 9.30 Uhr die ersten französischen Panzer durch Böblingen. Der Einmarsch der Franzosen und ihrer marokkanischen Kolonialtruppen ging oft einher mit Plünderungen und Vergewaltigungen.[260]

21. April 1945: US-Luftangriff auf Oberspeltach (Kreis Crailsheim)

Nur noch ein weißer Fleck in der Landschaft: Oberspeltach wirkt nach dem Luftangriff am 21. April 1945 wie ausradiert. Das Luftbild wurde am 18. Mai 1945 von der US-Luftwaffe aus großer Höhe aufgenommen.

Das Dorf Oberspeltach (1939: 509 Einwohner), das heute zur Gemeinde Frankenhardt gehört, wurde am Ende des Krieges fast völlig ausradiert. Am 21. April 1945 standen die US-Panzer nur noch wenige Kilometer vom Dorf entfernt, und das Ende des Blutvergießens war absehbar. Es kam aber an diesem letzten Tag der Kämpfe im damaligen Kreis Crailsheim alles ganz anders. Wie aus dem Nichts brach gegen 10.00 Uhr die Hölle in Oberspeltach los. Vier Jagdbomber der US-Luftwaffe luden nach einem nicht minder verheerenden Angriff auf das benachbarte Gründelhardt (1939: 1.153 Einwohner) ihre tödliche Fracht über dem Dorf ab, in dem sich neben Alteingesessenen rund 300 Evakuierte aus Essen, Duisburg und Stuttgart in den Häusern drängten, die ihr Hab und Gut zum Teil auch in den Silos der Bauern verstaut hatten. Friedrich Frank (84 Jahre) beschreibt das Inferno in Oberspeltach, das er damals als 14-jähriger Bub erlebte, wie folgt: *„Brennender Phosphor lief durch die Straßen, die Häuser standen sofort in Flammen, ein unglaublicher Feuersturm fegte durch die Gassen – und danach herrschte Totenstille.“*

---

260 Wikipedia, *Deckenpfronn*; http://www.bb-live.de/krz_165_110888927-13-_Erinnerungen-an-das-Kriegsende-in-Deckenpfronn-und-Boeblingen.html
Beitrag: „Einmarsch und Kriegsende im Landkreis Böblingen“ unter https://www.adv-boeblingen.de/zrbb/kreis/ermaecht/e_marsch.html

Der Luftangriff auf Oberspeltach dauerte gerade mal eine halbe Stunde, aber die Zeit reichte aus, das Dorf dem Erdboden gleichzumachen. 51 Wohnhäuser gingen in Flammen auf. In Schutt und Asche fielen auch die Kirche und das erst neun Jahre zuvor erbaute Schulhaus. 168 landwirtschaftliche Gebäude wurden ebenfalls in Ruinen verwandelt. Nur sieben Häuser blieben in Oberspeltach stehen. Gründelhardt traf es genauso schlimm: Hier wurden 46 Häuser und 136 Ställe und Scheunen vernichtet. Es grenzt an ein Wunder, daß bei diesen beiden verheerenden Angriffen „nur" zwei Menschen starben.[261]

22. April 1945: US-Kriegsverbrechen von Lippach bei Aalen

Am 22. April 1945 kam es in Lippach (heute zur Gemeinde Westhausen gehörend) zu geringfügigen Kampfhandlungen zwischen deutschen und amerikanischen Einheiten (der 12th Armored Division „Hellcats"), die nach kurzer Zeit mit dem Abzug des größten Teils der deutschen Truppen endeten. Eine Gruppe deutscher SS-Soldaten, als junger Ersatz ohne Kampferfahrung beschrieben, begab sich in amerikanische Kriegsgefangenschaft und wurde nach der Entwaffnung teils erschossen, teils durch das Dorf getrieben und sukzessive mit dem Gewehrkolben erschlagen. *„Mann für Mann wurden ihnen die Schädel eingeschlagen oder das Genick durchschossen."* Zehn Tote konnten nicht identifiziert werden; die anderen 26 sind namentlich bekannt, da ein Anwohner die Ausweise und Erkennungsmarken bergen konnte. Die Toten wurden in einem Massengrab beigesetzt; die Gräberliste ist im Landesarchiv einzusehen. Mit Ausnahme eines erwachsenen Soldaten betrug das Durchschnittsalter der namentlich bekannten Opfer 16 Jahre (siehe Gräberliste). Neben dem Massaker kam es zu etlichen Vergewaltigungen von Dorfbewohnerinnen. Der örtliche Pfarrer konnte einige Vergewaltigungen verhindern, indem er Frauen versteckte. Die damaligen Ereignisse sind in einer Ortschronik, einigen regionalen Zeitungsartikeln und in einem Buch von Veeh dargestellt worden. Eine Darstellung

261 Harald Zigan: „‚Danach herrschte Totenstille'" – Ein Dorf wird fast völlig ausradiert. Drei Zeitzeugen schildern die Bombardierung von Oberspeltach", in: *Hohenloher Tagblatt*, 21. April 2015

eines amerikanischen Autors mit Verweis auf weitere amerikanische Quellen findet sich bei Fritz.[262]

29./30. April 1945: US-Kriegsverbrechen an SS-Wachen des KL Dachau

Tote SS-Wachen. Quelle: Wikipedia, Dachau-Massaker.

Am 29. April 1945 erreichten die ersten US-Truppen das KL Dachau. Nachdem sie in einem Güterwagen außerhalb des Lagers Leichenberge entdeckt hatten, exekutierten sie kurzerhand SS-Leute, die sich bereits ergeben hatten.[263]

Über die Hintergründe und den Ablauf der Massenexekution sowie die Anzahl der ermordeten deutschen Soldaten berichtet Thomas Goodrich in seinem Video-Beitrag „Hellstorm – The real Genocide of Germany“ (deutsche Version) ab 53 Minute wie folgt:

„... *Die Deutschen begriffen kaum, daß die Amerikaner aufgrund eines Jahrzehntes voller jüdischer Propaganda noch haßerfüllter waren als die Sowjets.* (...) *Das Kommando gegen das deutsche Volk führte der jüdischstämmige General Dwight D. Eisenhower, ein Mann, dessen Haß gegen alles Deutsche bekannt war. In der gleichen Art und Weise wie Stalin und Roosevelt verteidigte Eisenhower das absolute Massaker an deutschen Offizieren, Mitgliedern der NSDAP und anderen. Alles in allem sollten nach dem alliierten Oberkommandierenden mindestens 100.000 deutsche Führungskräfte exterminiert*[264] *werden. Es überrascht nicht, daß derartige Geisteshaltungen rasch von oben nach unten*

262 Wikipedia, *Massaker von Lippach*

263 Beitrag: „Das Massaker an den SS-Wachen von Dachau“, in: *Die Welt*, 29. April 2015 unter http://www.welt.de/geschichte/zweiter-weltkrieg/article140253087/Das-Massaker-an-den-SS-Wachen-von-Dachau.html Nähere Einzelheiten über das Massaker sind dem Bericht nicht zu entnehmen.

264 exterminieren = töten, umbringen

durchsickern. Eisenhowers Parole: ‚Nur ein toter Deutscher ist ein guter Deutscher' wurde zur beherrschenden Geisteshaltung. Und ‚keine Gefangenen' war die unausgesprochene Auffassung. Zehntausende Gefangene oder sich ergebende Deutsche wurden einfach an Ort und Stelle niedergemetzelt.

Als die Amerikaner im späten April 1945 Richtung München vordringen, flohen die meisten deutschen Wachen des Konzentrationslagers nahe Dachau. Trotz Schildern am Tor, welche warnten: ‚Kein Zutritt – Typhusepidemie', wurden mehrere Hundert deutsche Soldaten in das Gefängnis beordert, um für Ordnung zu sorgen und die Übergabe von dreißigtausend Gefangenen an die Alliierten zu arrangieren. Als die Amerikaner am folgenden Tag Dachau erreichen, waren sie entsetzt über das, was sie sahen. Außerhalb des Gefängnisses standen Eisenbahnwagen voller Leichen, die an Krankheit und Hunger gestorben waren. Innerhalb des Lagers wurde ein Raum entdeckt, in dem nackte und abgemagerte Leichen hoch übereinander gestapelt waren. Verstört durch diesen Alptraum und sich sicher, daß Dachau der Beweis war für die Greueltaten, von denen sie in Amerika schon soviel gehört hatten, ließen die Offiziere ihre wütenden Soldaten auf die nunmehr entwaffneten deutschen Soldaten los. Während die Folterungen im Gange waren, zwang ein Leutnant über 300 gefangene Deutsche, sich an eine Wand zu stellen, brachten zwei Maschinengewehre in Stellung und befahl seinen Männern, das Feuer zu eröffnen. Diejenigen, die noch am Leben waren, als die Salve endete, wurden gezwungen, inmitten des Blutbades stehenzubleiben, während die Maschinengewehr-Schützen nachluden. Insgesamt über 500 hilflose deutsche Soldaten wurden an diesem Tag abgeschlachtet. Um das Werk zu vollenden, wurden Bewohner Dachaus dazu gezwungen, die Tausende von Leichen im Lager (zu) *begraben,* (...)

Nur wenige Amerikaner bemerkten es, weil es nur wenige kümmerte. Aber die Bedingungen in deutschen Städten waren nicht viel besser als die in Dachau. Wegen der amerikanischen und britischen Luftangriffe rund um die Uhr, Woche für Woche, kamen überall in Deutschland nur noch sehr wenige Lebensmittel und nahezu keine Medikamente mehr an. Praktisch nichts erreichte mehr die zahlreichen Konzentrationslager, wo darum in den letzten Tagen durch Krankheit und Hunger Insassen zu Tausenden hinweggefegt wurden. Der Vorfall in Dachau war lediglich einer von vielen Massakern, begangen durch die US-

Truppen." Die Erschießungen sind in dem Video zu sehen unter https://www.youtube.com/watch?v=KtMBmfZhdQE

30. April 1945: US-Mord an zwei deutschen Soldaten in Forst/Obb.

© privat

Grundlos erschossen: Georg Kersten.

Nicht nur entwaffnete SS-Soldaten wurden von den vorrückenden US-Soldaten willkürlich erschossen, sondern manchmal auch einfache Soldaten der Wehrmacht. Ein solcher Fall ist der des Georg Kersten, der am 30. April 1945 zusammen mit seinem Kameraden Gustav Jahn in Forst (zwischen Weilheim und Schongau) erschossen wurde. Sein Sohn Manfred Kersten lebt heute in Wolfratshausen, er hat Fotos seines Vaters und einen Augenzeugenbericht aufbewahrt. Zudem hat sich Bernhard Resch aus Forst beim *Münchner Merkur* gemeldet, der die Erschießung als Kind miterleben mußte.

Demnach waren die beiden Soldaten auf der Straße in Forst *„mit erhobenen Händen, ein weißes Tuch hochhaltend"* auf amerikanische Soldaten zugelaufen – so steht es in dem Augenzeugenbericht, den der Forster Gastwirt Michael Hafner mit seiner Frau Katharina 1951 abgaben. Die beiden Soldaten, Kersten und Jahn, trugen *„abgerissene Uniformen"*, sie waren unbewaffnet und offenbar auf der Suche nach einer Meldestelle. Ihr Vorgesetzter hatte seine Einheit einfach aufgelöst und war verschwunden – das hat Manfred Kersten durch Erzählungen des Forster Eckhofbauern Ostler (wo die beiden übernachtet hatten) später erfahren. Weiter heißt es im Augenzeugenbericht von 1951: *„Sofort stürzten sich die amerikanischen Soldaten auf die beiden deutschen Soldaten. Sie wurden durchsucht, mit Fußtritten traktiert und zum Schluß an die Wand der Kegelbahn gestellt."* Im nächsten Augenblick, berichtete der Gastwirt weiter, *„war das Unglaubliche geschehen. Es krachte, und die beiden deutschen Soldaten stürzten tot zusammen."*[265]

Das US-Rheinwiesenlager – Das Massensterben deutscher Kriegsgefangener

US-Rheinwiesenlager Remagen.

Die Rheinwiesenlager waren Kriegsgefangenenlager der US-Armee im Rheinland am Ende des Zweiten Weltkrieges. Etwa eine Million deutsche Häftlinge waren von Frühjahr bis Spätsommer 1945 in diesen Einrichtungen inhaftiert. Zu ihnen gehörten Soldaten, Reichsarbeitsdienstler, Hitlerjungen und Zivilisten, die vielleicht zufällig einen Armeemantel trugen. Diese Gefangenen wurden zu *„entwaffneten feindlichen Streitkräften"* erklärt, um ihnen ihre Rechte gemäß der Genfer Kriegsgefangenen-Konvention zu verweigern. So konnte auch das Internationale Komitee vom Roten Kreuz die Lager nicht mehr inspizieren. Diese Internierungslager wurden nicht auf Initiative der Armee, sondern der Politik errichtet. Dies entsprang dem Wunsch nach Vergeltung, nach Bestrafung und Rache an den Deutschen. Die Versorgung in den Lagern

265 Dirk Walter: „Trotz erhobenen Händen: Amerikaner erschossen Soldaten", in: *Münchner Merkur* unter http://www.merkur.de/lokales/muenchen/stadt-muenchen/kriegsende-bayern-1945-trotz-erhobenen-haenden-amerikaner-erschossen

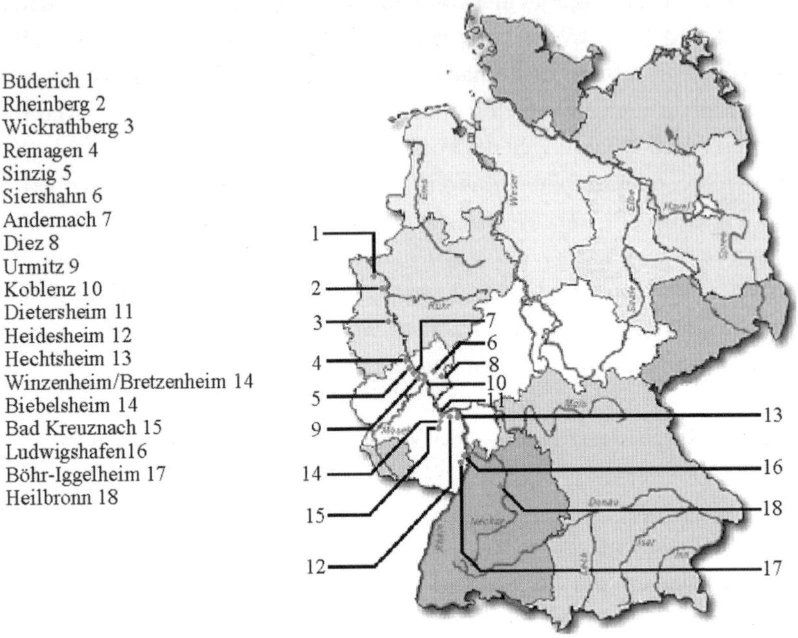

Rheinwiesenlager, Standorte. Quelle: Wikipedia.

war völlig unzureichend: für die meisten Insassen gab es keine Unterkünfte, ebenso kaum sanitäre Einrichtungen, kaum medizinische Betreuung, ja sogar zu wenig Trinkwasser. Täglich kamen Tausende Neuankömmlinge per Lastwagen in die überfüllten Lager.

Unglücklicherweise war zudem das Wetter kalt und naß, und bald glichen die Lager riesigen Schlammseen. Die Häftlinge gruben aus Verzweiflung Erdlöcher, weil sie sonst keinen Schutz fanden. Cholera und Typhus breiteten sich aus. Tausende starben an Krankheiten, Unterernährung, der Witterung und an seelischem Zusammenbruch. Der deutschen Bevölkerung wurde verboten, die Lagerinsassen zu versorgen. Deutsche Verwundete aus den Hospitälern wurden in die Lager verlegt, obwohl sie dort nicht entsprechend versorgt werden konnten. Die Zeit der US-Besatzung war auch eine Zeit der Rechtlosigkeit der Deutschen und eine Zeit auch von Verbrechen und Grausamkeiten, die ebenfalls von amerikanischen Soldaten verübt wurden.[266]

266 Interview mit Ex-US-Major Merrit Drucker: „Ich bitte um Verzeihung“, in: *Junge Freiheit* Nr. 26/12, 22. Juni 2012. Drucker geht ähnlich wie der kanadische Buchautor James Bacque (*Der geplante Tod*, 1995) von einer Opferzahl von 750.000 Toten aus. Zum Thema siehe auch die Dokumentation von Helmut Müller: „‚Ein Jammer, daß wir nicht mehr umgebracht haben.‘ Ein vergessenes Menschheitsverbrechen“, 13. Mai 2015, unter www.helmutmueller.wordpress.com

19. Die Verbrechen von Franzosen an Deutschen 1945

22. Juni 1916: „Der Kindermord von Karlsruhe"

Karlsruhe war wegen seiner Nähe zu Frankreich früh Ziel der damals neuen Luftangriffe und Erprobungsort für die noch zu entwickelnden Schutzmaßnahmen. Der erste französische Luftangriff auf die Fächerstadt erfolgte am 15. Juni 1915, zwei Tage vor dem 200-jährigen Stadtgeburtstag, der ursprünglich mit großem Aufwand gefeiert werden sollte. Dabei kam es zu 30 Todesopfern und 58 Verletzten. Beim dem als „Kindermord von Karlsruhe" in die Geschichte eingegangenen zweiten Angriff am 22. Juni 1916 warfen die französischen Flieger 40 Bomben aus großer Höhe ab und bombardierten den Bereich des Ettlinger-Tor-Platzes. Es gab 120 Tote, darunter befanden sich 71 Kinder. 169 Menschen wurden verletzt. Dabei handelte es sich um einen französischen Vergeltungsangriff auf einen zuvor von deutscher Seite am 1. Juni ausgeführten Luftangriff auf das lothringische Bar-le-Duc, bei dem 64 Menschen umkamen.

Die fünf zweimotorigen Doppeldecker des französischen Fliegergeschwaders C6 erschienen gegen 15.10 Uhr über Karlsruhe. Jede Maschine führte acht Bomben mit sich. Die ersten fünf Bomben trafen neben dem Rundzelt des Zirkus Hagenbeck auf, der vor zweitausend Personen eine Vorstellung gab. Der Explosionsknall verursachte eine Panik im Zirkuszelt. Die Leute stürmten ins Freie, die Flüchtenden zertrampelten die Langsamen und rannten in die nächste Bombe hinein. Am Schluß lagen 120 Tote vor dem Zirkus, davon 71 (85) Kinder. Der deutsche Heeresbericht erwähnt, daß die Flugzeuge in großer Höhe kreisten und „durch den leichten Dunst fast ganz der Sicht entrückt" waren. Auf diese Weise konnten die Angreifer freilich keinen präzisen Angriff durchführen. Die primitiven Abwurftechniken ermöglichten unter solchen Bedingungen nur einen Bombenwurf mit dem Ziel, die Bevölkerung zu terrorisieren.[267]

267 Friedrich, S. 65, 281; http://ka.stadtwiki.net/Erster_Weltkrieg; https://fgut.wordpress.com/zeitdokumente/heimatfront-1-weltkrieg/luftangriffe-auf-karlsruhe/

16./17. April 1945: Brandstiftungen, Plünderungen und Vergewaltigungen in Freudenstadt

Die Verbrechen von Freudenstadt (1939: 11.000 Einwohner) sind ein Beispiel von vielen, wohin blinder Haß und entfesselte Leidenschaft in den letzten Kriegstagen geführt haben. Die bis dahin weitgehend unversehrte Innenstadt wurde durch US-Fliegerangriffe auf den Stadtkern am 9. April, durch Artilleriebeschießung am 16. April und nach der Besetzung durch französische Truppen am 17. April durch planmäßige Brandstiftungen nahezu vollständig zerstört. Zu den 649 vernichteten Gebäuden zählten alle geschichtlich wertvollen Bauten, fast alle Ämter und Geschäftshäuser und über die Hälfte des gesamten Wohnraumes. Auch die herrliche Stadtkirche fiel den Flammen zum Opfer. Sie wurde von Tieffliegern am 16. April angegriffen und in Brand geschossen. Der Ort war mit Verwundeten überfüllt. Die vorrückenden Franzosen trafen praktisch auf keinen nennenswerten Widerstand. Der Kommandeur der deutschen Truppen, General Konrad von Alberti, ließ einen offenen Funkspruch absetzen, in dem die Gegenseite darauf hingewiesen wurde, daß Freudenstadt von Kampfverbänden geräumt sei. Trotzdem begann eine sechzehnstündige Beschießung, wobei auch Brandgranaten zum Einsatz kamen, so daß die mittelalterliche Innenstadt rasch in Flammen stand.

Am ersten Tag und in der darauffolgenden Nacht zündeten kleinere Trupps der Einmarschierenden Häuser meist ohne ersichtlichen Grund an. Auf Bitten und Vorhaltungen hörte man die Antwort: *„Das ist Krieg. Freudenstadt muß drei Tage brennen!“* So brannte das gesamte Stadtviertel nördlich des Marktplatzes ab, das beim Einmarsch der Truppen noch wenig beschädigt war. Beim planmäßigen Niederbrennen der vielen Einzelgebäude in den darauffolgenden Tagen haben vermutlich die berüchtigten F.F.I. (Forces françaises de l'intérieur) mitgewirkt. Die Führung der Truppe verhielt sich den Brandstiftungen wie den übrigen Ausschreitungen (Vergewaltigungen, Gewaltanwendungen) gegenüber gleichgültig. Die Mehrzahl der Soldaten behinderte die Löscharbeiten oder machte sie unmöglich. Die genaue Zahl der Vergewaltigten – über 500 deutsche Mädchen und Frauen meldeten sich bei den Ärzten – ist nicht nachprüfbar. Ein Arzt des Kreiskrankenhauses nannte später die Zahl 600. Eine Anzahl von Männern, die Frauen und Kinder vor Vergewaltigungen schützen wollten, wurde von farbigen Soldaten (Algerier/Marokkaner) durch Kopf- oder Genickschuß getötet.[268]

In der amtlichen Bonner Sammlung „Dokumente deutscher Kriegsschäden" (1. Beiheft, Bonn, 1960) wird ein Freudenstädter Augenzeuge zitiert, der die „Befreiung" seiner Heimatstadt wie folgt schildert: *„...Den Rest* (der Zerstörung) *besorgten tags darauf die einziehenden Truppen. Weiße, Franzosen, Fremdenlegionäre, Marokkaner und Algerier besetzten die Stadt und errichteten ein Schreckensregiment, welches einmalig in der Kriegsgeschichte ist.* (...) *Es wurde drei Tage lang gemordet, geplündert, vergewaltigt und Häuser angezündet. Frauen zwischen 16 und 80 Jahren waren Freiwild. Väter und Mütter, die sich schützend vor ihre Angehörigen stellten, wurden niedergeschossen; die Schreie der gequälten Menschen hallten durch die Nächte. Zirka 800 geschändete Frauen meldeten sich zur ärztlichen Untersuchung im Krankenhaus. Alle Männer von 16 bis 60 Jahren wurden eingesperrt, nachts kamen die besoffenen Wachmannschaften von der nahen Weinhandlung und schlugen im Lager Zivilisten und Soldaten blutig. Der Abtransport der Gefangenen begann, die Soldaten kamen nach Frankreich, die Freudenstädter Zivilisten wurden nach Lindau befördert. Auf der Fahrt dorthin gab es einen Autounfall, hervorgerufen durch den betrunkenen schwarzen Fahrer. Einige Männer mußten hierbei ihr Leben lassen. Nach einigen Wochen mußten die Freudenstädter zu Fuß von Lindau nach Freudenstadt zurück, wurden hier wieder eingesperrt und dann einzeln allmählich entlassen."*

In den „Freudenstädter Heimatblättern" (Heimatgeschichtliche Beilage zum *Schwarzwälder Bote*), Band XXVI. Nr. 5, Mai 1995, schreibt der Historiker Klaus M. Heckmanns: *„Die Stadt hat die ganze Nacht hindurch gebrannt. Löschen war kaum noch möglich.* (...) *Die Truppen rückten in eine brennende Stadt ein, in der sie mit Verteidigung gerechnet hatten. Es wurde zwar nicht verteidigt, aber die psychische Anspannung bei der Truppe hatte trotzdem einen Punkt erreicht, an dem sie nur noch den Wunsch hatten, dieses ‚wunderschöne Feuerwerk' wenn möglich noch zu vergrößern. Abgesehen davon,*

268 Hertel, S. 12, 54-55, 62-63, 69-70, 73, 75, 80, 83

daß die Wehr am Löschen gehindert wurde, haben die Franzosen in noch unbeschädigte Häuser Brandplättchen hineingeworfen, oder diese auch mit Hilfe von Benzinkanistern in Brand gesetzt. Die Brandherde vergrößerten sich wieder, und gegen Mittag traten sogar Feuerstürme auf. Das Werk der Vernichtung nahm seinen Lauf. (...) Die französische Truppe, die jetzt in Freudenstadt stand (17. 4. 1945), setzte sich aus marokkanischer Infanterie, aus marokkanischen Panzertruppen und aus Alpenjägern zusammen. Insgesamt dürften es etwa 3 Bataillone gewesen sein, die nun innerhalb von nur einer Stunde die Stadt ‚säuberten'. Es ging deshalb so schnell, weil ja auch keine Truppen da waren, die sie hätten ausheben müssen. (...) Die Szenen, die sich beim Einmarsch und danach abgespielt haben (...) werden den Freudenstädtern, die sie miterleben mußten, ewig im Gedächtnis bleiben."[269]

Von französischer Seite wurde die Vernichtung der Stadt damit gerechtfertigt, daß man auf heftige Verteidigung gefaßt gewesen sei. Faktisch widersprechen dieser Behauptung nicht nur Dauer und Heftigkeit des Beschusses – bei fehlender Gegenwehr -, sondern auch der Fortgang der Dinge. Jedenfalls stieg die Zahl der Ziviltoten von etwa fünfzig Opfern in den Tagen nach der Kapitulation auf siebzig an. Das lag zum einen daran, daß bei Brandstiftungen durch französische Soldaten auch noch das Rathaus, jetzt Sitz der französischen Kommandantur, zerstört wurde und man daraufhin alle Männer des Ortes zwischen 16 und 50 festsetzte, um sie wegen „Terrorismus" vor ein Kriegsgericht zu stellen. Beim Abtransport in Richtung Pfullendorf starben vier von ihnen durch einen Autounfall, bevor das Ganze abgebrochen wurde. Die übrigen Zivilisten kamen ums Leben, entweder weil betrunkene Soldaten auf sie schossen, weil sie ihr Eigentum gegen Marodeure zu schützen suchten, vor allem aber, wenn sie sich als Frauen einer Vergewaltigung entziehen wollten oder aber Frauen gegen die Übergriffe verteidigten.

Was sich in Freudenstadt abspielte, gehörte auch sonst zur Praxis der Soldaten der 1. Französischen Panzerdivision, die vor allem aus marokkani-

269 „Freudenstädter Leidenstage 17., 18. und 19. April 1945. Mord. Plünderung. Brandschatzung. Und massenhafte Schändung von Frauen und Mädchen" unter www.hexenort.de

schen, algerischen und westafrikanischen Verbänden zusammengesetzt war. „Maroquinades" ist im Französischen ein *terminus technicus* für die systematische Vergewaltigung von Frauen des besiegten Feindes, die in einem archaischen Verständnis von Kriegsführung als „Beute" betrachtet wurden. Halb entschuldigend äußerte der Chef der Militärverwaltung in Stuttgart, General Jacques Schwartz, die Kolonialtruppen hätten eben nicht die „kulturelle Höhe und die moralische Kraft der französischen Armee". Überzeugend wird das auf die Zeitgenossen nicht gewirkt haben. In Teilen der deutschen Bevölkerung erinnerte man sich noch sehr deutlich, daß während der französischen Rheinlandbesetzung nach dem Ersten Weltkrieg bevorzugt schwarz- und nordafrikanische Soldaten eingesetzt worden waren, was einerseits der zusätzlichen Demütigung der besiegten Deutschen diente – die „schwarze Schmach" –, andererseits jederzeit die Möglichkeit bot, die Verantwortung für die Übergriffe auf jene „Wilden" abzuschieben, die taten, was ein Europäer nicht tat.[270]

Der damals 17-jährige Zeitzeuge Helmut Eberspächer erlebte die Einnahme Stuttgarts durch die Franzosen als Patient im Robert-Bosch-Krankenhaus. Nach der Eroberung Stuttgarts feierte die französische Fremdenlegion ausgiebig ihren Sieg. Drei Tage und drei Nächte galt das Plünderungsrecht. Im Robert-Bosch-Krankenhaus lagen in den Gängen Frauen mit allen möglichen Verletzungen. Die meisten waren vergewaltigt worden, und wenn sie sich wehrten, oft schwer verletzt: *„Ich sah viele, die ziemlich schwer verletzt waren. Der Flur war übervoll von Frauen jeglichen Alters, die alle von den siegreichen Franzosen vergewaltigt worden waren. Nicht nur blaue Flecken und Verwundungen, sondern auch Knochenbrüche mußten behandelt werden. Ich begegnete einige Tage später einer Frau, der zwei Finger abgehakt worden waren, weil sich die wertvollen Ringe, die sie trug, nicht lösen ließen."* Die oberen drei Stockwerke des Krankenhauses wurden in ein Hotel für französische Offiziere umfunktioniert. In einem der Operationssäle hatten sie einen Ochsen geschlachtet. Das Tier wurde die Haupttreppe des Krankenhauses hinaufgetrieben. Das untere Stockwerk und der Keller wurden total

270 Karl Heinz Weissmann, „Beschwiegen im Geiste Europas. Freudenstadt war kein Einzelfall: Die Verbrechen der Franzosen in Südwestdeutschland 1945", in: *Junge Freiheit Nr.* 17/15, 17. April 2015

gesperrt. Es wurde offiziell bekannt gegeben, daß dort ab nachmittags 17 Uhr „Besuchszeit" sei.[271]

Bei der Einnahme von Stuttgart und Pforzheim kam es ebenfalls zu Massenvergewaltigungen durch französisch-marokkanische Truppen wie in Freudenstadt.[272]

20. April 1945: Die Befreier als Freier im Kreis Böblingen

Als die französischen Truppen in den Kreis Böblingen einmarschierten, kamen sie als Befreier. Für viele Frauen und Mädchen bedeutete das Kriegsende jedoch keine Befreiung. Massenhafte Vergewaltigungen gehörten beim Einmarsch ebenso zur Tagesordnung wie Plünderungen. Am Nachmittag des 20. April hatten die Franzosen Magstadt besetzt. Dort quartierten sie sich für die Nacht ein, um am nächsten Morgen nach Sindelfingen weiterzumarschieren. Der Magstadter Ortspfarrer hat 1948 in einem Bericht die Ereignisse dieses Abends festgehalten. *„Was jedoch in jener Nacht geschah, kann keine Feder zu Papier bringen. Vor allem hatten unsere Frauen und Mädchen viel durchzumachen und zu leiden. Die Marokkaner, die vorher in Schafhausen sich in einer Schnapsbrennerei anscheinend des Guten etwas zu viel taten, waren teils schlimmer als die Tiere. Zirka 260 Vergewaltigungen – medizinisch festgestellt –, angefangen bei Konfirmandinnen bis hin zur ältesten Frau, werden stets neben allem anderen diesen Tag zum furchtbarsten machen, was die Gemeindemitglieder leiblich und seelisch erdulden mußten."*

Vergeblich versuchte der Pfarrer, den Besatzertruppen Einhalt zu gebieten. *„Selbst im Pfarrhaus konnte ich es bei allem Hinstehen und Einsatz meiner ganzen Person nicht verhindern, daß diejenigen, die Schutz begehrten und im Keller Zuflucht suchten, das schreckliche Erleben durchmachen mußten."* Nicht überall kam es zu solch massenhaften Übergriffen. Manche Dörfer, durch die die Besatzertruppen zunächst nur durchzogen, blieben von derlei Exzessen verschont. Doch Magstadt war kein Einzelfall. Aus Böblingen wur-

271 Eberspächer, S. 147-148, 189-190
272 Wikipedia, *Kriegsverbrechen der Alliierten im Zweiten Weltkrieg*

den *„weit über 50 Vergewaltigungen"* gemeldet. In Ehningen *„hausten in den Wohnungen die weißen und braunen Franzosen in der übelsten Weise"*. Aus Waldenbuch kamen viele Frauen nach Vergewaltigungen *„zur Behandlung nach Tübingen"*. In Deckenpfronn wurden Frauen vor den Augen der Kinder drei bis achtzehn Mal vergewaltigt. Eine Frau, die in einem abgelegenen Haus bei Rohrau wohnte, wurde vor den Augen ihrer kleinen Kinder mißbraucht. Weitere Schändungen sind aus Merklingen (100 bis 200 Fälle), Gärtringen, Hildrizhausen, Holzgerlingen, Maichingen, Nufringen, Steinenbronn, Weil im Schönbuch und Malmsheim bekannt.

Nicht in allen Berichten wird mit derselben Offenheit über die Ereignisse berichtet wie in Magstadt. In Maichingen durchlebte die weibliche Bevölkerung des westlichen Dorfteils *„einige schwere Stunden"*. In Sindelfingen gab es angeblich *„außer den üblichen, mit dem Einmarsch farbiger Truppen verbundenen Begleiterscheinungen keine besonderen Vorkommnisse"*. Wie diese üblichen Begleiterscheinungen aussahen, schildert eine Bewohnerin der Goldberg-Siedlung. Beim Einmarsch hatten deutsche Flakhelfer noch von der Goldberg-Schule auf die französische Truppen geschossen: *„Daraufhin bekamen die ‚Marokkaner' sturmfrei. Auf dem Goldberg gewaltig, zum Teil mehrfach."* Zu brutalen Vergewaltigungen kam es auch an den russischen Zwangsarbeiterinnen der Suevia. Häufig wird in den Berichten geschildert, wie französische Kriegsgefangene die deutschen Familien beschützten, bei denen sie untergebracht waren – aus Dankbarkeit für eine gute Behandlung. Meist unterbanden die französischen Kommandanten das Marodieren ihrer Truppen nach wenigen Stunden und drohten bei weiteren Übergriffen mit harten Strafen. Doch die kurze Zeit reichte den siegestrunkenen Soldaten aus, um ihr unheilvolles Tun zu vollenden.[273]

21.-24. April 1945: Vergewaltigungen in Stockach

Stockach wurde als erste Stadt im Bodenseegebiet am Abend des 21. April 1945 von den Franzosen eingenommen. Frauen und Kinder er-

273 *Das 20. Jahrhundert im Spiegel der Zeit. Der Kreis Böblingen im Rückblick von 100 Jahren*, Röhm Verlag, Sindelfingen, 1999, S. 107; Bericht: „Die Befreier kamen als Freier" unter http://www.zeitreise-bb.de/kreis/ermaecht/freier.html

Seine frei-französischen Truppen machten dem Namen der „grande armée“ alle Ehre... – Charles de Gaulle am 7. April 1945 in Straßburg.

warteten voller Angst in Kellern, Luftschutzbunkern oder im katholischen Pfarrhaus den Einmarsch der französischen Truppen. Allerdings hörte man in der ersten Nacht in vielen Häusern das Wehklagen von vergewaltigten Frauen. Nur im Pfarrhaus und im Turm von St. Oswald konnten sich die Frauen sicher fühlen. Insgesamt kam es in diesen Tagen zu 50 bis 60 Vergewaltigungen, was um so schlimmer war, weil die bedauernswerten Frauen ohne ärztliche Hilfe waren.[274]

Ein Befreier der 3. Algerischen Infanterie-Division wetzt sein Bajonett.

274 Hartmut Rathke, „Und plötzlich stehen die Franzosen vor der Tür“, in: *Südkurier*, 21. April 2005 unter http://www.suedkurier.de/region/kreis-konstanz/stockach/Und-ploetzlich-stehen-die-Franzosen-vor-der-Tuer;art372461,1507249

27. April - 3. Mai 1945: Plünderungen und Vergewaltigungen in Murrhardt und Umgebung

Als die französischen Truppen der 3. Algerischen Infanterie-Division, darunter auch Afrikaner, in Murrhardt (1939: 4.639 Einwohner) einmarschierten, sahen sie geschmückte Schaufenster zum Geburtstag des „Führers" am 20. April. Die französischen Soldaten verübten zwischen dem 27. April und dem 3. Mai 1945 zahlreiche schwere Kriegsverbrechen gegen die Zivilbevölkerung. Dazu zitierte der Murrhardter Archivar Christian Schweizer aus dem erschütternden Bericht „Darstellung der letzten Kriegstage" von Stadtschultheiß Carl Blum, der in Murrhardt verlorenging und nun von Schweizer im Landesarchiv wiederentdeckt wurde. Danach plünderten die Franzosen etliche Geschäfte und Häuser und begingen mehr als 200 Vergewaltigungen, wodurch einige Frauen schwanger wurden und Kinder bekamen.[275]

8. Mai 1945: Ermordung von 12 Freiwilligen der 33. Waffen-Grenadier-Division der SS „Charlemagne"

Die Haager Landkriegsordnung und das Völkerrecht verbieten grundsätzlich die nachträgliche grundlose Erschießung von Kriegsgefangenen. Dennoch wurden diese Kriegsverbrechen in den letzten Monaten des Zweiten Weltkrieges von den Westalliierten unzählige Male verübt, weil sie als die späteren Sieger keine Vergeltung mehr von dem zerfallenden Deutschland zu fürchten hatten. Ein besonders schändliches Verbrechen trug sich am 8. Mai 1945 in Bad Reichenhall zu. Verantwortlich dafür war der französische General Leclerc,[276] der sich schon vorher in Frankreich wie bei seinem Zug durch Süddeutschland zahlreiche Kriegsverbrechen hatte zuschulden kommen lassen, u. a. in Ger-

275 Beitrag: „Christian Schweizer über die letzten Kriegstage in Murrhardt und Umgebung", in: *Gaildorfer Rundschau SWP* vom 4. Mai 2015 unter http://www.swp.de/gaildorf/zeitzeugen/art1214272,3196980

276 Für seine „Heldentaten" wurde General Leclerc (1902-1947) mit zahlreichen Auszeichnungen geehrt. Leclerc sind in Frankreich zahlreiche Denkmäler und Straßennamen gewidmet. Auch der modernste Kampfpanzer Frankreichs trägt den Namen „Leclerc". Wikipedia, *General Leclerc*

mersheim, im Schwarzwald, in Neu-Ulm und im Chiemgau, insbesondere auch im oberbayerischen Siegsdorf.

Die zwölf französischen Soldaten der SS-Division „Charlemagne" hatten sich den Amerikanern kampflos ergeben und wurden mit anderen deutschen Kriegsgefangenen in der Kaserne der Gebirgsjäger in Bad Reichenhall interniert. Als sie erfuhren, daß ihre Bewacher von gaullistischen Truppen abgelöst werden sollten, beschlossen sie die Flucht. Es gelang ihnen auch, durch die Umzäunung der Kaserne in ein nahegelegenes Wäldchen zu entkommen. Aber die Flucht wurde entdeckt, und sie wurden kurz darauf von zwei gaullistischen Kompanien umzingelt und unter starker Bewachung zurückgebracht.

Die Erschießung am 8. Mai 1945 gegen 17.00 Uhr geschah in drei Etappen zu je vier Mann. Die letzten sahen die Kameraden fallen. Alle weigerten sich, ihre Augen verbinden zu lassen, und fielen mit dem Ruf: „Es lebe Frankreich!" Unter den letzten waren Leutnant Briffaut und SS-Grenadier Payras. Laut Zeugenaussagen fand die Erschießung ohne Urteil statt, nur wenige Stunden vor dem Inkrafttreten des Waffenstillstandes. Die Leichen blieben an dem Platz liegen und wurden erst drei (!) Tage später auf Bitten des französischen Paters Gaume von amerikanischen Soldaten bestattet und die Gräber mit Holzkreuzen versehen. Die Ermordeten wurden dann 1949 exhumiert und 1963 ein zweites Mal umgebettet. Sie liegen heute auf dem Friedhof St. Zeno in Bad Reichenhall neben der Gedenktafel für die im Ersten Weltkrieg gefallenen Reichenhaller Bürger. Acht der Toten gelten immer noch als „vermißt", weil sie ihren Namen nicht nannten, vermutlich, weil sie ihre Angehörigen in Frankreich vor Repressalien schützen wollten.[277]

Am 25. April 1945 forderte ein US-Luftangriff auf Bad Reichenhall 198 Todesopfer. Die meiste Zerstörung wurde im Stadtzentrum angerichtet, in

---

277 „Einladung zur Gedenkveranstaltung am Kugelbach", veröffentlicht am 25. April 2014 unter http://www.altermedia-deutschland.info/content.php/6764-Einladung-zur-Gedenkveranstaltung-am-Kugelbach und http://freies-oesterreich.net/2014/05/08/8-mai-bad-reichenhall-sie-starben-fuer-europa/

General Leclerc, in US-Uniform mit Spazierstock, inspiziert die später ermordeten französischen Waffen-SS-Soldaten am 8. Mai 1945 bei Bad Reichenhall.

dem sich zahlreiche Lazarette befanden. Hingegen waren in der Kaserne keine nennenswerten Schäden zu verzeichnen.[278]

278 „Geschichte Bad Reichenhall" unter http://www.burg-gruttenstein.de/ueber-uns/geschichte-bad-reichenall/index.html

20. Die Verbrechen von Tschechen an Deutschen 1945

„Man sagt: Einen Teil bringen wir um, einen Teil vertreiben wir, viele fliehen aus Angst vor Rache, und den Rest werden wir durch die Umsiedlung der Deutschen bzw. Grenzkorrekturen los."
Jan Kalla, tschechischer Militärattaché in London, im Januar 1940.[279]

„Die Geschichte von 6 Millionen Deutschen, zerstreut durch das Sudetenland, und andere Teile von der Tschechoslowakei und Polen, ist an sich gräßlich, aber niemand kann behaupten, daß es das uralte Prinzip von Aug' um Aug' übersteige ... Letzten Monat (sic!) z. B. entschieden junge Revolutionäre der tschechischen Nationalgarde in Brünn, ihre Stadt zu ‚reinigen'"[280]

5. Mai 1945: Das Massaker von Prag

Am 5. Mai 1945, eine Woche nach Hitlers Selbstmord, brach der sogenannte „Prager Aufstand" aus. Kommunistische Kampfgruppen rissen die Führung an sich. Jeder deutsche Soldat, der unterwegs war, wurde gelyncht. Deutsche Wohnungen wurden geplündert, die Bewohner mißhandelt, erschlagen oder aus dem Fenster geworfen. Wehrmachtshelferinnen, die dem tschechischen Mob in die Hände fielen, wurden zum Wolschaner Friedhof getrieben und dort mit Maschinengewehren zusammengeschossen. Hunderte von Schülern der Prager Adolf-Hitler-Schule wurden ebenso erschossen. In einem Aufruf des „aufständischen" Prager Rundfunks aus diesen Tagen hieß es: *„Erschlagt die Deutschen, wo ihr sie trefft! Nehmt keine Rücksicht auf Kinder, Frauen und Greise! Jeder Deutsche ist unser Feind! Jetzt ist die Zeit, unsere Feinde endgültig zu vernichten ... Rottet sie mit Stumpf und Stiel aus!"* Der tschechische Schriftsteller Pavel Kohut schrieb dazu: *„Schon in den ersten Stunden nach Bekanntgabe dieser Losungen liefen massenhaft Meldungen über Ermordungen und grauenhafte Mißhandlungen deutscher Soldaten und*

---

279 Beitrag von Thomas von Darnstädt und Klaus Wiegrefe: „Lauft, ihr Schweine!", in: *Spiegel*, Nr. 14/2002, 30. März 2002, unter http://www.spiegel.de/spiegel/print/d-21963826.html

280 *Der Sozialdemokrat,* Nr. 71 vom 31. August 1945, S. 1124; *Daily Mail* vom 6. August 1945; Wikipedia, *Brünner Todesmarsch*

Zivilisten ein. Berichte über das Entsetzen der ersten lebenden Fackeln von Prag wurden von Augenzeugen durchgegeben.“

Kohout, damals 17 Jahre alt, bezeichnete die Tage des Aufstandes als *„Sternstunde der Mörder“.* Das grauenhafteste Bild der Prager Ereignisse seien aber *„die an den Laternenmasten des Wenzelsplatzes mit dem Kopf nach unten aufgehängten Deutschen, die dann angezündet wurden“* gewesen. Die tschechische Autorin und Journalistin Sidonia Dedina schreibt in ihrem Buch *Edvard Benesch – Der Liquidator*: *„Niemals hätte man vermuten oder erwarten können, daß die Tschechen, welche während des ganzen Krieges nie den geringsten offenen Widerstand gegen die deutsche bewaffnete Macht wagten, nach der Kapitulation gegen wehrlose Menschen in einen beispiellosen Paroxysmus* (sich steigernder Anfall, Schub, G.Z.) *der Grausamkeit verfallen und hierbei auch vor verwundeten Soldaten, Frauen und Kindern nicht Halt machen würden.“*[281]

Der ehemalige tschechische Schachweltmeister und Publizist Ludek Pachmann, der als Augenzeuge beim Einzug von Staatspräsident Benesch in Prag im Mai 1945 dabei war, schrieb über die damaligen Vorgänge in Prag: *„Die Furien der Hölle – hier waren sie losgelassen. Wenn es die Hölle auf Erden gibt, dann nach dem 5. Mai 1945 in Prag. An den Straßenkandelabern meiner geliebten Stadt hingen an den Füssen aufgeknüpfte SS-Männer als menschliche Fackeln. Vom Kopf hinauf brennend. Umgeben von lachendem, sich daran ergötzendem Pöbel, der sich jetzt für die begangenen Untaten der Deutschen rächen wollte. Bewaffnete Banditen, die sich ‚Partisanen' nannten, holten willkürlich deutsche Mitbürger aus ihren Häusern. An der Einmündung zur Wassergasse hingen drei nackte Leichen, bis zur Unkenntlichkeit verstümmelt, die Zähne restlos herausgeschlagen, der Mund nur noch ein blutiges Loch. Andere Deutsche mußten ihre toten Landsleute in die Stefangasse schleifen. ‚Tojsou prece vasi brati, ted' jepolibetje!' – ‚Das sind doch eure Brüder, küßt sie!' Und so mußten die noch lebenden Deutschen mit zusammengepreßten Lippen die Toten küssen. Greise, Frauen, Kinder wurden verstümmelt, totgeprügelt. Vergewalti-*

281 Carl Gustav Ströhm: „Tod den Deutschen", in: *Junge Freiheit* Nr. 8/2002, 15. Februar 2002, unter www.jf-archiv.de; Artikelserie „Totentanz in Prag", in: *Kronen Zeitung*, Wien, Februar 2002

gungen, barbarische Grausamkeiten. Schreckens-Furien der Hölle. Hier waren sie losgelassen."[282]

8. Mai 1945: Das Massaker von Lodenitz

Am 8. Mai 1945 wurde ein kleiner Trupp von 18 Deutschen und einem Tschechen über die Landstraße zwischen Lodenitz (tschech., Lodenice) und Beraun (tschech., Beroun) getrieben. Der Marsch in ein Internierungslager wurde für diese Menschen (Frauen und Männer; die Jüngste 18, der Älteste 62) zum Todesmarsch. Wiederholt brachen einige von ihnen, entkräftet und von Schlägen gebeugt, zusammen. Ihre einstigen tschechischen Mitbewohner aus Lodenitz beteiligen sich an den Peinigungen. Es waren Leute, die mit den Nazibesatzern kollaboriert hatten und die nun Zeugen beseitigen wollten. Überall in Böhmen und Mähren waren in jenen Tagen „Revolutionsgarden" unterwegs, um „Rache" an Unschuldigen zu nehmen. Manche Tschechen nannten sie hinter vorgehaltener Hand „Raubgarden". Sie waren das Vorspiel zur kollektiven Enteignung und Vertreibung von Millionen Deutschen aus ihrer Heimat.

In Lodenitz war vor allem Adolf Lange das Ziel ihres Wütens. Der Deutsche, Besitzer einer Holzfabrik, hatte viele Tschechen angestellt und so vor der Zwangsarbeit im Reich bewahrt. Lange wußte genau, wer von den Einheimischen mit den Nazis zusammengearbeitet hatte. Dieses Wissen war am Ende sein Todesurteil. Der Marsch der 19 kam nie im Internierungslager Beraun an. Auf halbem Weg, direkt am Straßenrand, wurden die Menschen kurzerhand erschossen. Niemand wurde je dafür zur Verantwortung gezogen, weil in Prag solche Massaker per Gesetz amnestiert worden waren.[283]

---

282 *Der Große Wendig*, Band 2, S. 415. Der Bericht von Pachmann wurde veröffentlicht in *Hör Zu*, Nr. 45, 5. 11. 1982, S. 24; siehe auch Rathay-Biographien unter www.peter-rathay.de; siehe auch den Video-Beitrag „Tschechisches Fernsehen zeigt Massaker an Deutschen" auf YouTube.

283 Hans-Jörg Schmidt: „Wiesenblumen und ein geweihtes Kreuz für die Todgeweihten von Lodenitz. Tschechen erinnern an ein Massaker an Deutschen im Mai 1945 in einem Dorf bei Prag – Nazikollaborateure wollten damals Zeugen beseitigen", in: *Die Welt*, 30. Juni 2008

9. Mai 1945: Das Massaker von Libeznice (dt., Rothkirchen)

Am 9. Mai 1945 fand in Libeznice, einem Ort zwischen Melnik und Prag, eines der größten Massaker an deutschen Soldaten statt. An diesem Tag wurden hier 318 entwaffnete deutsche Soldaten hinterhältig erschossen. Ludwig Breyer hat das Geschehen in einem Bericht vom 29. Januar 1951 aufgezeichnet. Danach mußten sich die entwaffneten Soldaten in Fünferreihen Arm an Arm gruppieren. Zwischen 14 und 16 Uhr nachmittags marschierten die Soldaten, begleitet von Partisanen, aus Melnik auf der Reichsstraße in Richtung Prag. Etwa 200 bis 300 Meter vor dem Ort Libeznice – die Melniker Partisanen waren unterwegs von anderen abgelöst worden – mußte die Kolonne anhalten. Alles, was die deutschen Soldaten noch bei sich trugen, mußten sie in den Straßengraben werfen. Nur die Uniformen behielten sie auf dem Leibe. Dann kam das Kommando: *„Hände hoch! Im Dauerlauf in die Ortschaft."* Kaum hatten die Soldaten die ersten Häuser erreicht, ging das Schießen los. Gefeuert wurde aus allen Fenstern und Türen, von überall her, mit allen Waffenarten. Nur den wenigsten Soldaten gelang es, zu entkommen.

„Als es wieder ruhig geworden war, lagen die toten und die verwundeten Kameraden auf der Straße. Die Verwundeten wurden durch Genickschüsse getötet. Unter den 57 Männern, die dem Tode zunächst entronnen waren und von den Tschechen wieder gefangen wurden, war auch ich. Wir wurden nach Prag transportiert." Das berichtet der junge deutsche Hauptfeldwebel, unter dessen Führung die Truppe abmarschiert war. Als später Prager Deutsche als Arbeitssklaven nach Libeznice kamen, fanden sie die blutdurchtränkten Uniformen der deutschen Soldaten in Scheunen. Erst meuchlings niedergeschossen, waren sie nachher völlig entkleidet im Vorfriedhof von Libeznice einfach verscharrt worden.[284]

9.-12. Mai 1945: Das Massaker von Nachod

In Nachod in Nordostböhmen wurden nach Angaben des Publizisten Konrad Badenheuer in den Tagen vom 8. bis 12. Mai 1945 zwischen 400 und 520

284 Ludwig Breyer: „Mord an 318 deutschen Soldaten am 9. Mai 1945", Bericht vom 29. Januar 1951 unter http://www.mitteleuropa.de/libeznice01.htm

Deutsche erschossen, überwiegend entwaffnete ungarn-deutsche Soldaten. In seiner Dokumentation *Das andere Lidice* hat Erich Kern Unterlagen zu diesem Fall zusammengestellt. Der Augenzeuge Ehrenhard Adam berichtet, daß in Nachod 220 Angehörige der Waffen-SS von der tschechischen Zivilbevölkerung bestialisch umgebracht worden seien: *„Die SS-Leute wurden von den Frauen mit Messern und Dolchen erstochen, mit Knüppeln und Gewehrkolben erschlagen. Körper, die noch Leben zeigten, wurden mit Benzin übergossen und verbrannt."*

Aufgrund einer Strafanzeige führte die Staatsanwaltschaft Hof/Saale wegen des Massakers von Nachod Ermittlungen durch und leitete die Akten im Rahmen eines Rechtshilfeabkommens an die tschechische Strafverfolgungsbehörde weiter. Der tschechischen Staatsanwaltschaft sind die Namen der mutmaßlichen Täter mitgeteilt worden. Auch Fotos der Partisanengruppe „Vaclawik", auf denen einige Tatverdächtige zu sehen sind, wurden der Staatsanwaltschaft zugeleitet. Das Bezirksermittlungsamt Königgrätz (tschech., Hradec Králové) stellte das Verfahren ein. Die Einstellung wurde damit begründet, daß es *„nicht gelungen ist, Tatsachen zu ermitteln, die die Einleitung der Strafverfolgung begründen würde"*.[285]

17.-21. Mai 1945: Das „Blutgericht von Landskron" – Volksgericht auf Tschechisch

Als „Blutgericht von Landskron" wird ein nach dem Zweiten Weltkrieg vom 17. bis 21. Mai 1945 in Landskron, einem Städtchen unweit von Olmütz, gegen die deutschen Bewohner der Stadt und der umliegenden Dörfer abgehaltenes „Volksgericht" bezeichnet. Dieses Volksgericht wurde von tschechischen Partisanen aus der nahegelegenen Stadt Hohenmauth durchgeführt. Es wird „Blutgericht" genannt, da in vielen Fällen die Todesstrafe sofort vollzogen wurde.

Ablauf: Am 17. Mai 1945 trafen gegen 11.00 Uhr Busse mit tschechischen Partisanen auf dem Stadtplatz von Landskron ein. Die Partisanen verteilten

285 Adolf Wolf: „Bleibt das Massaker von Nachod ungesühnt?" unter www.sudetendeutsche-in-hessen.de; Ludwig Breyer: „Mord an 318 deutschen Soldaten am 9. Mai 1945", Bericht vom 29. Januar 1951 unter http://www.mitteleuropa.de/libeznice01.htm

sich in der Stadt und trieben die deutschen Bewohner auf dem Stadtplatz zusammen. Vor dem Landratsamt hatte sich das „Volksgericht“ aufgebaut und verhängte nun Urteile in rascher Folge. Die Urteile sahen zumeist körperliche Züchtigungen vor, wobei diese sofort vollstreckt wurden. Nach Augenzeugenberichten wurden einige der Verurteilten durch die Schläge getötet; andere an der Rathausmauer erschossen oder an Straßenlaternen aufgehängt. Am ersten Tag wurden 24 Verurteilte getötet und weit mehr als 100 durch Schläge bestraft. Am zweiten Tag kam es zu einem Zwischenfall, als die Besitzerin eines an den Stadtplatz angrenzenden Ladens sich und ihr Haus anzündete, wodurch die Verurteilungen für diesen Tag unterbrochen wurden.

Am dritten Tag wurden die deutschen Bewohner von Thomigsdorf nach Landskron geführt. Am 20. Mai 1945, dem Pfingssonntag, pausierte das Gericht. Am darauffolgenden 21. Mai 1945 waren die Bewohner aus Lukau und Nieder Johnsdorf an der Reihe. Von den während der Tage in Landskron zusammengetriebenen Deutschen wurden 1.200 Männer ausgewählt und im Gebäude des Landskroner Gymnasiums interniert. Sie wurden zunächst ins Konzentrationslager Auschwitz und von dort aus nach Sibirien zur Zwangsarbeit gebracht. Während des Landskroner Blutgerichts begingen mehr als 100 Personen Selbstmord und töteten teilweise zuvor auch andere Familienmitglieder. Eine juristische Aufarbeitung des Geschehens hat bisher nicht stattgefunden. Aufgrund des „Amnestie-Gesetzes“ Nr. 115 vom 8. Mai 1946 sind derlei bis zum 28. Oktober 1945 begangene Taten straffrei.[286]

Ein Augenzeuge berichtet über das Blutgericht von Landskron unter anderem: *„An dem ‚Partisanenrichtertisch‘ saßen der Vorsitzende namens Hrabacek, vier weitere Zivilisten, ein Gendarm, ferner stand dabei ein Partisanenweib, welches einige Deutsche, darunter auch mich, mit einem Gummiknüppel viermal ins Gesicht schlug, bis ein Tscheche aus dem ersten Stockwerk des Landratsamtes ihr dies verbot. Andere Tschechen in Zivil, die die Mißhandlungen an den Verurteilten zu vollstrecken hatten, standen um das Partisanengericht her-*

286 Wikipedia, *Blutgericht von Landskron*

um. Dieses Blutgericht ‚verurteilte' die herangeschleppten Deutschen entweder zu Prügelstrafen zwischen 10 bis 100 Schlägen oder zum Tod durch Erschießen oder Erhängen. Die zu Prügeln Verurteilten wurden an jenen zwei Tagen in die Toreinfahrt des Gemeindehauses geschleppt, dort auf ein vorbereitetes neues breites Bett geworfen und, ohne daß einer der Henker zählte, mit Gummiknüppeln, Ochsenziemern, Gewehrkolben und Stöcken über den ganzen Körper, auch über den Kopf und Hals, geschlagen und mit Füssen getreten. Vor mir erhielt Brauereidirektor Gustav Zimmermann zehn Schläge zudiktiert. Die gellenden Schmerzensschreie der Geprügelten waren den ganzen Tag über in grauenerregender Stärke zu hören. Damit vermengten sich ununterbrochen die Gewehr- und Maschinenpistolensalven. Ein Kandelaber vor dem Gasthaus Schmeiser diente als Galgen. Ich sah, wie der Installateur Josef Jurenka gehängt wurde. Er ging selbst auf den Galgen zu, legte sich die Schlinge um den Hals, ein Partisan stieß den Hocker weg ... Links vor dem Aufgang zum Rathaus (Amtsgericht) befand sich ein Luftschutzwasserbassin, in das mehrere Deutsche hineingeworfen wurden, worauf die Partisanen auf sie schossen. Die am Leben Gebliebenen wurden herausgezogen, über das Geländer geworfen, mit Feuerwehrschläuchen bespritzt, so daß sie umfielen, sodann wurden die meisten von ihnen an die Mauer gestellt und von Partisanen durch Feuerstöße aus Maschinenpistolen niedergestreckt. Die Ermordeten lagen dort auf einem Haufen, wurden gegen Abend auf einen Planwagen des Fuhrwerkers Stransky geworfen, auf den Friedhof gebracht und, wie ich später erfuhr, in einem Massengrab begraben..."[287]

19. Mai 1945: Das Massaker von Dobrenz bei Iglau

Bis zum letzten Kriegstag lebten die rund 15.000 Deutschen der Iglauer Sprachinsel in Eintracht mit ihren tschechischen Nachbarn. was aber 1945 Mord und Vertreibung nicht verhinderte.

---

287 Richard Grill: *Orte deutscher Geschichte. Ein Konterbild. Untersuchungen – Betrachtungen – Skizzen*; herausgegeben vom Heimatkreis Mies-Pilsen e. V., Dinkelsbühl, 2002, S. 147 ff. Internet: http.//www.mies-pilsen.de
Zum Blutbad von Landskron siehe auch den ausführlichen Bericht von Julius Friedel unter www.wintersonnenwende.com. Eine ausführliche Dokumentation über die Austreibung der Sudetendeutschen mit Berichten der Überlebenden siehe unter www.rathay-biographien.de

Im Dobrenzer Dorfgasthof „Bei Polzer" gab es 1945 ein Tanzvergnügen, erstmals seit Kriegsende, exklusiv für Tschechen, während die Deutschen der „Iglauer Sprachinsel" in Sammellagern auf ihren Transport zur Vertreibung warteten. Für ihre Bewachung waren die „Revolutionären Garden" zuständig, Banden räuberischer Lumpenproleten, selbst von Tschechen verächtlich „zlatokopové" (dt., Goldgräber) genannt. „Gardisten" waren häufig jene, die durch betonte Brutalität ihre vorherige Kollaboration mit dem NS-Regime kompensieren wollten. Als oberster Gardist wirkte in Dobrenz der Österreicher Robert Kautzinger (1901-1974), der mit seinen Söhnen Robert und Rudolf sowie neun weiteren Kumpanen die Region terrorisierte. An jenem 19. Mai wählten sie 17 Deutsche aus, töteten zwei sofort, ließen 15 ihre eigenen Gräber ausheben und brachten sie dann ebenfalls um. Danach feierten die Mörder „Bei Polzer" weiter und brüsteten sich ihrer Tat, die dem Kautzinger-Trio später Anstellungen beim tschechischen Staatssicherheitsdienst eintrug.

Der kommunistische Bürgermeister Jiří Vlach will *„auf keinen Fall die Dinge wieder ans Licht ziehen, wie es heute Mode ist, wo doch unter die Vergangenheit ein dicker Strich gehört"*. Wohl selten ist ein Verbrechen so allgemein verschwiegen worden, dabei so allgemein bekannt gewesen wie diese Morde. Bei den Mördern war der Glasarbeiter Budin, der einem Opfer mit dem Spaten den Schädel spaltete. Nach ihm wurde der Tatort, eine Wiesensenke zwischen Dobrenz und Bergersdorf (tschech., Kamenna), im Volksmund „Budinka" genannt. Zeugen konnten auf der 80 mal 800 Meter großen Budinka die Stelle bezeichnen, an welcher Knochen zu finden waren. 1947 hatte es erfolglose Versuche gerichtlicher Aufklärung gegeben. Nach 1960 folgten Untersuchungen des Internationalen Roten Kreuzes, 1980 Slamas Knochenfunde, ab 1989 erste Gedenkveranstaltungen Vertriebener vor Ort, wobei Kränze und Kreuze stets von anonymen Tschechen, mutmaßlichen Tatbeteiligten, über Nacht zerstört wurden.

Erst in den frühen neunziger Jahren gelang es, in den Klöstern Seelenz (tschech., Zdirec) und Schlappenz (tschech., Slapanov) zweisprachige Gedenktafeln mit bewußt zurückhaltendem Text anzubringen.[288]

288 Wolf Oschließ: „Immer noch leben Täter – 17-facher Mord an Deutschen bei Iglau aufgeklärt", in: *Preußische Allgemeine Zeitung,* 25. August 2010, unter http://www.preussische-allgemeine.de/nachrichten/artikel/immer-noch-leben-taeter.html

31. Mai 1945: Der „Brünner Todesmarsch“[289]

Der „Brünner Todesmarsch“ gilt als eine der grausamsten Etappen der „wilden Vertreibung“ der Sudetendeutschen. Dabei gab es 5.200 Tote. Diese Zahl beruht auf Studien der neunziger Jahre.

Am Abend vor Fronleichnam, dem 31. Mai 1945, gingen bewaffnete Arbeiter der Rüstungswerke Česká zbrojovka (dt., Tschechische Waffenfabrik), die noch Anfang April für die deutsche Wehrmacht am Fließband Gewehre produziert hatten, sich jetzt aber als tschechische „Patrioten“ beweisen möchten, zusammen mit „Revolutionsgardisten“ von Haus zu Haus: *„Alle Deutsche raus!“* Zwei Stunden werden den Unglücklichen eingeräumt, dann müssen sie mit 15 Kilo Gepäck antreten. In der Morgendämmerung bewegte sich aus dem Garten des Augustinerklosters der Elendszug auf der Landstraße Nr. 52 in Richtung Österreich. Alle paar Meter ein Posten, das Gewehr griffbereit. Ständig waren die in großer Hitze ohne Wasserversorgung Erschöpften den Kolbenschlägen der tschechischen Bewacher ausgesetzt. Die meisten Opfer starben an Entkräftung, Hunger und Durst. Aber etliche Tote gehen auch auf das Konto schießwütiger Begleitmannschaften. Frauen, die nicht mehr weitergehen können, starben nach einem Genickschuß im Straßengraben. Erschöpfte alte Männer wurden zu Tode getrampelt.

Hauptorganisator dieses Verbrechens war der Stabskapitän Bedřich Pokorný. Er wechselte später ins Innenministerium, wird Leiter des staatlichen Nachrichtendienstes. Im Jahr des „Prager Frühlings“ beging er Selbstmord. Pokorný, der erst nach dem Einmarsch der Sowjets in Brünn Ende April 1945 Mitglied der neuen Tschechischen Kommunistischen Partei wurde, hatte wie so mancher 1945 an den Gewaltexzessen gegen die Deutschen Beteiligten während des Zweiten Weltkrieges für das Finanzministerium der Protektoratsmacht gearbeitet. Sogar Kontakte zu Reinhard Heydrichs SS-Sicherheitsdienst belasten das Konto des Kollaborateurs, der übrigens

289 Quelle: Lena Eich: „In die Heimatlosigkeit getrieben“, unter http://orf.at/stories/2280765/2280766/

Brünn im Frühjahr 1945. – Deutsche werden von Tschechen zusammengetrieben und speziell „gekennzeichnet".

zwei Monate nach dem Brünner Todesmarsch auch an den Massakern von Aussig beteiligt war.

Ein ehemaliges Mitglied des revolutionären Nationalausschusses behauptete, daß mehr als 1.700 Menschen auf dem Todesmarsch von Brünn ums Leben gekommen seien. Das dürfte jedoch nach allem, was man heute weiß, stark untertrieben sein. Denn allein bei Pohrlitz, hinter einer Akazie am Straßenrand, liegen in einem Massengrab 890 Tote. Denjenigen, die es in die Nähe der österreichischen Grenze geschafft hatten, wurde dort tagelang der Übertritt verweigert. In einer Lagerhalle wurden die Entkräfteten eingesperrt, wo sich zudem auch noch Typhus ausbreitete. *„Die sind hier wie die Fliegen gestorben, ohne ärztliche Hilfe, ohne Pfarrer"*, zitierte der Autor Ota Filip den ehemaligen Stadtchronisten von Pohrlitz. Weitere Massengräber säumen die Straßen bis nach Wien.

Noch heute versuchen Prager Politiker und Historiker, das Geschehen als spontanen Ausbruch des während der deutschen Okkupation angesammelten Hasses kleinzureden. Gegen diese Art der Geschichtsschreibung hat sich bereits vor 15 Jahren eine Initiative junger tschechischer Intellektueller („Jugend für interkulturelle Verständigung") verwahrt. *„Es war eine gezielt geplante, auch von den politischen Repräsentanten der Stadt Brünn organisierte Aktion."* Es wurde willfährig vollstreckt, wozu der aus dem Londoner Exil zurückgekehrte Staatspräsident Edvard Beneš am 16. Mai 1945 vor einer begeisterten Menschenmenge auf dem Prager Altstädtischen Ring aufgerufen hatte: *„Es wird notwendig sein (...) kompromißlos die Deutschen in den tschechischen Ländern und die Ungarn in der Slowakei völlig zu liquidieren."*

Vier Tage zuvor hatte er eben in Brünn Gleiches verkündet und dabei an seine berüchtigte Londoner Rundfunkrede vom 27. Oktober 1943 angeknüpft, die zu Massakern an den Deutschen ermunterte: *„In unserem Land wird das Ende des Krieges mit Blut geschrieben werden. (...) Die ganze Nation wird sich an diesem Kampf beteiligen, es wird keinen Tschechoslowaken geben, der sich dieser Aufgabe entzieht, und kein Patriot wird es versäumen, gerechte Rache für die Leiden der Nation zu nehmen."*

Über diese Aufrufe zu Orgien der Gewalt wurde lange geschwiegen, auch in Brünn. Aufgrund eines umstrittenen, bis heute nicht aufgehobenen „Amnestiegesetzes" bleiben die Taten ungesühnt. Jetzt, siebzig Jahre danach, hat die mährische Stadt unter dem seit Herbst 2014 amtierenden Oberbürgermeister Petr Vokřál ein „Jahr der Versöhnung" ausgerufen – mit dem „Brünner Lebensmarsch" als symbolträchtiger Geste.[290]

2. Juni 1945: Das Massaker von Mährisch-Kromau

Am 8. Mai kamen im Gefolge der Sowjetarmee tschechische „Revolutions-Gardisten" und quartierten sich im Schloß ein. Viele deutsche Kromauer flüchteten vor den einsetzenden Nachkriegsexzessen nach Österreich. Die

290 Gernot Facius: „Kompromißlos liquidieren. Edvard Beneš und der Brünner Todesmarsch im Juni 1945", in: *Junge Freiheit* Nr. 23/15, 29. Mai 2015

Zurückgebliebenen mußten Mißhandlungen erdulden. Viele wurden wegen ihrer tatsächlichen oder vermeintlichen Rolle in der NS-Zeit verhaftet und interniert. Viele von ihnen mußten Zwangsarbeit verrichten. Sie wurden in zu kleine Gefängnisse gepfercht und mußten auf dem nackten Boden schlafen. Erst durch Intervention der Sowjets erhielten die Gefangenen Strohsäcke zugeteilt. Am 25. Mai wurden die ersten 45 Personen – meist alte Leute und Kinder – zu Fuß über die Grenze nach Österreich vertrieben. Wiederum gab es Interventionen durch die Sowjets, den Ausgewiesenen Wagen zur Verfügung zu stellen. Am 2. Juni wurden elf Personen im Schloßpark erschossen, da man ein zu „mildes“ Urteil durch das Volksgericht befürchtete. Im Kriegsgefangenenlager wurden sieben Soldaten erschossen. Insgesamt nahmen sich fünf Frauen, zwei Männer und ein Kind das Leben. An der Folge von Mißhandlungen und Hunger starben in den Gefängnissen und Lagern 18 Personen.[291]

Mährisch-Kromau (tschech., Moravský Krumlov) wurde am 8. Mai 1945 durch einen sowjetischen Luftangriff zu drei Viertel in Trümmer verwandelt. Bei Exzessen an der deutsch-mährischen Bevölkerung und an Altösterreichern kam es zu 11 bzw. 22 Ziviltoten.[292]

3.-7. Juni 1945: Das Massaker von Postelberg

Zwischen dem 3. und 7. Juni 1945, nachdem die seit 8. Mai anwesenden sowjetischen Truppen abgezogen waren, wurden auf dem Kasernengelände des sudetendeutschen Städtchens Postelberg (tschech., Postoloprty) mindestens 763 deutsche Männer und Jungen im Alter von 12 bis über 60 Jahre gefoltert und erschossen. Die tatsächliche Zahl der Opfer kann bis heute nicht genau beziffert werden. Man geht jedoch von etwa 1.500 Toten aus. Die Opfer stammten überwiegend aus der Nachbarstadt Saaz (tschech., Žatec) und waren am 3. Juni auf einem Todesmarsch hierher

291 Geschichte von Mährisch-Kromau unter http://www.suedmaehren.at/kulturdatenbank/Mährisch-Kromau

292 Wikipedia, *Mährisch-Kromau*; Till Janzer: „Polizei ermittelt zu weiterem Massaker an Deutschen aus dem Jahr 1945“, 10. Oktober 2010, unter http://radio.cz/de/rubrik/nachrichten/polizei-ermittelt-zu-weiterem-massaker-an-deutschen-aus-dem-jahr-1945

Ort des Massakers – Die Kaserne von Postelberg.

getrieben worden. Das von der *Ersten Tschechoslowakischen Division* unter General Oldřich Španiel verübte Massaker wurde 1947 von einer Untersuchungskommission des Parlaments behandelt, die die Exhumierung und Verbrennung der Ermordeten empfahl.

Das Beneš-Dekret 115/46 erklärte derlei Handlungen bis 28. Oktober 1945 *„im Kampfe zur Wiedergewinnung der Freiheit, ... oder die eine gerechte Vergeltung für Taten der Okkupanten oder ihrer Helfershelfer zum Ziel hatte,"* für nicht widerrechtlich. Am 3. Juni 2010 wurde auf dem Postelberger Friedhof eine Gedenktafel mit der äußerst abstrakten Inschrift *„Allen unschuldigen Opfern der Ereignisse im Mai und Juni 1945"* enthüllt.[293]

In einem Bericht schildert die Zeitzeugin Edith Bergler den Geschehensablauf in Postelberg wie folgt. Am Sonntag, dem 3. Juni 1945, wurden alle deutschstämmigen Männer von Saaz (auch Kranke und Behinderte) mit Gewalt und Schüssen auf dem Marktplatz von Saaz zusammengetrieben.

293 Wikipedia, *Massaker von Postelberg*

Es waren ungefähr 5.000 Menschen. Nachzügler wurden auf der Stelle erschossen. Drei Deutsche, die von ihren Wohnungen aus dieses unmenschliche Treiben verfolgten, nahmen sich das Leben, um nicht in die Hände der Verbrecher zu fallen. Im Laufe des Vormittags wurden die Männer und Knaben in drei Kolonnen unter Peitschenhieben und Schüssen nach Postelberg getrieben, das 15 km von Saaz entfernt liegt. Wer nicht mehr gehen konnte, wurde sofort erschossen. Um Mitternacht erreichte ein Nachtrupp mehr tot als lebendig den Kasernenhof in Postelberg. Dabei handelte es sich um 150 Männer, die aus dem Gefängnis in Saaz herausgetriebenen worden waren. Alle Männer saßen während der Nacht auf dem Boden des Kasernenhofs und durften auch zur Notdurft ihren Platz nicht verlassen. Sobald einer sich erhob, wurde geschossen. Es gab Tote und Verwundete, um die sich niemand kümmerte.

Zuerst mußten die Deutschen ihre Toten und Verwundeten in den Splittergraben werfen, der die Latrine war. Schüsse aus Maschinenpistolen erlösten die Verwundeten von ihren Leiden. Dann sammelten die Tschechen in großen Kisten Geld, Uhren und Ringe ein. Briefe, Dokumente und Medikamente wurden vernichtet. Die Nacht zum 5. Juni verbrachten die Postelberger in den Ställen, in denen man wegen der Hitze und Enge kaum atmen konnte. Im Hof wurden während der ganzen Nacht Männer wegen Nichtigkeiten erschossen. Am 5. Juni begann das Aussortieren für das planmäßige Morden. Die Stalltüren wurden geöffnet. Wer nicht schnell genug in den Hof rannte, wurde erschossen. Es wurden Abteilungen gebildet, in denen sich die Männer der SS, SA, NSKK, der Wehrmacht und der Sudetendeutschen Partei sammeln sollten. Die einen kamen hinter Stacheldraht, die anderen sperrte man in Ställe ein, andere wurden in Arbeitsgruppen eingeteilt. Gruppen wurden zum Lagertor hinausgeprügelt und kamen nicht zurück. Sie gingen in den Tod. In diesem unbeschreiblichen Durcheinander wurde ständig geschossen und geschlagen. Tote mußten in die Latrine geworfen werden. Geschah das nicht schnell genug, beförderte ein Schuß den Transporteur gleich hinterher. Es gab auch an diesem Tag nichts zu essen.

Der 6. Juni war der Tag des Kindermordes und der planmäßigen Erschießungen. In der Nähe des Kasernentors saßen wie alle Tage etwa 120

Jungen im Alter von 13 bis 18 Jahren. Als ein Arbeitstrupp die Kaserne verließ, schlossen sich fünf Jugendliche unauffällig an. Sie wollten so dieser Hölle entgehen. Sie wurden aufgegriffen und zurückgebracht. Vor den versammelten Gefangenen mußten sich diese Knaben entkleiden. Sie wurden am ganzen Körper gepeitscht, so daß das Blut in Strömen floß und sie in einer großen Blutlache kauerten oder lagen. Niemand im Hof durfte sich rühren. Nach einer halben Stunde wurden die Geschundenen einzeln nach der Reihe erschossen. Anschließend wurden Trupps mit bis zu 80 Mann aus der Kaserne hinausgeführt. Die Männer wußten, daß sie in den Tod gingen. Am 6. Juni wurden 800-1.000 Männer in das KT (= KZ) 28 Litvinov (dt., Oberleutensdorf) überstellt, andere wurden zur Zwangsarbeit nach Laun (tschech., Louny) zugewiesen, ein Teil der Geschundenen kehrte nach Saaz zurück, wo man sie in den dortigen Lagern konzentrierte. Auf Veranlassung einer Kommission für Staatssicherheit im Parlament kam es 1947 zu einer Untersuchung des Falles. Vojtěch Černy gab zu, den Befehl zu dieser Aktion aus Prag bekommen zu haben. Nach dieser Aussage schlug Innenminister Václav Nosek vor *„die Sache ohne jeglichen Eingriff in die breite Öffentlichkeit zu lösen"*. Nosek hatte 1945 mit größter Wahrscheinlichkeit selbst den Befehl dazu erteilt.[294]

18. Juni 1945: Das Massaker von Prerau

Das Massaker von Prerau (tschech., Přerov) ist gemäß dem tschechischen Polizeiprotokoll vom 19. Juni 1945 wie folgt dokumentiert. Am Nachmittag des 18. Juni 1945 machte in Přerov ein Zug halt, der 265 im Herbst 1944 aus der Slowakei nach Nordböhmen transportierte Karpatendeutsche zurück in ihre Heimat bringen sollte. Für 71 Männer im Alter von 14 bis 80 Jahren, für 120 Frauen und 74 Kinder war Přerov Endstation. Im Morgengrauen des 19. Juni 1945 lagen sie alle in einem Massengrab. Ihr Mörder, Leutnant Karol Pazúr, Nachrichtenoffizier im Stab der 4. Di-

---

294 Edith Bergler: „Die Massenerschießung der Männer von Saaz/Žatec vom 3-6. Juni 1945" unter www.egerer-landtag.de; Hans-Ulrich von Stoldt: „Mord im Fasanengarten", in: *Spiegel* Nr. 36/09, 31. 8. 2009; Karl Peter Schwarz: „Wir sagen es niemandem", in: *FAZ*, 10. 5. 2006

vision der „Svoboda-Armee“,[295] hat in den späten Nachmittagsstunden des 18. Juni 1945 die Karpatendeutschen aus dem Zug geholt. Zwanzig Soldaten mit Maschinengewehren trieben sie unter dem Kommando von Karol Pazúr nach Lovesice, unweit des Prerauer Bahnhofs. Dort wurden alle 265 Karpatendeutsche in Gruppen von hinten niedergemetzelt.[296] Die Personalausweise der Ermordeten befahl Leutnant Pazúr, im Massengrab zu verbrennen. Die Wertgegenstände der Toten, Geld, Uhren und Juwelen, verteilte der Mörder unter seinem Mordkommando. Zur Belohnung durften die Mordschützen auch noch den Zug plündern. Pazúr gehörte im Zweiten Weltkrieg zu der faschistisch-militanten „Hlinka-Garde“, trat dann 1944 rechtzeitig noch in die tschechoslowakische „Svoboda-Armee“ und in die Kommunistische Partei ein. Nach seiner Verhaftung am 4. Juni 1948 wurde Pazúr am 14. Januar 1949 von einem Militärgericht in Preßburg wegen des Massenmordes zu siebeneinhalb Jahren Gefängnis verurteilt, in einem neuen Verfahren zu 20 Jahren Haft. 1951 wurde er zu zehn Jahren Haft begnadigt, insgesamt saß er nicht ganz sechs Jahre ab. In den sechziger Jahren zählte er zu den führenden Funktionären des „Verbandes antifaschistischer Kämpfer“. Damit gehörte Pazúr zu den wenigen tschechischen Massenmördern, die wegen ihrer Untaten überhaupt belangt wurden.[297]

---

295 Die Svoboda-Armee wurde nach General Ludvík Svoboda (1895-1979) genannt. Svoboda ging 1939 in den Untergrund, führte eine Brigade in der Roten Armee, war nach 1945 Verteidigungsminister und wurde unter Alexander Dubček Staatspräsident.

296 In seinem Erinnerungsbuch spricht Simon Frömmel von 277 ermordeten Karpatendeutschen. In der Mehrzahl seien es Frauen und Kinder gewesen, das jüngste Kind etwa ein halbes Jahr alt. Unter diesen Personen befanden sich 36 Bewohner aus seinem Heimatdorf Drexlerhau (Mittelslowakei), unter diesen auch Nachbarn von ihm. Die anderen seien Deutsche aus dem Zipser Siedlungsraum (Ostslowakei) gewesen. An die Ermordeten erinnert ein Gedenkstein in slowakischer und deutscher Sprache: *„An dieser Stelle wurden nach der Exhumierung im Jahre 1947 die sterblichen Überreste von Karpatendeutschen aus der Slowakei beigesetzt. Sie wurden mit Frauen und Kindern in der Nacht vom 18. auf den 19. Juni 1945 durch Angehörige des 17. Infanterieregiments aus Petržalka auf der Schwedenschanze ermordet.“* Simon Frömmel: *Verlorene Heimat – Verlorene Illusion,* 2010, S. 51 ff.

297 *Der Große Wendig*, Band 2, S. 416-417; Wikipedia, *Massaker von Prerau*

30. Juni 1945: Das Massaker von Wernersdorf (tschech., Vernéřovice)

Während der Phase der wilden Vertreibung über die Grenze nach Niederschlesien ereignete sich am 30. Juni 1945 auf dem Buchenberg ein Massaker, bei dem 23 Frauen, Kinder und Greise von einem tschechischen Kommando erschossen wurden, nachdem sie von den polnischen Behörden wieder zurückgeschickt worden waren.[298]

Juni 1945: Der Mord von Hermannseifen

Bauarbeiter haben in dem ehemals von Deutschen bewohnten Dorf Hermannseifen die Überreste von mutmaßlich ermordeten Sudetendeutschen entdeckt. Historiker und Augenzeugen hatten in der Gegend bereits seit längerem die Leichen von fünf Sudetendeutschen vermutet, die im Juni 1945 von Tschechen ermordet worden waren. Den Opfern wurde vorgeworfen, Waffen besessen zu haben. Das gesamte Dorf wurde gezwungen, zuzusehen, während die Männer ihre eigenen Gräber schaufeln mußten.[299]

1. Juli 1945: Das Massaker von Wekelsdorf

1945/46 wurden 22.000 Sudetendeutsche aus dem Braunauer Ländchen brutal vertrieben. Dabei wurden 97 Menschen umgebracht, weitere 112 kamen beim Altentransport um.

In Wekelsdorf (tschech., Teplice nad Metují) trieben die Tschechen unter Leitung von Hauptmann Svoboda eine Gruppe von Sudetendeutschen nach Schlesien, wo sie jedoch von der polnischen Miliz zurückgewiesen wurden. Daraufhin sperrte man sie ein, erschoß und erschlug sie am 1. Juli 1945 im Wald von Buchenberg. Unter den Opfern waren elf Frauen, sechs Männer und vier Kinder, darunter ein Baby, dessen Kopf man mit dem Gewehrkolben zerschmettert hatte. Ein kleiner Junge war kurz vorher

298 Wikipedia, *Vernéřovice*

299 „Wieder Grab von mutmaßlichen Deutschen entdeckt", in: *Junge Freiheit*, 25. April 2014, unter https://jungefreiheit.de/wissen/geschichte/2014/wieder-grab-von-mutmasslichen-deutschen-in-tschechien-entdeckt/

von seinem Großvater gerettet worden. Das Massaker oberhalb des Ortes wurde schon 1947 untersucht, weil irrtümlich dabei eine gebürtige Tschechin, Marie Wichterei, ermordet worden war. Ihr Vater setzte ein Verfahren durch, daß zur Exhumierung der Toten führte (vgl. Stanek, S. 149). Die Täter waren, außer Hauptmann Svoboda, der Vorsitzende des „Narodni Vybor" (dt., Nationalausschuß), Miroslav Reydl, Jan Horak und weitere acht Soldaten. Eine Verurteilung erfolgte nicht. Diese Tragödie war der Anlaß für zwei tschechische Vereine und die Bürgermeisterin von Wekelsdorf, Vera Vitova, ein Versöhnungskreuz an der Stelle der Mordtaten zu errichten, was unter anderem auch vom Heimatkreis der deutschen Braunauer gefördert wurde. Das Denkmal besteht aus einer vier Meter hohen Statue zweier Obelisken, die einen Spalt in Form eines menschlichen Körpers umschließen.[300]

31. Juli 1945: Das Massaker von Aussig

Am 31. Juli 1945 verübten Tschechen in Aussig (tschech., Ústí nad Labem) eines der schlimmsten Massaker der unmittelbaren Nachkriegszeit. Die Opfer waren damals Deutsche und die Täter zumeist Tschechen. Über 2.000 Bewohner der nordböhmischen Stadt wurden ermordet, darunter zahlreiche Kleinkinder, Frauen und Greise. Tschechische Revolutionsgardisten und einige Rotarmisten verprügelten die mit weißen Armbinden gekennzeichneten Einheimischen mit Brechstangen und Zaunlatten, warfen sie wahllos in die Elbe und schossen mit Maschinengewehren und Pistolen auf all jene, die sich schwimmend zu retten versuchten. Der Fluß trieb die Leichen bis weit nach Sachsen hinein. Im betreffenden Zeitraum wurden in den dortigen Ufergemeinden etwa achtzig nicht näher identifizierte Tote angeschwemmt, die aber wahrscheinlich nur zum Teil in Aussig umgekommen waren. Zu weiteren Gewalttaten kam es außerdem vor dem Bahnhof, auf dem Marktplatz und dem Brückenplatz.

Die Übergriffe gegen die Deutschen gehörten zu einem vorgefaßten Plan. Vorangegangen war eine wahrscheinlich von tschechischen Agenten in-

300 „Prag: Orden für den Deutschenfeind", in: *Preußische Allgemeine Zeitung*, 3. August 2003, unter http://www.webarchiv-server.de/pin/archiv03/3103ob13.htm

szenierte Explosion des Munitionsdepots in Schönpriesen, die deutschen „Werwolf"-Saboteuren angelastet wurde. Offensichtlich sollte ein Vorwand für einen großangelegten „Racheakt" an Sudetendeutschen geliefert werden, um bei den Teilnehmern der gerade laufenden Potsdamer Konferenz den Anschein zu erwecken, daß ein weiteres Zusammenleben von Tschechen und Deutschen in diesem Teil Europas nicht gelingen könne. So wollte man suggerieren, daß nur eine Vertreibung der letzteren vergleichbare Exzesse für die Zukunft verhindern könne. Der SPD-Politiker Peter Glotz (1939-2005) stellt fest: *„Die Massenmorde (...) in Aussig, Brünn, Postelberg, Landskron, Wekelsdorf und anderen Orten waren nicht einfach ‚Übergriffe'. Sie gehörten zum Plan; da zwar nicht Stalin, wohl aber die Westmächte inzwischen an ihren eigenen Zusagen, die Vertreibung zuzulassen, zweifelten, wollte die erste tschechische Nachkriegsregierung vollendete Tatsachen schaffen."*

Der brutale Plan der chauvinistischen Prager Politiker hatte Erfolg. Zwei Tage nach den blutigen Ereignissen, also am 2. August, bestätigten die alliierten Siegermächte im Potsdamer Abkommen die „Überführung deutscher Bevölkerungsteile" aus dem Sudetenland, den ostdeutschen Provinzen und aus Ungarn. Aus Aussig mußten laut entsprechenden Aufzeichnungen aus dem Stadtarchiv 50.905 Personen ihre Heimat verlassen.

Genaue Opferzahlen für den 31. Juli sind angesichts der chaotischen Zustände des Sommers 1945 schwer festzustellen, zumal sich die tschechische Regierung auch sechzig Jahre nach Kriegsende noch weigert, die in Prager Archiven befindlichen Unterlagen über die Exzesse zur Einsicht freizugeben. Die deutschen Angaben schwanken zwischen 1.000 und 2.700 Toten und beruhen im wesentlichen auf Zeitzeugenberichten.

Auf der politischen Ebene begegnet die tschechische Seite diesem dunklen Kapitel der eigenen Nationalgeschichte mit Desinteresse oder gar Zynismus. Die Brücke, von der so viele Aussiger Deutsche in den Tod gestürzt wurden, erhielt ausgerechnet den Namen des für die gleichnamigen berüchtigten Vertreibungsdekrete verantwortlichen Ex-Präsidenten Edvard Beneš. Die tschechische Täter vom 31. Juli werden unter Verweis auf das am 8. Mai 1946 beschlossene Straffreiheitsgesetz (Amnestiegesetz) nicht verfolgt.

Die Aufstellung einer Beneš-Statue vor dem Prager Außenministerium verdeutlichte noch am 16. Mai 2005 die anhaltend unkritische Bewertung dieses Mannes als „große Persönlichkeit, vor allem während des Zweiten Weltkrieges" (Regierungschef Paroubek). Auch Václav Klaus, Staatspräsident der Tschechei von 2003 bis 2013, verharmloste Massaker als „Folge des Krieges".[301]

Weitere tschechische Verbrechen im Sommer 1945

Auch in vielen anderen Orten haben die Tschechen nach Kriegsende schwere Verbrechen an den Deutschen begangen. Die nachfolgend erwähnten Ereignisse sind nur Beispiele und bei weitem nicht vollständig.

Totzau/Tocow: Am 5. Juni 1945 hatte ein tschechoslowakisches Kommando der berüchtigten „Roten Garden" in dem heute nicht mehr existierenden Ort Totzau bei Karlsbad ein Massaker unter der deutschstämmigen Bevölkerung angerichtet. Wahllos wurden Männer, Frauen und Kinder vor den Augen ihrer Angehörigen mißhandelt und anschließend exekutiert. Dem Massaker von Totzau war eine Suchaktion der tschechischen Polizei vorausgegangen. Sie fahndete in dem Forsthaus des Ortes nach angeblich versteckten Nazis aus der Kreisstadt Kaaden. Als die Beamten nicht fündig wurden, wollten sie den Neffen des Försters festnehmen. Der zog plötzlich eine Waffe, tötete einen Polizisten und verletzte den zweiten schwer. Der Schütze konnte entkommen. Am nächsten Tag kehrte die Polizei mit einem Großaufgebot zurück und erschoß den Förster, seine Frau und die drei kleinen Kinder.

Es bedurfte noch langer Bitten, bis die 31 Opfer in einem Massengrab ihre letzte Ruhe finden konnten. In einen Untersuchungsbericht aus dem Jahre 1947 war das Massaker von Totzau als „gerechte Vergeltung" bewertet worden, was strafrechtliche Folgen für die Täter ausschloß. Hintergrund

301 Martin Schmitt: „ Vor sechzig Jahren fanden Massaker in Aussig an der Elbe statt / Die Aufarbeitung wird in Tschechien nach wie vor behindert", in: *Junge Freiheit*, Nr. 31-32/05, 29. Juli/5. August 2005, unter https://phinau.de/jf-archiv/archiv05/200531072960.htm

dafür war das Amnestiegesetz Nr. 115, das im Mai 1946 von der damaligen vorläufigen tschechoslowakischen Nationalversammlung beschlossen wurde. Es stellte *„eine gerechte Vergeltung für Taten der (deutschen) Okkupanten (Böhmens und Mährens)"* außer Strafe, auch *„wenn sie sonst nach den geltenden Vorschriften strafbar gewesen wären"*. Auf diese Weise stellte die Prager Nachkriegsführung all jenen einen Persilschein aus, die sich aus Rache für eigenes erlittenes Leid gewaltsam an Sudetendeutschen vergangen hatten.[302]

Podersam/Podbořany: Am 7. Juni 1945 trieben hier tschechische Paramilitärs 70 inhaftierte Sudetendeutsche in einen Wald und erschossen sie. Eine gerichtliche Aufarbeitung des Geschehens hat es bis heute nicht gegeben. Das verhinderten schon die Dekrete des 1945 bis 1948 amtierenden tschechischen Präsidenten Edvard Beneš. Das Grauen der „wilden Vertreibungen" sollte demnach straffrei bleiben.[303]

Komotau/Chomutov: Am 9. Juni 1945 mußten sich alle 8.000 deutschen Männer zwischen 13 und 65 Jahren aus Komotau und den umliegenden Dörfern auf dem Jahn-Sportplatz sammeln. Dort wurden nach Augenzeugenberichten zwischen 12 und 20 von ihnen erschossen, darunter einige Angehörige der Waffen-SS. Beim Todesmarsch von Komotau nach Maltheuern starben weitere 70 Menschen, weil sie dem Zug nicht folgen konnten. Im Lager Sklárna wurden 40 Menschen

Gedenkstätte für die Opfer des Todesmarsches vom 9. Juni 1945 von Komotau nach Maltheuern.

302 Christian Sturm: „Deutsche und tschechische Polizei untersucht ein Massaker an 31 Sudetendeutschen", in: *Focus*, Nr. 10/1999, 8. März 1999. unter http://www.focus.de/politik/deutschland/justiz-toedliche-rache_aid_176074.html; Hans-Jörg Schmidt: „Massaker an Sudetendeutschen: Ermittlungen werden fortgesetzt", in: *Die Welt*, 14. Dezember 1999, unter http://www.welt.de/print-welt/article592736/Massaker-an-Sudetendeutschen-Ermittlungen-werden-fortgesetzt.html

303 Ulrich Krökel: „Töten auf Tschechisch", in: *Badische Zeitung*, 21. Januar 2011, unter http://www.badische-zeitung.de/ausland-1/toeten-auf-tschechisch--40678073.html

ermordet. Außerdem wurden einige Menschen von tschechischen Soldaten aus dem Lager geholt und an einem anderen Ort ermordet. Insgesamt gab es hier etwa 140 Todesopfer.[304]

Duppau/Doupov: Im Juni 1945 wurden hier 24 Deutsche ermordet. Nach der Vertreibung der Deutschen wurde die Stadt dem Verfall preisgegeben. Seit 1955 gehört sie samt Umgebung zu einem Truppenübungsplatz und wurde bis auf die Grundmauern abgetragen. In der Gemarkung stehen bis heute nur noch zwei Gebäude: die Grabkapelle der Familie Zedtwitz und eine Scheune.[305]

Jägerndorf/Krnov: Nach Kriegsende wurden von den tschechischen Behörden in Jägerndorf drei Lager eingerichtet. Dorthin wurden die Deutschen aus der Stadt und den Kreisgemeinden getrieben und interniert. Wer dies nach den Drangsalierungen, Mißhandlungen und Vergewaltigungen überlebte – viele Deutsche wurden einfach ermordet – wurde dann in Viehwaggons verfrachtet. Der Zug fuhr manchmal tagelang, ohne daß jemand aussteigen konnte, oft ging das Essen aus. Nicht selten wurden die Züge von Banditen überfallen und die Leute ihrer letzten Habseligkeiten beraubt, bis die Züge im Westen ankamen.[306]

Taus/Domažlice: Nach Kriegsende kam es in der westböhmischen Stadt Taus und deren Umgebung beim Beginn der Vertreibung zu schweren Ausschreitungen von Tschechen gegen die deutsche Bevölkerung, wobei etwa 200 Deutsche ermordet wurden. Im Juli 2005 wurde bei Taus ein Massengrab mit 54 Deutschen, überwiegend SA-Angehörige aus dem Kreis Bischofteinitz, gefunden. Die Namen der Mörder sind bis heute unbekannt geblieben.[307]

Mährisch-Ostrau/Ostrava: Die organisierte Abschiebung der Deutschen aus Ostrau erfolgte erst ab 30. Mai 1946, doch gleich nach dem Krieg

---

304 Wikipedia, *Vertreibung der Deutschen aus der Tschechoslowakei, Chomutov, Geschichte*
305 Wikipedia, *Doupov*
306 Bericht über Jägerndorf unter http://www.jaegerndorf-sudetenland.de/Ueber-Jaegerndorf/Lager-Heimatvertreibung.html
307 Wikipedia, *Vertreibung der Deutschen, Ereignisse im Sommer 1945*

wurden aus den Reihen der Stadtbürger 16.464 Deutsche gestrichen. Allmählich wurden sie in den Internierungslagern zusammengefaßt, die im Stadtgebiet errichtet wurden. Berüchtigt wurde insbesondere das sogenannte „Hankelager" auf dem Gelände der ehemaligen Speditionsfirma Hanke in der Bahnhofstr. Nr. 75. Die Verzeichnisse der Personen, die im Lager in dieser Zeit gestorben sind, meistens durch einen gewaltsamen Tod, weisen insgesamt 234 Namen auf. Zu den 231 Opfern aus den Reihen der internierten Deutschen kann man noch weitere zwei Männer dazu rechnen, über die wir wissen, daß sie beim Verhör in der Kommandantur der Nationalen Sicherheitswache in Ostrau zu Tode gequält wurden. Bei den meisten Hinrichtungen verhörte der Leiter des Lagers, Martínek, persönlich die Internierten und zwang sie zum Geständnis der Delikte, die er sich ausdachte. In diesen wahrscheinlich schon im voraus unterschriebenen „Geständnissen", führte man nur allgemeine Schuldformulierungen an, wie sie Martínek diktierte, z. B. *„ich erschoß 10 russische Soldaten"*. Martínek war wahrscheinlich Sadist, denn in zwei nachgewiesenen Fällen zwang er vor der Hinrichtung die Internierten zum Gruppensex mit deutschen Frauen, die nach den grauenhaften Orgien gemeinsam mit den Männern aufgehängt wurden. Bei den Verhören wandte man Folterungen an, besonders das Finger-, Arm- und Rippenbrechen. Den Leichen riß Gloss auf Befehl von Martínek Goldzähne und Zahnbrücken heraus, manchmal sogar wenn die Opfer noch lebten.

Der fingierte Aufstand: Am Dienstag, dem 5. Juni 1945, erfuhr die überraschte Ostrauer Öffentlichkeit aus der Zeitung *Neue Freiheit*, daß Deutsche aus dem „Hankelager" einen Aufstand begingen: *„... sie überfielen die Wache mit eisernen Stäben und Ziegeln, die sie aus dem eingemauerten Fenster herausrissen, durch welches sie nach der Tat flüchten wollten. Die Wachmänner riefen Hilfe herbei und forderten die Revoltierenden auf, sich zu ergeben. Deutsche stürzten sich jedoch auf die Wachen und verletzten einige Mitglieder, so daß die Wachen Schußwaffen benützten und dabei 72 Deutsche getötet wurden."* Die allgemeine Erklärung des Kommandanten der Ostrauer Nationalen Sicherheitswache, Vladislav Sedlács, ist mit dem Aufruf beendet worden: *„Die grenzenlose Frechheit der Deutschen muß endlich gebändigt werden!"* Erst einen Tag später brachten andere Ostrauer Tageszeitungen die Nachricht über den Aufstand, die kommunistische Presse war möglicherweise vorrangig informiert worden. Es war gerade der Lagerleiter Martínek, der den Aufstand hervorrief und mit der Maschinenpistole die meisten der Häftlinge erschoß. Allerdings konnten nur die Mitarbeiter der Sicherheitswache erfahren, daß es nicht 72, sondern 21 Tote gab. Die für die Öffentlichkeit bestimmte Lüge sollte wahrscheinlich die vielen der schon früher durchgeführten Exekutionen erklären. Es ist bezeichnend, daß die Ostrauer Öffentlichkeit die Wahrheit über diesen Zwischenfall nie erfuhr.[308]

308 Entnommen der Studie im Sammelband *Es begann am 1. Mai 1945 in Mährisch Ostrau – Zeitzeugenberichte über den Untergang der Deutschen nach mehr als sieben Jahrhunderten*, S. 36-66. Die Studie ist eine Übersetzung aus dem Tschechischen, angefertigt von Jiří Franc aus Hohenfurt. Die Originalarbeit von Mečislav Borák ist unter dem Titel „Internační tábor ‚Hanke' v Moravské Ostravě v roce 1945" im Sammelband *Příspěvky k dějinám a současnosti Ostravy a Ostravska 18* (dt., Beiträge zur Geschichte und Gegenwart der Stadt und Region Ostrau 18) auf den Seiten 88-124 erschienen, herausgegeben vom Archiv Města Ostravy (Archiv der Stadt Ostrau). Auf http://www.go-east-mission.net/dateien/de/203_041109.pdf

21. Die Verbrechen von Polen in Ostdeutschland 1945

Die kommunistische Regierung Polens hatte schon Ende 1944 verfügt, daß jeder Bürger, der unter deutscher Besatzung *„seine deutsche Volkszugehörigkeit erklärt hat, auf unbestimmte Zeit der Unterbringung in einem Isolierungsort (Lager) und der Unterwerfung unter die Zwangsarbeit unterliegt".*[309]

Mit den Bierut-Dekreten wurden in der Zeit von 1945 bis 1946 von der provisorischen polnischen Regierung die Vertreibung und Enteignung der deutschen Bevölkerung aus den deutschen Provinzen Ostpreußen, Pommern, Schlesien und Ost-Brandenburg befohlen und legitimiert.

Als Mitte Januar 1945 die Rote Armee zum Angriff auf die deutschen Ostprovinzen angesetzt hatte, löste dies vor allem in Ost- und Westpreußen eine gewaltige Fluchtwelle unter der dortigen Bevölkerung aus. Denn jedermann wußte, wie die „Befreier" im benachbarten Ostpreußen im Herbst 1944 gewütet hatten, nachdem der Wehrmacht bei Goldap vorübergehend die Wiedereroberung gelungen war. Ebenso fürchteten viele eine Wiederholung der von Polen initiierten Pogrome vom Spätsommer 1939. Während des Trecks nach Westen starben unzählige Zivilisten – sie wurden von Panzerketten zerquetscht, von Marodeuren hingemetzelt, im Rahmen abscheulicher sexueller Übergriffe zu Tode gebracht oder erfroren bei Temperaturen von unter minus 20 Grad, nachdem man sie ihrer letzten Habe beraubt hatte. Den Gewaltexzessen gegenüber den Flüchtenden folgte ab März 1945 die „wilde" Vertreibung des nicht geflohenen Drittels der Westpreußen durch polnische Milizen, welche später in eine „organisierte" Abschiebung überging. Auch hier kam es wieder zu massenhaften Raubdelikten, Körperverletzungen und Morden, insbesondere im Zusammenhang mit Überfällen auf die vollgestopften „Evakuierungs"-Züge, bei denen die Plünderer alle niedermachten, die sich ihnen in den Weg stellten. Das dunkelste Kapitel dieser Epoche sind freilich die Zwangs- und Internierungslager, in die an die 100.000 Einwohner Westpreußens getrieben wurden, darunter viele Kinder. Es gab sogar ein Kinderla-

---

309 Gerhard Gnauck: „Letzter Lagerkommandant Polens soll vor Gericht", in: *Die Welt,* 19. Mai 2008

ger auf dem Gelände der früheren Nervenheilanstalt Schwetz an der Weichsel. Dort verlieren sich die Spuren etlicher deutscher Minderjähriger, die in den Schreckenstagen des Jahres 1945 absichtlich von ihren Eltern getrennt worden waren. Andere wiederum überlebten hier und in anderen Lagern die Mißhandlungen, den Hunger, mangelbedingte Krankheiten, versuchte und vollendete Vergewaltigungen und die Zwangsarbeit, zu der teilweise auch schon die Kleineren geholt wurden. Kein Stolperstein in polnischen Städten erinnert an diese Schicksale, in den Geschichtsbüchern der polnischen Schulen steht nichts davon.

Noch berüchtigter als Schwetz war das Lager Kaltwasser in Bromberg. Augenzeugen berichten von Massenerschießungen durch polnische Milizen ab Februar 1945. Der Historiker Hugo Rasmus, der sich als erster an das lange ignorierte Thema heranwagte, schätzt, daß allein diesen Mordaktionen etwa 12.000 Deutsche zum Opfer gefallen sind. Eine ebenso traurige Berühmtheit erlangte das „Zentrale Arbeitslager" im westpreußischen Potulitz, dessen über 37.000 Insassen als regelrechte Arbeitssklaven behandelt wurden. Hier starben rund 12.000 der Inhaftierten, was in diesem Falle sowohl an der gnadenlosen Ausbeutung bei gleichzeitig erniedrigender Behandlung und minimalster Verpflegung als auch am sadistischen Regime des Lagerarztes Ignacy Cedrowski (vulgo: Isidor Zederbaum, gemäß „Polnischer Personendatenbank", www.baza-nazwisk.de) lag. Nach Aussagen von Überlebenden sah dieser seine Aufgabe gegenüber den „deutschen Schweinen" nämlich vor allem darin, dafür zu sorgen, daß sie *„schneller krepieren"*. Dabei war Cedrowski beileibe kein Einzelfall. Wie der Historiker Jan Maria Piskorski[310] 2005 feststellte, befanden sich andere polnische Lager zu dieser Zeit ebenfalls in der Hand derartiger *„junger, hemmungsloser Verbrecher"*.

Häufig wird behauptet, die flächendeckenden Vertreibungsorgien seien eine zwangsläufige Reaktion auf Hitlers Krieg im Osten gewesen, in dessen Verlauf vergleichbare Untaten begangen worden seien. Dies ist jedoch schon

310 Piskorski ist z. Zt. Professor für Vergleichende Geschichte Europas an der Universität Stettin und Vorsitzender der Menschenrechtsstiftung „Humanity in Action, Poland". In den Jahren 2000 bis 2006 war er stellvertretender Vorsitzender der Gemeinsamen Deutsch-Polnischen Schulbuchkommission der UNESCO.

deshalb unhaltbar, weil die Pläne, die Deutschen aus Ostmitteleuropa zu verdrängen und ihre Siedlungsgebiete vom Reich abzutrennen, bereits viele Jahre vor Hitlers Angriff auf Polen entwickelt worden waren. So boten die Sowjets ihren polnischen Nachbarn bereits im Herbst 1923 einen Kuhhandel an. Wenn Warschau bereit sei, die bolschewistischen Machtambitionen gegenüber Deutschland zu tolerieren, so könnte es sich als Gegenleistung Ostpreußen einverleiben. Hierauf und auf weitere derartige Avancen Moskaus an die Adresse Polens verweist der Berliner Historiker Jürgen W. Schmidt im ausführlichen Vorspann seines Sammelbandes *Als die Heimat zur Fremde wurde... Flucht und Vertreibung der Deutschen aus Westpreußen*. Schmidt gibt den Betroffenen von Flucht, Vertreibung und Lagerhaft durch den Abdruck ihrer Erlebnisberichte eine Stimme. Das lesenswerte Buch, erschienen 2011 im Verlag Dr. Koester, Berlin, bietet auch eine Analyse der bundesdeutschen Vertriebenenpolitik, die mittlerweile zu einer bloßen „Verdrängungspolitik" verkommen ist. Die „Normalgesellschaft" schuldet den Vertriebenen wenigstens die Pflege ihrer Erinnerung, die Arbeit am kulturellen Erbe und Gedächtnis.[311]

3. September 1939: Das Massaker von Bromberg („Bromberger Blutsonntag")

Jagd auf Deutsche: Bereits mehrere Monate vor der deutschen Intervention hatten der polnische Rundfunk und die Presse einen chauvinistischen Propagandafeldzug gegen die im Lande lebenden Minderheiten geführt, der in der Feststellung gipfelte, *„daß im Kriegsfalle kein einheimischer Feind lebend entrinnen wird"*. Die Rede von einer bevorstehenden „Bartholomäus-Nacht" ging um, und wohlmeinende Polen warnten deutsche Nachbarn, sich im Kriegsfall auf das Schlimmste gefaßt zu machen. Schon vor Kriegsbeginn wurden zwei große Konzentrationslager – vor allem für Angehörige der deutschen und der ukrainischen Führungsschicht – eingerichtet, und am 1. September 1939 begann dann die angekündigte „Jagd auf Deutsche" (poln., polowanie na Niemcow).[312]

311 Wolfgang Kaufmann: „Mordland an der Weichsel", in: *Junge Freiheit* Nr. 31-32, 29. Juli 2011; Helga Hirsch, *Die Rache der Opfer*, Berlin, 1998, S. 101 ff.

312 Nawratil, S. 44

Für diejenigen Deutschen, die nicht gehen wollten und doch als unzuverlässig betrachtet wurden, planten die polnischen Behörden seit Frühjahr 1939 jene Deportationsmärsche in Richtung Ostpolen, die dann bei Kriegsbeginn massenhaft stattfanden. Als Vorwand dienten die angeblich geplante „Diversionstätigkeit" der Deutschen, gepaart allerdings oft mit der kaum verhehlten Agitation, daß sie östlich der Oder ohnehin nichts verloren hätten. In den Tagen vor und nach dem Kriegsausbruch schlug der polnisch-deutsche Konflikt sofort in brutale Gewaltakte und das Morden der deutschen Minderheit um und fand in der nicht weniger gewalttätigen deutschen Antwort ihre Fortsetzung. Die polnische Publizistik des Jahres 1939 hatte es sich nicht nehmen lassen, in zahlreichen Veröffentlichungen die alte Behauptung zu wiederholen, daß die deutsche Ostgrenze eigentlich kurz vor Berlin zu liegen habe. Deutsche Dienststellen berichteten im Juni 1939, daß die Stimmung von Armee und Volk durch zahlreiche Kampfschriften und Zeitungsartikel in Kriegsbereitschaft gehalten würde: *„Eigene Pläne zur Erweiterung Großpolens, der Hinweis auf die zukünftige ‚Schlacht bei Berlin' und die neuen polnischen Staatsgrenzen an der Oder unterstützen die Militarisierung der polnischen Volkspsyche. Eine weitere Förderung der moralischen Kraft verspricht man sich von der Tannenbergfeier (Grunwald), die zu diesem Zweck auf Anfang Juli 1939 vorverlegt wird."*[313]

Bei Kriegsausbruch begann die polnische Bevölkerung, zum Teil unterstützt durch das Militär, mit Repressalien gegen Deutsche, die noch in Polen lebten. In einer Welle von Hausdurchsuchungen, Plünderungen, Verhaftungen, Vertreibungen, Mißhandlungen, Vergewaltigungen und Ermordungen mußten über 5.000 dieser polnischen Staatsbürger mit deutscher Muttersprache ihr Leben lassen. Das größte Blutbad mit etwa 1.000 Ermordeten fand am dritten Kriegstag in der Stadt Bromberg statt. Polnische Heckenschützen eröffneten vor allem in den Städten sofort nach Abzug der polnischen Truppen ihren Partisanenkampf gegen deutsche Truppen. Das führte von Kriegsbeginn an zu harten Reaktionen und Auseinandersetzungen zwischen deutschem Militär und polnischer

313 Stefan Scheil: „Der Chauvinismus herrschte auch in Warschau. 75 Jahre Beginn des Zweiten Weltkriegs: Die Vorgeschichte des Angriffs des Deutschen Reichs auf Polen wird gern ausgeblendet", in: *Junge Freiheit* Nr. 36/14, 29. August 2014

Bevölkerung. Die großen Opferzahlen unter der deutschen und der polnischen Zivilbevölkerung steigerten noch einmal den Haß in beiden Völkern.[314]

Am 3. September 1939 ermordeten Polen, darunter auch zurückflutende polnische Soldaten, offenbar nach vorher schon erstellten Listen, Tausende von Deutschen in Bromberg und weiteren Orten. Der polnische Historiker Janusz Piekałkiewicz nimmt eine Zahl von 5.000 bis 6.000 ermordeten Volksdeutschen an. Deutsche Quellen von 1939 geben für die Zeit vom 31. August bis 17. November 1939 eine Zahl von 5.437 Toten unter den Volksdeutschen an. Polen gab selbst die Täterschaft am „Bromberger Blutsonntag" zu, als am 9. September 1939 der polnische Sender in Wilna die Warschauer Bevölkerung aufforderte, sich ein Beispiel an den Bromberger Mördern zu nehmen und im Kampf gegen die Deutschen alle erdenklichen Mittel anzuwenden. Der amerikanische Völkerrechtler und Historiker Dr. Alfred de Zayas hält über die Bromberger Ereignisse fest: *„Bei den Haussuchungen* (in Bromberg) *wurden zunächst von den Soldaten und dem Mob sämtliches Geld und Wertsachen gestohlen, die Wohnungen auch sonst ausgeplündert und völlig verwüstet. Die Männer der Familie..., vom 13jährigen oder gar 10jährigen Jungen bis zum 70- oder 80jährigen Greis, wurden in fast allen Fällen in viehischer Weise umgebracht... Zumeist wurden die Ermordeten mit Brechstangen, Seitengewehren, Gewehrkolben, Knüppeln derart zusammengeschlagen, daß ihre Gesichter bis zur Unkenntlichkeit verstümmelt wurden... In anderen Fällen mußten sie die Ermordung der Angehörigen ansehen, um dann selbst als Opfer erschlagen oder erschossen zu werden."*[315]

Ein schwedischer Pressevertreter, Christer Jäderlund, hat folgenden Bericht über seine Eindrücke verfaßt: *„Eine fürchterliche ‚Bartholomäusnacht' fand in Bromberg statt, bevor die deutschen Truppen die Stadt besetzten... Eine unbeschreibliche Schreckensstimmung lagert noch heute über der Stadt. Der Sonntag war fürchterlich. Nach dem Abzug der polnischen Truppen und vor der Ankunft*

314 Schultze-Rhonhof, S. 533 f.

315 *Der Große Wendig*, Band 1, S. 684-687

der deutschen Wehrmacht entstand in der Stadt ein schreckliches Massaker. Die Anzahl der ermordeten und scheußlich verstümmelten Menschen – Deutsche und Polen, die als deutschfreundlich verdächtigt waren – wird auf etwa 1.000 berechnet. Ich photographierte selbst eine ganze Reihe der großen Leichenhaufen, die noch heute, teils auf den Straßen, teils in den Wäldern sowie in den Gärten umherlagen. Die Photographien sind jedoch zu gräßlich, um in einer Zeitung veröffentlicht zu werden...“

Ein deutscher Offizier, der in Berlin die deutsche Presse über seine Eindrükke in Bromberg zu unterrichten hatte, erklärte: *„Ich habe in Bromberg und um Bromberg die Opfer einer systematischen Menschenschlächterei gesehen, für die es in der Geschichte der Menschheit keine Vergleichsmöglichkeit gibt.* (...) *Man weiß noch nicht, wie viele Leichen in die Netze oder in die Weichsel geworfen wurden. Man hat auch noch keinerlei Angaben darüber, wie viele Volksdeutsche von den Polen verschleppt worden sind und irgendwo in der Umgebung von Bromberg umgebracht wurden...“*[316]

1945: Der Untergang Danzigs

Die Freie Stadt Danzig wurde durch die Sowjets am 26./27. März 1945 ohne größere Kampfhandlungen erobert. Die Stadt, in der noch rund 100.000 Deutsche wohnten, war eines der ersten Beutestücke der Polen. Bereits am 30. März 1945 erklärte die provisorische polnische Regierung, daß Danzig nun zu Polen gehöre und dort die polnischen Gesetze gültig seien. Die Gewalt in Danzig und fast überall im deutschen Osten übte jetzt die polnische Miliz aus.[317]

---

316 Nawratil, S. 44-46; Bathe, S. 45-46

317 Die Wissenschaftliche Kommission der Bundesregierung vermerkt über die polnische Miliz: *„Die lokalen Milizeinheiten waren oft aus sehr fragwürdigen Elementen zusammengesetzt. Ihre überstürzte Aufstellung führte dazu, daß sich ihr häufig arbeitsunlustige junge Leute oder aber Personen anschlossen, die sich ihrer Tätigkeit in der Miliz ein einträgliches Geschäft versprachen. Von Ausnahmen abgesehen, hat diese von den polnischen Behörden aus dem Boden gestampfte Miliz eine für die deutsche Bevölkerung verhängnisvolle Rolle gespielt. Sie mißbrauchte ihre Ordnungsgewalt zu zahllosen Plünderungen, ließ ihren nationalen Haßgefühlen hemmungslosen Lauf und mißhandelte zahlreiche, völlig unschuldige Deutsche.“* (S. 234-235)

Anfang April 1945 begannen sowjetische Soldaten, Danzig niederzubrennen. Die Stadt brannte über einen Monat lang vor sich hin, und die Lagerhäuser auf der Speicherinsel verloschen sogar erst im Herbst. Schätzungsweise wurden 90 % der Innenstadt in Schutt und Asche gelegt. Das war der Preis, den Danzig für die so genannte „Befreiung" durch die Rote Armee zu zahlen gehabt hatte. In der Rechtstadt blieben lediglich 38 Häuser heil (!), über 8.500 wurden dem Erdboden gleich gemacht. Zbigniew Michael, Besatzungsmitglied des polnischen Panzers, der als erster auf dem Langen Markt eintraf und auf dem Artushof die polnische Flagge hißte, erinnert sich: *„Am 28. März fuhren wir unter Einhaltung jeglicher Sicherheitsmaßnahmen durch die Langgasse in Richtung Artushof. Die Häuser in der Langgasse – was ich besonders betonen möchte – waren beinahe unberührt, einige wiesen nur geringfügige Beschädigungen auf."* Also war nicht die deutsche Verteidigung Ursache von Danzigs völliger Zerstörung gewesen. Die Rote Armee erachtete die Stadt als Kriegsbeute und handelte nach dem Rote-Armee-Motto: *„Nicht umsonst haben wir unser Blut vergossen, der Boden wird zwar polnisch, aber alles, was auf diesem ist, wird sowjetisch sein."* So wurde alles, was man nicht abtransportieren konnte, verbrannt. Ein anderer Leitsatz der Roten Armee, ein kaukasischer, lautete: *„Die Männer eines feindlichen, besiegten Stammes müssen getötet und die Frauen vergewaltigt werden."*

Am 25. April 1945 erließ der Präsident der Stadt Danzig, Franciszek Kotus-Jankowski, folgende zweisprachige Verfügung: *„Mit dem 26.4.1945 ordne ich an, daß alle Einwohner der Stadt Gdańsk, deutscher Volkszugehörigkeit im Alter von 15. bis 65. Lebensjahr; täglich um 7 Uhr in ihren Revieren vor den Revierkommandanturen der Polnischen Bürger-Miliz, mit Arbeitswerkzeugen (Piken, Schaufeln, Wagen) sich zu stellen haben. Deutsche, die dieser Verordnung nicht Folge leisten, werden nach Kriegsbestimmungen streng bestraft."*[318] Damit begann in Danzig die Zwangsarbeit für die Deutschen.

Die deutschen Bewohner von Danzig wurden unter Prügel und Beschimpfungen gezwungen, in den Straßen ihrer Stadt die Trümmer zu räumen und die Leichen und Kadaver beiseite zu schaffen. Während dessen rückten in

318 Originaltext

die noch bewohnbaren Wohnungen und Häuser der Stadt jene Menschen ein, denen nach dem Willen der Sieger Danzig nun gehören sollte: Polen aus dem Inneren des Landes und aus jenem Gebiet des polnischen Staates, das Josef Stalin für die Sowjetunion beanspruchte. Bald erkannten die Deutschen in Danzig, daß ihnen nicht einmal mehr die Dachkammern, die Keller und Gartenhäuser bleiben würden, in denen sie Unterschlupf gefunden hatten. An den brandgeschwärzten Mauern der Stadt hingen Plakate, auf denen den Deutschen befohlen wurde, Danzig zu verlassen und mit dem Zug den Weg zur Oder anzutreten. Viele Deutsche gingen freiwillig. Die Lebensverhältnisse waren unerträglich geworden. Viele der Deutschen, die nicht freiwillig gehen wollten, wurden von den Polen davongejagt.[319]

Ab September 1945 setzten die Polen mit der laufenden Zwangsevakuierung ein. Meist wurde dabei eine Frist von zehn Minuten gegeben. Dann mußten alle Deutschen mit Sack und Pack ihre Wohnungen verlassen. Oft genug geschah es, daß draußen die zusammengeraffte Habe geraubt wurde. Die Russen wechselten allmählich ihre Haltung und wurden zu Beschützern der Deutschen gegen die Polen. Wenn Polen in die Wohnungen zum Plündern kamen, so riefen die Bewohner den russischen Kommandanten des betreffenden Bezirkes zu Hilfe. Natürlich plünderten aber auch weiterhin die russischen Soldaten, denn es blieb ein gesetzloser Zustand in Danzig.

Im Dezember 1945 waren nur noch etwa 40.000 Deutsche in Danzig. Auf elenden Transportzügen, in Güterwagen oder beschädigten Personenwagen, deren Fensterscheiben zertrümmert waren, verließen sie ihre Heimat, wobei sie unterwegs noch meist des letzten beraubt und – Männer wie Frauen und Knaben – aus den Abteilungen herausgeholt wurden. Ohne Bedauern vermochten sie zu scheiden. Denn zwischen der Stadt von ehedem und dem jetzigen grauenhaften Schemen war keine Ähnlichkeit mehr vorhanden. Danzig, die schöne, alte Stadt, die Perle unter den Städten des Nordostens und der Stolz seiner Bewohner von alters her, ist sinnlos zerstört worden.[320]

---

319 Siehe Fußnote 316, S. 237.

320 „Vorgänge und Zustände in Danzig von Januar bis Dezember 1945" unter http://duepublico.uni-duisburg-essen.de/servlets/DerivateServlet/Derivate-28211/Johannes_Danzig_Untergang.pdf

22. April 1945: Das Massaker von Niederkaina

Am 22. April 1945 sind 195 Volkssturm-Männer in der Scheune des Rittergguts Loebenstein von polnischen Soldaten bei lebendigem Leib verbrannt worden. Weitere 27 Volkssturm-Männer wurden im Schießstand durch Genickschuß ermordet, 55 im Schloßpark. Niederkaina (heute Ortsteil von Bautzen) ist nicht das einzige Beispiel für Gruppenerschießungen deutscher Gefangener in den letzten Kriegstagen, aber das bekannteste. Nachdem Bautzen von deutschen Truppen zurückerobert wurde, berichteten Ende April 1945 die *Oberlausitzer Tageszeitung* und die Frontzeitung *Raupe und Rad* über das Schicksal der Volkssturm-Männer und das Wüten der sowjetischen und polnischen Soldaten gegenüber der Zivilbevölkerung. Die Verbrechen, die sich an anderen ostsächsischen Orten ereigneten, werden bis heute kaum wahrgenommen. Die Betroffenen finden die Geschichte ihrer Familien bisher in keinem Geschichtsbuch wieder.

Um dieses Kapitel der deutschen Geschichte der Vergessenheit zu entreißen, hat der Berliner Jurist und persönlich Betroffene Dr. jur. Theodor Seidel – sein Vater gehörte als Angehöriger des 33. Volkssturmbataillons zu den Opfern des Massakers von Niederkaina – eine Dokumentation erstellt: „Kriegsverbrechen in Sachsen. Die vergessenen Toten von April/Mai 1945". Seidel befragte Zeitzeugen, las zeitnahe Aufzeichnungen und wurde vor allem in den Begräbnisbüchern fündig. Die Pfarrer hatten die Todesursache notiert: erschossen, erschlagen, erstochen, durch Feindeinwirkung gestorben, Selbstmord. Im Begräbnisbuch von Niesky steht: *„Unter den Opfern befanden sich zwei Kinder im Alter von fünf bzw. acht Jahren."* Seidel räumt auch mit den Lügen auf, die Rote Armee sei mit den in der Lausitz lebenden Sorben human umgegangen. Als einen Beweis führt er die Aufzeichnungen des Pfarrers Teichmann aus Crostwitz an. *„Aus verständlichen Gründen kenne ich nicht alle geschändeten sorbischen Frauen und Mädchen"*, notiert er. *„Die Menschen in den Dörfern und auch die Angehörigen der Erschossenen weinten nicht mehr; sie waren wie gelähmt. So hatte sich keiner die Befreiung durch die slawischen Völker vorgestellt. Aber auch das Morden und Plündern und Quälen ging unvermindert weiter."* Die Bilanz des Juristen ist erschütternd. *„Zwischen Bad Muskau, Kamenz und Bautzen wurden zwischen dem 16. April und*

10. Mai 1945 mehr als 600 deutsche Kriegsgefangene und mindestens 1.080 Zivilisten von sowjetischen und polnischen Soldaten ermordet. (...) *Erschießungen, Plünderungen und Vergewaltigungen waren flächendeckend*", konstatiert Seidel. Und auch in Brandenburg sei es genauso gewesen. Als Vergeltung für das Massaker an deutschen Soldaten in Niederkaina brachten deutsche Truppen am gleichen Tage in Guttau nordöstlich von Bautzen Verwundete und Kranke eines polnischen Feldlazaretts um.[321]

Seidel war früher Vorsitzender Richter einer Großen Strafkammer und zuletzt Vorsitzender eines Schwurgerichtes in Berlin.[322]

Juni 1945 – Oktober 1946: Das Polnische Nachkriegs-KZ Lamsdorf

Zu den berüchtigsten polnischen Konzentrationslagern in Oberschlesien gehörte das Lager in Lamsdorf (poln., Łambinowice), Kreis Falkenberg (poln., Niemodlin), das als „Hölle von Lamsdorf" in die Geschichte einging. Lamsdorf, zwischen Oppeln und Neiße gelegen, war 1921 Flüchtlingslager für Deutsche, die aus Ost-Oberschlesien geflohen waren, im Zweiten Weltkrieg Kriegsgefangenenlager und von Juni 1945 bis Herbst 1946 polnisches KZ. Erster Lagerkommandant war Sergeant Czesław Gęborski, später Oberst des Sicherheitsdienstes (UB) in Kattowitz. Er gilt als der Haupthenker des Lagers. Sein Stellvertreter war Ignaz Szypula.[323]

Nach Feststellung des Lagerarztes Dr. Heinz Esser wurden im Vernichtungslager Lamsdorf 6.488 Deutsche umgebracht. Die Männer, Frauen, Kinder und Säuglinge wurden erschossen, erschlagen, erhängt, verbrannt, in Fässern zu Tode gerollt, oder sie starben an Hunger und Infektionskrankheiten. Im Lager waren 828 Kinder, wovon etwa 100 wieder herauskamen.

321 Wikipedia, *Schlacht um Bautzen*

322 Buchbesprechung von Paul Leonhard: „In Deutschland bisher nicht zur Kenntnis genommen. Der Berliner Jurist Theodor Seidel weist auf massive Kriegsverbrechen polnischer und sowjetischer Truppen in Sachsen 1945 hin", in: *Junge Freiheit* Nr. 19/10, 7. Mai 2010; Theodor Seidel: *Kriegsverbrechen in Sachsen*, Rezension unter http://www.nise81.com/archives/872

323 Szypula, der Vertraute von Gęborski, starb im Jahre 1973. Wahrscheinlich fiel er betrunken vom Balkon.

Von diesen kamen nach späteren Feststellungen in den Kasematten in Neiße schätzungsweise 60 bis 70 % durch Krankheit, Hunger und Kälte um. Von den über 700 im Lager verbliebenen starben 218 ebenfalls an Hunger und Infektionskrankheiten. Von den Überlebenden kamen durch ärztliche Bemühungen nach Fühlungnahme mit Geistlichen außerhalb des Lagers 78 Waisenkinder zur Entlassung und zu Pflegeeltern, während die übrigen anderweitig entlassen wurden.[324] Die auf den S. 99-127 des Buches von Dr. Esser abgedruckte Namensliste der Toten von Lamsdorf umfaßt insgesamt 1.462 ehemalige Häftlinge. Es handelt sich nur um einen Bruchteil der Gesamtzahl der Toten. Die grausamen Mordtaten und die unmenschliche Behandlung der Lagerinsassen durch die Polen unter dem Lagerkommandanten Gęborski sind in dem Buch „Die Hölle von Lamsdorf" dokumentiert und können hier aus Platzgründen nur auszugsweise kurz wiedergegeben werden. Dr. Esser berichtet:

> Die Deutschen, hauptsächlich Bauern- und Arbeiterfamilien, aber auch Geschäftsleute, Lehrer, Beamte, Angestellte usw. wurden unerwartet und plötzlich aus ihren Häusern getrieben, zusammengejagt und nach Lamsdorf verschleppt. „Politisch Belastete" wurden in einem Raum zu etwa 45 Mann zusammengefaßt. Diese Männer wurden meist denunziert und nach grausamen Folterungen und Mißhandlungen im Laufe der Zeit alle ermordet. Bei der Registrierung im Lager wurde den Menschen das letzte geraubt, sie wurden verprügelt, mit Gewehrkolben gestoßen, mit Bleikabeln geschlagen, so daß ihre Gesichter völlig unkenntlich, blutüberströmt und ihre Glieder und Rippen zerbrochen wurden. Sie wurden geschlagen und getötet, nur weil sie Deutsche waren. Die Menschen wurden mit Knüppeln oder Zaunlatten erschlagen, wobei sie meist niederknien mußten und nach den Schlägen regelmäßig tot umfielen. Sie wurden durch Fußtritte in den Leib, den Kopf und den Hals ermordet. Oft bediente man sich eines Henkersknechtes, wie z. B. des sechzehnjährigen Ukrainers und polnischen Spitzels namens Jusek oder des „deutschen Lager-

324 Esser, S. 22, 28, 98

führers“ Jan Fuhrmann, der früher polnischer Korporal, dann deutscher Staatsangehöriger und später wieder Pole wurde. Vor ihm zitterte jeder Deutsche. Einmal riß er einer mißhandelten Mutter den Säugling aus den Armen und erschlug ihn. Er stahl den Frauen die dürftigen Päckchen, die sie ihren gefangenen Männern brachten und teilte sie mit seinen Günstlingen. Um sich vor seinen polnischen Auftraggebern auszuzeichnen, veranstaltete er die jedem Lamsdorfer in grausamer Erinnerung gebliebene „Nachtübung“, bei der 25 Männer völlig entstellt und 15 getötet wurden. Bei den Vernehmungen wurden die Häftlinge gefesselt, getreten, mit dem Kopf nach unten aufgehängt und immer wieder geschlagen, bis das Blut aus zahlreichen Wunden floß und den Gefolterten ein Geständnis einer nicht begangenen Tat abgepreßt wurde. Auch während des täglichen „Frühsports“, den alle Männer ohne Rücksicht auf Krankheit oder Behinderung und Alter mitmachen mußten, kam es zu Mißhandlungen, die regelmäßig oft zum Tode von mehreren Menschen führten. Am 15. September 1945 wurden 16 Männer vor einen Wagen gespannt und mußten unter ständigen Stockschlägen schwere Eisenteile im Nachbardorf holen. Sie konnten sich kaum halten vor Schwäche und Hunger. Unterwegs im Walde wurden auf diese Männer regelrechte „Schießübungen“ veranstaltet, wobei die Hälfte der Unglücklichen unter Feuer in einen Teich gejagt wurde und darin ertrank. Aufgrund der Schreckenserlebnisse verloren drei überlebende Männer die Sprache. Einer erlitt vier tiefe Bajonettstiche, durfte aber nicht ärztlich behandelt werden. Er erhängte sich in derselben Nacht neben der Schlafstelle eines Mithäftlings.

Die Häftlinge mußten am Tage bei einer täglichen Verpflegung von etwa 3 bis 4 Kartoffeln (etwa 200 bis 300 Kalorien) schwerste Feldarbeiten bei jeder Witterung verrichten. Frauen und Männer wurden zu 10 bis 12 vor den Pflug oder die Egge gespannt oder mußten mit Kartoffeln überladene schwere Pferdewagen oder Jauchefässer ziehen usw. Sie wurden beim Barackenbau eingesetzt und mußten dabei überschwere Lasten tragen, bis sie entkräftet und blutüberströmt zusammenbrachen. Sie mußten auf dem Lagergelände mit bloßen Händen Hunderte von

Leichen, die längst verwest waren, ausgraben und waren dabei stundenlang dem penetranten Verwesungsgeruch ausgesetzt. Dabei mußten sie sogar verweste Leichenteile mit dem Munde berühren oder Kot essen. Lehrer, Beamte, Kaufleute und Geistliche waren besonderen Schikanen ausgesetzt, die fast immer tödlich endeten. Die polnische Miliz trieb zum Beispiel unter die Zehennägel der Gefolterten lange Nadeln, knebelte sie, übergoß sie unter Schlägen mit Kot und Urin (Alois St. aus Proskau) oder ließ Frauen und Männer sich entkleiden und zwang sie unter Schlägen zu sexuellen und sadistischen Handlungen, ließ sie manchmal auch menschliche Exkremente essen (Ing. Sch. aus Berlin). Entkleideten Mädchen wurden mit Petroleum getränkte Geldscheine zwischen die Glieder gepresst und angezündet, wodurch den Opfern furchtbare Brandwunden beigebracht wurden, ohne daß später Verbandsmaterial oder ärztliche Behandlung zur Verfügung stand (Geschwister H. aus Lamsdorf u. a.). Der Oberstudienrat Kr. aus Neustadt wurde fünf Minuten nach seiner Einlieferung als Leiche aus dem Lager herausgetragen, weil er eine „Intelligenz-Brille" trug. Ebenso erging es dem Bürgermeister F. von Buchelsdorf, weil er so groß „wie ein SS-Mann" war und vielen anderen mehr.

Der 4. Oktober 1945 wurde für viele Männer und Frauen zum Todestag. Am Mittag dieses Tages brach in der Baracke 12 ein Brand aus, dessen Ursache nie aufgeklärt wurde. Das Feuer entstand plötzlich, während in der Wachstube eine Orgie mit Wodka gefeiert wurde, an der auch ein Brandsachverständiger namens Nowack in polnischer Feuerwehruniform teilnahm. Der Lagerkommandant Gęborski war mit seinen Milizianten an der Brandstelle, bevor die Gefangenen überhaupt ahnten, was geschehen war. Die Lagerinsassen wurden sofort alarmiert und die Männer und Frauen mit Schlägen zur Brandstelle getrieben, um das Feuer zu löschen. Etwa 30 Posten liefen mit vorgehaltenen Schußwaffen hinter den ratlosen, nach Löschmitteln suchenden Menschen, wobei sie einen Kordon um die Brandstelle bildeten und ihre Gewehre und Maschinengewehre schußfertig machten. Der erste Schuß war das Signal zum Beginn eines furchtbaren Massakers. Man schoß ununterbrochen auf jeden, der vor der Hitze zurückwich und in die Nähe des Postenrings kam. Sie wurden durch gezielte Kopfschüsse, oft aus einer Entfernung von 1 bis 3 Metern, getötet. Andere wurden bei lebendigem Leib in die Flammen getrieben. Nachdem die Baracke abgebrannt war, ging die Jagd auf die Menschen im Lager weiter. Am nächsten Tag lagen an der Brandstelle und fernab davon Leichen der Erschossenen. Bei dem Massaker kamen zu Tode: 36 Männer und 11 Frauen – diese wurden erschossen; 25 Männer und 15 Frauen – diese waren in den Flammen verbrannt und blieben als verkohlte Leichen übrig; 285 Männer und Frauen – diese wurden mit Gewalt aus der Krankenstube in ein Massengrab geworfen, wobei sie vorher durch Genickschuß getötet oder durch Kolbenschläge betäubt, noch lebendig ins Grab geworfen wurden; 209 Männer und Frauen – diese starben am nächsten Tag oder einige Stunden später an den Folgen der während der Brandkatastrophe erlittenen Schuß- oder Körperverletzungen.[325]

Der Massenmord von Lamsdorf fand bis heute keine Sühne. Versuche dazu wurden in der Bundesrepublik Deutschland von amtlichen Stellen verhindert. Hierzu schrieb die *Welt* vom 4. Mai 1979 unter der Überschrift „Die Morde von Lamsdorf bleiben ungesühnt“: *„Der Hagener Staatsanwalt Karl-Heinz Toenges mußte nach bald vierjährigen Ermittlungen die Akten über das polnische Vernichtungslager Lamsdorf beiseite legen. Der erste Versuch mit dem Ziel, auch Kriegsverbrechen der anderen Seite zu ahnden, war gescheitert. Der gewaltsame Tod von mehr als 6.000 Oberschlesiern bleibt ungesühnt... Von der Welt nach dem Stand der Bonner Beratungen über ein mögliches Strafverfolgungsersuchen befragt..., betrachtet es die Bundesregierung als nicht sinnvoll, Warschau Beweismaterial über Straftaten bei der Vertreibung zuzuleiten, weil diese Taten nach polnischem Recht verjährt seien...* (...) *Die Dokumentation der Bundesregierung über Vertreibungsverbrechen – sie enthält auch Aufzeichnungen des Arztes Esser und genaue Schilderungen der begangenen Grausamkeiten*

325 Esser, S. 13-29

– soll in Bonn weiterhin unter Verschluß gehalten werden.“ Soweit der *Welt*-Bericht.

1968, nach der Veröffentlichung der Publikation „Die Hölle von Lamsdorf“ des Lagerarztes Heinz Esser, der selbst dort inhaftiert war, kam es zu Ermittlungen der Staatsanwaltschaft Hagen gegen Gęborski und weitere sieben polnische Angehörige der damaligen Wachmannschaft. 1977 wurde Anklage erhoben, das Verfahren jedoch eingestellt, da Polen eine Auslieferung der Angeklagten an Deutschland ablehnte, aber auch aus politischer Rücksichtnahme auf die Politik der damaligen sozialliberalen Regierung in Bonn, die damit die Beziehungen zum kommunistisch regierten Polen nicht belasten wollte. 1989, nach dem politischen Umbruch in Polen, zeigten Oberschlesier polnischer Staatsbürgerschaft, die in Lamsdorf inhaftiert gewesen waren, Gęborski an, der mittlerweile pensionierter Geheimdienstmitarbeiter war. Gęborski, der zur Tatzeit zwanzigjähriger Feldwebel der Miliz war, wurde im Jahr 2000 in einem Verfahren in Oppeln (poln. Opole) achtundvierzigfacher Mord an Lagerinsassen vorgeworfen. Die Rechtsvertreter von Ex-Häftlingen des Lagers Lamsdorf warfen den polnischen Justizbehörden vor, den Prozeß absichtlich zu verzögern, um einen Urteilsspruch zu vermeiden. In der Tat verstarb Gęborski vor Prozeßende am 14. Juni 2006.[326]

Die *Frankfurter Allgemeine Zeitung* brachte am 5. September 1990 einen Artikel „Die Verbrechen von Lamsdorf“, in dem es heißt: *„Die deutsche Bevölkerung der Umgebung kam geschlossen in dieses Lager, das heißt, es handelte sich um Familien, Sippen und Nachbarn, die sich natürlich gut kannten, so daß von den wenigen Überlebenden sehr genaue Berichte über die Verhältnisse im Lager vorliegen. Insgesamt sind in dieses Lager mehr als 8.000 Deutsche eingeliefert worden; der Tod von etwa 6.500 zum Teil namentlich bekannten ist durch Zeugenaussagen belegt. Im wesentlichen handelt es sich um Frauen, Kinder und ältere Menschen. Die Berichte über die einzelnen Vorfälle in diesem Lager übersteigen jedes menschliche Vorstellungsvermögen... Die Frage, ob das Lager ein autorisiertes war, wurde auch in dem Verfahren vor dem Schwurgericht beim Landgericht in*

326 Wikipedia, *Czesław Gęborski*; Pressemitteilung *Massenmörder von Lamsdorf, Czesław Gęborski, gestorben*, 23. Juni 2006, unter www.bund-der-vertriebenen.de

Hannover verhandelt. Es heißt dort (Zitat): ‚Ob das Lager von der polnischen Regierung ausdrücklich eingerichtet worden ist, hat nicht aufgeklärt werden können. Es scheint eher, als ob polnische Partisanen – allerdings mit stillschweigender Duldung polnischer Regierungsstellen – dieses Lager von sich aus eingerichtet haben.' Letztlich kann diese Frage – offizielles Lager oder nicht – keine entlastende Wirkung haben. Das Lager hat von Juli 1945 etwa ein Jahr lang existiert. Die polnischen Behörden waren voll informiert. Es ist nachgewiesen, daß die inzwischen im Landkreis Falkenberg eingerichtete polnische Verwaltung jeden Eingriff und jede Hilfe für die Menschen im Lager ablehnte. Der katholische polnische Geistliche in Lamsdorf weigerte sich, den nach Folter im Lager sterbenden Deutschen den letzten Trost und die Sakramente zu geben.“

Die vorstehenden Berichte wurden von den Polen als „Provokation“ abgestritten, wie die nachstehenden Zeilen der *Westdeutschen Allgemeinen Zeitung*, Nr. 58/1980, zeigen: *„Zu den Besonderheiten des ‚normalisierten' deutsch-polnischen Verhältnisses gehört es, daß gelegentlich trotz der offiziell verkündeten Aussöhnung die Schatten der Vergangenheit aktiviert werden. Zur Zeit kritisiert die polnische Presse die Ermittlungsverfahren der Staatsanwaltschaft in Hagen als ‚Provokation'.* (...) *Durch das Verfahren wegen ‚angeblicher polnischer Verbrechen' solle – so das Warschauer Presseorgan Trybuna Ludu – nur von den Untaten in Polen abgelenkt werden.“*

Wer die vorstehenden, belegten Berichte liest, fragt sich mit Recht, weshalb in den Medien unentwegt fragwürdige Erzeugnisse der Presse und Filmindustrie über angebliche deutsche Untaten gebracht, aber nachgewiesene Verbrechen an Deutschen verschwiegen werden und ungesühnt bleiben. Der mündige Bürger möge sich hierüber seine eigenen Gedanken machen.[327]

Das Lager Myslowitz

Nach Angaben polnischer Historiker kamen in das Lager Myslowitz (poln., Mysłowice) bei Kattowitz binnen zwei Jahren etwa 14.000 Deutsche, von denen mindestens 2.281 ums Leben kamen, vor allem aufgrund einer Ty-

---

327 *Der Große Wendig*, Band 2, S. 528 ff.; de Zayas, S. 142

phusepidemie. Andere wurden aus dem Lager zur Zwangsarbeit in die Sowjetunion verschleppt. Im Herbst 1946 wurde das Lager aufgelöst. Kommandant des Lagers Myslowitz war Tadeusz Skowyra, damals gerade 21 Jahre alt, bis 1974 als Leiter verschiedener Gefängnisse in Polen tätig. Nach dem politischen Umbruch versuchte die polnische Justiz, den inzwischen 84-jährigen Skowyra für die Leiden der deutschen Zivilisten zur Rechenschaft zu ziehen. Das Verfahren wurde jedoch eingestellt, weil der Angeklagte krank und verhandlungsunfähig geworden war.[328]

Im Konzentrationslager von Myslowitz starben jeden Tag etwa einhundert Deutsche. Die aus Auschwitz befreiten Juden forderten auch hier die Deutschen auf, ein Lied zu singen, *„sonst Kugel in den Mund!"* Also begannen die Gefangenen das Lied zu singen, welches sie alle bereits im Kindergarten gelernt hatten: *„Alle Vöglein sind schon da..."* Darauf schrien die Juden *„Ihr Schweine!"* und prügelten auf die Deutschen ein. In Grottkau wurden die Deutschen in Kartoffelsäcken begraben, in Hohensalza gingen sie direkt in den Sarg, und der Kommandant ließ sie dort liegen. In Blechhammer wollte der jüdische Kommandant die Deutschen nicht einmal anblicken, also starben sie vergessen. Der Status „verdächtig" war zu wenig, als daß irgendein Deutscher in Polen barmherzig behandelt wurde. In den 1.255 Lagern für Deutsche starben buchstäblich zwischen zwanzig und fünfzig Prozent der Gefangenen. Insgesamt verloren zwischen sechzigtausend und achtzigtausend Menschen ihr Leben, bedeutend weniger als die Zahl der in Auschwitz umgekommenen Juden, aber mehr, als jene in Belsen, Buchenwald und an tausend anderen Orten starben.[329]

1945: Das Massaker von Marienburg – Die Verschleierung eines Verbrechens

Die Rote Armee eroberte das Marienburger Umland am 25. Januar 1945. Die Kämpfe um die Marienburg und die Stadt dauerten bis zum 9. März 1945, wobei die Altstadt zu 80 % zerstört und auch die Ordensritter-Burg

---

328 Gerhard Gnauck, *Letzter Lagerkommandant Polens soll vor Gericht*, in: *Die Welt*, 19. Mai 2008

329 Sack, S. 167-190

schwer beschädigt wurde. Der größte Teil der über 27.000 Einwohner war bereits zuvor geflüchtet. Im Juli 1945 wurde die Stadt unter polnische Verwaltung gestellt.

Bereits 1996 wurden 178 Leichen auf dem Gelände der Burg entdeckt. Neun Jahre später wurden die menschlichen Überreste von 123 weiteren Toten in einem ehemaligen Schützengraben an der südlichen Burgmauer exhumiert. Unter ihnen waren fünf Frauen und sechs Kinder. Im Oktober 2008 wurde in unmittelbarer Nähe der Burg bei Tiefbauarbeiten für ein Luxushotel ein Massengrab mit mehr als 1.800 (2.100) Toten gefunden. Die Opfer wurden 1945 in einer Grube nackt ohne persönliche Gegenstände verscharrt. Alle Opfer waren deutsche Zivilisten. Wie die Zivilisten starben, ist bis heute nicht eindeutig geklärt. Jeder zehnte exhumierte Schädel wies Schußverletzungen auf, viele Schädel waren zertrümmert. Das Massengrab mit über 1.800 (2.100) Skeletten führt zu einem bislang nicht bekannten Kriegsverbrechen. Viele Anzeichen deuten auf ein Massaker durch die polnischen Besatzer hin.

Seit Ende des Krieges waren 1.840 Einwohner Marienburgs spurlos verschwunden. Niemand wußte, wo die Frauen, Kinder und alten Männer geblieben sind. Zu den monatelangen Ausgrabungen wurden weder Kriminaltechniker noch Gerichtsmediziner hinzugezogen, obwohl die Auffindesituation des Massengrabes im Zentrum Marienburgs von Anfang an auf ein Verbrechen hindeutete. Im übrigen ist davon auszugehen, daß der polnischen Stadtverwaltung die Lage des Massengrabes und auch dessen Inhalt bekannt gewesen sein muß. Nach der Ausgrabung von über 200 Opfern, darunter vielen Kindern, behauptete die Malborker Staatsanwaltschaft dreist, daß alle bisher gefundenen Opfer eines natürlichen Todes gestorben seien. Dementsprechend lehnte Staatsanwalt Jarosław Kembłowski eine Befragung von älteren polnischen Einwohnern des früheren deutschen Marienburg ab, obwohl diese bei der Aufklärung des Genozids vielleicht helfen könnten.

Belegt ist, daß die Soldaten Stalins in den Dörfern der Gegend immer wieder männliche Zivilisten erschossen und Frauen vergewaltigten. In der Stadt war es wohl nicht anders. Angehörige der deutschen „Kampfgruppe Marienburg“, die sich noch wochenlang auf der Burg verschanzten, fanden bei einem Ausfall die Leichen einiger älterer Frauen vor, die alle mit dem Beil erschlagen wurden. Der ehemalige Rotarmist Victor Zalgaller, nach dem Krieg Mathematiker in Leningrad und jetzt Rentner in Israel, räumt ein, daß bei den sehr schweren Kämpfen in der Stadt auch *„Frauen und Kinder ums Leben gekommen“* seien.

In Marienburg gab es eine Sammelstelle, in der Stalins Truppen Deutsche festhielten. Die Lebensumstände in derartigen Lagern waren grauenhaft; aus Marienburg sind allerdings keine Zeugenaussagen überliefert. Überlebende wie Lilly Groeger, die ab Juni 1945 einige Monate in der Stadt lebte, berichtete später, *„der Russe“* habe die alten Leute, die in Marienburg verblieben waren, *„während der Kampfhandlungen alle nach Altmarkt gebracht“*, einem Dorf in der Nähe. Einige seien allerdings erschossen worden. Als Mitte April 1945 der Pfarrer Konrad Will in Marienburg eintraf, lagen die Menschen nach seinen Angaben überall *„noch unbeerdigt in den Häusern“*. Der Geistliche wählte unter den 300 Bewohnern, die er in Marienburg vorfand, einige Männer aus, die ihm bei der Bestattung halfen. Bis zum Jahresende hoben sie Gräber für insgesamt 273 Leichen aus, wie Will penibel niederschrieb.

Nicht nur Russen, sondern auch Polen mißhandelten die in Marienburg verbliebenen Deutschen. So erinnert sich der heute 78 Jahre alte Max Domming, ein ehemaliger Volksdeutscher, an ein dramatisches Ereignis im Winter 1945. Domming war 15, auf einem Pferdewagen hatte er von einem Gutshof vier Zentner Weizen nach Marienburg geschafft, um ihn dort mahlen zu lassen. *„Ich habe einige Stunden warten müssen“*, berichtet er, *„deshalb habe ich mich im Städtchen umgesehen.“* Er stand zehn Meter vom Eingang des Bahnhofs entfernt, als plötzlich die Türen aufgerissen wurden und Frauen und Kinder aus dem Gebäude stürzten, *„wie ein Schwall Wasser“*. Polnische Miliz hätte sie mit Stöcken hastig in die Stadt getrieben, *„die Kolonne endete und endete nicht“*. Domming, der bis zu seiner Pensionierung 1995 viele Jahre lang als Referent im Parteivorstand der SPD arbeitete, schätzt die Zahl jener Menschen auf *„200 bis 300“*. Wer von den Deutschen am

Ende überlebt hatte, mußte Marienburg verlassen. Stolz vermeldete am 3. November 1947 die zuständige Behörde des neueingerichteten Bezirks, der Kreis Marienburg sei *„zu fast 100 Prozent von Deutschen gesäubert"*. Die Gebeine der Deutschen wurden im August 2009 auf dem deutschen Soldatenfriedhof in Glien bei Stettin beigesetzt.[330]

September-Oktober 1945: Der Leobschützer Todeszug

Stellvertretend für den Leidensweg der deutschen Bevölkerung aus der Stadt Leobschütz (1939: 13.400 Einwohner) in Oberschlesien wird hier der Bericht eines Augenzeugen wiedergegeben.

> Am 26. September 1945, frühmorgens gegen 5.00 Uhr, begann in der Stadt die Razzia gegen die Deutschen. Die polnische Miliz drang in die Häuser ein und jagte alle Deutschen auf die Straße. Die wenigsten hatten noch Zeit und Gelegenheit, etwas von ihren wenigen Habseligkeiten mitzunehmen. Man trieb alle auf dem Ring zusammen und schaffte sie von dort teils in Lastautos, teils zu Fuß in das Lager von Marschke und Zilger. Seit sechs Wochen befand sich die Bevölkerung von Schlegenberg in diesem Lager, ca. 3.000 Menschen auf engsten Raum zusammengepfercht. Während der ganzen Nacht mußten die Männer ungeschützt im Regen stehen. Am folgenden Tage wurde die Belegschaft des Lagers vom Stadt-

330 Bericht von Georg Böhnisch, Jan Puhl und Klaus Wiegrefe: „Massengräber in Marienburg. Das Geheimnis der Gebeine", in: *Spiegel-Online*, 20. Januar 2009, unter http://www.spiegel.de/einestages/massengraeber-in-marienburg-a-948129.html
Jan Friedmann und Martha Solarz: „Massengrab in Marienburg: ‚Mechanische Kopfverletzung'", in: *Spiegel-Online* unter http://www.spiegel.de/panorama/massengrab-in-marienburg-mechanische-kopfverletzung-a-98102.html
Bericht „Das Massengrab mit Frauen und Kindern. Wer sind die 1.800 toten Deutschen von Marienburg?", in: *Bild-Online*, 9. Juni 2009, unter http://www.bild.de/news/vermischtes/wer-sind-die-1800-toten-deutschen-von-marienburg-7002754.bild.html
Wikipedia, *Massengrab von Marienburg*; Archivmeldung vom 8. Dezember 2008: „Verschleiert Staatsanwaltschaft Massenmord im polnischen Marienburg?" unter http://www.extremnews.com/berichte/zeitgeschichte/22cd124eb5f4eb4

kommandanten und der polnischen Miliz nach der Parole ausgesondert: „Frauen mit Kindern und alte Leute kommen ins Reich, arbeitsfähige Männer, Frauen ohne Kinder und junge Mädchen bleiben hier zur Arbeit." Am 27. September 1945 gegen 5.00 Uhr nachmittags wurden die für den Abtransport bestimmten Personen zur Bahn gebracht. Nachdem man 70 bis 80 Personen wie Vieh in einen Güterwagen zusammengepfercht hatte, begann die Fahrt gegen 8.00 Uhr abends. Die polnische Miliz war dem Transport als Bewachung beigegeben. Niemand wußte, wohin die Fahrt geht. Am 28. September 1945 kam der Transport in Neiße (Oberschlesien) an und wurde vier Tage auf einem toten Gleis stehen gelassen. Da keine Lebensmittel mitgenommen waren, sich auch sonst niemand um die Verpflegung kümmerte, schrien die Menschen vor Hunger nach Brot. Aber keiner gab es ihnen. Soweit die Wagen von der polnischen Miliz geöffnet wurden, konnten die hungernden Menschen heraus und suchten sich Rüben und Kartoffeln auf den nächstliegenden Feldern. Dabei wurden viele, besonders alte Frauen, von der polnischen Miliz mit Gummiknüppeln und Gewehrkolben geschlagen. Pater Ludwig begrub in den Wällen der Festung Neiße die ersten sieben Toten. Sie waren buchstäblich verhungert. In der Nacht drangen polnische Milizionäre in die Wagen ein, nahmen den Frauen die Handtaschen ab, durchsuchten sie und stahlen, was ihnen gefiel. Immer wieder wurde versucht, Frauen aus den Wagen herauszuziehen und sie zu vergewaltigen. Viele Kinder und alte Leute starben. Auf jeder Haltestelle wurden die Toten ausgeladen und an den Fahrdämmen, in Schanzlöchern oder auf freiem Felde beerdigt. Die Überlebenden des Transports erreichten über Camenz, Kroischwitz, Königszelt, Striegau, Maltsch, Liegnitz, Siegersdorf, Wehrkirch, Löbau und Zittau am 11. Oktober 1945 das Lager „Kosa" in Niederoderwitz, Kreis Zittau/Sachsen. Auf der 15-tägigen Fahrt starben 88 Menschen an Hungertod und durch Erschöpfung. Weitere 280 Personen starben an Typhus und den Folgen der Ausweisung wenige Wochen später in Zittau/Sachsen und im Lager in Niederoderwitz.[331]

331 Bericht des Pfarrers N. N. aus Leobschütz, in: *Dokumentation der Vertreibung der Deutschen aus Ost-Mitteleuropa*, Bd. I/2, S. 708 f. (Auszug) unter http://www.leobschuetz-oberschlesien.de/40590.html)

1945/1946: Das Massaker von Swinemünde – Die Verschleierung eines Verbrechens

Am 6. Oktober 1945 übergaben die sowjetischen Behörden Swinemünde an die Polen. Bald darauf wurde eine polnische Verwaltung eingesetzt und die Stadt in Świnoujście umbenannt. Im Winter 1945/46 kam es zu zahlreichen Übergriffen und Vergewaltigungen sowie zur Ermordung deutscher Einwohner durch polnische Sicherheitskräfte.

1947 wurden in Swinemünde zwei Massengräber entdeckt. Die Staatsanwaltschaft vor Ort wollte aufklären, doch das Ministerium für öffentliche Sicherheit in Warschau untersagte die Untersuchung mit dem Hinweis, daß man weder daran interessiert sei, unter welchen Umständen die Opfer ums Leben kamen, noch wie viele es seien. Ende der achtziger Jahre stieß man auf dem Schulhof in der Piastowski-Straße auf unzählige sterbliche Überreste, doch auch hier stellte die Staatsanwaltschaft die Untersuchungen schon 48 Stunden später ein. Nach Aussagen von Zeitzeugen sollen sich unter dem nunmehr asphaltierten Gelände die Gebeine vieler deutscher Opfer befinden. Polnische Journalisten waren durch die Hinweise eines Zeugen auf die *„ermordeten Deutschen unter dem Schulhof"* gekommen und hatten das Institut für nationales Gedenken (IPN) in Warschau informiert, welches nun eine Suchaktion nach weiteren Zeugen initiiert hat.

Die kürzlich gemachten Entdeckungen im pommerschen Swinemünde (poln., Świnoujście) demontieren weiter die Selbstdarstellung der stets nur *„Für Eure und unsere Freiheit"* kämpfenden Polen. In dem schwerzerstörten Ostseebad, zu etwa gleichen Teilen auf Usedom und Wollin gelegen und im harten ersten Nachkriegswinter 1945/46 vom Festland abgeschnitten, beraubten, mordeten und vergewaltigten polnische Miliz- und Staatssicherheitsleute unbehelligt von ihrer Zentrale deutsche Zivilisten.

Die Stettiner Zweigstelle des IPN vermutet nach Archiv-Recherchen unter dem asphaltierten Sportplatz einer Sonderschule ein Massengrab mit mindestens vierzig der Ermordeten. Paweł Skubisz, Historiker am IPN, sprach im Interview mit dem in Stettin erscheinenden *Kuryer Szczeciński* von *„wahr-*

haft dantischen Szenen", die sich im provisorischen Gefängnis des Kreisamts für Öffentliche Sicherheit (PUBP) abgespielt hatten. Mehrere zehntausend Deutsche hätten damals noch in Swinemünde gelebt. Sie waren schutzlos den Organen der Volksmiliz (MO) wie des Sicherheitsdienstes ausgeliefert, die sich für einige Monate zu Herren über Leben und Tod machten.

Unter willkürlichen Anschuldigungen wurden Deutsche verhaftet, mißhandelt und umgebracht, andere verhungerten im Gewahrsam oder starben an Krankheiten. Eine Frau kam in den Arrest im ersten Stock des heutigen Schulgebäudes, weil sie Streit mit einer Polin hatte, berichtete Skubisz. Später quälten Funktionäre der Staatssicherheit die Frau zu Tode. Gut untersucht seien die Vorfälle in der Nacht vom 6. auf den 7. Januar 1946, während der allein fünf Gefangene bestialisch ermordet wurden. Dabei soll sich besonders der örtliche Chef des PUBP, Jan Sołtyniak, mit Grausamkeiten hervorgetan haben. Eine 16jährige Deutsche hatte er vergewaltigt und mit Syphilis angesteckt. Medizin gab es nicht. *„Man entledigte sich des ‚Problems' durch einen Schuß in den Hinterkopf auf dem Hof des PUBP*", so Skubisz.

Etwa dreißig Deutsche seien auch unter dem Vorwurf der Tätigkeit in der gefürchteten NS-Partisanenorganisation „Werwolf" festgesetzt worden. Durch Folter erzwang man ihre Geständnisse. *„Heute ist es schwer, eindeutig festzustellen, ob es so eine Gruppe tatsächlich gegeben hat*", äußerte der IPN-Experte in besagtem Interview. *„Persönlich ist mir die These näher, daß der Werwolf in Swinemünde nur eine Erfindung der Beamten war.*" Das Treiben nahm erst ein Ende, als mit dem März-Tauwetter der Vorgesetzte der Volksmiliz aus Köslin zu einem Kontrollbesuch anrückte. Józef Zając *„traf ein furchtbares Durcheinander an*". Akten wurden nicht geführt – was es heute erschwert, die Zahl der Inhaftierten zu bestimmen. Die polnische Militärstaatsanwaltschaft ermittelte und verurteilte sieben Angeklagte zu *„lächerlich niedrigen*" Haftstrafen: Der Haupttäter Sołtyniak mußte für vier Jahre hinter Gitter, doch nur, weil er noch einen Waggon Kartoffeln unterschlagen hatte, informierte Skubisz.

In den neunziger Jahren wurden bei Erdarbeiten auf dem Sportgelände einige Skelette gefunden. Ermittlungen schlug die Staatsanwaltschaft damals

Stettin wurde 1945 ohne alliierte Absprache von den Polen geraubt. Vor 1945 war Stettin mit 460 km² Fläche die flächenmäßig drittgrößte Stadt des Deutschen Reiches. Luftbild aus dem Jahre 1930.

rasch nieder. Das Institut des Nationalen Gedenkens will jetzt das Verbrechen neu aufrollen. Zwei Artikel der linksliberalen *Gazeta Wyborcza* berichteten im Januar 2008 ungeschminkt (*„Sie brachten die Deutschen aus Rache um.“*) und detailliert vom Krieg nach dem Krieg in Swinemünde. Mehrere Zeugen meldeten sich daraufhin beim IPN. Im Frühling (2009; d. V.) sollen voraussichtlich die Grabungsarbeiten nach den Leichen beginnen – den Leichen im polnischen Geschichtskeller.[332]

Die Annektierung Stettins 1945 – ein Beispiel polnischer Land-„Raubkunst“

Obwohl Stettin größtenteils auf dem westlichen Ufer der Oder liegt und nach dem Potsdamer Protokoll vom 2. August 1945 nicht zu dem Polen zur Verwaltung überlassenen Gebiet gehört, versuchten die Polen möglichst früh, die Verwaltung der Stadt in ihre Hände zu bekommen. Schon am 28. April 1945, zwei Tage nach der Eroberung der Stadt durch die Sowjets, trafen zwei Vertreter einer einzurichtenden polnischen Stadtverwaltung in Stettin ein, von denen der eine, ein Ingenieur namens Piotr Zaremba, prompt schon am nächsten Tag von der Warschauer provisorischen Regierung zum Stadtpräsidenten von Stettin ernannt wurde. Sein Bemühen war in erster Linie darauf gerichtet, polnische „Ansiedler“ nach Stettin hereinzubringen. Am 4. und 5. Mai wurden ein paar Hundert Polen aus Posen als erste polnische Bewohner nach Stettin eingeschleust. In den folgenden Tagen scheinen noch viele Polen über die Oder nach Stettin gekommen zu sein. Als kurz darauf von sowjetischer Seite der Befehl erging, daß alle Polen bis zum 19. Mai 1945 Stettin zu verlassen und sich wieder ostwärts über die Oder zu begeben haben, verließen mit dem polnischen Stadtpräsidenten etwa 4.500 Polen die deutsche Metropole, in deren von den Sowjets freigegebene Stadtteile nun Zehntausende vorübergehend geflüchtete Deutsche zurückkehrten. Auf der Vollsitzung des

---

332 Wikipedia, *Swinemünde*; Christian Rudolf: „Schrammen am ewigen Opfermythos – Massengräber in Swinemünde entdeckt: Im eisigen Winter 1945/46 verübten polnische Sicherheitskräfte Greueltaten an Deutschen“, in: *Junge Freiheit* Nr. 06/08, 1. Februar 2008, unter https://phinau.de/jf-archiv/archiv08/200806020153.htm; siehe auch Jan Bügel: „Polnische Verbrechen an Volksdeutschen ab 1945: Swinemünde“ unter http://newsgroups.derkeiler.com/Archive/De/de.soc.politik.texte/2009-01/msg00007.html

Zentralkomitees der Polnischen (kommunistischen) Arbeiterpartei vom 3. bis 5. Mai 1945 erklärte deren Generalsekretär Władysław Gomułka: „*Wenn wir nicht die früheren deutschen Gebiete so rasch wie möglich polonisieren, werden wir keine Begründung für die Erhebung von Ansprüchen haben, die sie uns bereits verweigern!*" Die polnische Historikerin Krystina Kersten bemerkt dazu, daß es wegen des ständig wachsenden Konflikts zwischen den Westmächten und den Sowjets für die Polen notwendig gewesen sei, so rasch wie möglich, wenn schon nicht de jure, so doch zumindest de facto vollzogene Tatsachen zu schaffen und die deutsche Bevölkerung in einer breiten Zone von der Oder-Neiße-Linie völlig zu vertreiben.

Am 20. Mai 1945 erfolgte entsprechend den strikten Weisungen der Sowjets in Stargard auch die offizielle Auflösung der in Stettin etablierten polnischen Stadtverwaltung. Gleichzeitig wurde jedoch von den Polen die „Operationsgruppe Stettin" gebildet, die am 24. Mai 1945 bis nach Köslin zurückging, insgeheim aber mit dem Auftrag, einen neuen Stamm von Verwaltungskräften zu bilden und für eine spätere Übernahme Stettins bereitzustellen. Aufgrund heftiger polnischer Gegenvorstellungen erging am 6. Juni 1945 ein neuer sowjetischer Befehl, nach dem den Polen das Betreten der Stadt Stettin wieder gestattet wurde. Einschränkend wurde allerdings verfügt, daß in Stettin keine staatliche polnische Behörde in Erscheinung treten dürfe. Am 9. Juni 1945 zog die polnische „Operationsgruppe Stettin" wieder in Pommerns Hauptstadt ein, doch kam es bald zu heftigen Auseinandersetzungen zwischen Deutschen und Polen, da letztere die Arbeit der seit einiger Zeit wieder bestehenden und sogar unter einem deutschen Oberbürgermeister arbeitenden deutschen Stadtverwaltung zu sabotieren und immer weiter einzuschränken versuchten. Aus diesem Grunde wurde schon am 3. Juni 1945 das polnisch-kommunistische Militärsiedlungswesen entlang der Oder-Neiße und der pommerschen Ostseeküste geschaffen, und zwar mit der Aufgabe, das gesamte von Polen erstrebte neue Grenzgebiet von der deutschen Bevölkerung in kürzester Frist vollständig zu räumen, um hernach den Anspruch auf die gesamten deutschen Ostgebiete mit bereits vollzogenen Tatsachen begründen zu können. Aber auch das zweite Mal blieb die neuerlich in Stettin eingerichtete polnische Stadtverwaltung infolge des zögernden und unschlüssigen Verhaltens der Sowjets nur eine Episode. Schon acht Tage nach dem

Wiedereinzug der Polen in Stettin wurden sie von den Sowjets angewiesen, binnen zwei Tagen Stettin wieder zu verlassen.

Nichts beweist die Hartnäckigkeit der Polen im Verfolg ihrer expansionistischen Absichten so sehr wie die Tatsache, daß die wieder in eine „Operationsgruppe Stettin" zurückverwandelte polnische Stadtverwaltung von Stettin nochmals nur in Lauerstellung ging, diesmal gleich etwas weiter ab, bis nach Köslin, um die nächstbeste Gelegenheit zur Wiederbesetzung Stettins abzuwarten. Diese Gelegenheit stellte sich freilich sehr bald ein. Sie stand, was bemerkenswert ist, in unmittelbarem Zusammenhang mit dem allgemeinen Rückzug der amerikanischen Truppen aus Sachsen und Thüringen sowie mit dem Abzug der britischen Truppen aus dem westlichen Mecklenburg und der auf diese Weise weit nach Westen erweiterten sowjetischen Besatzungszone, die es wiederum den Sowjets gestattete, die Polen nachzuziehen und nach Stettin einzulassen.

Drei Tage nach dem Abzug der Briten und der Amerikaner, am 3. Juli 1945, erging die nun wohl schon fast risikolos erscheinende sowjetische Entscheidung, die dann nicht mehr rückgängig gemacht wurde, wider den Beschlüssen von Potsdam, welche die Einbeziehung von Stettin in den provisorischen polnischen Verwaltungsbereich nicht erwähnen und auch nicht vorsehen.

Stettin war im Juli 1945 wieder von 84.000 Deutschen bewohnt. Nur etwa 2.500 illegal zugezogenen Polen hielten sich im Stadtgebiet auf. Doch nun wurde der deutsche Oberbürgermeister abgesetzt, die weitere Rückkehr der deutschen Bevölkerung nach Stettin verboten, ebenso die weitere Aufnahme von Vertriebenenzügen aus dem Osten und aus Nordböhmen. Schon am 14. Juli 1945 wurde die deutsche Bevölkerung von der „Möglichkeit der Ausreise nach dem Westen" in Kenntnis gesetzt, womit praktisch schon damals auch im Stadtbereich von Stettin die Vertreibung der Deutschen begann. Im Frühjahr 1946 waren noch etwa 60.000 Deutsche in Stettin anwesend.

Schon einen Monat nach Potsdam, im September 1945, glaubte die Sowjetregierung, das Odium eines offenen Bruches der Potsdamer Beschlüsse auf sich nehmen und es riskieren zu können, dem ständigen Drängen Warschaus nachzugeben und die Stadt Stettin sowie sein gesamtes westliches Vorland auch formell in polnische Verwaltung zu übergeben. Sie ließ es zu, daß eine polnische Delegation völlig unbehindert die Gebiete westlich der Oder inspizieren konnte, die im stillschweigenden Einvernehmen zwischen Moskau und Warschau bereits für die Übergabe an die Polen bestimmt waren.

Am 21. September 1945 wurde in Schwerin ein sogenanntes Grenzabkommen abgeschlossen, das auf sowjetischer Seite von Generalleutnant Chabarow und auf polnischer Seite von zwei Vertretern der polnischen Regierung wohl unterzeichnet, aber offensichtlich mit Rücksicht auf die Westmächte, deren neuerlichen Einspruch man befürchten mußte, niemals veröffentlicht wurde. Nach dieser Vereinbarung kam der sogenannte „Stettiner Zipfel", Teile der Kreise Randow, Ueckermünde und Usedom, am 4. Oktober 1945 an Polen. Nur der Bezirk Pölitz blieb zunächst weiter unter sowjetischer Hoheit und wurde deutsch verwaltet. Erst am 19. November 1945 dehnte Polen in Verletzung des Potsdamer Protokolls nach Sonderverhandlungen mit der Sowjetunion offiziell seine Verwaltung auf die ganze Stadt Stettin und ihr westlich gelegenes Umland mit Pölitz, Neuwarp und Swinemünde mit einer Fläche von rund 850 Quadratkilometern aus.

Die eigenmächtige Übernahme des gesamten Stettiner Gebietes in polnische Verwaltung geschah, nachdem die Sowjets am 5. Oktober auch Swinemünde mit seinem westlichen Vorland, zwei Landgemeinden mit mehreren Dörfern sowie einen breiten Küstenstreifen westlich von Danzig den Polen übergeben hatten. Am 5. November 1947 besetzten die Polen handstreichartig in der unverkennbaren Absicht, auch die westlich der Oder verlaufende Hohensaaten-Friedrichsthaler Wasserstraße in ihre Hand und unter ihre Kontrolle zu bekommen, einen etwa 50 Kilometer langen und bis zu 10 Kilometer breiten mitteldeutschen Gebietsstreifen bei Schwedt. Die deutsche Verwaltung der Sowjetischen Besatzungszone konnte sich nicht dagegen wehren. Nach der völkerrechtswidrigen Besetzung Stettins setzten die Polen verstärkt die Vertreibungen der Deutschen aus dieser Stadt fort. Diese Verbrechen erreichten 1946 ihren Höhepunkt.[333]

333 *Der Große Wendig*, Band 4, S. 512 ff.; Beitrag: „Die Annexion Stettins durch Polen – Geschichte" unter https://derhonigmannsagt.wordpress.com/2011/07/28/die-annexion-stettins-durch-polen-schichte/

22. Die Verbrechen von Juden an Deutschen in Ostdeutschland 1945

An den Verbrechen gegen Deutsche waren nicht nur Polen, Tschechen, Russen und Jugoslawen beteiligt, sondern auch Juden. Der jüdische US-Journalist John Sack veröffentlichte 1993 ein Buch[334] über die furchtbaren Lager, die Polen 1945 in den besetzten deutschen Ostgebieten für Deutsche errichteten und deren Kommandanten oft Juden waren. Sack recherchierte und sammelte sieben Jahre lang Materialien in Polen, Deutschland, Israel und in den Vereinigten Staaten, um die von Juden an Deutschen begangenen Verbrechen zu dokumentieren. Nach Angabe von Sack haben in diesen Lagern bis zu 80.000 Deutsche ihr Leben auf zum Teil grausamste Weise verloren. Die in ihrer alten Heimat aus welchen Gründen auch immer verbliebenen Deutschen mußten das bittere Schicksal auf sich nehmen, stellvertretend für „die Deutschen" Angeklagte und Verhöhnte, Drangsalierte und Entrechtete zu sein. Über die Situation in den polnischen Internierungslagern für Deutsche und die Geschehnisse in den von den Russen eroberten und den Polen überlassenen deutschen Städten berichtet Sack.

Die Geschehnisse im Zwangsarbeitslager Schwientochlowitz-Zgoda

Vorbemerkung: Das von den Deutschen geräumte Lager „Eintrachthütte" in Schwientochlowitz wurde am 23. Januar 1945 von der Roten Armee besetzt. Nun wurde es in „Zgoda" umbenannt und im Februar 1945 der polnischen Geheimpolizei, dem Ministerium für Öffentliche Sicherheit

334 John Sack, *Auge um Auge: Die Geschichte von Juden, die Rache für den Holcaust suchten.* Deutsche Ausgabe 1995 im Kabel-Verlag. Ursprünglich sollte das Buch im Münchener Piper-Verlag erscheinen, der das Buch übersetzen und 6.000 Exemplare drucken ließ. Nach einer Warnung, daß Neonazis das Buch für ihre Zwecke nutzen könnten, zog sich der Verlag von der Veröffentlichung zurück und ließ die gesamte Auflage einstampfen. Siehe dazu Beitrag von Franz Uhle-Wettler: „Die Schere im Kopf des Historikers", in: *Junge Freiheit* Nr. 42/05, 14. 10. 2005. In Polen erschien das Buch 1995 unter dem Titel *Oko za Oko, Przemilczana historia Zydow, ktorzy w 1945 r. mscili sie na Niemcach* (dt., *Auge um Auge – Verschwiegene Geschichte der Juden, die sich im Jahre 1945 an Deutschen gerächt haben*).

(poln., Ministerstwo Bezpieczeństwa Publicznego, MBB)[335] in Warschau, unterstellt und weiterbenutzt. Es wurde somit zu einem der 1.255 Internierungslager für gefangene Deutsche in Polen, in denen von etwa insgesamt inhaftierten 110.000 Menschen 15 bis 20 Prozent ums Leben kamen. Lagerkommandant in Zgoda war Salomon Morel, dessen Eltern und Bruder von den Polen erschlagen worden waren. Morel, damals 26 Jahre, war ehemaliger Partisan und Mitglied der kommunistischen Untergrundarmee „Armia Ludowa"/AL (dt., „Volksarmee"). Die Zahl der Insassen im Lager Zgoda variierte. Anfang August 1945 erreichte sie mit ca. 5.000 Menschen, einschließlich Kindern und Frauen – etwa 60 % waren Frauen, 20 bis 25 % Kinder, der Rest alte Menschen –, ihren Höhepunkt. Es handelte sich dabei mehrheitlich um Reichsdeutsche (aus den deutschen Ostgebieten) und Volksdeutsche (aus Polen), die dort im Zuge der Vertreibungen zunächst zusammengefaßt wurden. Andere Nationalitäten, wie z. B. Ukrainer, stellten die Minderheit. Die Zahl der Todesopfer wird auf über 2.000 Personen geschätzt. Nach Berechnung des polnischen Institus für Nationales Gedenken kamen in Zgoda 1.855 Menschen ums Leben, viele weitere wurden systematisch gequält. Im Bericht eines amerikanischen Diplomaten an das Foreign Office heißt es: *„Konzentrationslager sind nicht aufgehoben, sondern von den neuen Besitzern übernommen worden. Meistens werden sie von der polnischen Miliz geleitet. In Schwientochlowitz* (...) *müssen Gefangene, die nicht verhungern oder zu Tode geprügelt werden, Nacht für Nacht bis zum Hals im kalten Wasser stehen, bis sie sterben."* Der ehemalige Kommandant Salomon Morel floh 1994 nach Israel. Er wurde von der polnischen Regierung wegen Kriegsverbrechen und Verbrechen gegen die Menschlichkeit gesucht. Polen beantragte seine Auslieferung, der Antrag wurde jedoch seitens Israels abgelehnt. Morel starb 2007 in Israel.[336]

---

335 Chef des Amtes für Öffentliche Sicherheit war Jakub Berman. Mit Bolesław Bierut und Hilary Minc bildete er in den folgenden Jahren das Führungstriumvirat der stalinistischen Parteiführung, wobei er für die Staatssicherheit, Propaganda und Ideologie zuständig war. Berman war damit einer der Hauptverantwortlichen für die blutige Unterdrückung der antikommunistischen Opposition im Polen der zweiten Hälfte der vierziger Jahre. (Wikipedia, *Jakub Berman*)

336 Wikipedia, *Lager Zgoda*; Schwientochlowitz-Lager unter www.dpjw.org; Sack, S. 173

Sack greift den Fall Morel in seinem Buch *Auge um Auge* auf und schildert, wie es in diesem Todeslager zuging.

Das Todeslager Schwientochlowitz-Zgoda wurde von Juden geführt. Der Kommandant Morel studierte die Thora und den Talmud. Im März 1943 schloß er sich den jüdischen Partisanen an. Er empfand keinen Haß gegen die Polen, obwohl sie seine ganze Familie von der Erdoberfläche verschwinden ließen. Nach der Befreiung wurde Morel im Alter von sechsundzwanzig Jahren zum Kommandanten des Lagers ernannt. Er forderte die Deutschen wiederholt auf, das „Horst-Wessel-Lied" und „Die Fahne hoch!" zu singen. Weil niemand den Mund aufmachte, schlug Morel mit seinem harten Gummiknüppel oder einem hölzernen Hocker auf die Deutschen ein. *„Ihr Schweine! Ihr Nazischweine! Wir werden euch erledigen!"* – schrie Morell sie an. Manche fielen durch die Schläge bereits tot auf den Betonfußboden, die anderen wurden von Morel und seinen Untergebenen mit bloßen Händen oder einem Gurt erwürgt. Die zehn Leute vom „Himmelfahrtskommando" legten die Toten auf Liegen, trugen sie in die hölzerne Leichenhalle und bestreuten die Leichen mit Chlorkalk, um den üblen Gestank zu vermeiden. In kurzer Zeit waren die nächsten Deutschen tot, und in der Morgendämmerung brachte sie das „Himmelfahrtskommando" in die stinkende Leichenhalle, von wo sie dann mit Pferdewagen zum Massengrab unweit des Friedhofes am Fluß Rawa gebracht wurden. In der sogenannten „braunen Baracke" waren mindestens sechshundert Deutsche untergebracht. Bei bestem Willen waren die Wärter nicht in der Lage, an einem Abend mehr als den zehnten Teil dieser Leute zu bestrafen. Mit Freude hätten sie alle erschossen, aber der Knüppel gab ihnen mehr emotionale Genugtuung, also marschierten sie in die dunkle Baracke und schlugen mit den Knüppeln drauflos.

In Auschwitz war es der SS-Mannschaft verboten, Juden aus persönlicher Freude zu töten, und die SS-Männer, die es taten, wurden dafür sogar mit Gefängnis bestraft, aber Morel und seine Knechte fürchteten nicht, daß „das Amt" sie bestrafen würde. Die toten Körper wanderten jeden Morgen in die Leichenhalle. Den Frauen der Verstorbenen wurde mitgeteilt, daß der Gefangene an einer Herzattacke verstorben sei. Die Wärter trieben die

Deutschen in ihre Hundebuden und schlugen sie, wenn sie nicht bellen wollten. Man zwang die Deutschen, sich gegenseitig zu schlagen und auf den Rücken zu springen. Wenn ein Gefangener seinen Körper schützen wollte, schlugen die Wärter so stark zu, daß einmal einem Gefangenen das Glasauge herausfiel. Sie vergewaltigten Deutsche – eine Dreizehnjährige wurde schwanger –, und sie richteten ihre Hunde so ab, daß sie auf das Kommando „Sic“ den Deutschen in die Genitalien bissen. Im August brach im Lager eine Typhusepidemie aus. Die Zahl der Todesfälle erhöhte sich auf einhundert täglich. Mit der Zeit starben drei Viertel der Gefangenen, und Morel erklärte: *„Was die Deutschen in Auschwitz nicht in sechs Jahren vollbrachten, habe ich in Schwientochlowitz in sechs Monaten geschafft.“*

Die Deutschen versuchten, die Welt über ihr Schicksal zu informieren. Einer von ihnen ging an den Zaundraht und schrie: *„Das ist hier die Hölle!“* Er wurde sofort getötet. Ein anderer, der eine Nachricht nach außen schmuggeln wollte, wurde gefoltert. Einem Hitlerjungen aus Gleiwitz gelang die Flucht, indem er sich gegen drei Uhr morgens in der Männerlatrine versteckte und um sechs Uhr mit der Bergmänner-Brigade floh. Er wurde jedoch in Gleiwitz gefunden und von Morel persönlich nach Schwientochlowitz gebracht. Morel sagte zu ihm: *„Du müßtest krepieren, Du Schwein!“*. Die Wärter schlugen den Jungen mit eisernen Stangen windelweich, und danach hat niemand mehr versucht zu fliehen. Ganze Tage und Nächte hörten die Bewohner in Schwientochlowitz die Schreie der Deutschen. Ein älterer katholischer Pfarrer versuchte, dies der Welt mitzuteilen und fuhr mit dem Zug nach Berlin. Dort berichtete er einem britischen Offizier über die Geschehnisse in Zgoda. Dieser schrieb daraufhin eine *„deprimierende Notiz“* per Post nach London. Am Massengrab innerhalb des alten Friedhofes in Schwientochlowitz steht jetzt ein Gedenkstein mit der Aufschrift: DEN OPFERN DES LAGERS SCHWIENTOCHLOWITZ/ZGODA.[337]

337 Sack, S. 319-322, Anmerkungen 50 und 51 mit umfangreichen Quellenangaben; Gerhard Gnauck: „Polens letzter lebender Lagerkommandant soll vor Gericht“, in: *Die Welt,* 19. Mai 2008; über das Lager Zgoda siehe auch die Dokumentation von Sepp Jendryschik: *Zgoda – Eine Station auf dem schlesischen Leidensweg,* Viöl, 2. Auflage, 2000

Die Geschehnisse im Lager Potulitz/Potulice

Vorbemerkung: Das Zentrale Arbeitslager (poln., *Centralny Obóz Pracy, COP*) in Potulitz (poln., Potulice) an der Ostsee war in den Jahren 1945 bis 1950 ein polnisches Internierungs- und Arbeitslager. In diesem Lager waren etwa 36.000 Deutsche, aber auch antikommunistisch eingestellte polnische Zivilisten untergebracht. Etwa 3.500 Deutsche starben in dem Lager, zum Teil durch Seuchen. Die Leichen der Deutschen wurden in eine Grube bei der Stadt geworfen und zugeschüttet. Später entstand an dieser Stelle eine Mülldeponie. Kommandiert wurde das Lager COP zunächst von der Bürgermiliz (poln., Milicja Obywatelska), später direkt vom Ministerium für Öffentliche Sicherheit.[338]

Nach Angaben von Sack waren in Potulitz dreißigtausend Deutsche untergebracht. Jeden Abend ging der dortige Kommandant zu den Baracken und rief: *„Achtung! Singen: Es geht alles vorüber!"* Als die Deutschen sangen, schrie der Kommandant sie an: *„Ihr Schweine!"* und schlug mit einem Stuhlhocker auf sie ein, wobei einige tot umfielen. Danach rief der Wärter: *„Ausziehen!"* Als die Deutschen nackt waren, schlug er sie und begoß sie mit Jauche. Wenn er eine Kröte fing, schob er das fette Wesen in den Mund irgendeines Deutschen, der kurz danach verstarb. In Potuliz verloren mehr Deutsche ihr Leben, als dort während des Krieges Juden umkamen.[339]

Die Geschehnisse in Gleiwitz

Gleiwitz wurde am 23. Januar 1945 von den Sowjets besetzt. Die deutschen Einwohner wurden oft willkürlich getötet. Die Soldaten, es waren meistens Asiaten, riefen: *„Du Gitler!"* – und schossen auf Polizisten, Feuerwehrmänner, Briefträger und Schaffner in granatfarbigen Uniformen. Sie töteten sogar einen Mann, in dessen Haus sie ein goldenes Schulterstück aus dem Ersten Weltkrieg fanden. Sie erschossen eine Anzahl von Ärzten, Juristen, Schneidern, Krankenschwestern, Zimmerleuten, Friseuren, Zollbeamten,

338 Wikipedia, *Zentrales Arbeitslager Potulice*

339 Sack, S. 167-190

Uhrmachern, Inhabern von Tabakläden, Straßenbahnführern, Bergmännern, sogar einige Flüchtlinge aus Auschwitz, darunter auch Juden. Die Frauen schnitten sich ihre Haare ab, damit sie die Soldaten nicht vergewaltigten. *„Frau, komm!“* sagten die Sowjets und stellten sich in Reihen auf, um sogar ein achtjähriges Mädchen und eine achtzigjährige Klosterschwester zu vergewaltigen. Im Januar 1945 galt verbindlich der Plan, wonach Gleiwitz, Breslau, Stettin, Stolberg mit 44.000 Quadratmeilen von Deutschland an die Vertreter der polnischen Behörden übertragen werden sollte. Anfang Februar forderte Stalin zweihunderttausend Arbeitskräfte aus Deutschland. Also wurden am 14. Februar 1945 in Gleiwitz folgende Plakate ausgehängt: *„Alle Deutsche männlichen Geschlechts, zwischen dem 16-ten und dem 50-ten Lebensjahr, haben sich innerhalb von 48 Stunden beim Büro für Rekrutierung von Arbeitskräften zu melden. Alle haben mindestens zwei komplette Winterkleidung, Wolldecken, Eßbesteck und Lebensmittel für mindestens zehn Tage mitzubringen.“*[340]

Die Geschehnisse in Breslau

In Kattowitz, ebenso wie in Kielce, Breslau, Stettin und einigen anderen Städten waren die Polizeichefs Juden. Viele von ihnen waren ehemalige Partisanen, die bereits im August 1944 in Lublin ihren Sieg feierten. 1945 wurden diese Leute Polizeichefs im größten Teil Polens und in dem von Polen verwalteten Teil Deutschlands. In Breslau, dem größten eroberten Ort, waren der Polizeiführer und der Chef des Amtes für deutsche Angelegenheiten, der Chef des Korpus für Innere Sicherheit, ja sogar der Bürgermeister der Stadt Juden. Vom August an gingen die Soldaten in die deutschen Häuser und riefen: *„Heraus!“* – und fügten mit vorgehaltenen Maschinenpistolen hinzu: *„So wie ihr es getan habt. Ihr habt sieben Minuten. Sechs Minuten. Fünf. Vier...“* Danach trieben sie die Deutschen zum Breslauer Bahnhof. Ihnen wurde erlaubt, zweiundzwanzig Pfund Lebensmittel, Wasser und Kleidung (Schmuck war nicht erlaubt) in die ausgebrannten Viehwaggons mitzunehmen. Die Sachen wurden ihnen jedoch von der polnischen Polizei wieder weggenommen, so daß viele von ihnen an Kälte und Hunger ver-

340 Sack, S. 88-90

starben. Die Verstorbenen wurden in braunes Packpapier eingewickelt und begraben. Täglich starben auf jenem Bahnsteig zehn Deutsche. Mit der Zeit siedelten die Überlebenden nach Ost- und West-Deutschland um. Danach wurden sie – wie die Juden auch – gezählt, und es kam ans Tageslicht, daß von zehn Millionen Deutschen, die nach dem Kriege in Polen und in dem von Polen verwalteten Teil Deutschlands lebten, anderthalb Millionen das Leben verloren. *„Das, was mit den Juden geschah, war schlimm – sagte eine Mutter aus Gleiwitz. Aber das war auch ein anderer Holocaust.“*[341]

Die Geschehnisse in Neiße, Glatz und Ottmachau

Als Morel erfuhr, daß er in die Polnische Armee einberufen werden sollte, setzte er sich nach Neiße ab. Kommandant in Neiße war Kapitän Stilberg aus Bedzin. Am nächsten Tag begann die Suche nach Nazi-Verdächtigen. Der Suchtrupp ging durch die Breslauer Straße, die Hauptstraße von Neiße. Er führte einige Deutsche mit sich, die für 200 Dollar pro Kopf sagten: *„Dort! Dieser Mann war ein Nazi!“* oder *„Diese Frau war in der Partei!“* Mit vorgehaltener Pistole nahmen die Männer die verdächtigen Deutschen fest und führten sie zu Fuß in die Kochstraße. Tag für Tag wanderten die Deutschen zum Büro von Morel im ersten und zweiten Stock. Nicht weniger als acht Untersuchungsrichter, fast alle Juden, standen im Kreis eines beliebigen Deutschen und fragten ihn: *„Warst Du in der Nazi-Partei?“* Antwortete der Deutsche mit *„Ja“*, dann riefen die Männer: *„Du Schwein!“* Sie schlugen ihn, brachen ihm sogar die Hand, bevor sie ihn nach Schwientochlowitz oder zum Gericht nach Kattowitz abtransportierten. Unter den Schlägen erklärten neunzig Prozent der Deutschen im Keller von Salomon, fünfundachtzig von vierundneunzig Männern: *„Ich war in der Partei.“* Das gleiche taten die Männer und Frauen in den anderen Kellern des Sicherheitsdienstes. Es gab viele solcher Keller, sehr viele, in denen die Deutschen mit der Peitsche, einem Knüppel oder mit der Straßenbahn-Kette geschlagen oder ihre Finger zwischen die Tür und das Futter eingequetscht wurden. Den Opfern wurden manchmal in die Fingernägel hölzerne Keile getrieben, immer tiefer, bis der Deutsche (oder die Deutsche) sagte: *„Ja!“* Diese Täter

341 Sack, S. 226-228

ermittelten die Wahrheit auf die gleiche Weise, wie andere aus Oliven Öl gewinnen. Für jedes „Ja" und für alle „Nein" wurden die Opfer geschlagen. In Glatz fragte der jüdische Kommandant einen deutschen Polizisten: *„Warst Du in der Partei?" „Selbstverständlich! Ich mußte sein!" „Hinlegen!"* befahl der Kommandant, und sechs Wochen später schlugen die Täter immer noch auf die Fußsohlen dieses Deutschen. In einem anderen Keller in Glatz wurden einem Deutschen die Rippen gebrochen, erst dann unterschrieb er: *„Ich verpflichte mich, mit dem Amt zusammenzuarbeiten."* In einem Keller in Ottmachau wurde ein deutscher Gefangener nackt im kalten Wasser gehalten, bis er unterschrieb, daß er für sie spionieren wird. Morel wußte, daß die wirklichen Nazis im Januar geflohen sind und die verbliebenen von den Russen erschossen wurden. Er wußte, daß die Deutschen, die in Schlesien geblieben sind, wahrscheinlich keine Nazis waren und daß der Deutsche, der in der Partei war, nicht unbedingt schlecht sein mußte. Zu neunzig Prozent waren diese Leute unschuldig![342]

Jüdische Rachekommandos in Deutschland

„... Er (Gott) *möge ihren Tod rächen für das Blutvergießen, wie geschrieben steht: ‚Er wird an seinen Feinden Rache nehmen und entsühnen das Land seines Volkes.'"* Inschrift auf der Gedenktafel auf dem jüdischen Friedhof in Schwäbisch Hall.[343]

Während des Zweiten Weltkrieges kämpften auf Seiten der Alliierten etwa eine Million Juden. Etwa eine halbe Million Juden kämpften in der Roten Armee oder als Partisanen gegen die Deutschen. Etwa 200.000 von ihnen fielen im Krieg, etwa 7.000 der überlebenden Veteranen leben heute in Israel. Öffentlich sichtbar sind sie vor allem am Holocaust-Gedenktag, wenn sie in voller Uniform paradieren.[344]

---

342 Sack, S. 127-137

343 *Haller Tagblatt* vom 5. September 2011 in einem Bericht zum Tag der jüdischen Kultur

344 Golancz, S. 89; Sebastian Hammelehle: „ Jüdische Sowjetsoldaten: Die vergessenen Krieger", in: *Spiegel-Online*, 8. Mai 2013, unter http://www.spiegel.de/kultur/gesellschaft/kapitulation-8-mai-1945-juedische-veteranen-der-roten-armee-a-898506.html

Chaim Weizmann, der Präsident der Zionistischen Weltorganisation, bot der britischen Regierung die uneingeschränkte Unterstützung auf allen Gebieten an, so auch den Aufbau einer Kampfeinheit, die unter britischer Schirmherrschaft unter einer jüdischen Flagge kämpfen sollte. Schon im September 1940 konnten 15 Bataillone mit Juden aus Palästina zusammengestellt werden, die 1941 u. a. in Griechenland gegen die Deutschen im Rahmen des Griechenlandfeldzuges kämpften. Am 3. Juli 1944 bewilligte die britische Regierung die Bildung einer jüdischen Brigade mit einigen jüdischen sowie nichtjüdischen Offizieren. Am 20. September 1944 wurde in einem offiziellen Communiqué die Bildung der Jüdischen Brigade der 8. Britischen Armee bekanntgegeben. Unter dem Kommando des kanadischen Brigadiers Ernest F. Benjamin, selbst Jude, kämpfte die Jüdische Brigade gegen die Truppen der Achsenmächte in Italien von März 1945 bis zum Kriegsende. Von den etwa 30.000 jüdischen Freiwilligen aus Palästina, die während des Zweiten Weltkriegs in der britischen Armee eingesetzt wurden, kamen über 700 ums Leben.

Nach dem Krieg formten Angehörige der Jüdischen Brigade Zellen mit dem Ziel, Offiziere der SS oder Wehrmacht, die der Verbrechen gegen die europäischen Juden verdächtigt wurden, zu ermorden. Informationen zur Durchführung dieser Racheakte wurden teils durch militärische Verbindungen erlangt, teils durch Folterung gefangener deutscher Soldaten. Die so beschafften Informationen wurden benutzt, um Exekutionskommandos nach Deutschland zu entsenden, um die für schuldig befundenen deutschen Offiziere zu töten. Dabei bedienten sich die Brigademitglieder britischer Uniformen und gefälschter britischer Dokumente. Die Ex-Nazis wurden dabei verhaftet und erst später über die wahre Absicht informiert. Laut Aussage eines britischen nichtjüdischen Armeeangehörigen halfen nichtjüdische britische Soldaten mit logistischer Unterstützung.[345]

Die Mordtrupps, darunter auch Hagana-Angehörige, waren in britische Soldatenuniformen gekleidet und führten ihre Mordtaten in Deutschland femeartig aus. Der israelische Dokumentarschriftsteller Michael Bar-Zohar

---

345 Wikipedia, *Jüdische Brigade*

brachte darüber 1968 ein Buch heraus, aus dem auch der *Spiegel* ausführlich zitierte. Den Mitgliedern der Brigade las man vor der Überquerung des Brenners *„die Zwölf Gebote für hebräische Soldaten auf deutschem Boden"* vor, dessen erstes lautete: *„Denkt an eure sechs Millionen ermordeten Brüder!"*

Aus verschiedenen Quellen, auch über alliierte Geheimdienste, verschafften sich die Kommandos die Anschriften ihrer Opfer, vor allem der SS-Offiziere. Diese wurden aufgesucht und folgten auch meist bereitwillig den angeblichen britischen Offizieren, bis diese außerhalb der jeweiligen Ortschaft ihre wahre Identität offenbarten: *„Wenn wir das Dorf oder die Stadt verlassen hatten"*, so berichtete Schalom Gild'ad später, *„gaben wir uns dem Nazi zu erkennen, verlasen die Liste seiner Verbrechen und das Todesurteil"*, das dann an abgelegenem Ort vollzogen wurde. Besonders in Österreich beunruhigten bald häufigere Leichenfunde die Bevölkerung. Die britischen Militärbehörden ermittelten zwar, fanden aber natürlich die Täter nicht, denn *„einige Offiziere zogen es vor, die Augen zu schließen"*, wie Bar-Zohar angibt.

Die Zahl der Opfer dieser Kommandos wird in dem Buch mit zwischen 50 und 300 angegeben, genauere Zahlen waren anscheinend nicht zu bekommen. *„Der Anblick eines Deutschen genügte, um unsere Rachegelüste zu wecken"*, gab Sam Halevi an. *„Wenn ein Radfahrer an unserer Dodge vorbeifuhr, öffneten sich ruckartig die Wagentüren, der Mann stürzte unter die Räder und wurde zermalmt."* Andere Vergeltungstrupps mordeten europaweit. Sie holten sich mit gefälschten Papieren SS-Angehörige aus alliierten Gefangenenlagern, ermordeten kroatische Ustaša-Mitglieder, spürten in Turin einen polnischen Arzt auf, der SS-Männern die Blutgruppen-Tätowierung unkenntlich gemacht hatte. Hierfür gab Bar-Zohar als Mindestzahl 1.000 Opfer an. Einen Massenmord wollte die Geheimgruppe „Nakam" (Rache) aus Lublin im April 1946 an den 36.000 gefangen gehaltenen SS-Angehörigen in einem alliierten Nürnberger Konzentrationslager verüben. Die Inhaftierten sollten an mit Arsen vergiftetem Brot sterben. Nach wochenlangen entsprechenden Vorbereitungen scheiterte die Durchführung schließlich nur daran, daß die Nachwächter einer Großbäckerei die Killer für Diebe hielten und deren Tun vereitelten. Doch rund 2.000 mit Arsen versehene Brotlaibe kamen zur Ausgabe an die Gefangenen, von denen etwa 4.300 Krämpfe und

Bauchschmerzen bekamen und – was später dementiert wurde – Hunderte an den Folgen in Krankenhäusern gestorben sein sollen. Ein Strafverfahren gegen die „Nakam"-Gruppe wurde im Jahre 2000 von der Staatsanwaltschaft Nürnberg-Fürth wegen Verjährung eingestellt. Es gab noch weitere Planungen zur Vergiftung von Trinkwasser deutscher Städte, deren Ausführung dann jedoch von der Hagana-Führung untersagt wurde.[346]

Jüdisches Folterkommando in Schwäbisch Hall

Am 17. Dezember 1944 fanden im Verlauf der Ardennenoffensive 71 amerikanische Soldaten auf einer Straßenkreuzung bei Malmedy unter ungeklärten Umständen den Tod. Bis heute ist nicht geklärt, ob die getöteten US-Soldaten Opfer von Kampfhandlungen oder eines Fluchtversuches waren. Noch im Kriege wurden die am Kampf beteiligten deutschen Soldaten, insbesondere der Waffen-SS, beschuldigt, die bereits gefangenen und entwaffneten amerikanischen Soldaten kaltblütig ermordet zu haben. Sie wurden von der US-Presse als kaltblütige und blutrünstige Mordbrenner hochstilisiert.

Im Zusammenhang mit dem Malmedy-Fall[347] haben die Amerikaner sämtliche Kriegsgefangenenlager nach Angehörigen des 1. Panzerregimentes der 1. SS-Panzerdivision „Leibstandarte SS Adolf Hitler", der „Kampfgruppe Peiper", abgesucht und diese in einem Sonderlager abgetrennt. Von diesem Lager aus wurden rund 1.100 Mann in das ehemalige Landesgefängnis nach Schwäbisch Hall abtransportiert, das den Amerikanern als Internierungsla-

---

346 *Der Große Wendig,* Band 2, S. 466 f.; Wikipedia, *Helden ohne Heimat.* Zum Thema siehe auch Susanne Knaul: „Trockene Rache. Von einem, der auszog, SS-Leute zu töten: Chaim Miller war nach dem Zweiten Weltkrieg Mitglied des Jüdischen Rachekommandos Nakam", unter http://www.taz.de/1/archiv/?dig=2005/10/15/a0058
Hendrik Feindt: „Nach dem Krieg hat eine jüdische Brigade Nazis getötet", in: *Tagesspiegel,* 14. Mai 2013, unter http://www.tagesspiegel.de/medien/inglourious-basterds-nach-dem-krieg-hat-eine-juedische-brigade-nazis-getoetet/8205844.html

347 Nach dem Malmedy-Vorkommnis wurde ein schriftlicher Befehl des Hauptquartiers des 328. Infanterie-Regimentes vom 21. Dezember 1944 gefunden, welcher angab, keine SS-Truppen oder Fallschirmjäger als Gefangene zu nehmen, sondern sie bei Sichtkontakt sofort zu erschießen. Wikipedia, *Kriegsverbrechen der Alliierten im Zweiten Weltkrieg*

ger diente. Als Vorbereitung auf den Nürnberger „Hauptkriegsverbrecher"-Prozeß und in der Absicht, dort die Waffen-SS insgesamt zur „verbrecherischen Organisation" erklären zu lassen, benötigte man Geständnisse, einen Schuldspruch und ein hartes Urteil.

Um von den in Schwäbisch Hall Inhaftierten Geständnisse für den geplanten Malmedy-Prozeß zu erpressen, wurden von den amerikanischen Vernehmungsoffizieren menschenverachtende Foltermethoden angewendet, die sogar in den Vereinigten Staaten bekannt und in den dortigen Medien publiziert worden sind. Die Folterungen wurden insbesondere von den jüdischen Vernehmungsoffizieren William Pearl, Harry Thon, Raphael Shoemaker, Moritz Ellowitz und Josef Kirschbaum vollzogen. Die Inhaftierten wurden im Schwäbisch Haller Gefängnis in Isolationshaft gehalten, zu und von den Verhören in blutverkrusteten Kapuzen gehüllt und gefesselt geschleppt. Von 139 Gefangenen wurden 137 die Hoden zerquetscht, vielen Zigaretten auf den Körper ausgedrückt, Zähne ausgeschlagen und Kiefer gebrochen. Die Gefangenen wurden mehrmals mit Gummiknüppeln, mit Fäusten und Tritten blutig geschlagen, ihnen wurden Streichhölzer unter die Fingernägel getrieben und angezündet und mit Baseballschlägern die Knochen zertrümmert, ja es wurde sogar mit der Ermordung der Angehörigen gedroht. Als das alles nichts fruchtete, wurden in Gegenwart von angeblichen Priestern, die in Wirklichkeit Vernehmungsoffiziere waren, Scheinhinrichtungen durch Strangulation bis hin zur Bewußtlosigkeit vorgenommen. Und wenn all dies noch nicht zum „Geständnis" führte, wurden einfach Protokolle gefälscht und mit gefälschten Unterschriften versehen.

Die Vorkommnisse im Schwäbisch Haller Gefängnis waren damals stadtbekannt. Daran erinnert sich auch der Haller Reiner Mahl, dessen Elternhaus mit zugehöriger Druckerei sich in der Gelbinger Gasse gleich hinter dem Gefängnis befand. Als Elfjähriger hörte auch er die Schreie aus dem Haller Gefängnis. Wachleute haben SS-Häftlinge gefoltert. Mit Säcken über dem Kopf führte man sie über den Hof und vollzog eine Scheinexekution. „*Mama!*" hätten die Gefolterten gerufen.[348]

348 Sonja Alexa Schmitz: „Der Platz blieb leer. Reiner Mahl hat als Elfjähriger das Kriegsende in Schwäbisch Hall erlebt", in: *Haller Tagblatt* vom 8. Mai 2015

Am 16. Juli 1946 wurde an symbolischer Stelle im ehemaligen Konzentrationslager Dachau der Prozeß im „Case Malmedy" gegen genau 71 ehemalige Angehörige der „Kampfgruppe Peiper" eröffnet; zusätzlich wurden drei Generale der Waffen-SS mit vor Gericht gestellt. Nach einer gut zweistündigen „Verhandlung" wurden 43 SS-Männer zum Tode, 22 zu lebenslänglichen und acht zu hohen Freiheitsstrafen verurteilt. Keines der Urteile wurde begründet, weder während der Urteilsverkündung noch zu einem späteren Zeitpunkt. Es handelte sich also um einen typischen Schauprozeß, wie man ihn sonst aus der Sowjetunion kannte. Erst nach und nach wurden ab 14. April 1948 und nach Einsatz der deutschen Bischöfe die Todesurteile in Haftstrafen umgewandelt. 1948 wurden alle Verurteilten aus dem Landsberger Gefängnis gegen Schweigeverpflichtung ohne Begründung freigelassen.[349]

Nachsatz: Ein Trakt des alten Gefängnisses wurde inzwischen abgerissen, um für ein Einkaufszentrum Platz zu machen. Der historische Gefängnisbau wurde zu einem Haus der Bildung umgebaut. Der Antrag des Verfassers und eines in diesem Gefängnis Gefolterten (Schlüsselbeinbruch nach Schlägen mit einem Baseballschläger) auf Anbringung einer Gedenktafel zur Erinnerung an die schrecklichen Geschehnisse wurde von der Stadt Schwäbisch Hall abgelehnt, weil es sich *„nach Ausweis der dem Stadtarchiv zugänglichen und als glaubwürdig eingeschätzten Literatur unbestritten um Personen* (handelt), *die wehrlose Kriegsgefangene massakrierten, was entgegen dem Eindruck, den die apologetische Literatur hervorruft, das eigentliche Verbrechen war"*.

---

349 Dokumentarischer Bericht der Illustrierten *Quick* vom 10. Februar 1977; Dietrich Ziemssen (1951): *Bericht auf Grund dokumentarischer Unterlagen und eigenen Erlebens*; Gerd Wunder, Bericht im *Jahrbuch Württembergisch-Franken*, 1986, S. 141 ff. Der Historiker Gerd Wunder war Leiter des Haller Stadtarchivs. Siehe auch: Freda Utley: *Kostspielige Rache*, 1950, S. 211 ff.

23. Die Verbrechen von Jugoslawen an Deutschen 1945

Was sich nach der Kapitulation der jugoslawischen Armee am 17. April 1941 bis Ende 1949 auf dem Balkan abspielte, übertrifft den Rußlandfeldzug noch an Grausamkeit und Brutalität. Schon drei Monate nach der Kapitulation begann in Serbien unter der Führung des Kommunisten Josip Broz, genannt Tito, der Guerillakrieg gegen die deutsche Besatzung. Die Methode: Kampf aus dem Hinterhalt, das Ziel: Vernichtung des Gegners. Dies war ein Krieg ohne Gnade, ohne Pardon, dem die Deutschen ohne ein geeignetes Konzept gegenüberstanden. Die Partisanen, die oft in Zivilkleidung kämpften und ihre Waffen niemals sichtbar trugen, griffen stets aus Verstecken an. Sie marterten, verstümmelten und töteten erbarmungslos. Die Kampfweise mißachtete alle Regeln des Völkerrechts und der Menschlichkeit und forderte damit Vergeltungsmaßnahmen der Wehrmacht heraus, die ihrerseits den durch das Völkerrecht begrenzten Rahmen überschritten. Gerade dies wurde von Seiten der Partisanenführung bezweckt. Es schreckte sie keineswegs ab, sondern trug vielmehr noch zu einer Steigerung ihrer Grausamkeit bei. Der interessierte Leser findet bei Carell eine Fülle von schauerlichen Beispielen dieser „Spirale des Todes“.[350]

Als die deutschen Truppen sich ab Herbst 1944 aus Jugoslawien zurückziehen mußten, flüchteten viele alteingesessene Volksdeutsche mit ihnen. Einschließlich der als Soldaten eingezogenen Männer befanden sich Ende 1944 rund 340.000 Deutsche Jugoslawiens außerhalb ihrer Heimat. Für die 200.000 Verbliebenen setzte ab Oktober 1944 eine gnadenlose Verfolgung ein. Tausende deutscher Zivilisten wurden von den jugoslawischen Partisanen ermordet, die restlichen wurden in Arbeits- und Vernichtungslagern, teilweise bis 1948, eingekerkert. Mehr als 12.000 Personen wurden nach Weihnachten 1944 in die Sowjetunion zur Zwangsarbeit deportiert. Viele Kinder wurden in Heimen slawisiert. Durch die Dekrete des sogenannten „Antifaschistischen Rates der Nationalen Befreiung Jugoslawiens“ (abgekürzt AVNOJ) vom 21. November 1944 wurden alle Deutschen in

350 Paul Carell/Günter Böddeker, *Die Gefangenen*, Ullstein-Verlag, 1980

Jugoslawien vom Tito-Regime zu Feinden Jugoslawiens und für rechtlos erklärt, völlig enteignet, aus ihrem Besitz vertrieben und zur Sklavenarbeit gezwungen. Artikel I dieser Verordnung lautete: *„Mit dem Tag des Inkrafttretens dieses Beschlusses gehen in das Eigentum des Staates über 1. Sämtliches Vermögen des Deutschen Reiches und seiner Staatsbürger, das sich auf dem Territorium von Jugoslawien befindet. 2. Sämtliches Vermögen von Personen deutscher Volkszugehörigkeit mit Ausnahme derjenigen Deutschen, die in den Reihen der Nationalen Befreiungsarmee und der Partisaneneinheiten Jugoslawiens gekämpft haben ...“*

Gegen Ende des Krieges und nach dem Krieg kam es auf dem Gebiet des heutigen Slowenien zu schweren Kriegsverbrechen durch Tito-Partisanen, so im Hornwald und bei der Vertreibung deutschsprachiger Bevölkerungsteile (Lager Laško/Tüffer, Strnišče/Sterntal und Teharje/Tüchern), aber auch im benachbarten, von Partisanen besetzten Unterkärnten (Massaker von Bleiburg).

Das Massaker von Cilli (Slowenien)

Als zu Kriegsende die Kommunisten in Jugoslawien die Macht übernahmen, flüchteten Soldaten, Zivilisten und Angehörige des antikommunistischen Blocks Anfang Mai über die Grenze nach Österreich. Dort wurden sie allerdings von englischen Besatzern gefangen genommen und nach Jugoslawien ausgeliefert. Als „Feinde des Volkes“ landeten an die 40.000 Menschen vom Kleinkind bis zum Greis im KZ Tüchern/Teharje bei Cilli (slowen., Celje). Es waren slowenische Domobranzen (Slowenische Landwehr), kroatische Soldaten, Angehörige der Ustaša und viele Deutsche. Die Kinder wurden von den Eltern getrennt, fast alle Erwachsenen wurden nach und nach umgebracht, nur sehr wenige überlebten. Die kleinen Kinder und Säuglinge warf man auf Leiterwagen, setzte sie Hunger und Kälte aus und ließ sie sterben. Die größeren kamen auf einen Gutshof am Berg Petrischek in Leisbach bei Cilli, dessen Besitzer man im Lager Tüchern oder Tüffer/Lasko ermordet hatte. Die Kinder wurden mit einer Gehirnwäsche und härtesten Methoden zu Kommunisten erzogen. Prügel waren noch die mindeste Strafe. Wurden die Kinder beim Aufklauben von Fallobst oder beim Betteln erwischt, sperrte man sie in die Räucherkammer und heizte den Ofen an. Drei Kinder, denen zunächst die Flucht gelungen war, wurden vor den Augen der anderen blutig geschlagen, erschossen und im Wald verscharrt. Rund 80 Kinder lebten am Ort des Grauens. Kleinkinder wurden zur Adoption an kommunistische Eltern weitergegeben, kranke Kinder verschwanden über Nacht. Die Kinderlager so wie andere Orte des Grauens in Slowenien blieben ein Staatsgeheimnis. Erst einige Jahre nach dem Zerfall Jugoslawiens meldeten sich einige Überlebende und wagten es, ihre grauenvollen Erinnerungen zu erzählen.[351]

Das Massaker von Dobrava

Im Frühsommer 2007 wurde in einem Wald bei Dobrava in der Nähe der Stadt Marburg (slowen., Maribor) an der Drau ein Massengrab mit vermutlich bis zu 40.000 Leichen entdeckt. Es sind allesamt Opfer der Tito-Partisanen, die nach dem Zweiten Weltkrieg im heutigen Slowenien einen Massenmord verübten, wie es ihn in der Nachkriegszeit in dieser Heftigkeit nirgendwo sonst in Europa gegeben hat. Was hier unweit der Drau gefunden wurde, sind die Leichen von Deutschen und Kroaten, aber auch einigen slowenischen, serbischen und montenegrinischen NS-Kollaborateuren, die in den ersten Maitagen des Jahres 1945 von Partisanen erschossen wurden.

Das Massengrab ist ein ehemaliger Panzergraben. Hier nahmen Titos Partisanen ab 1945 ihre Exekutionen vor. Ganze Familien wurden ausgelöscht, vor allem jene, die der deutschen Minderheit in der Untersteiermark angehörten. Joze Dezman, Leiter der Historikerkommission, bezeichnet das heutige Slowenien als *„Epizentrum eines Massenmordes"*. Er bestätigt auch, daß in Dobrava nicht nur Soldaten erschossen wurden. *„Wir haben auch Krücken gefunden, das heißt, daß auch Kranke und Verwundete hingerich-*

351 Carl Gustaf Ströhm: „Slowenien: Im Gegensatz zu den Opfern der Prager Benesch-Dekrete können die Betroffenen der AVNOJ-Dekrete auf symbolische Entschädigung hoffen", in: *Junge Freiheit*, 16. 8. 2002 (Archiv), und Beitrag: „Ungarn ehrt Opfer des Gonozids an Deutschen", in: *Junge Freiheit* Nr. 12/11, 18. März 2011; Mitteilungen des Allgemeinen Deutschen Kulturverbandes Wien, Dezember 2011, „Das Grauen der Kinder vom Berg Petrischek bei Cilli/Untersteiermark"

tet wurden." Ein Großteil der Toten sind kroatische Ustaša-Kämpfer und „weißgardistische" Angehörige der „Slowenischen Landwehr" (Domobranzen), die sich als Verbündete der Deutschen gegen die Tito-Partisanen bis in die Steiermark und nach Kärnten zurückgezogen hatten. Dort sind sie – das Schicksal der an die Sowjets ausgelieferten Kosaken teilend – von den britischen Besatzungstruppen nach dem 8. Mai 1945 an Tito in den sicheren Tod ausgeliefert worden. Viele Deutsche, aber auch ungarische und italienische Kriegsgefangene wurden ebenfalls dort ermordet. Zu den Opfern zählen auch viele vor der Roten Armee 1945 nach Westen geflüchtete deutschstämmige Banater oder Donauschwaben, die in die Hände der Tito-Partisanen fielen. Alle Jugoslawen deutscher Volkszugehörigkeit waren vom „Antifaschistischen Rat der Volksbefreiung Jugoslawiens" (AVNOJ) für „vogelfrei" erklärt worden. Wer die Lagergreuel überlebte, wurde vertrieben. Die menschen- und völkerrechtswidrigen AVNOJ-Beschlüsse sind immer noch ein Bestandteil der slowenischen Rechtsordnung.[352]

Das Massaker von Liescha (slowen., Lese)

Es waren kommunistische Tito-Partisanen, die ab den Herbstmonaten 1944 eine Blutspur durch das gesamte jugoslawische Staatsgebiet zogen. Zu den geschätzten bis zu 40.000 Opfern zählten neben Angehörigen der Wehrmacht auch Volksdeutsche, königstreue serbische Četniks, Mitglieder der kroatischen Ustaša-Bewegung, slowenische Weißgardisten (Domobranzen) und Angehörige des slowenischen Städtebürgertums. Österreichische Historiker gehen davon aus, daß sich unter den Opfern auch etwa hundert Kärntner befinden, die von den Partisanen über die Karawanken verschleppt worden waren. Viele der Opfer, unter ihnen vor allem wohlhabende slowenische Familien, waren zuvor auf der Burg Ravne (dt., Gutenstein) inhaftiert. Für die Kommunisten galten sie pauschal als Kollaborateure und Volksfeinde. Die Morde geschahen vom 17. bis zum 19. Mai 1945. 19 vorbeifahrende Lastwagen wurden in der Ortschaft beobachtet. Auf den Ladeflächen hockten dicht aneinander gepfercht Gefangene. Sie wurden in den Wald geführt und dort hingerichtet.

352 Gustav Strasser: „Die Killing Fields an der Drau – Riesige Massengräber aus der Nachkriegszeit in Slowenien entdeckt/Deutsche Kriegsgefangene und Zivilisten unter den Opfern", in: *Junge Freiheit* Nr. 36/07, 31. August 2007

Nach diesem Muster funktionierte die Mordmaschinerie der nicht selten mit sadistischer Grausamkeit vorgehenden Partisanen. Obwohl oftmals wegen ihrer Untaten lokal bekannt, wurden sie nach 1945 in keinem bekannten Fall zur Rechenschaft gezogen. Das brutale Morden ereignete sich vorzugsweise in Karsthöhlen, Steinbrüchen und Schluchten abgelegener Wälder. Traurige Bekanntheit erlangte seit 1990 die Hinrichtungsstätte im südlich von Laibach gelegenen Hornwald (slowen., Kočevski Rog) in der Gottschee, wo seit der Umsiedlung der deutschen Gottscheer 1942 hinter die Grenzen des Großdeutschen Reiches nur 50 Kilometer entfernt ein unbewohntes Rückzugsgebiet der Partisanenbewegung entstand (Basislager „Baza 20").

Unter dem Trauma der Vergangenheit leidet auch die kleine deutsche Volksgruppe in Slowenien. Immerhin gewährt die slowenische Verfassung anderen kleinen Volksgruppen wie den 3.000 Italienern oder 8.000 Ungarn ein autochthones Volksgruppenstatut. Der deutschen Volksgruppe von etwa 2.500 Personen werden solche Privilegien bislang vorenthalten, was elementaren europäischen Minderheitenrechten widerspricht.[353]

Das Massaker in der Wojwodina/Banat

Von Tito-Partisanen wurden zwischen Oktober 1944 und Juni 1945 etwa 9.500 Frauen und Männer durch Erschießungen und andere Mordpraktiken sowie durch die „Aktion Intelligenzija" ermordet. Bei der „Aktion Intelligenzija" handelte es sich um ein einheitliches Vorgehen der Partisanen in der Wojwodina, also im Banat, der Batschka und in Syrmien. Offenkundig ließen sich die jugoslawischen Kommunisten dabei von ihren sowjetischen Idolen leiten. Unter den Opfern befanden sich fast ausnahmslos Personen, die als „Kapitalisten" und „bürgerliche Klassenfeinde" zu den potenziellen „Konterrevolutionären" gerechnet wurden. Mobile Erschießungskommandos kamen in die Ortschaften und verhafteten zum Teil gegen den Widerstand ortsansässiger slawischer Mitbürger führende, angesehene und wohlhabende Deutsche sowie antikommunistische slawische Führungspersönlichkeiten,

353 Peter Wassertheurer: „Südlich der Karawanken herrschte der Schrecken – Neue Funde von Massengräbern weisen auf die Blutspur hin, die die Tito-Partisanen am Ende des Zweiten Weltkriegs zogen", in: *Junge Freiheit* Nr. 39/10, 24. September 2010

um sie meist nach grausamen Folterungen zu töten. Zu den Opfern gehörten auch 29 Geistliche. Am 25. November 1944 wurden insgesamt 212 Deutsche aus Filipowa (serb., Bački Gračac) ermordet, darunter der damals 16-jährige Bruder von Robert Zollitsch, früher Vorsitzender der deutschen Bischofskonferenz und gebürtiger Filipowaer. Auch an seinen älteren Bruder dürfte der Erzbischof von Freiburg deshalb gedacht haben, als er am Tag der Heimat im September 2008 mahnte: *„Wer all die menschlichen Schicksale, das vielfältige Leid, die unfaßlichen Geschehnisse um unsere Landsleute verdrängt, der macht sie ein weiteres Mal zu Opfern, zu Opfern des Vergessens."*

Der damals 43-jährige Jovica Stevic aus Syrmien (Landschaft zwischen den Flüssen Donau und Save) sagte in einer Erklärung 2007, daß auch über sechzig Jahre nach dem Völkermord an den Deutschen in Jugoslawien in vielen Orten *„Verbrecher und Mörder, Wächter und Kommandanten, die in Lagern töteten und unschuldige deutsche Kinder, Frauen und Männer folterten* (leben). *Man kennt sie und ihre Verbrechen."* Dennoch könnten die Täter unbehelligt ihren Lebensabend genießen. Für seinen Kampf um die Wahrheit und um die Wiedergutmachung der Ungerechtigkeiten, die an den Deutschen in der Wojwodina begangen wurden, wurde Stevic zu Beginn des Jahres 2010 mit dem Silbernen Verdienstzeichen der Republik Österreich ausgezeichnet.[354]

Das Massaker von Rab

Ein besonders grausames, heute weithin vergessenes Massaker an Deutschen in Jugoslawien ereignete sich im Mai 1945 auf der heute von Touristen, auch vielen Bundesbürgern, gern besuchten Adria-Insel Rab. Mehr als vierzig Jahre nach dem damaligen Geschehen gab im Jahre 1986 ein in Kanada lebender ehemaliger Angehöriger von Titos Partisanen an, daß sich im Mai 1945 auf der Insel Rab rund 3.500 deutsche Soldaten ergeben hätten. Er teilte dann wörtlich mit: *„Diese Kriegsgefangenen wurden von den Partisanen auf alle mögliche Art gefoltert und gequält. Danach wurden sie in einen Bunker geführt, der noch aus der Zeit des Königreiches Jugoslawien stammte. Man band*

354 Richard Hausner: „Tito ahmte Katyn auf dem Balkan nach – Jugoslawische Partisanen mordeten unter den Donauschwaben nach ähnlichem Schema, wie es die Sowjets gegenüber der polnischen Elite vormachten", in: *Junge Freiheit* Nr. 20/10, 14. Mai 2010

ihnen die Hände mit Draht auf den Rücken und mauerte den Eingang zu. Die Türen wurden zubetoniert. So starben alle diese Deutschen in dieser gewaltigen Grabkammer. Das Grab befindet sich in einem mit Fichten bewachsenen Hügel unweit des Hotels ‚Imperial'. Ich halte es nach so vielen Jahren für meine Pflicht, an dieses Verbrechen zu erinnern, das noch keinen Namen trägt." In Istrien sollen deutsche Gefangene von Titos Partisanen lebend in die Karsthöhlen geworfen worden sein. Über andere Schicksale der knapp 200.000 deutschen Soldaten, die den jugoslawischen Partisanen in die Hände fielen, berichten Carell und Boddeker in ihrer Monographie mit vielen Zitaten aus der regierungsamtlichen Dokumentation über die deutschen Kriegsgefangenen. Die Leiden und Verfolgungen der Volksdeutschen in Jugoslawien werden in der vierbändigen Dokumentation der Donauschwaben beschrieben.[355]

Das Massaker von Bleiburg

Hunderttausende Zivilisten, Soldaten der serbischen „Tschetniks" (Scharen), der kroatischen „Ustaša" und der slowenischen „Weißen Garde" („Domobranzen") wußten, welches Schicksal ihnen nach dem Sieg der kommunistischen Tito-Partisanen drohte. Sie strömten in Richtung der Grenzen nach Österreich und Italien, um sich den alliierten Streitkräften zu ergeben. Vielen gelang es tatsächlich, die Grenze zu überqueren und sich britischen Einheiten auszuliefern. Die Briten hatten jedoch auf höchster Ebene beschlossen, die meisten dieser Flüchtlinge zu den Partisanen zurückzuschikken.[356] Gemäß einer Übereinkunft mit den Partisanen lieferte beispielsweise

355 *Der Große Wendig*, Band 3, S. 624-625; siehe auch die Dokumentation über Ermordung und Folterung deutscher Kriegsgefangener unter: www.nexusboard.net

356 Die Initiative dazu ging offenbar vom zuständigen Minister Harold Macmillan (Kabinettsmitglied unter Churchill und Eden, von 1957-1963 Premierminister) aus, der von Tito unter Druck gesetzt wurde. Dessen Vertreter argumentierten, daß Kärnten kein Bestandteil Österreichs wäre und somit nicht unter die bisherigen Vereinbarungen fiele. Die Briten entledigten sich der „Peinlichkeit", indem sie bis zum 31. Mai etwa 100.000 Flüchtlinge auslieferten, während die jugoslawische Armee als „Gegenleistung" Kärnten räumte. Dann begannen die Massenexekutionen, gefolgt von den Todesmärschen. Heinz Magenheimer: „Radau im Totenland. Eine Klagenfurter Dissertation offenbart ein gigantisches Kriegsverbrechen: Die Massenmorde der Tito-Partisanen in Kärnten und Slowenien vom Mai 1945", in: *Junge Freiheit* Nr. 28/13, 5. Juli 2013

das britische V. Korps etwa 18.585 verzweifelte Menschen, Zivilisten, ehemalige Soldaten und Untergrundkämpfer, den Partisanen aus. Die Walisische Garde überließ ebenfalls 5.000 Kroaten der Willkür der Partisanen; andere Einheiten übergaben weitere Tausende. Die meisten wurden später ermordet. Bei einem dieser Massaker lagen auf einer Strecke von knapp zwei Kilometern im Wald von Brezovica schätzungsweise zwischen 5.000 und 10.000 Leichen. Vergleichbare Massaker erlitten zweifellos auch die 12.196 Kroaten, 5.480 Serben, 8.263 Slowenen und 400 Montenegriner, die das britische V. Korps bis zum 1. Juni 1945 wieder nach Jugoslawien abschob.

Etwa 100.000 kroatische Soldaten und Zivilisten, die an deutscher Seite für ein unabhängiges Kroatien kämpften, flohen im Mai 1945 vor den Mörderbanden Titos nach Kärnten, um sich den englischen Besatzern unter General Patrick Scott zu ergeben. Die Zivilisten baten um Asyl, die Soldaten um Übernahme in die englische Kriegsgefangenschaft. Die Menschen drängten sich an einem großen Platz außerhalb der Stadt Bleiburg nahe der jugoslawischen Grenze. Sie winkten, hißten weiße Fahnen und legten ihre Waffen nieder im Glauben, die Briten würden ihnen Schutz gewähren. Die britische Generalität zeigte jedoch keinerlei Erbarmen mit den Flüchtlingen und lieferte die 150.000 Männer, Frauen und Kinder unbewaffnet und schutzlos an die Meuchelmörder Titos aus. Noch in der Nacht begannen Massenerschießungen am Loibacher Feld, mehrere Zehntausend Menschen starben an Hunger, Durst und Mißhandlungen auf den Todesmärschen[357] von Kärnten bis an die serbisch-bulgarische Grenze. Auf der Höhe des Flusses Drau in Österreich zwangen die Briten weitere Zehntausende von Panik ergriffene Flüchtlinge zur Umkehr. Milovan Djilas, zum damaligen Zeitpunkt Mitglied in Titos Politbüro, kommentierte das Geschehen mit Blick auf die Tschetniks und ihre Sympathisanten, doch seine Worte waren auch für alle anderen Flüchtlinge zutreffend: *„Um ganz ehrlich zu sein – wir verstanden überhaupt nicht, warum die Briten diese Leute unbedingt zurückschicken wollten.“* Was auch immer der Grund gewesen sein mag, insgesamt sahen sich eine Viertelmillion Kroaten und Zehntausende anderer

357 Bei diesen Todesmärschen kamen auch Tausende deutsche Kriegsgefangene ums Leben. Wikipedia, *Massaker von Bleiburg*

der Willkür Titos ausgeliefert. Die Partisanen und ihre Geheimpolizei verübten an diesen Menschen ein Massaker von schrecklichsten Ausmaßen. Sie wurden mit Maschinengewehren niedergemäht wie auf dem Bleiburger Feld, erschossen, erstochen oder zu Tode geprügelt, oder sie starben auf den unmenschlichen Todesmärschen, wurden in Flüssen ertränkt oder in tiefe Schluchten gestürzt. Ganz in der Nähe von Kocevje, so berichtete ein junger Partisan nach seiner geglückten Flucht, brüsteten sich die Henker damit, in acht Tagen 30.000 bis 40.000 Menschen liquidiert zu haben (was durch andere Augenzeugen bestätigt wurde). Rund 5.000 serbische Tschetniks sowie zwischen 12.000 und 15.000 Kroaten und Slowenen, die man in St. Vid festgehalten hatte, wurden im Mai 1945 in das Kamnik-Gebirge südlich der österreichischen Grenze gebracht und dort am Rand von Panzerabwehrgräben durch Kommandos mit Maschinengewehren erschossen. Etwa 10.000 andere Gefangene wurden auf ähnliche Weise niedergestreckt. Weitere Zehntausende – ihre Zahl verringerte sich jedoch rapide – mußten über Wochen und Monate Hunderte von Kilometern zu Fuß zurücklegen und dabei immer wieder Dörfer und Städte passieren, deren Bewohner vorher zu „Übergriffen" aufgehetzt worden waren. Letztendlich überlebten wohl kaum mehr als 5 Prozent aller Flüchtlinge. Die Gesamtzahl der Ermordeten dürfte bei über 300.000 liegen – eine unfaßbare Zahl, die aber noch nicht diejenigen Kroaten, Slowenen und Serben berücksichtigt, die in ihren Städten und Dörfern geblieben waren und dort hingerichtet wurden. Der frühere Partisanengeneral Konstantin „Kosta" Nađ gab im Belgrader Wochenblatt *Reporter* im Januar 1985 zu, daß jene 150.000 Menschen, die allein seiner Dritten Armee ausgeliefert worden waren oder ihr in die Hände fielen, *„am Ende selbstverständlich liquidiert wurden"*.

In den zehn Monaten zwischen der Legalisierung der Regierung Tito und dem Kriegsende ließ Tito vermutlich zwischen 300.000 und 750.000 Kroaten, Slowenen und Serben sowie deutsche Kriegsgefangene ermorden. Antikommunisten wurden noch lange nach dem Kriegsende unerbittlich gejagt und ermordet. Grundbesitzer, Wohlhabende und „Standartfeinde" der Kommunisten ereilte oft das gleiche Schicksal. Auch religiöse Würdenträger und unbequeme Intellektuelle zählten zu den Opfern. Nach dem Krieg wurden 200 Nonnen und Geistliche hingerichtet (darunter viele wegen ihrer Zusammenarbeit mit den Ustaša-Leuten). Ein anschauliches Beispiel für den gewissenlosen Demozid der Regierung Tito lieferte die kurzzeitige Besetzung von Triest, jenseits der Grenze in Italien. Nach 40 Tagen widerrechtlicher Besetzung gab Tito schließlich dem britischen Druck nach und zog seine Truppen ab. Während dieser kurzen Besatzungszeit hatten die Kommunisten in Triest und Umgebung (Görz, Istrien und Rijeka) schon Tausende festgenommen und vermutlich 10.000 bis 15.000 Menschen umgebracht.[358]

Die zweite große Tragödie ereignete sich bei Viktring am Südrand Klagenfurts. Am 15. Mai erhielten die 8. britische Armee und das V. Korps, unter dessen Kontrolle die Flüchtlinge standen, vom Hauptquartier des britischen Oberbefehlshabers in Caserta die Weisung, dies vor Titos geflohenen Menschen an die jugoslawischen Behörden auszuliefern. Nach der Auslieferung begannen die Massenexekutionen, gefolgt von den Todesmärschen. Vielfach wurden unterschiedslos Soldaten, Frauen und Kinder ermordet. Die Tötungsstätten liegen in Südkärnten, vor allem aber in Slowenien. Allein dort fand man 600 Massengräber unterschiedlicher Größe, in denen Schätzungen zufolge bis 100.000 Leichen liegen. Nicht zu Unrecht wurde Slowenien als das größte Massengrab Europas bezeichnet. In Kroatien spricht man von 900 Tötungsstätten mit etwa 90.000 Opfern.[359]

Weitere Arbeits- und Vernichtungslager des Tito-Regimes

Knapp 170.000 der in Jugoslawien verbliebenen Donauschwaben wurden in Lager getrieben. Die Arbeitsfähigen kamen in die Arbeitslager, die Arbeitsunfähigen transportierte man in die insgesamt zehn Vernichtungslager des Tito-Jugoslawiens, die sich auf dem Boden der Wojwodina, Slawoniens sowie Sloweniens befunden haben. In die Vernichtungslager kamen Mütter mit Kleinkindern bis zu zwei Jahren, Kinder bis 14 Jahre, Alte über 60 Jahre und Kranke.

---

358 „Das Massaker von Bleiburg – 65 Jahre ungesühntes Kriegsverbrechen" unter www.politikforen.net; Rudolf J. Rummel: *Demozid – der befohlene Tod*, Lit Verlag, Münster-Hamburg-London, 2003, S. 299-300. Der Autor war Professor für Politische Wissenschaft an der University of Hawaii.

359 Heinz Magenheimer, wie vor

Das Todes- und Vernichtungslager Jarek

Das Lager Jarek hat eine traurige Berühmtheit erlangt. Das donauschwäbische Dorf Jarek in der Batschka wurde am 7. und 8. Oktober 1944 von fast allen seinen 2.000 Bewohnern in mehreren Trecks verlassen. Sie flüchteten vor dem heranrückenden russischen Heer und vor den Partisanen. Die Bewohner, die keinen Pferdewagen hatten, wurden mit Lastwagen des deutschen Militärs nach Neusatz an die Donau gebracht und mit Schiffen evakuiert. Es blieben nur ganz wenige Familien und einige alte Leute zurück, die sich den Strapazen der Flucht nicht aussetzen wollten.

Vom 4. Dezember 1944 bis zu der Auflösung des Lagers in der Karwoche 1946 waren hier zwischen 15.000 und 17.000 Menschen interniert, von denen ca. 6.500 durch Hunger, Krankheiten und Mißhandlungen durch die Tito-Partisanen ihr Leben verloren und in Massengräbern verscharrt wurden. Es handelte sich vorwiegend um Alte und Kinder sowie um Arbeitsunfähige, die aus den anderen Lagern der Batschka, Gakovo und Kruschiwl, hierher gebracht wurden.

Mit Recht kann also gesagt werden, daß das Lager Jarek ein Vernichtungs- und Sterbelager war.[360]

Vernichtungslager Molidorf/Molin im Banat

Molin war ein Konzentrationslager für die arbeitsunfähigen Deutschen, vornehmlich aus dem Nord- und Mittelbanat. Todesfälle: rund 3.000. Todesursachen: Unterernährung, Wassersucht aus Eiweißmangel, Flecktyphus, Malaria.

Vernichtungslager Rudolfsgnad/Knićanin im Banat

Konzentrationslager für die arbeitsunfähigen Deutschen, vornehmlich aus dem Mittel- und Südbanat. Hier gab es rund 11.000 Todesfälle. Todesursachen: Typhus, Malaria, Unterernährung.

---

360 siehe unter http://www.hog-jarek.de/das-lager-jarek.html

Vernichtungslager Jarek/Bački Jarak in der Batschka

Konzentrationslager für die arbeitsunfähigen Deutschen der Südbatschka. Todesfälle: mindestens 7.000. Todesursachen: Fleckfieber, Dystrophie, Ruhr, Erschöpfung.

Vernichtungslager Gakowa/Gakovo in der Batschka

Konzentrationslager für die arbeitsunfähigen Deutschen, vornehmlich aus der Mittel- und Westbatschka. Todesfälle: mindestens 8.500. Todesursachen: Unterernährung, Typhus, Ruhr, Malaria.

Vernichtungslager Kruschiwl/Kruševlje in der Batschka

Konzentrationslager für die arbeitsunfähigen Deutschen, vornehmlich aus der West- und Nordbatschka. Todesfälle: 3.000 bis 3.500. Todesursachen: Unterernährung, Typhus, Ruhr.

Vernichtungslager Svilara/Sremska Mitrovica in Syrmien

Errichtung in der vormaligen Seidenspinnerei Svilara zur Konzentration von arbeitsfähigen und arbeitsunfähigen Deutschen aus Syrmien. Todesfälle: rund 2.000. Todesursachen: Hunger, Kälte, Typhus, Ruhr.

Vernichtungslager zur Internierung von restlichen Deutschen aus Slawonien und Kroatien

Todesfälle: 500 bis 1.500. Todesursachen: Hunger, Flecktyphus.

Vernichtungslager Walpach/Valpovo mit Arbeitslager Podunavlje und Zentrallager Tenje in Slawonien

Errichtet zur Internierung der Deutschen aus Slawonien und Kroatien. Todesfälle: 1.000 bis 2.000. Todesursachen: Dystrophie, Dysenterie, Flecktyphus.

Insgesamt büßten 60.000 donauschwäbische Zivilpersonen Jugoslawiens ihr Leben ein. Das ist ein Drittel der in ihrer Heimat verbliebenen Donauschwaben. Vorsichtige Schätzungen lassen überdies den Schluß zu, daß etwa 5.000 von ihnen in Jugoslawien (vornehmlich in der Gefangenschaft unmittelbar nach Kriegsende) ermordet wurden. Somit bewegt sich die – an der unteren Grenze angesetzte – Zahl der Umgekommenen des Völkermords, den die Tito-Partisanen bzw. das spätere Tito-Regime an den Donauschwaben verübten, bei rund 65.000 Personen.[361]

361 „Arbeits- und Vernichtungslager" unter http://www.donauschwaben.at/arbeits-%20und%20vernichtungslager.html

Literaturverzeichnis

Adamheit, Th.: Sowjet-Armee und Weltrevolution. Moskaus Angriff gegen Europa und die Welt, Berlin-Leipzig, 5. neubearbeitete Auflage, 1942

Albrecht, Karl: Der verratene Sozialismus. Zehn Jahre als hoher Staatsbeamter in der Sowjetunion, Berlin-Leipzig, 1939

Allen, Gary: Die Insider – Baumeister der „Neuen Welt-Ordnung", Preußisch Oldendorf, 2. Auflage 1992 (Band 2), 12. Auflage, 1994 (Band 1)

Allen, Martin: Das Himmler-Komplott 1943-45. Die geheimen Friedensverhandlungen des Reichsführers SS mit den Briten und die mysteriösen Umstände seines Todes 1945, Stegen am Ammersee, 2005

Antonow-Owssejenko, Anton: Stalin – Porträt einer Tyrannei, München-Zürich, 2. Auflage, 1984

D'Argile, René: Wer verhinderte ein zweites München? Französische Historiker zur Kriegsschuldfrage, Tübingen, 2011

Bainville, Jacques: Frankreichs Kriegsziel. Die politischen Konsequenzen des Friedens, Hamburg, 1939/1940

Baumfalk, Gerhard: Der Luftkrieg über England und Deutschland 1939-1945, Tübingen, 2000

Bavendamm, Dirk: Roosevelts Krieg. Amerikanische Politik und Strategie 1937-1945, München-Berlin, 3. Auflage, 2002

Bathe, Rolf: Der Feldzug der 18 Tage. Chronik des polnischen Dramas, Oldenburg i. O., 1940

Beumelburg, Werner: Deutschland in Ketten – Von Versailles bis zum Youngplan, Oldenburg i. O., 1931

Beckman, Morris: The 43 Group. Antifaschistischer Kampf in Großbritannien 1946-1950, deutsche Ausgabe, 1995

Burg, J. G.: Schuld und Schicksal. Europas Juden zwischen Henkern und Heuchlern, Preußisch Oldendorf, 1979.

Carell, Paul: Unternehmen Barbarossa. Der Marsch nach Rußland, Frankfurt a. M./Berlin, 1963

Carell, Paul: Verbrannte Erde. Schlacht zwischen Wolga und Weichsel, Stuttgart/Hamburg, 1968

Cartier, Raymond: Der Zweite Weltkrieg 1939-1941 (Band 1), 1942-1944 (Band 2), 1944-1945 (Band 3), jeweils Köln, 1967

Bruendel, Steffen: Volksgemeinschaft oder Volksstaat. Die „Ideen von 1914“ und die Neuordnung Deutschlands im Ersten Weltkrieg, Akademie Verlag, Berlin, 2003
de Zayas, Alfred M.: Die Anglo-Amerikaner und die Vertreibung der Deutschen, München, 2. Auflage, 1978
Dirksen, Herbert von: Moskau – Tokio – London. Erinnerungen und Betrachtungen zu 20 Jahren deutscher Außenpolitik 1919-1939, Stuttgart, 1949
Eberspächer, Helmut: Von Hitler zu Jesus. Leben zwischen Zeitgeist und Gott, Holzgerlingen, 2007
Fish, Hamilton: Der zerbrochene Mythos – F. D. Roosevelts Kriegspolitik 1933-1945, Tübingen, 2. Auflage, 1986
Ford, Henry: Mein Leben und Werk, 32. Auflage, o. J., deutsche Ausgabe, vermutlich 1938 erschienen
Franz-Willing, Georg: Umerziehung. Die De-Nationalisierung besiegter Völker im 20. Jahrhundert, Coburg, 1991
Friedrich, Jörg: Der Brand. Deutschland im Bombenkrieg 1940-1945, 6. Auflage, München, 2002
Frey, Gerhard (Hrsg.): Befreiung? Die Wahrheit über den 8. Mai 1945, München, 2. Auflage, 2006
Fuchs, Werner: Der neue Polenspiegel. Selbstzeugnisse polnischen Eroberungswillens, 1930, Faksimile, 1990
Gehlen, Reinhard: Der Dienst. Erinnerungen 1942-1971, Stuttgart, 1971
Giesler, Hermann: Ein anderer Hitler – Bericht seines Architekten – Erlebnisse-Gespräche-Reflexionen, Assenhausen, 1977
Gollancz, Viktor: Stimme aus dem Chaos, Nürnberg, 1948
Grabert, Wigbert: Jalta-Potsdam und die Dokumente zur Zerstörung Europas, Tübingen, 1985
Griffin, Des: Die Absteiger – Planet der Sklaven?, Pasadena/USA, 1980/1981, deutsche Lizenzausgabe, Vaduz/Liechtenstein, 1981
Grayling, A. C.: Die Toten Städte. Waren die alliierten Bombenangriffe Kriegsverbrechen? München, 2007
Grube, Frank/Richter, Gerhard: Flucht und Vertreibung – Deutschland zwischen 1944 und 1947, Hamburg, 1. Auflage, 1980
Haller, Johannes: Reden und Aufsätze zur Geschichte und Politik, Stuttgart, 3. Auflage, 1942

Hanfstaengel, Ernst: Zwischen Weißem und Braunem Haus – Erinnerungen eines politischen Außenseiters, München, 1970
Hedin, Sven: Amerika im Kampf der Kontinente, Leipzig, 1942
Herman, Stewart W.: Die 7000 Zeugen. Kirche im Durchbruch, München/Berlin, 1952
Hertzberg, Artur/Hirt-Manheimer, Aron: Wer ist Jude? Wesen und Prägung eines Volkes, 1998
Hinz, Thorsten: Die Psychologie der Niederlage, Berlin, 2010
Hoare, Sir Samuel: Gesandter in besonderer Mission, Hamburg, 1949
Hofer, Walter: Handbuch der Deutschen Geschichte, Band IV, Abschnitt 4: Die Diktatur Hitlers bis zum Beginn des Zweiten Weltkrieges, Akademische Verlagsgesellschaft Athenaion, Konstanz, Lieferung 16a, ohne Jahresangabe
Hoggan, David: Der erzwungene Krieg. Die Ursachen und Urheber des Zweiten Weltkrieges, Tübingen, 5. Auflage, 1964
Kommoss, Rudolf: Juden hinter Stalin. Die jüdische Vormachtstellung in der Sowjetunion auf Grund amtlicher sowjetischer Quellen dargestellt, Nibelungen-Verlag, 1944, Faksimile-Verlag, Bremen,1989
Kosiek, Rolf: Deutsche Geschichte im 20. Jahrhundert – Das Ringen eines Volkes um Einheit und Bestand, Tübingen, 2004
Kosiek, Rolf und Rose, Olaf: Der Große Wendig. Richtigstellungen zur Zeitgeschichte, Band 1-4, Tübingen, ab 2006
Krause, Gerhard: Die Schuld am deutschen Schicksal – Die Wahrheit als Waffe gegen Lüge und Verleumdung, Preußisch Oldendorf, 1. Auflage, 1973
Kriwat, Karsten: Alliierter Luftterror – Von Dresden bis Bagdad, München, 2003
Kurowski, Franz: Dresden Februar 1945, Wien, 2003
Landmann, Salcia: Die Juden als Rasse, 2. Auflage, Freiburg, 1988
Leonhard, Wolfgang: Der Schock des Hitler-Stalin-Paktes. Erinnerungen aus der Sowjetunion, Westeuropa und USA, Freiburg/Breisgau, 1986
Lutz, Hermann: „Verbrecher-Volk" im Herzen Europas?, Tübingen, 1959. Der Autor fertigte im Auftrag des „Untersuchungsausschusses der Deutschen Verfassunggebenden Nationalversammlung und des Deutschen Reichstages" ein Gutachten zu den Ursachen des Ersten Weltkrieges an.

Es ist 1930 unter dem Titel *Die europäische Politik in der Julikrise 1914* veröffentlicht worden. Lutz gelangte zu der Auffassung, die Schuld der deutschen Reichsregierung liege nicht darin, daß sie den Krieg gewollt habe, sondern darin, daß sie nicht genug getan habe, ihn zu verhindern. Post, S. 53

Mackiewicz, Józef: Katyn – Ungesühntes Verbrechen, Frankfurt/M., 1983

Marx, Karl: Zur Judenfrage, Berlin, 1919, Faksimile-Verlag, Bremen, 1990

Mönnich, Horst: Aufbruch ins Revier. Aufbruch nach Europa, Hoesch 1871-1971, Jubiläumsschrift der Hoesch AG Dortmund, München, 1971

Müller, Rolf-Dieter: Der Bombenkrieg 1939-1945, Berlin, 2004

Mueller-Graaf, Carl H.: Irrweg und Umkehr. Betrachtungen über das Schicksal Deutschlands, Stuttgart, 1948

Musial, Bogdan: Stalins Beutezug: Die Plünderung Deutschlands und der Aufstieg der Sowjetunion zur Weltmacht, München, 2010

Naumann, Andreas: Das Reich im Kreuzfeuer der Weltmächte – Stationen der Einkreisung Deutschlands, Tübingen, 2006

Nawratil, Heinz: Vertreibungsverbrechen an Deutschen – Tatbestand Motive Bewältigung, 4. Auflage, München, 1986

Nizer, Louis: Was sollen wir mit Deutschland machen? Erschienen in USA 1943/44, übersetzt aus dem Amerikanischen, gedruckt in Belgien

Orthbandt, Eberhard-Dietrich/Teuffen, Hans: Ein Kreuz und tausend Wege. Die Geschichte des Christentums im Bild, Konstanz, 1962, S. 626-627; in: *Der große Wendig*, Band 1, S. 505 ff.

Persich, Walter: Winston Churchill ganz „Privat" – Abenteurer, Lord und Verbrecher, Berlin, 1940, Faksimile-Ausgabe, 2014, Verlag Der Schelm, Leipzig

Philo-Lexikon – Handbuch des jüdischen Wissens, Philo-Verlag, Berlin, 1936, unveränderter Nachdruck der 3. Auflage von 1936, erschienen 1982 im Athenäum Verlag, Königstein/Ts.

Piekałkiewicz, Janusz: Krieg auf dem Balkan 1940-1945, Südwest-Verlag, München, 1984

Plack, Arno: Wie oft wird Hitler noch besiegt?, Düsseldorf/Heidelberg, 1982

Ploetz, Karl: Auszug aus der Geschichte, Berlin/Leipzig, 21. Auflage, 1937

Post, Walter: Die Ursachen des Zweiten Weltkrieges – Ein Grundriß der internationalen Diplomatie von Versailles bis Pearl Harbor, Tübingen, 2. Auflage, 2004

Rassinier, Paul: Die Jahrhundertprovokation – Wie Deutschland in den Zweiten Weltkrieg getrieben wurde, Tübingen, 2. Auflage, 1990

Reed, Douglas: Der Streit um Zion, Western Australia, 2011, Teil 1 und Teil 2

Reichenberger, Father E. J.: Ostdeutsche Passion, Düsseldorf, 1948

Ribbentrop, Annelies von: Die Kriegsschuld des Widerstandes. Aus britischen Geheimdokumenten 1938/39, Leoni am Starnberger See, 1974

Ross, Colin: Die „Westliche Hemisphäre" als Programm und Phantom des amerikanischen Imperialismus, Leipzig, 1942

Ruland, Bernd: Deutsche Botschaft Moskau. 50 Jahre Schicksal zwischen Ost und West, Stuttgart/Hamburg, 1964

Sack, John: Auge um Auge: Die Geschichte von Juden, die Rache für den Holcaust suchten. Deutsche Ausgabe 1995 im Kabel-Verlag. Dem Verfasser liegt die polnische Ausgabe dieses Buches vor: *Oko za Oko, Przemilczana historia Zydow, ktorzy w 1945 r. mscili sie na Niemcach*, 1995.

Schaarschmidt, Wolfgang: Dresden 1945. Daten-Fakten-Opfer, München, 2005

Schaumburg-Lippe, Prinz Friedrich Christian zu: Damals fing das Neue an. Erlebnisse und Gedanken eines Gefangenen 1945-1948, Hannover, 1969 (Band 2)

Derselbe: … verdammte Pflicht und Schuldigkeit … – Weg und Erlebnis 1914-1933, Leoni, 1966, Band 1

Schmidt, Paul: Statist auf diplomatischer Bühne 1923-45 – Erlebnisse des Chefdolmetschers im Auswärtigen Amt mit den Staatsmännern Europas, Bonn, 1952

Schütz, Waldemar (Hrsg.)/Preradovich, Nikolaus von (Bearbeiter): Chronologie Deutsche Geschichte im 20. Jahrhundert, Rosenheim, 1990

Sjöberg, Valentin: Der Angriff auf die Flanke der Welt, Berlin/Leipzig, 1942

Solschenizyn, Alexander: Lenin in Zürich. Die entscheidenden Jahre, in denen Lenin die Grundlagen für den Sowjetstaat schuf, Scherz-Verlag, o. J., vermutlich 1975

Solschenizyn, Alexander: Die russisch-jüdische Geschichte 1795-1918. „Zweihundert Jahre zusammen", Band 1, München, 2002
Solschenizyn, Alexander: „Zweihundert Jahre zusammen". Die Juden in der Sowjetunion, Band 2, München, 2003
Schröcke, Helmut: Kriegsursachen und Kriegsschuld des Zweiten Weltkrieges, Viöl/Nordfriesland, 3. Auflage, 2000
Schultze-Rhonhof, Gerd: Der Krieg, der viele Väter hatte. Der lange Anlauf zum Zweiten Weltkrieg, München, 6. Auflage, 2007
Sündermann, Helmut: Das Dritte Reich. Eine Richtigstellung in Umrissen, Leoni, 1964
Sutton, Anthony C.: Roosevelt und die internationale Hochfinanz – Die Weltverschwörung in der Wallstreet Nr. 120, Tübingen, 1990
Symanek, Werner: Deutschland muß vernichtet werden, Duisburg, 7. Auflage, 2001
Thorwald, Jürgen: Das Ende an der Elbe, 1959
Thiede, Carsten Peter: Wir in Europa – Wurzeln-Wege-Perspektiven, herausgegeben vom Presse- und Informationsamt der Bundesregierung, 1995
Uhle-Wettler, Franz: Der Einfluß der „political correctness" auf unser Geschichtsbild unter www.christoph-heger.de/Franz
Ullmann, Hermann: Durchbruch zur Nation – Geschichte des deutschen Volkes 1919-1933, Jena, 1933
Utley, Freda: Kostspielige Rache, Hamburg, 1950
Zemella, Günter: Moral Bombing – Die Chronologie des Luftterrors 1939-45, Tübingen, 2006
Zentner, Kurt: Illustrierte Geschichte des Dritten Reiches, Stuttgart/München, 1965
Zips, Alfred: Kriegsursachen-Kriegsschuld-Kriegsverbrechen-Kriegsfolgen. Eine Zitatensammlung, 2. Auflage, Klosterhaus-Verlag, Lippoldsberg, 2011
Zips, Alfred: Kriegsende 60 Jahre danach. Das Schicksal der Kriegsgefangenen auf beiden Seiten, Dinkelsbühl, 2007

Günter Zemella: Deutschland im Fadenkreuz – Der zweite Dreißigjährige Krieg 1914-1945

Unbeirrbar, frei von den zeitgeistigen Dogmen der politischen Korrektness, die wie eine Grabplatte über unserem Land liegt, und nur der Wahrheit verpflichtet – so wie es der große Historiker Leopold von Ranke als Leitspruch verstand, nämlich zu sagen, „wie es gewesen ist" –, zeichnet der Autor die Urkatastrophe des 20. Jahrhunderts nach.

Akribisch und faktenreich, immer dokumentarisch belegt, zerreißt Günter Zemella den Schleier der Unwahrheiten, Halbheiten, Märchen und Mythen der immer noch vorherrschenden alliierten Propaganda, die von der Wiege bis zur Bahre die Seele unseres Volkes verwirrt und vergiftet. Mutig und mit leicht verständlicher Sprache fordert der Verfasser ein verbrieftes Menschenrecht ein, nämlich das „Recht auf Wahrheit": Ein Appell gegen das gängige und allgegenwärtige Herrschaftsinstrument der deutschen Schuld und des deutschen Schuldbewußtseins.

Dieses Buch ist zugleich ein Aufruf an die herrschenden Klassen, die gerne und häufig von Versöhnung sprechen, aber dabei etwas Entscheidendes vergessen: „Wer Versöhnung anstrebt, muß dazu bereit sein, die volle Wahrheit anzuerkennen." Dazu muß die Geschichte des „Zweiten dreißigjährigen Krieges gegen Deutschland" neu geschrieben werden.

560 S., geb., Fadenheftung, DIN A 5, 45 s/w-Abb. **€ 24,90**

Günter Zemella: Warum mußten Deutschlands Städte sterben? – Eine chronologische Dokumentation des Luftkrieges gegen Deutschland 1940-1945

Den kriegsrechtswidrigen Luftangriffen der Anglo-Amerikaner gegen Deutschlands Städte fielen 500.000 bis 900.000 Zivilisten zum Opfer. Günter Zemella beweist in diesem reich bebilderten und übersichtlich gegliederten Buch, daß der Bombenkrieg Teil einer langfristigen Strategie der Alliierten war, Deutschland zu vernichten.

Es ging den USA und Großbritannien primär nicht um die Beseitigung des politischen Systems in Deutschland, sondern um die Zerstörung der materiellen, biologischen und ideellen Grundlagen des deutschen Volkes. Die Flächenbombardements zerstörten nicht nur Häuser und Wohnungen, sondern auch große Teile des kulturellen Erbes der Deutschen und die materiellen Zeugnisse der deutschen Geschichte und Wesensart. Der Bombenkrieg der Alliierten war ein Genozid und ein Kulturozid am deutschen Volk.

648 S., Festeinband, geb., Fadenheftung, DIN A 5, zahlreiche s/w-Abb. **€ 24,90**

Johannes Scharf: Kassandrarufe – Fabeln wider den Zeitgeist

Der Bevölkerungsaustausch in unseren Städten, ja die von gewählten „Volksvertretern" forcierte Abschaffung Europas nebst seiner ursprünglichen Bevölkerung vollzieht sich vor unser aller Augen. Keiner trojanischen List bedurfte es, die Völker unseres Kontinents zu täuschen. Nicht auf leisen Hufen naht das Verderben, nein: dreist polternd gehen die Totengräber zu Werk! Dessen ungeachtet scheint die Masse der einheimischen Bürger noch im Dämmerschlaf begriffen zu sein. Daß in Dresden und Leipzig unlängst Zehntausende gegen die Überfremdung ihrer Heimat und die Islamisierung des Abendlandes auf die Straße gingen, ist ein Signal der Hoffnung.

Gegen jenen verkommenen Geist der Zeit ist dieses Buch gerichtet. Es enthält neben Fabeln und Parabeln, die alle Bezüge zur Ereignisgeschichte des gegenwärtigen oder des vergangenen Jahrhunderts aufweisen, kürzere Erzählungen, ein Märchen sowie eine Novelle über einen deutschen Jagdflieger. Das Buch möchte zugleich Weckruf für den einen oder anderen deutschen Michel sein, denn längst schon fließt der syrische Orontes in den Rhein! Kassandra mahnte im Mythos vergebens vor dem Geschenk der Danaer. Möge dieses Buch ihr Schicksal nicht teilen…

152 S., geb., Fadenheftung, DIN A 5, 45 s/w-Abb. **€ 16,80**

Meiser, Hans: Ratzeputz – Die Kräuterhexe Fabelhafte Geschichten

Jeden Abend spielt sich in deutschen Kinderhaushalten die gleiche Szene ab: „Sind die Zähne geputzt? – Jetzt aber schnell und dann ab in die Betten. Es ist schon spät!" Und etwas später bettelt es dann aus kuscheligen Federn: „Bitte, bitte, erzähl' uns noch eine Geschichte! Aber die von der Hexe!"
Natürlich erfüllen Vati oder Mutti, hin und wieder auch die liebe Oma oder der Großvater, den „lebensverlängernden" Wunsch. Dabei sind Grimms Märchen eine unerschöpfliche Fundgrube. Aber auch der Phantasie des Erzählers sind keine Grenzen gesetzt, zumal nicht immer nur von bösen Hexen die Rede sein sollte. Und so ließ sich der Autor vor vielen Jahren – „Es war einmal!" – bei seinen Enkelkindern die Geschichte von einer guten Kräuterhexe einfallen. – Probieren auch Sie es einmal! Ihre Kinder bzw. Enkelkinder werden es Ihnen danken.
72 S., mit zahlreichen farbigen Zeichnungen. Für Jungen und Mädchen ab 4 Jahren.
Festeinband, Fadenheftung, durchgehend farbig auf Bilderdruckpapier.

€ 13,80

Klosterhaus Versandbuchhandlung
Klosterhof 4
37194 Wahlsburg-Lippoldsberg
Tel.: 05572 - 7310
Fax: 05572 - 99 98 23
klosterhausverlag@gmx.de